Caminos del Idioma

ESPAGNOL
Classe de TERMINALE

Martine BOUTBOUL-ZEITOUN
*Professeur agrégée
au Collège Jean-Moulin de La Queue-en-Brie*

Patrick FOURNERET
*Professeur agrégé
au Lycée Louis-Pasteur de Besançon*

Sylvie KOURIM-NOLLET
*Professeur agrégée
au Lycée Jean-Zay d'Orléans*

Alet VALERO
*Assistant agrégé
à l'Institut d'Études hispaniques
de l'Université de Clermont-Ferrand*

13, rue de l'Odéon 75006 Paris

avant-propos

Comme les précédents ce manuel se conforme aux **instructions officielles** pour l'enseignement de l'espagnol et couvre la totalité du programme, tant linguistique que culturel, des classes Terminales des lycées.

Un objectif prioritaire

Fidèles à la démarche entreprise dès la classe de Seconde, nous avons conçu cet ouvrage dans la **continuité** des précédents. La spécificité des classes Terminales, dont **l'objectif prioritaire** est la réussite des élèves au **Baccalauréat,** nous a naturellement conduits à tout mettre en œuvre pour satisfaire au mieux cette nécessité, tout en tenant compte de la **diversité du public scolaire.**

les moyens employés

Il nous a paru utile de continuer à proposer des **outils méthodologiques spécifiques** à l'exploitation de certains documents, complétant et élargissant ainsi le travail effectué dans les classes antérieures. Certaines approches, **résumé de texte, texte d'oral, photographie d'art,** s'inscrivent directement dans le cadre des nouvelles modalités de l'interrogation « hors liste ». Quant à la méthodologie du **spot publicitaire** elle poursuit l'initiation à l'analyse de l'image et du discours entreprise précédemment.

l'oral

Afin de mieux aider les élèves dans leur préparation aux nouvelles épreuves d'oral, le livre propose un **choix élargi de documents iconographiques,** qu'il s'agisse de reproductions en couleur, plus nombreuses, de photographies en noir et blanc, de pages publicitaires ou de dessins humoristiques.

Certains d'entre eux, présentés sans questionnaire mais accompagnés de notes ou d'élucidations minimales, sont particulièrement destinés à un entraînement autonome de l'élève à ce nouvel oral. Ils sont signalés par le bandeau ***Prácticas.***

l'écrit

Dans la même optique, certains textes, portant aussi l'indication ***Prácticas,*** sont traités à la manière de sujets de baccalauréat écrit avec leurs rubriques traditionnelles, de façon à familiariser l'élève à l'épreuve.

Comme dans les livres de seconde et première, on retrouve dans cet ouvrage les paragraphes ***Para empezar, Analicemos, Practicando se aprende.*** Les deux premiers ont toutefois été complétés par une rubrique ***Para concluir*** qui invite à effectuer un bilan sur le document ou à élargir le champ d'investigation.

Para empezar s'inspire dans la plupart des cas des directives pour le Baccalauréat : résumé du texte, intérêt dégagé à partir d'une ou deux citations.

avant-propos

les documents annexes

Analicemos a été clairement conçu pour suivre le texte dans sa progression, avec indication systématique des passages sur lesquels portent les questions.

Practicando se aprende ne propose que des exercices type Baccalauréat, avec renvois constants à la partie grammaticale.

Le lexique a été enrichi en fonction des documents intégrés à l'ouvrage et permet logiquement de les étudier sans avoir recours à un outil supplémentaire.

Le précis grammatical, complété par un paragraphe sur le passage du discours direct au discours indirect, est illustré par des exemples tirés des textes du manuel. C'est à lui que renvoient systématiquement les exercices, permettant ainsi une révision autonome permanente et que nous souhaitons efficace.

compléments

Des cassettes audio complètent la méthode. Comme pour le livre de Première nous avons opté pour la « dramatisation » de certains textes, rendant ainsi leur écoute plus vivante et attrayante. Les articles de journaux eux-mêmes sont lus par plusieurs intervenants permettant ainsi au professeur d'effectuer plus aisément des coupes lors de l'écoute en classe.

Une cassette vidéo reprend les séquences filmiques présentes dans les trois manuels, Seconde, Première et Terminale. Elles sont complétées par d'autres correspondant à certains extraits de romans ou de nouvelles également présents dans ces ouvrages. Le professeur pourra donc ainsi inviter ses élèves à de fructueuses comparaisons entre l'écriture romanesque et l'écriture filmique.

Un livre du professeur propose pour chaque document des orientations d'analyse et invite à les compléter et à en approfondir l'étude par des renvois à d'autres passages de l'ouvrage. Conçu pour aider le professeur dans son travail de préparation et de recherche, il ne prétend pas s'ériger en modèle et ne saurait se substituer à l'irremplaçable réflexion au sein de la classe. Pour les tableaux, dessins et photographies le professeur y trouvera des analyses détaillées et/ou un résumé en espagnol.

remerciements

Ils s'adressent à toutes celles et à tous ceux qui nous ont suivis avec confiance dans cette collection de manuels qui voit aujourd'hui son terme dans le second cycle.

Ils s'adressent également à tous les collègues qui nous ont apporté leurs remarques et leurs conseils, aidés dans nos recherches, qui ont répondu à nos sollicitations, avec une extrême gentillesse et la plus grande compétence.

LES AUTEURS

ESPAÑA

1. Galicia, construcción de autopista.

2. Castilla-León, ganadería vacuna.

10. Extremadura, presa de Alcántara.

11. Extremadura, ganadería ovina.

9. Andalucía, astilleros (Cádiz).

8. Andalucía, vendimia en Jerez.

3. País vasco, actividades portuarias.

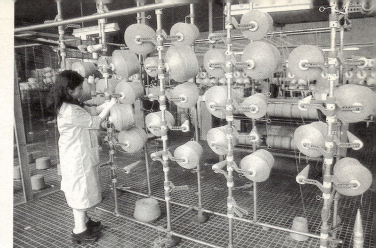
4. Cataluña, industria textil.

5. País valenciano, pesca.

7. Andalucía, turismo en Torremolinos. 6. País valenciano, agrios.

Creadores de imagen

Éste parece ser el fin último del diseño¹ : crear imagen.

Ha habido varios factores que han influido en la importancia que hoy se va dando al diseño. La publicidad ya no es suficiente; los publicitarios que creaban imagen al producto para que éste se vendiese ahora ven que muchos productos se pueden vender solos o casi. De ahí ha venido que la publicidad y el diseño vayan tan implicados². Recurriendo al tópico³ de que una imagen vale más que mil palabras, la imagen de marca de un producto es algo sagrado.

La Administración está empezando a interesarse por el diseño. Los ministerios y entidades públicas planifican con más cuidado sus campañas, certámenes⁴ y actividades. Ministerios como el de Cultura están consiguiendo estabilizar una identidad gráfica en todas las manifestaciones culturales que promueven. También lo hace la Dirección General de Correos y Telecomunicaciones y la Caja Postal. Asimismo, el Ministerio de Industria ha creado el Centro de Promoción de Diseño y Moda, que ha lanzado la campaña « Moda de España ». Este Centro de Promoción de Diseño y Moda actúa como mediador entre la industria y los profesionales y dentro del campo de la moda. El objetivo es dotar a la industria de la moda de un esquema operativo e interactivo entre sus distintos estamentos⁵ y niveles.

La tradición textil en España ha determinado una industria de la moda muy amplia, aunque quizá no demasiado homogénea, ha primado⁶ siempre más la vocación y la genialidad por libre. En los últimos años setenta y primeros ochenta, el diseño de moda ha sido el que ha ido tirando, como una locomotora, del diseño en general. El bien vestir, vestir como necesidad de consumo, se ha extrapolado a todos los consumos humanos. Es casi una progresión geomé-

¹ *le design, l'esthétique industrielle.*

² *imbriqués.*
³ *l'idée reçue.*

⁴ *leurs concours.*

⁵ *groupes.*

⁶ *(néol.),* primar, récompenser.

CENTRO DE PROMOCIÓN DE DISEÑO Y MODA — **MINISTERIO DE INDUSTRIA Y ENERGÍA, 1986.**

30 trica, la calidad ha de suplir a la cantidad. Cada vez más se exige calidad, contraste, diferenciación; en suma, diseño. Aunque cueste el doble.

Carta de España, nº 338, 15/9/1986.

El artículo
1 **La publicidad y el diseño van muy implicados :** *¿cómo revela esta frase el interés del texto?*
2 *En los años ochenta la moda fue la locomotora del diseño. ¿Qué revela de la sociedad española?*

La publicidad
En la revista en la que fue publicada, esta publicidad se presentaba también en doble página. En el original se han utilizado grises y negro (el cabello) para la mujer. Las pinceladas de abajo son rojas, las de la izquierda amarillas (colores de la bandera española). Arriba, a la derecha, el primer elemento de la sigla es rojo, el segundo amarillo, el tercero gris.
- ¿Quién promociona esta publicidad?

Analicemos
1 **España de moda,** *comente el juego de palabras.*
2 *Analizando el grafismo, el tamaño de la publicidad y los diferentes elementos que la componen diga qué ideas e impresiones se quisieron sugerir.*
3 *Ponga de manifiesto los temas desarrollados por el texto publicitario.*
4 *Comente el uso de la primera persona de plural y del imperativo.*

Para concluir
- **Ésa es la nueva imagen que damos al mundo :** *a la luz de los documentos de la doble página, argumente esta afirmación.*

Penélope

Penélope
con su bolso de piel marrón
y sus zapatos de tacón[1]
y su vestido de domingo.
5   Penélope se sienta en un banco en el andén[2]
y espera que llegue el primer tren
meneando su abanico[3].

Dicen en el pueblo que un caminante paró
su reloj una tarde de primavera.
10 Adiós amor mío
no me llores, volveré
antes que de los sauces[4] caigan las hojas.
Piensa en mí
volveré por ti.

15 Pobre infeliz
se paró tu reloj infantil
una tarde plomiza[5] de abril
cuando se fue tu amante.
Se marchitó[6]
20 en tu huerto hasta la última flor.
No hay un sauce en la calle Mayor
para Penélope.

Penélope triste a fuerza de esperar
sus ojos parecen brillar si un tren silba a lo lejos
25 Penélope uno tras otro los ve pasar
mira sus caras
les oye hablar
para ella son muñecos[7].

Dicen en el pueblo que el caminante volvió
30 la encontró en su banco de pino verde
la llamó Penélope
mi amante fiel deja ya de tejer[8] sueños en tu mente.
Mírame, soy tu amor, regresé.

Le sonrió con los ojos llenitos de ayer
35 no era así su cara ni su piel
tú no eres quien yo espero.

Y se quedó
con su bolso de piel marrón
y sus zapatitos de tacón sentada en la estación
40 Penélope.

Joan Manuel Serrat, *Canciones de amor*, 1978.

[1] *à talon.*
[2] *le quai.*
[3] *en agitant son éventail.*
[4] *les saules.*
[5] *el plomo, le plomb.*
[6] *marchitarse, se faner.*
[7] *des pantins.*
[8] *tisser.*

Eguiguren, *Anuario de la fotografía española*, 1973.

Para empezar

- Resuma usted esta canción. ¿Qué tiene de simbólico su título?

Analicemos

1. *Estrofas 1-2* : ¿cómo empieza la historia de Penélope? ¿Qué luz aportan la segunda estrofa y sus procedimientos?
2. *Estrofa 3* : destaque las diferentes metáforas y símbolos empleados y analice su alcance.
3. *Estrofa 4* : muestre cómo el nombre de Penélope adquiere en estos versos su plena significación.
4. *Estrofas 5-6-7* : reúna por una parte los elementos que recuerdan la leyenda mitológica y por otra parte los que la modernizan y la transforman.

Para concluir

- Muestre cómo música, interpretación y letra se complementan.

Practicando se aprende

1. Récrivez les strophes 1 et 4 en employant les temps du passé qui conviennent.
2. Reprenez les vers 11, 12, 13, 14, 32 et 33 pour compléter l'amorce suivante : **su amante le dijo que...** (gramm. p. 229).
3. Décrivez les circonstances du prochain retour de l'amant : **en cuanto..., tan pronto como..., mientras..., y cuando...** (gramm. p. 227).

España al día

Francisco GOYA, *Los Caprichos*, 1799.

[1] El sueño de la razón produce monstruos : *Le sommeil de la raison engendre des monstres.*

Aclaraciones
- *El dibujo de Juan Ballesta (original a todo color) se inspira, como puede verse, en el grabado conocidísimo de Francisco Goya sacado de* **Los Caprichos.** *Esta lámina iniciaba la sección ampliamente consagrada a la brujería* (la sorcellerie) *y al oscurantismo. Un comentario indicaba que «cuando los hombres no oyen el grito de la razón, todo se vuelve visiones.»*

Para empezar
1. Utilice las aclaraciones anteriores para comentar el grabado de Goya insistiendo en su composición, en el ambiente sugerido y en el propósito del pintor.
2. ¿Qué efecto produce el dibujo de Ballesta y por qué?
3. Apunte usted las semejanzas y diferencias entre éste y el grabado de Goya.

Analicemos
1. Ponga de realce el carácter humorístico y satírico del dibujo de Ballesta destacando sus varias implicaciones.
2. Según usted ¿por qué eligió el dibujante este grabado de Goya para realizar su collage?

Para concluir
- ¿Qué opina usted de esta manera de utilizar una obra clásica?

España al día

Juan Ballesta, *Cambio 16*, 7/10/1985.

Prácticas

Régimen injusto

Gasparito, *el Tenazas*[1], era un delincuente muy poco común. Prácticamente era un hombre invisible, según la policía, que no se explicaba su habilidad para escurrirse[2], casi para diluirse, en las situaciones más apuradas[3].

Su última hazaña fue memorable.

Con gran paciencia y sigilo[4], aprovechando las horas somnolientas de los vigilantes, había logrado excavar un pasadizo[5] por debajo de los muros de la prisión. Se hizo con[6] los planos del edificio, que interpretó con la seguridad de un arquitecto, y así pudo evitar todos los obstáculos.

Por fin, un día, al amanecer, dio el último golpe y apartó la última paletada de tierra.

Salió a la superficie y respiró con ansiedad. Dos segundos más tarde se dio cuenta de que un guardia le estaba esperando.

«Gasparito, eres incorregible», dijo el guardia con un tono que se podría calificar de reprobación. «*Es la décimotercera vez*[7] *que lo intentas* — añadió —, *¿Cuándo te vas a convencer de que es un empeño*[8] *inútil?*»

«*Vamos, debo llevarte ante el director*», conminó el guardia.

El director estaba tomando café. Cuando vio ante él a Gasparito empezó a mover la cabeza de arriba abajo, con gran desconsuelo[9].

«*Es la décimotercera vez que intentas entrar en la prisión contraviniendo todas las normas* — dijo el director con sequedad —. *Comprendo que fuera de aquí uno está expuesto a todo, a un navajazo*[10], *al hambre, al paro*[11], *a votar en el referéndum y a los demás derechos del ciudadano, pero las cosas son como son, Gasparito, no seas cabezota*[12]. *La prisión* — añadió — *no está para daros protección principalmente, esto no es el hogar del desvalido*[13], *sino para encerrar a gente peligrosa. Y tú no eres peligroso y has sido puesto en libertad. La ley es dura, pero es la ley.*»

«*Yo he contravenido las normas, como usted dice* — puntualizó Gasparito —, *y no puede echarme de aquí.*»

«*Pero desgraciado, ¿crees que eres el único ciudadano español que prefiere estar dentro? Más allá de estos muros, efectivamente, no hay futuro, no hay descanso, no hay paz; cada vez hay menos trabajo, y la ropa, la comida y todo vale un ojo de la cara. Por el contrario, aquí dentro sabes hoy lo que va a ser de ti mañana y pasado mañana. Aquí no se le pulverizan a nadie las coronarias*[14]. *Se puede decir que aquí se le vienen a uno volando a la boca las perdices, todo eso ya lo sé, pero tú estás irremediablemente en libertad; por desgracia, eres un hombre libre. ¿Qué quieres que haga yo, Gasparito?*»

«*Yo le ruego, por lo que más quiera, que haga una excepción, que me dé un pijama y un número, y le prometo que me convertiré en un penado*[15] *hostil, peligroso, para justificarme y justificarle a usted*», dijo Gasparito con lágrimas en los ojos.

«*Eso es imposible*», respondió el director.

«*¡Claro, sólo a los ricos, a los privilegiados, a los individuos de*

---

[1] *Tenailles.*
[2] *filer.*
[3] *critiques.*
[4] *secret.*
[5] *creuser un tunnel.*
[6] *Robó.*
[7] *la treizième fois.*
[8] *une tentative.*
[9] *tout désolé.*
[10] *un coup de couteau.*
[11] *au chômage.*
[12] *têtu.*
[13] *un foyer pour déshérités.*
[14] *les artères coronaires.*
[15] *un condenado.*

50 la clase dominante, como Ruiz Mateos[16], los meten en la cárcel! — gritó exasperado Gasparito —. ¿Es esto lo que votamos diez millones de españoles?»

[16] (exdirector de un gran holding español procesado por irregularidades de contabilidad).

El tiempo, 25/11/1985.

España al día

Compréhension du texte
1 Resuma la anécdota respetando la organización del texto.
2 « *Es la décimotercera vez que lo intentas.* » — « *Por desgracia eres un hombre libre.* » ¿En qué condensan estas frases lo esencial de la página?

Expression personnelle
1 a) Líneas 1-22 : ¿qué efecto produce el principio del texto y cómo se consigue?
  b) Líneas 23-52 : caracterice el tono analizando ejemplos precisos y diga qué alcance puede tener la inversión que se hace de los valores.
2 Desarrolle un aspecto del texto que no haya sido comentado antes.

Compétence linguistique
1 a) Mettez au style indirect depuis « Yo le ruego... » jusqu'à « ... lágrimas en los ojos » en commençant ainsi : **Gasparito dijo que...**
  b) Comment pourrait-on dire autrement : **Sólo** a los ricos los meten en la cárcel.
2 Complétez les amorces suivantes : **el vigilante se dio cuenta...; el director puntualizó que era imposible...; Gasparito se convenció..., prometió...**
3 No **se le** pulverizan **a nadie** las coronarias. **Se le** viene **a uno** volando a la boca las perdices. Imitez la structure en gras en reprenant des idées ou des situations inspirées du texte.
4 Traduisez depuis « Pero, desgraciado... » jusqu'à « ... no se le pulverizan a nadie las coronarias ».

El Perich, *5º canal ilustrado*, 1984.

[1] la vergüenza, *la honte*. - [2] charnego, en Cataluña, inmigrante de otra región. - [3] maqueto, apodo que dan los vascos a los inmigrantes que proceden del resto de España.

Analicemos
1 « *Es nuestro "muro de la vergüenza"...* » Explicite usted la comparación en la que estriba este dibujo.
2 ¿Qué visión de la sociedad da el dibujante? Comente su denuncia.

Prácticas

¡Qué loro más raro[1]!

En su tienda de Efectos Navales[2] y Similares (los «similares» eran, entre otras cosas, alpargatas[3], trajes de mecánico, abonos[4] químicos y sulfato para las viñas), don Ramón tenía un loro disecado[5]. Estaba muy serio, y prendida a una pata y a la alcándara[6] tenía una cadenita como si fuese un loro vivo y pudiera escaparse. De modo que los que lo veían por primera vez se le acercaban y decían :

— Dame la patita, lorito real...

O cualquier otra cosa de las que hay que saber para hablar con un loro.

Pero aquél no decía nada. Era don Ramón, si estaba de buen humor, el que algunas veces respondía por él.

— ¡Qué loro más raro! — exclamaba entonces el visitante o cliente —. Habla sin abrir el pico[7], y hasta parece que suena en otro lado.

— Sí, es ventrílocuo — explicaba don Ramón.

Otras veces decía :

— Está dormido, no le moleste.

O bien :

— No tiene ganas de hablar. Está pensando, recordando... Tiene derecho al silencio. Hablemos nosotros. ¿Qué le parece el nuevo alcalde?

— Señor — le respondió una vez un campesino que había ido por sulfato —, tengo derecho al silencio.

— Bien — respondió don Ramón —, entonces ya sé lo que piensa. Lo mismo que yo. De acuerdo, de acuerdo.

Un día llegó una señora que parecía una cotorrita[8], pero no disecada, sino muy viva, diligente y locuaz. Era la madre de la maestra nueva y muy amiga del alcalde nuevo, como lo fue después de todos los sucesores mientras tuvo aliento[9]. Iba a comprar hilo de red para hacer una bolsita de red, en la que luego ya veríamos lo que se metía. Más gruezo. Más delgado. Un poco más grueso, por favor. No tanto. Un poco más delgado. Y luego se puso a hablar con el loro. Pero éste ni palabra.

— Está un poco triste — decía don Ramón —. Insista usted, señora, a ver si lo anima.

Y la señora insistía :

— Rico, rico, remece[10] el pico. El Rey de Portugal...

Por fin don Ramón se acercó al loro, lo examinó con aire de galeno[11], y dijo moviendo la cabeza :

— Señora, llega usted en un momento un poco fúnebre. ¡Pobre! Ya me extrañaba a mí esta descortesía[12].

— ¿Qué pasa?

— Está muerto.

— ¿Muerto?

— ¡Muerto!

— ¡Horror! — graznó[13] la señora —. ¡He estado hablando con un loro muerto! — Y se fue haciendo cruces[14].

Estas y otras cosas se contaban en casa. Mejor dicho, las contaba mi padre y, claro, mucho mejor que yo.

Rafael Dieste, *Historias e invenciones de Félix Muriel*, 1974.

[1] *Quel étrange perroquet!*
[2] *vêtements de marine.*
[3] *des espadrilles.*
[4] *des engrais.*
[5] *empaillé.*
[6] *au perchoir.*
[7] *le bec.*
[8] *une petite perruche.*
[9] *mientras vivió.*
[10] *remecer, remuer.*
[11] *médico.*
[12] *esta mala educación.*
[13] *graznar, croasser.*
[14] *en se signant.*

España al día

Barcelona, Las Ramblas.

Compréhension du texte

1. *Resuma la página respetando su forma y progresión.*
2. *« Don Ramón tenía un loro disecado... como si fuese un loro vivo » — « ¡Horror! ¡He estado hablando con un loro muerto! ». ¿En qué son representativas del texto estas frases?*

Expression personnelle

1. a) *Haga usted un retrato sicológico y moral de don Ramón ayudándose de citas precisas.*
   b) *¿En qué arraiga el humorismo de esta página?*
2. *Elija usted un aspecto no estudiado del texto para comentarlo.*

Compétence linguistique

1. a) *Mettez au style indirect le dialogue entre don Ramón et le client (l. 18-22) depuis « Está dormido... » jusqu'à « ... el nuevo alcalde? » en l'introduisant ainsi :* **don Ramón decía que...**
   b) *Mettez au style indirect :* **Dame la patita** *en commençant ainsi :* **se le acercaban y decían que...**
   c) *Trouvez une expression équivalente à :* **¡Qué loro más raro!**
   d) *Changez la place de l'adjectif en gras dans la phrase :* **O cualquier** *otra cosa.*
2. *Complétez l'amorce suivante :* **La señora se fue haciendo cruces como si...**
3. *Imitez la structure soulignée dans la logique du passage :* **Era** *don Ramón* **el que** *algunas veces respondía por él.*
4. *Traduisez le dialogue final depuis « Señora, llega usted en un momento un poco fúnebre » jusqu'à la fin.*

Los pájaros andaluces

Se presenta en Doñana un nuevo problema que viene a demostrar que en la segunda mitad del siglo XX, hablar de reservas naturales es pura quimera[1], supuesto que la mano del hombre, sus ingenios y combinaciones químicas, alcanzan a todas partes. Quiero decir que a Doñana ha llegado el veneno[2] de los pesticidas, no se sabe si por el aire o por el Guadalquivir, y ha liquidado en ocho o diez semanas 30 000 ó 40 000 patos y aves[3] de marisma[4] y una cifra indeterminada de fauna subacuática entre otras especies las anguilas, tan codiciadas[5] en esta zona.

En Sevilla, de donde acabo de regresar, la noticia ha causado auténtica consternación. Sevilla — y, en general, toda Andalucía — es ciudad muy pajarera. Esta afinidad entre hombres y pájaros se ha traducido ahora en indignación. El taxista que me llevó a hacer el obligado recorrido[6] sentimental sevillano me decía, muy seriamente, que los pájaros tenían en la ciudad más entusiastas que el fútbol. Esto se me antoja[7] una afirmación muy optimista, pero el hombre, para demostrármelo, me condujo a un mercadillo dedicado[8] exclusivamente a aves canoras[9]. Allí se venden, se compran y se permutan pájaros. Es una especie de bolsín[10] donde se intercambian anécdotas y consejos y se vende todo lo relativo a aquéllos. Al reanudar la marcha y confiarle que mi meta[11] era Doñana, me dijo : « Ya ve lo que está pasando allí ; hoy nos han matado a los pájaros ; mañana, nos matarán a nosotros. » El taxista sevillano creo que puntualizó[12] muy sabiamente. El hombre, en su avidez de progreso, ha puesto en marcha una serie de cosas cuyo envés desconoce. A estas alturas[13] es difícil que las fuerzas que ha desatado pueda, llegado el caso, volver a atarlas. Pasear por las marismas de Doñana durante esos días nos lleva a este convencimiento[14].

No he sentido la satisfacción de levantar un pato, lo que quiere decir que en Doñana, actualmente, a punto de[15] ser invadida nuevamente por los ánsares[16] nórdicos, ya no hay pájaros para morir. Todos los que veranearon en la marisma y las nidadas de primavera han sucumbido a la acción del veneno. Esto supone que hasta el día, el desastre de Doñana, por el número de aves acuáticas sacrificadas, no tiene precedentes en los anales de los crímenes ecológicos de la Humanidad. El naufragio del petrolero « Torrey Canyon[17] », hace tres o cuatro años, que produjo las mareas negras de que tanto hablaron los periódicos, ocasionó, en superficie, 25 000 víctimas, principalmente gaviotas, alcas y corvejones[18]. El hombre olvida que, al nivel científico y técnico alcanzado, ya no puede permitirse el lujo de incurrir en descuidos[19]. Hoy, un descuido — tengamos presente la bomba de Almería[20] — puede desencadenar una hecatombe. Las consecuencias de cada movimiento del hombre deben estar previstas y no debe ser ejecutado éste sin adoptar antes todas las precauciones.

Miguel Delibes, *S. O. S.*, 1973.

[1] *chimère.*
[2] *le poison.*
[3] *canards et oiseaux.*
[4] la marisma, *le marais de bord de mer.*
[5] codiciar, *convoiter.*
[6] *le parcours.*
[7] *cela me semble être.*
[8] dedicar, *consacrer.*
[9] *des oiseaux chanteurs.*
[10] *mercadillo.*
[11] *mon but.*
[12] aquí, *concluyó.*
[13] *A ce stade.*
[14] *cette certitude.*
[15] *sur le point de.*
[16] *les oies sauvages.*
[17] en Bretaña en 1967.
[18] *des mouettes, des échassiers et des cormorans.*
[19] *de se rendre culpable de négligences.*
[20] en 1966, una bomba atómica desactivada cayó de un avión norteamericano.

Para empezar

1 *Sitúe Sevilla y el Parque Nacional de Doñana en el mapa y diga lo que pasó.*
2 ***Sevilla es ciudad muy pajarera. El hombre olvida que ya no puede permitirse el lujo de incurrir en descuidos.*** *A partir de estas dos frases ponga de realce, brevemente, el interés del texto.*

Analicemos

1. Líneas 1-9 : precise los daños sufridos por el parque. **Hablar de reservas naturales es pura quimera.** ¿Qué motiva esta afirmación del autor?
2. ¿Cómo se explica que Sevilla haya sentido más que otra el desastre?
3. Líneas 23-45 : ¿qué alcance cobra la contaminación de Doñana en esta parte? Explíquelo destacando los sentimientos y argumentos del autor.

Para concluir

- ¿Qué trata de hacer Miguel Delibes por medio de esta página? ¿Qué actualidad sigue teniendo este tema?

Practicando se aprende

1. *Al reanudar la marcha me dijo : « Ya ve lo que está pasando allí ; hoy nos han matado a los pájaros ; mañana, nos matarán a nosotros. »* Passez au récit la partie qui est au style direct (gramm. p. 236).
2. *Esto se me antoja una afirmación muy optimista, pero el hombre, para demostrármelo, me condujo a un mercadillo dedicado exclusivamente a aves canoras.* Imaginez que l'auteur, au lieu de parler de lui-même, évoque une 2ᵉ ou une 3ᵉ personne et transformez la phrase en conséquence.
3. ***Se** intercambian anécdotas y **se** vende todo lo relativo a aquéllos.* Réutilisez cette tournure indéfinie en vous inspirant du contexte (gramm. p. 208).
4. *En Sevilla, **de donde** regreso...* Imitez cette construction en utilisant d'autres verbes et en transformant préposition et relatif en conséquence.

España al día

Mapa del Parque Nacional de Doñana.

El Almendro

Bernabé Pérez es un creativo o sea un agente de publicidad que concibe publicidades. La película acaba de empezar y por lo visto, Bernabé está en plena fase creadora y es el publicitario más dinámico de la agencia. En la secuencia anterior se le ve llegar, triunfante, a la oficina donde sus colegas, Benavides, Evelia y otro agente, le están esperando para una reunión de trabajo. Enrique es el director.

OFICINA. INTERIOR-DÍA

① *Plano de conjunto. Sentados alrededor de una gran mesa de oficina, todos están escuchando a Bernabé que, de pie al otro extremo de la sala, comenta con lirismo unas fotos en una pantalla iluminada.*

BERNABÉ. — Lo que predomina es el paisaje bucólico : los árboles, las praderas, los pajaritos que cantan...

BENAVIDES. — Muy bien, muy bien, oye (② *Plano medio corto de Benavides y el joven creativo*) yo tengo una casa de campo, una casa muy rústica, con un paisaje muy bonito (*Mira fuera de campo a su derecha.* ③ *Plano medio corto de Enrique que aprueba moviendo la cabeza, y Evelia.* ④ *Vuelta al plano* ②) y podríamos filmar ahí, bueno si queréis.

BERNABÉ *(en plano medio corto* ⑤*. Muy contento, dirige el índice hacia Benavides).* — Estupendo, estupendo. Entonces la viejecita ordena los tarros¹ de miel mientras oímos : « Un alimento elaborado por la propia naturaleza y envasado con este cariño² tradicional de todos nuestros productos. »

BENAVIDES *(en plano medio corto* ⑥*).* — ¿Pero todo eso lo dice la viejecita?

BERNABÉ *(en plano medio corto* ⑦*).* — Es una voz en off.

ENRIQUE *(en plano medio corto* ⑧*).* — Es una voz en off.

BENAVIDES *(en plano medio corto* ⑨*).* — No, no, ya, si..., ya...

BERNABÉ *(en plano medio corto* ⑩*).* — Es una voz en off. ¿Vale? Entonces, la viejecita ordena los tarros de miel.

BENAVIDES *(en plano medio corto* ⑪*).* — Sí.

BERNABÉ *(en plano medio corto* ⑫*).* — Y eso va fundido³...

BENAVIDES *(en off).* — Sí, sí.

BERNABÉ. — ... con la hilera de tarros de nuestro producto...

BENAVIDES *(⑬ Plano medio corto).* — Sí.

BERNABÉ *(⑭ Plano medio corto).* — ... y eso va fundido a su vez...

BENAVIDES *(en off).* — Sí, sí, sí, sí.

BERNABÉ — ... con la cuchara rebosante⁴ de miel.

BENAVIDES *(⑮ Plano medio corto).* — ¡No!

⑯ *Plano medio corto del director que, atónito, se vuelve hacia Benavides.*

BERNABÉ *(en plano medio corto* ⑰*).* — Pero ¿cómo que no?

¹ *les pots.*
² *mis en pot avec cet amour.*
³ *fondu (de fondu enchaîné).*
⁴ *regorgeant.*

BENAVIDES *(en plano medio corto ⑱).* — Que no. Que no me gusta, la viejecita, las manos. Que no, que no me gusta, que no me parece moderno. Que no.

⑲ *Plano medio corto del director que mira con preocupación a Bernabé.*

BERNABÉ. — Por favor, esto solamente *(⑳ Plano de Bernabé)* es un rush, una prueba[5] de la idea original. Espera a ver los fundidos, los encadenados...

BENAVIDES *(㉑ Plano medio corto).* — Lo sé Bernabé, pero que no, que no, que le falta el factor emocional comprendes, que es lo característico de todas las campañas de «El Almendro». Recuerda la última campaña del turrón *(㉒ Plano breve de Bernabé que asiente con la cabeza)* por ejemplo *(㉓ Plano medio corto de Benavides),* mira, por favor *(se dirige al joven creativo),* pon el último espot[6], vamos a ver el último espot *(㉔ Plano medio corto de Bernabé que hace una como pequeña reverencia)* y verás como a ti también te choca, hombre... *(㉕ Vuelta a Benavides)* Si es que es otra línea[7] ¿no?

㉖ *Plano americano. En un televisor se ve un anuncio publicitario, se oye una canción en off. El joven creativo está mirando acodado en el aparato.*

ENRIQUE *(en plano medio corto ㉗ — Sigue la canción en off).* — Eso desde luego no tiene nada que ver con la idea de Bernabé.

JOVEN CREATIVO *(㉘ Vuelta al plano ㉖).* — De todas maneras, esto..., yo creo que los espóts del turrón tienen una dimensión humana ¿no es cierto? *(㉙ Plano medio corto de Enrique que asiente.* ㉚ *Vuelta al plano ㉘.)* y que les va bien la cosa emocional, *(㉛ Plano corto de Bernabé que hace una mueca dubitativa)* ahora, no sé si esto funcionaría con la miel.

BENAVIDE *(en off).* — Claro que funcionaría. *(㉜ Plano medio corto de Benavides.)* Lo que pasa es que habría que darle un pequeño giro para asociarlo al valor específico de la miel como símbolo de vida, *(㉝ Vuelta al plano ㉛ de Bernabé)* de... de...

EVELIA *(en off).* — ¿Juventud es a lo que *(㉞ Plano medio corto de Evelia)* te refieres?

BENAVIDES *(en plano medio corto ㉟).* — Sí, sí, sí, eso es, eso es. De juventud, sí.

ENRIQUE *(en plano medio corto ㊱).* — Sí, sí, di. *(㊲ Plano medio corto de Evelia tímida y muy contenta a la vez.)*

BERNABÉ *(en plano medio corto ㊳).* — Di, di.

EVELIA *(㊴ Plano de conjunto).* — Bueno sólo es el boceto[8] de una idea, pero yo creo que la miel es un producto sano *(㊵ Plano de Bernabé con los brazos cruzados)* y energético, lleno de vitalidad. *(㊶ Vuelta a Evelia.)* Por eso pienso que la estrategia consistiría en disfrazar[9] la emoción de «El Almendro» *(㊷ Benavides asiente con la cabeza)* de otra manera. *(㊸ Vuelta a Evelia.)* Cambiar los abrazos del turrón por lo sano *(㊹ Bernabé mira de reojo la reacción de Benavides),* lo joven, lo sensual y subliminalmente[10] *(㊺ Vuelta a Evelia)* el sexo me atrevería... a decir.

BENAVIDES *(en plano medio corto ㊻).* — Sexo, sí, sí, sí.

España al día

[5] une ébauche.

[6] (angl.), le spot publicitaire.

[7] une autre conception.

[8] une ébauche.

[9] masquer.

[10] inconscientemente.

JOVEN CREATIVO *(en plano medio corto ㊼).* — Bueno las estadísticas...

ENRIQUE *(en plano medio corto ㊽).* — Es un poco atrevido.

BENAVIDES *(en plano medio corto ㊾).* — No, no, no, sigue, sigue, sigue, está muy bien, está muy bien, me parece muy bien, sigue, sigue, sigue, por favor.

EVELIA *(en plano medio corto ㊿).* — Creo que habría que encontrar una modelo[11] muy guapa *((51) Vuelta a Bernabé pensativo),* muy especial, un tipo de belleza que sugiera naturalidad, una chica *((52) Vuelta a Evelia)* nada sofisticada, sin maquillaje que sea la representación de la belleza natural, natural como la miel *((53) Contracampo. Benavides asiente con la cabeza),* sana como la miel, joven siempre joven *((54) Vuelta a Evelia)* como es la miel.

BENAVIDES *(en plano medio corto (55)).* — Muy bien, muy bien, muy bien, me gusta.

Fernando Colomo, *Estoy en crisis,* 1982.

[11] *un mannequin.*

Para empezar

1 *Resuma la secuencia respetando sus movimientos.*
2 *Diga brevemente cuál es su interés.*
3 *Entre los agentes de publicidad presentes, unos son experimentados, otros son novatos* (des débutants). *Muéstrelo.*

Analicemos

1 *Planos ①-⑬ : comente la idea publicitaria de Bernabé. ¿Cómo se evidencia que es el líder del grupo? Ponga de manifiesto el humor.*
2 *En este principio, estudie la actuación de Bernabé. ¿Qué relaciones se establecen entre Bernabé y Benavides? ¿Qué opina Vd de la conclusión de éste al final del plano ⑮ (línea 32)?*
3 *Planos ⑯-㉜: comente la reacción de cada personaje. ¿Qué papel desempeñan los planos ⑲, ㉒, ㉔, ㉙, ㉛?*
4 *Planos ㉝-(54): caracterice al personaje de Evelia y su intervención. ¿En qué estriba el humor?*
5 *Mientras Evelia expone su idea ¿cuáles son los sentimientos de Bernabé y de qué se percata el creativo? Justifique su parecer. ¿Gracias a qué procedimiento nos enteramos de ello?*
6 *En esta reunión se manifiestan tensiones y rivalidades solapadas* (cachées), *¿en qué momentos?*
7 *Elija otro aspecto de la secuencia que le interese y coméntelo dando su opinión.*

Para concluir

- *La película es una comedia levemente satírica. Reúna los elementos de la secuencia que lo demuestran.*

Practicando se aprende

1 *Eso **no** tiene **nada** que ver. Passez cette phrase à la forme affirmative (gramm. p. 207).*
2 *Yo **creo que** los espots del turrón **tienen** una dimensión humana. Yo **creo que** la miel **es** un producto sano. Dans ces deux phrases mettez le verbe principal à la forme négative et faites, dans les subordonnées, les transformations qui s'imposent (cf. gramm. p. 229).*
3 ***Lo sano, lo joven, lo sensual.** Reprenez cette construction **lo** + adjectif pour caractériser l'idée publicitaire de Bernabé.*
4 *Un tipo de belleza **que sugiera** naturalidad, **que sea** la representación de la belleza natural. Sur ce modèle trouvez ce que devrait suggérer le mannequin de la publicité de Evelia.*

Prácticas

España al día

QUE NO TE TOMEN EL PELO.

No te dejes enredar.
Si no te tratan bien porque eres joven.
Si te miran mal porque eres como eres, porque vas como vas...
Haz valer tus derechos.
Utiliza los servicios de la Comunidad de Madrid.
Asesoría jurídica, información sobre empleo, servicio militar, objeción de conciencia...
Sólo para jóvenes y totalmente gratuito.
Si te toman el pelo, no te cortes.
Llámanos.

VIVIMOS EN COMUNIDAD

COMUNIDAD DE MADRID
"Tenemos Derechos" Tel. 446 00 56

Comunidad de Madrid, 11/1986.

Aclaraciones

El pelo, les cheveux.- *tomar el pelo*, se moquer.- *enredar*, prendre au filet, piéger.- *el derecho*, le droit.- *la asesoría*, l'assistance.- *cortar*, couper.- *cortarse*, être pris au dépourvu, se démonter.

Para el comentario

Estar de moda, être à la mode.- *un lema*, un eslogan.- *una pareja*, un couple.- *un peinado*, une coiffure.- *un pendiente*, une boucle d'oreille.

- Le spot *(el anuncio, el spot)* publicitaire c'est avant tout de la publicité. On y retrouve les mécanismes habituels souvent résumés dans le sigle A. I. D. A. (accrocher, intéresser, éveiller le désir, susciter l'achat). Analyser une publicité c'est y rechercher les moyens mis en œuvre pour atteindre ces objectifs.

- La télévision est un support *(un canal)* privilégié :
  — comme le cinéma elle utilise **un discours complexe** où se mêlent la parole, les effets sonores *(efectos sonoros)*, la musique, l'écriture, **avec une prééminence de l'image et du mouvement,** du noir et blanc et de la couleur, **de la mise en scène et du montage.** Tous ces éléments ainsi que leur combinaison sont producteurs de sens. C'est ce qu'il faut mettre en évidence. Le spot ajoute à cet ensemble **rapidité** et **brièveté** ;
  — elle est de plus omniprésente, familiale et intime, épousant le rythme de notre vie. Son impact est majeur, son public est très large et varie au fil des heures.

- Certains spots ne sont pas publicitaires, même s'ils s'inspirent de mécanismes identiques. Véritable canal médiatique, le spot s'intègre à des campagnes d'information ou de prévention.

 ## Superchicos

Duración : 20″

CASA. INTERIOR/EXTERIOR-DÍA

① *Música triunfante tipo película de Supermán vencedor. Plano americano de la madre llevando una bandeja[1] con una cafetera. Panorámica izquierda hasta un plano de medio conjunto en el que se ve a un niño de unos diez años sentado a una mesa con mantel azul, tazones[2] y vasos de zumo[3] de naranja. A su lado derecho se presiente al padre de quien aparecen el hombro y un brazo. Detrás en la pared azul hay marcos negros; del techo cuelga una lámpara, de ancha pantalla[4], que ilumina la mesa desde cerca. En el ángulo inferior izquierdo del encuadre está el logo « Loste » que se mantiene a lo largo del anuncio. Fuera de campo, se oye una voz varonil[5], firme y enfática.*

VOZ *(en off)*. — Para que te hagas...

② *Primer plano, en picado, de una bandeja con un tarro[6] de mermelada y un paquete de galletas. En él se ven dos logotipos : Loste y Dalia. Sobresalen los colores rojo, amarillo y naranja.*

VOZ *(en off)*. — ... fuerte, aquí tienes Dalia de Loste.

③ *Primer plano del padre a contraluz. Cuarentón de pelo moreno, con gafas, tipo ejecutivo, sonríe. Está hablando y mira a derecha e izquierda.*

④ *Primerísimo plano de una pequeña pila de galletas, surge una mano fina y coge tres.*

VOZ *(en off)*. — La fuerza que dan la harina...

[1] *un plateau.*
[2] *augm. de* taza.
[3] *jus.*
[4] *abat-jour.*
[5] *virile.*
[6] *un pot.*

⑤ *Primer plano de la niña, más joven que el chico. Rubia de mejillas rosadas, su vestido azul hace juego con sus ojos. Sonríe y mira hacia arriba fuera de campo.*

VOZ *(en off).* — ... la leche y los huevos.

⑥ *Primer plano, en fuerte picado, de un tazón con batido de chocolate[7], una mano remoja[8] una galleta en el líquido.*

VOZ *(en off).* — Toda la fuerza...

⑦ *Primer plano del niño con el pelo moreno y rizado[9]. Lleva gafas coloradas y una cazadora azul de mangas[10] rojas. Hay una armonía de colores entre lentes[11], ropa y pared azul. Está comiendo una galleta que acaba de untar[8] en su batido. Mira fuera de campo.*

VOZ *(en off).* — ... de Dalia para salvar...

⑧ *Plano de conjunto de los cuatro sentados a la mesa. Se oye un trueno y un relámpago ilumina de azul el comedor.*

VOZ *(en off).* — ... las situaciones...

⑨ *Primer plano de la madre, morena, joven y hermosa.*

VOZ *(en off).* — ... difíciles.

Sigue el relámpago, la mujer levanta los ojos al cielo y apoya la barbilla en una mano. Con expresión afligida exclama :

MADRE *(in).* — Mmm, ¡mi ropa!

Detrás de la madre se ve pasar al niño muy rápido.

⑩ *A la música se ha añadido un coro de voces varoniles y alegres. Plano medio corto del chico que surge de la izquierda, se quita la cazadora parodiando a Supermán. Debajo lleva un suéter[12] con « Superchico Dalia » en letras gordas. Con amplia y decidida sonrisa se dirige hacia la cámara como si fuera a atravesar la pantalla[13].*

CORO *(en off).* — Adelante Dalia, contigo está.

⑪ *Plano medio corto del chico que salta lateralmente hacia la izquierda como si tomara su vuelo. La cámara le sigue en panorámica izquierda para aumentar la ilusión de movimiento. La escena pasa en una especie de corredor.*

CORO *(en off).* — Y su fuerza...

⑫ *Plano medio corto, en contrapicado, del niño cogiendo la ropa tendida fuera de la casa. La mitad superior del encuadre la ocupa el cielo azul.*

CORO *(en off).* — ... Superchico...

⑬ *Plano medio corto del niño y de la madre. Aquél le entrega la ropa. Detrás de la pareja hay un florero[14] y una ventana como de cocina por donde se ve la ciudad.*

CORO *(en off).* — ... te hará.

⑭ *Primer plano de un paquete de galletas que estalla haciendo volar las galletas.*

VOZ *(en off).* — Dalia de Loste, hace...

⑮ *como el 13. El chico levanta puño y brazo como Supermán volando.*

VOZ *(en off).* — Superchicos.

España al día

[7] *du lait chocolaté.*
[8] *remojar, untar, tremper.*
[9] *frisé.*
[10] *un blouson bleu aux manches.*
[11] *gafas.*
[12] *un sweater.*
[13] *l'écran.*
[14] *un vase avec des fleurs.*

El espot

1. Resuma la anécdota que sirve de soporte a la publicidad.
2. Destaque los momentos claves del anuncio.

Analicemos

1. ¿En qué ambiente nos sitúa el plano primero?
2. Planos ②-⑦ : ¿cómo se organiza la presentación de las galletas? Caracterice a cada personaje y señale qué idea quiere suscitar la presentación de la familia?
3. Planos ⑧-⑨ : comente los cambios, la manera como se producen y su consecuencia para el relato.
4. Planos ⑩-⑬ : muestre cómo se precipita la acción y cómo se sintetizan los momentos principales de una historia completa. ¿De qué manera se sugiere el movimiento?
5. Caracterice los planos ⑭ y ⑮.
6. A lo largo del anuncio se acumulan los tópicos. Analice el papel que desempeñan.
7. ¿Explique las relaciones que se tejen entre música, palabras e imágenes? ¿De dónde nace el divertimiento?

Para concluir

1. ¿Qué idea de las galletas se intenta sugerir con este anuncio y a qué público se dirige?
2. ¿Qué opina usted de esta publicidad?

Practicando se aprende

1. Complétez les amorces suivantes : **Se hará fuerte el que...** (gramm. pp. 227-228); **la madre tiene miedo de que...**
2. Transformez cette phrase en employant la personne de politesse : **Contigo está** (gramm. p. 206).

El anuncio

1. ¿Qué promueve esta publicidad y quién la ha encargado?
2. ¿Cómo se explica que se puede hacer windsurfing en la Comunidad de Castilla y León?
3. Fíjese en el título : trate de justificar los arcaísmos y la caligrafía.

Analicemos

1. Muestre cómo el dibujo y las cenefas (les frises, les bordures) reproducen el procedimiento empleado en el título.
2. ¿Qué características del turismo castellano se ponen de realce en texto y dibujo? ¿En qué se diferencia del que se practica en otras partes de España?

Para concluir

- ¿En qué idea de Castilla y del turismo ha basado el publicitario su creación?

Practicando se aprende

1. **Vente a Castilla** : récrivez cette invitation à la forme de politesse.
2. Trouvez une tournure équivalente pour dire : el windsurfing **se ha convertido** en un deporte normal (gramm. p. 231).
3. Présentez les charmes de la région en complétant l'amorce suivante : **hacer windsurfing permite...**
4. **Lo normal es aburrirse** haciendo windsurfing : imitez cette tournure pour présenter d'autres activités pratiquées par les vacanciers.

España al día

¹ (latinismo) où l'on parle de. - ² (título imitado del castellano medieval). Facer, hacer; esfverços, esfuerzos. - ³ la mer ne plaisante pas. - ⁴ feux de signalisation. - ⁵ les lacs artificiels. - ⁶ amener, abaisser les voiles. - ⁷ sans être gêné.

Un rey actual

Si en este país hubiera vacas húmedas de ojos azules y ríos navegables, Juan Carlos sería un rey que va al supermercado en bicicleta. Haría expediciones de arqueología o restauraría incunables[1], podría entretenerse en el jardín hasta lograr una rosa malva[2] después de cien injertos[3], como hacen algunos colegas suyos de Escandinavia. Por desgracia, en este solar[4] sopla a veces un ardiente sur de fuerza seis que obliga al regio[5] piloto, de rubio cariz[6], a ganarse el sueldo capeando[7] unas pasiones bastante morenas. Ya no existe la historia. Juan Carlos se riega la propia planta cada día de una forma exquisita para que arraigue[8] su empleo y hasta ahora tiene un dato a favor[9]. Los antiguos monárquicos le adoran, los pintores abstractos componen serigrafías en su honor, escritores republicanos de barba contracultural se visten alborozadamente[10] de gris marengo antes de darle la mano y las chicas del grupo *rockero* ensayan la media reverencia frente al armario de luna[11]. La cosa funciona.

Juan Carlos es un rey actual que se permite la modernidad de romperse la cadera[12] esquiando. El deporte es una ascética para gente de sangre azul y en este sentido la parte visible de su figura, la que el pueblo llano[13] consume sentimentalmente por medio de las revistas del corazón, tiene algo de yate[14] en Mallorca con regata incluida, un poco de *squash,* aquel resbalón[15] en la piscina cuando se dio contra un cristal, su amistad con algún motorista campeón del mundo[16] o con el tenista Santana, las escapadas en motocicleta bajo el anonimato del casco, las cenas en el restaurante Landó o en Casa Lucio[17] con los compañeros de promoción en las armas, las fotografías hieráticas en las audiencias o en maniobras militares con la guerrera[18] abierta, la boina ladeada[19] y el bocadillo de campaña. En España hay una monarquía sin corte. El palacio de la Zarzuela es una mansión somera[20], con hábitos de alta burguesía muy refinada, cuyo lujo en país industrial está al alcance de cualquier mediano magnate del pollo frito.

Manuel Vicent, *Daguerrotipos,* 1984.

[1] primeros libros impresos.
[2] mauve.
[3] greffes.
[4] terrain à bâtir.
[5] royal.
[6] aspecto.
[7] capear, torear con la capa.
[8] arraigar, s'enraciner.
[9] il a un avantage.
[10] avec allégresse.
[11] l'armoire à glace.
[12] la hanche.
[13] sencillo.
[14] yacht.
[15] cette glissade.
[16] Ángel Nieto.
[17] conocidos restaurantes madrileños.
[18] la vareuse.
[19] le béret sur le côté.
[20] une demeure sommaire.

Para empezar

1 *Juan Carlos es un rey actual que se permite la modernidad de romperse la cadera esquiando. En España hay una monarquía sin corte. A partir de estas frases, intente precisar el interés del fragmento.*
2 *¿Qué impresión le produce el texto?*

Analicemos

1 *Líneas 1-9 : ¿qué papel les concede Vicent a los monarcas nórdicos? ¿En qué se diferencia la función del Rey Juan Carlos de la de sus colegas?*
2 *Líneas 9-16 : muestre cómo estas líneas ilustran la afirmación final :* **la cosa funciona.**
3 *Líneas 17-32 : ¿cuáles son los aspectos de la realeza española que aparecen en esta enumeración? ¿Cómo pueden explicar la popularidad del Rey?*
4 *Comente la última frase insistiendo en el tono empleado.*
5 *Intente definir la posición de Manuel Vicent respecto de la monarquía de Juan Carlos.*

Para concluir

- Subraye el papel del humor, del irrespeto y de la ironía, y precise qué imagen da aquí Vicent del Rey de España. Compárela con la que esboza Cebrián en su artículo p. 97.

Practicando se aprende

1 *Si* en este país **hubiera** vacas de ojos azules..., Juan Carlos **sería** un rey que..., **haría** expediciones... **restauraría**... **podría**... Réutilisez cette construction dans des phrases se rapportant au texte (gramm. p. 229).
2 *Una mansión* **cuyo** *lujo está al alcance de cualquier mediano magnate.* Au moyen de ce pronom relatif, caractérisez le roi et son règne (gramm. p. 209).

España al día

Don Juan Carlos y su hijo Felipe, Príncipe de Asturias.

Prácticas

PELIGRO:
¡LOS OSOS PANDA
Y LOS ESPAÑOLES,
EN VÍAS DE EXTINCIÓN!

El Perich, *5º canal ilustrado,* 1984.

Aclaraciones

- *Los osos panda,* les pandas.- *casi na, (pop.),* casi nada.- *tío (fam.),* mec.- *los pantalones tejanos,* les blue-jeans.

Un día en la vida de un español

España al día

Es muy probable que el español de clase media se levante a eso de[1] las ocho de la mañana. Salta de la cama y se va al cuarto de baño. Se afeita con una «Philips», o una «Braun», a no ser que lo haga con hoja[2], en cuyo caso puede ser «Gillette» o «Wilkinson», enjabonándose la cara con «Williams», «Palmolive» u «Old Spice». Finalmente, se da un ligero masaje facial con una «after-shave» cualquiera.

Nuestro bien aseado[3] ciudadano entra en su trabajo a las nueve en punto. Si tiene una secretaria puede llamarse Mary, o Carol, o Betty, aunque sea de Logroño o Salamanca; huele a «Chanel núm. 5» y sabe cómo servirse de los electrodomésticos burocráticos: la máquina de escribir «IBM», la copiadora «Rank-Xerox», la calculadora digital «APF, Mark 30». Las notas las toma en un pequeño «blok» con bolígrafos «Papermate», «Bic» o «Noris-Stick».

A las 2,30, almuerzo o aperitivo. Nuestro hombre puede pedir un «gin and tonic» o un «scotch on the rocks». El «scotch» puede ser un «White Horse», un «Johnny Walker» (etiqueta negra), o si está en fondos[4], un «Chivas Regal». La conversación versará sobre el petróleo que nos llega del Oriente Medio o de las Américas, la Bolsa[5], los impuestos y el Gobierno. Tal vez entre un poco de «foot-ball» (pronúnciese fútbol), o de tenis, o de golf.

Nuestro hombre comienza a cansarse de los viajes al extranjero. Ocurre que por ahí fuera se encuentra con las mismas cosas que aquí. Ya no se puede presumir de nada. España, l'Espagne, Spain, Spanien o vayan ustedes a saber qué, sí que le va resultando cada vez más extranjera, y sintiéndose en ella cada vez más forastero. Sucede que cuando abre la radio del coche le cantan en inglés, que cuando pregunta por un televisor se lo dicen en pulgadas[6] y que cuando quiere refrescarse un poco se le atasca la lengua en una palabra impronunciable.

Sin duda esperan ustedes, al llegar a este punto, que sucumba a la muy española tentación de levantar mi bandera (es un hablar)[8] contra la invasión extranjera. Pero no pienso hacerlo. Quizá los ministros de Hacienda[9] no son felices con estas cosas, pero los consumidores sí. El consumidor se ha convertido en un ser cosmopolita y multinacional, que no le reconoce fronteras a su pasta de dientes, ni le pide el DNI[10] a la gasolina que echan en el depósito de su coche. Tampoco se lo pide a los actores de las películas que le divierten, ni a los autores de los libros que le entretienen[11], ni al «whisky» que alegra su corazón.

Este cosmopolitismo multinacional del consumidor es una formidable barrera contra el proteccionismo y contra la compartimentación estanca[12] de la vida, detrás de los telones de acero de las aduanas. Es posible que con todo ello quede algún arañazo en la vieja coraza[13] de la soberanía nacional. Cuando nos acechan[14] tantas particiones y divisorias, particularismos y peculiaridades, uno se alegra de que pese al patriotismo levemente herido y a lo vernáculo ligeramente averiado, los extranjeros, que son tantos, le hayan hecho caso a don Miguel de Unamuno[15] y se hayan puesto a inventar[16], porque si de nosotros hubiese dependido, a lo mejor seguiríamos pensando, con Ganivet[15], que donde está una seguidilla[17] que se quite la General Motors.

Manuel Blanco Tobio,
ABC, 3/7/1979.

---

[1] *vers les.* - [2] *un rasoir à lames.* - [3] *propret.* - [4] *si tiene dinero.* - [5] *la Bourse.* [6] *en pouces (mesure anglaise ou américaine).* - [7] *il s'embrouille.* - [8] *c'est une façon de parler.* - [9] *les ministres des Finances.* - [10] Documento Nacional de Identidad. - [11] divierten. - [12] *étanche.* - [13] *quelque égratignure sur la vieille cuirasse.* - [14] acechar, *guetter.* - [15] filósofo español de la generación del 98, fervoroso defensor de lo hispánico. - [16] «Que inventen ellos (los europeos)», dijo Unamuno. - [17] canción y baile flamenco.

Analicemos

1. *Párrafos 1-3: caracterice el tono de estos párrafos. ¿Cómo aparece el español medio?*
2. *Párrafo 4: ¿por qué se siente el español cada vez más forastero en su propio país?*
3. *Párrafos 5 y 6: destaque los resortes y los matices del humorismo en estos párrafos.*
4. *Comente lo del **cosmopolitismo multinacional del consumidor**. A la luz del último párrafo diga cuál le parece ser la posición del autor.*
5. *¿Qué papeles desempeña el humor a lo largo del artículo?*

Barcelona, más que nunca

Cuando Don Quijote pronunció el célebre «Barcelona, archivo de cortesía» (primer eslogan publicitario que tuvo la ciudad), no sabía que la población estaba entrando en una oscura época. Ahora, el ayuntamiento se ha inventado el «Barcelona, més que mai» (Barcelona, más que nunca), cuatrocientos años más tarde, y con la vista puesta en la Olimpíada de 1992. Barcelona apunta al año 2000, recordando su historia y apuntalando[1], sobre todo, un presente lleno de ideas y de vida.

Don Quijote y Sancho Panza encontraron a la entrada de Barcelona a Roque Guinart, un bandolero que, de no ser ficticio, hubiera sido amigo de Joan de Serrallonga[2]. Éstos, en la montaña, y los comerciantes, en la ciudad, luchaban contra el poder centralista de los Austrias[3]. Era el principio del fin. Barcelona perdió todos sus privilegios y sus fuerzas, un siglo más tarde, cuando Felipe V (primer Borbón de la historia española), los derrotó[4] en 1714. La ciudad entró en un período gris del que salió con el movimiento de la Renaixença (renacimiento), cuando ya había transcurrido más de un siglo.

Este renacer, respaldado[5] por la fuerza económica de una Barcelona que había apostado[6] claramente por la revolución industrial, sirvió para que la ciudad tuviera su segunda gran etapa de esplendor artístico. El modernismo, junto con el gótico, son los dos estilos arquitectónicos que «venden» Barcelona. La Catedral y la Sagrada Familia, son las postales de la ciudad, de una ciudad que resurge, cual sirena, de las aguas mediterráneas.

En estos momentos la sirena se encuentra en pleno apogeo, se divierte por las mañanas en los parques de nueva arquitectura que han ido proliferando por la ciudad, y por la noche va de local en local, a la busca de los sofisticados, los modernos, los instruidos o los famosos.

Barcelona es una ciudad muy poco escandalosa, que asimila cuanto crea, y que de lo novedoso hace una más de sus características. En Barcelona nadie se sorprende de nada, porque la ciudad ya ha visto de todo. Por eso, los barceloneses no hacen alarde de sus movimientos artísticos, culturales o sociales. Por eso, existe la creencia de que en Barcelona no hay «movida»[7]. Este mítico vocablo, asociado a Madrid, no molesta a los barceloneses, que a pesar de sus eternas disputas con los madrileños, por una vez están contentos de que la capital de España no sea una ciudad gris llena de funcionarios.

Es cierto que en Barcelona no hay «movida»; pero en Barcelona hay gente que se mueve, y lo hace por círculos, casi, casi sin mezclarse. La Barcelona gótica y neoclásica que vio el personaje cervantino, es ahora la misma ciudad abierta al Mediterráneo, pero mucho más esperanzada. Entonces era una ciudad casi vencida, ahora sabe que ya ha ganado.

Mariángel Alcázar,
Ronda (Iberia), 2/1986.

---

[1] *étayant, renforçant.* - [2] bandolero catalán (1592-1634). - [3] *la dynastie des Habsbourg.* - [4] derrotar, *vaincre.* - [5] respaldar, *épauler.* - [6] apostar, *parier.* - [7] movimiento de los años 80 sinónimo de cambio y dinamismo.

Para empezar

- ¿Cuáles son las ideas principales del texto y su interés?

Analicemos

1 *Párrafo 1* : ¿en qué situación estaba la ciudad en tiempos de Cervantes y cómo se encuentra ahora?
2 *Párrafos 2 y 3* : ¿cuáles fueron las principales etapas de la historia catalana?
3 *Párrafos 4-5-6* : ¿qué visión da el articulista de la ciudad en nuestros días y cómo, a pesar de todo, se manifiesta la rivalidad con Madrid?

Para concluir

- *Diga brevemente en qué reside la fuerza de Barcelona, cómo se puede caracterizar la ciudad y cuál es su porvenir.*

España al día

"Lo importante es ganar, no participar."

BARCELONA '92

Ya sabemos que el espíritu olímpico pretende la unión sana de todos los esfuerzos en aras¹ de una sociedad más limpia de cuerpo y de mente. Pero dejemos este principio a la hora de las pruebas². Hoy lo importante es que Barcelona haya conseguido las Olimpiadas del 92. Ha ganado.

Y ese orgullo no nos lo quita nadie. Porque, con la mano en el corazón, es nuestra ciudad la que mejor lo ha hecho.

Se ha ganado y con justicia. Felicitémonos todos.

Por eso, es lógico que nos olvidemos unos instantes de la máxima del Barón de Coubertin y digamos, por una vez "que lo importante es haber ganado, y no tan sólo participado".

¿O no?

SONY

¹ en aras, *en honneur*. - ² las pruebas, *les épreuves*. - ³ magno, a (adj.), *illustre*. Magno, marca de coñac. - ⁴ Enhorabuena, *Félicitations*.

Para empezar

- ¿Qué acontecimiento celebran estos tres anuncios?

Analicemos

1 Compare usted los tres carteles y ponga de manifiesto para cada uno la idea que presidió a su concepción.
2 ¿Publicidad(es) para los Juegos Olímpicos o para una(s) marca(s) determinada(s)? Argumente su respuesta.
3 ¿Qué importancia tendrá para Cataluña y España que esta manifestación internacional tenga lugar allí?

Practicando se aprende

- *Lo importante es ganar...; lo importante es que Barcelona haya conseguido...* Reprenez ces structures pour commenter les publicités et l'événement (gramm. p. 204).

España fomenta[1] su propia competencia[2]

Puede resultar paradójico, pero España, la primera potencia turística del mundo, fomenta su propia competencia. Siria, Nepal, China, Gabón, Mozambique, Cuba... son algunos de los países que nuestros técnicos turísticos visitan con asiduidad en los últimos meses. Todos ellos han solicitado a nuestro país asesoramiento[3] para el desarrollo turístico de sus respectivas bellezas naturales.

«España es un país con una magnífica imagen de organización turística y ha servido de modelo de desarrollo a muchos países», explica Ignacio Vasallo, director general de Promoción Turística del Ministerio de Transportes, Turismo y Comunicaciones. «Es el único país del mundo en el que el turismo de masas está organizado», sentencia.

Eso y el hecho de que Madrid sea la sede[4] de la Organización Mundial de Turismo hace que nuestro país sea visitado constantemente por responsables turísticos de multitud de países, la mayoría de los cuales solicitan de nuestro país «tecnología turística».

En estos momentos, los técnicos españoles ayudan a los estudiantes de turismo sirios en su formación profesional y estudian la posibilidad de convertir en algo parecido a nuestros paradores nacionales[5] los 1 000 castillos de aquel país asiático.

A Cuba se le elabora actualmente un proyecto de desarrollo turístico y se estudia la creación de un programa de cruceros[6] por el Caribe en colaboración con la empresa Trasmediterránea; se intenta robarle mercado a los EE. UU, que controlan totalmente ese negocio.

Nepal es el proyecto más ambicioso de cuantos[7] ocupan ahora a nuestros técnicos turísticos. Hace poco más de un año, Enrique Barón — entonces ministro de Transportes — visitó el país y se concretó la realización de un ambicioso proyecto, que pasa por la construcción de un segundo aeropuerto internacional, en el que ahora trabajan técnicos de nuestra Dirección General de Aviación Civil.

El Gabón solicitó asesoramiento turístico como parte del pago por un compromiso de abastecimiento[8] petrolero solicitado por las autoridades españolas, y en septiembre se desplazará a aquel país un equipo que estudiará la forma de promocionar la zona. Con China está pendiente[9] la firma de un acuerdo de cooperación técnica general, en el que los chinos han incluido los temas turísticos.

En definitiva, España promociona el turismo de medio mundo.

Cambio 16, 9/9/1985.

---

[1] favorece, organiza. - [2] *concurrence*. - [3] *une assistance*. - [4] *le siège*. - [5] hoteles estatales de lujo. - [6] *de croisières*. - [7] de todos los que. - [8] *un accord d'approvisionnement*. - [9] *est en cours*.

Para empezar

- *España promociona el turismo de medio mundo. A partir de esta frase precise cuál es el interés del artículo.*

Analicemos

1 *Párrafos 1-3 : ¿cómo se puede explicar el éxito del asesoramiento turístico español?*
2 *Párrafos 4-6 : subraye la diversidad de los países y de los campos en que se ejerce la ayuda técnica española.*
3 *Con ayuda del texto muestre cómo los españoles se valen de su experiencia nacional para desarrollar el turismo en otros países.*
4 *El Gabón solicitó asesoramiento turístico como parte del pago por un compromiso de abastecimiento petrolero : ¿qué pone de realce esta frase en cuanto al desarrollo del turismo?*

Para concluir

1 *A la luz del artículo, ¿cómo se explica la paradoja señalada en el primer párrafo?*
2 *Compare las ideas de este artículo con la publicidad de al lado.*

Practicando se aprende

- *El único país **en el que** el turismo...; la mayoría **de los cuales** solicitan... Reprenez ces relatifs dans vos réponses aux questions 1, 2, 3.*

Moors 2, Christians 1.

But don't bet on the moors. Every year villages throughout Valencia and Alicante, "The Moors and Christians festival" is celebrated. It re-enacts the expulsion of the Moors from Spain in 1492, ending a 700 year domination. In Alcoy and Villena, thousands of costumed participants act out the battle for two days. The Christians always win. Every day of the year, somewhere in Spain, there is at least one festival.

Any of them could be an unforgettable experience for you. Imagine yourself, for example, at ancient Requena, where a fountain of wine pours continually from an allegorical monument, free for all to drink. Enjoy it until the climatic moment when the monument is burned as trumpeters and drummers play. Less dramatic, but maybe even more memorable, could be the unplanned discovery of the feast day in some small village.

The square will be hung with lights. Food and wine will be everywhere. A band will play and everyone will dance, even small children and a pair of old women. You will feel as if you have strayed into a family party, but not for a moment like an intruder. You will probably be the only tourist in town, and you will be welcomed and made to feel part of the festival.

Memories like these will continue to glow, long after your Spanish suntan has faded away.

Spain. Everything under the sun.

Campaña institucional en prensa internacional, Tandem/DDB.

Para empezar

- Diga usted qué entidad fomenta esta campaña publicitaria y de qué modo aparece en el cartel. ¿A qué público se dirige?

Analicemos

1 El texto en inglés explica que en Alcoy y Villena (provincias de Valencia y Alicante), se celebra cada año el final de la Reconquista (1492) por medio de regocijos, desfiles y batallas fingidas entre moros y cristianos de las que éstos siempre salen victoriosos.
2 ¿Qué visión de las fiestas traduce el cartel?
3 Comente el eslogan : « Moros, 2, Cristianos 1. » ¿Qué reflexiones le inspira?
4 ¿Qué imagen de sí misma desea presentar España en el extranjero?

Juan Aguayo, *Las monjas bordando,* 1985.
Óleo sobre lienzo, 42 × 34 cm.

Para empezar
- Utilice vocabulario y giros encontrados en el romance de Federico García Lorca (p. 33) para describir el cuadro de Juan Aguayo.

Analicemos
1. Muestre cómo se organiza el lienzo poniendo de realce los elementos que lo estructuran.
2. ¿Qué ambiente logra traducir el cuadro? ¿Qué recursos ha empleado el pintor para ello?

Para concluir
- Confronte usted cuadro y poesía comparando sus fuentes de inspiración y los ambientes creados.

La monja[1] gitana

Silencio de cal[2] y mirto[3].
Malvas[4] en las hierbas finas.
La monja borda alhelíes[5]
sobre una tela pajiza[6].
5 Vuelan en la araña[7] gris
siete pájaros del prisma.
La iglesia gruñe a lo lejos
como un oso panza arriba.
¡Qué bien borda! ¡Con qué gracia!
10 Sobre la tela pajiza
ella quisiera bordar
flores de su fantasía.
¡Qué girasol! ¡Qué magnolia
de lentejuelas[8] y cintas!
15 ¡Qué azafranes y qué lunas,
en el mantel[9] de la misa!
Cinco toronjas[10] se endulzan
en la cercana cocina.
Las cinco llagas[11] de Cristo
20 cortadas en Almería.
Por los ojos de la monja
galopan dos caballistas.
Un rumor último y sordo
le despega la camisa,
25 y, al mirar nubes y montes
en las yertas[12] lejanías,
se quiebra[13] su corazón
de azúcar y yerbaluisa[14].
¡Oh, qué llanura empinada
30 con veinte soles arriba!
¡Qué ríos puestos de pie
vislumbra[15] su fantasía!
Pero sigue con sus flores,
mientras que de pie, en la brisa,
35 la luz juega el ajedrez[16]
alto de la celosía[17].

Federico García Lorca,
Romancero Gitano, 1927.

Caminos de la evasión

[1] *La nonne.* - [2] *la cal, la chaux* (de color blanco). - [3] *el mirto, le myrte* (arbusto de color verde muy oscuro). - [4] *mauves (fleurs).* - [5] *des giroflées.* - [6] color paja. - [7] *le lustre.* - [8] *de paillettes.* - [9] *la nappe (ici, celle qui couvre l'autel).* - [10] *cédrats (variété de citron utilisée en confiserie).* - [11] *blessures.* - [12] inmóviles y frías. - [13] *se rompe.* - [14] *citronnelle.* - [15] divisa, entrevé. - [16] *le jeu d'échecs.* - [17] *la jalousie (les persiennes).*

Para empezar

- Después de situar la escena, presente usted brevemente el argumento del romance. ¿En qué puede resumirlo el título?

Analicemos

1. *Versos 1-2 :* evidencie usted la particularidad de estos versos y diga qué entorno dibujan y qué ambiente crean.
2. *Versos 3-8 :* cada pareado puede asimilarse a un cuadro de composición y ordenación precisas : muéstrelo. ¿Cómo interpreta usted la metáfora de los versos 7 y 8?
3. *Versos 9-16 :* analice detenidamente los versos 11 y 12 destacando la importancia de su papel en el poema. ¿Cómo se manifiesta en los versos siguientes el desbordamiento de la imaginación de la monja? ¿Qué efecto produce el verso 16?
4. *Versos 17-22 :* comente el enlace de imágenes y temas sugeridos aquí. ¿Qué nueva orientación dan al poema los versos 21 y 22?
5. *Versos 23-32 :* analice cómo va creciendo la sensualidad. ¿Qué sentidos encierran las dos exclamaciones?
6. *Versos 33-36 :* destaque la importancia de la palabra «pero» y muestre cómo remiten estos últimos versos a los del principio creando une estructura circular.

Para concluir

1. ¿Poema de tema religioso o profano? Muestre cómo los dos aspectos van indisolublemente vinculados.
2. ¿Cuál le parece ser la tonalidad de este romance? Justifique su parecer.

Practicando se aprende

- *¡Qué bien borda!* Mettez cette exclamation au style indirect en commençant ainsi : **las monjas admiran...** *(gramm. p. 236).*

Escena del teniente coronel[1] de la Guardia Civil

(Cuarto de banderas[2]).

TENIENTE CORONEL. — Yo soy el teniente coronel de la Guardia Civil.

SARGENTO. — Sí.

TENIENTE CORONEL. — Y no hay quien me desmienta[3].

SARGENTO. — No.

TENIENTE CORONEL. — Tengo tres estrellas y veinte cruces.

SARGENTO. — Sí.

TENIENTE CORONEL. — Me ha saludado el cardenal arzobispo con sus veinticuatro borlas moradas[4].

SARGENTO. — Sí.

TENIENTE CORONEL. — Yo soy el teniente. Yo soy el teniente. Yo soy el teniente coronel de la Guardia Civil.

(Romeo y Julieta, celeste, blanco y oro, se abrazan sobre el jardín de tabaco de la caja de puros[5]. El militar acaricia el cañón de un fusil lleno de sombra submarina. Una voz fuera.)

Luna, luna, luna, luna.
Del tiempo de la aceituna.
Cazorla[6] enseña su torre
y Benamejí[6] la oculta.

Luna, luna, luna, luna.
Un gallo canta en la luna.
Señor alcalde, sus niñas
están mirando a la luna.

TENIENTE CORONEL. — ¿Qué pasa?

SARGENTO. — ¡Un gitano!

(La mirada de mulo joven del gitanillo ensombrece[7] y agiganta[8] los ojirris[9] del teniente coronel de la Guardia Civil.)

TENIENTE CORONEL. — Yo soy el teniente coronel de la Guardia Civil.

GITANO. — Sí.

TENIENTE CORONEL. — ¿Tú quién eres?

GITANO. — Un gitano.

TENIENTE CORONEL. — ¿Y qué es un gitano?

GITANO. — Cualquier cosa.

TENIENTE CORONEL. — ¿Cómo te llamas?

GITANO. — Eso.

TENIENTE CORONEL. — ¿Qué dices?

---

[1] *le lieutenant-colonel.*

[2] *las banderas, les drapeaux.* El cuarto de banderas, *la salle d'honneur.*

[3] *desmentir, démentir.*

[4] *pompons violets.*

[5] *de la boîte de cigares.* (Romeo y Julieta, famosa marca de puros habanos).

[6] (pueblos andaluces.)

[7] *la sombra, l'ombre.*

[8] *agigantar, agrandar.*

[9] (neol., palabra compuesta de «ojo» e «iris».)

Caminos de la evasión

GITANO. — Gitano.

SARGENTO. — Me lo encontré y lo he traído.

TENIENTE CORONEL. — ¿Dónde estabas?

GITANO. — En el puente de los ríos.

TENIENTE CORONEL. — Pero ¿de qué ríos?

GITANO. — De todos los ríos.

TENIENTE CORONEL. — ¿Y qué hacías allí?

GITANO. — Una torre de canela.

TENIENTE CORONEL. — ¡Sargento!

SARGENTO. — A la orden, mi teniente coronel de la Guardia Civil.

GITANO. — He inventado unas alas para volar, y vuelo. Azufre[10] y rosa en mis labios.

TENIENTE CORONEL. — ¡Ay!

GITANO. — Aunque no necesito alas, porque vuelo sin ellas. Nubes y anillos en mi sangre.

TENIENTE CORONEL. — ¡Ayy!

GITANO. — En enero tengo azahar[11].

TENIENTE CORONEL. — *(Retorciéndose[12].)* ¡Ayyyy!

GITANO. — Y naranjas en la nieve.

TENIENTE CORONEL. — ¡Ayyyy!, pum, pim, pam. *(Cae muerto.)*

(El alma de tabaco y café con leche del teniente coronel de la Guardia Civil sale por la ventana.)

SARGENTO. — ¡Socorro!

(En el patio del cuartel, cuatro civiles apalean al gitanillo.)

Federico García Lorca, *Poema del Cante jondo,* 1921.

Federico García Lorca : Fotografía con dibujos, 1927.

[10] *Soufre.*

[11] *des fleurs d'oranger.*

[12] retorcerse, *se tordre de douleur.*

5 Lorcas 5, Teatro nacional María Guerrero, Madrid, 11/1986.

Para empezar

- *Cuente usted esta escena poniendo de realce sus diferentes partes.*

Analicemos

1. *Líneas 1-12 : comente el retrato que de sí mismo hace el Teniente Coronel. ¿Cómo le aparecerá al público y por qué?*
2. *Líneas 12-28 : ¿qué temas introducen tanto las acotaciones que siguen como las coplas cantadas por «una voz fuera»? ¿Qué experimentará el espectador en este momento? Comente las segundas acotaciones escénicas.*
3. *Líneas 29-47 : caracterice la primera parte del diálogo entre el gitano y el Teniente diciendo qué va poniendo de realce. ¿Por qué llama éste al Sargento?*
4. *Líneas 48-63 : comente la continuación del diálogo e imagine lo que pasa en el escenario. ¿Qué opinión tiene usted del desenlace?*

Para concluir

1. *Muestre a partir de esta obra qué particularidades tiene este teatro.*
2. *Si tuviera que escenificar este fragmento ¿qué es lo que pondría particularmente de realce y por qué?*

Prácticas

El viento de la bahía

El viento, el viento de Cádiz. El viento enloquecedor[1], acelerador de la sangre de todos los asomados a estas orillas, que se presenta así, casi sin aviso, atravesando de una punta a otra las calles, los entubados callejones[2].

5 Él es el mismo viento amante erótico de las azoteas, los tendederos[3] de las ropas colgadas, que las hincha[4] habitándolas a su paso, haciendo de los pantalones y camisas verdaderos personajes inflados[5] contra el cielo. El levante arremolina[6] los papeles arrojados a las calles y plazas, lanzando las hojas del otoño contra las
10 puertas y los zaguanes[7], en donde las almacena[8]. «Ha llegado el levante», anuncia la gente. Viene de allá, del Estrecho, de África. Se oculta, sabe Dios, en qué cueva[9] submarina o quién sabe en qué torre invisible, de donde se escapa o sale hacia las cuatro de la tarde.
15 Yo no supe nunca en dónde estaba el levante, en dónde se escondía, pero tenía miedo de que un día, al doblar una esquina cualquiera hacia la playa, me arrebatase[10], alzándome del suelo, llevándome sabe Dios, si más allá de Tarifa[11], hacia Ceuta y Melilla[12], hacia las arenas del Sáhara. No sé. Así y todo, creo que yo no le
20 he tenido mucho miedo. Su mismo nombre — el levante — siempre me gustó, considerándolo un arrebatado y misterioso ser que aparecía con frecuencia en la bahía, electrizándolo todo. Un gato

[1] enloquecer, *rendre fou.*
[2] *les ruelles (pareilles à des tubes).*
[3] *les étendoirs.*
[4] hinchar, *gonfler.*
[5] hinchados.
[6] *le vent d'est fait tourbillonner.*
[7] *les vestibules.*
[8] almacenar, *entasser.*
[9] *grotte.*
[10] arrebatar, *emporter.*
[11] ciudad española vecina de Gibraltar.
[12] posesiones españolas en Marruecos.

que había en mi casa, cuando lo presentía y luego lo escuchaba, comenzaba a maullar[13], cayendo en un ataque de demencia, corriendo por los pasillos[14], saltando por las camas, subiendo y bajando veloz las escaleras y marineando[15] por las cuatro columnas del patio. No se le podía soportar mientras sonaba el levante, acabando, por lo general, ya calmo, debajo de un armario u otro mueble cualquiera. Los perros se mostraban más tranquilos. Pero algún tío mío, se trastornaba[16] y escribía más disparates[17] que nunca. Se advierte mucho en Cádiz y los pueblos de la bahía la visita del levante durante milenios y milenios. Creo que parte de la gracia y el disparate chirigotero[18] de Cádiz tienen mucho que ver con el levante. No puede subsistir normal la cabeza de nadie resistiendo casi a diario la visita azotadora[19] de ese viento sin resentirse, sin que sus facultades mentales se alteren en algo.

— Parece que hoy va a haber levante.

Rafael Alberti, *El País*, 17/8/1986.

[13] *miauler.*
[14] *les couloirs.*
[15] *navegar.*
[16] *perdait la tête.*
[17] *absurdités.*
[18] *la drôlerie et l'extravagance facétieuse.*
[19] *azotar, fouetter.*

Caminos de la evasión

Dibujo de Rafael Alberti.

Compréhension du texte

1 Resuma este texto en una diez líneas.
2 « *El viento enloquecedor, acelerador de la sangre.* » — « *Yo no supe nunca en dónde estaba el levante.* » A partir de estas dos citas destaque el interés del texto.

Expression personnelle

1 a) *Líneas 1-10* : analice de qué manera presenta el poeta el viento.
  b) *Líneas 1-22* : ¿qué dimensión cobra el levante y qué recuerdos despierta en Alberti?
  c) *Líneas 22-37* : comente las anécdotas evocadas y caracterice el tono empleado por el autor hasta el final.
2 Elija y comente libremente un aspecto del texto que le haya interesado.

Compétence linguistique

1 a) *Passez au présent depuis* « Un gato... » *jusqu'à* « ... más disparates que nunca. ».
  b) *Récrivez à la 3ᵉ personne depuis* « Yo no supe nunca... » *jusqu'à* « ... electrizándolo todo. ».
2 *Complétez ces phrases dans la logique du texte* : **No se le puede hablar de Cádiz al poeta sin que...; el poeta tenía miedo de que...**
3 *El viento aparecía electrizándolo todo. En réutilisant la tournure en gras, formulez une phrase se rapportant au texte.*
4 *Traduisez depuis* « Un gato... » *jusqu'à* « ... del patio. ».

LE RÉSUMÉ

• Cet exercice a pour but de vérifier que vous avez été capable de **comprendre l'essentiel** du texte. Vous devez donc **faire un choix entre ce qui est indispensable** à sa compréhension et **ce qui est accessoire**, ce que vous ne pourrez faire **qu'après avoir lu attentivement plusieurs fois le document** et vous en être pénétré. Dégagez-en bien l'organisation en repérant les mots d'articulation (***pero, sin embargo, ya que, por eso, además,*** etc.). Essayez de donner mentalement un titre aux différents mouvements.

• Il vous est recommandé de reprendre **la forme, le/les temps** et **la/les personnes** utilisés dans le passage **en vous abstenant de tout commentaire** ou **début d'explication.** Vous êtes tenu de **respecter l'enchaînement** des idées, faits, sentiments, etc. évoqués.

• Portez une attention toute particulière aux emplois des modes et à la concordance des temps. Vous pouvez réutiliser, au besoin, les structures et formulations du texte qui vous paraîtront nécessaires **en évitant** toutefois **de faire un montage de phrases entières** et de ne procéder que par citations.

• Votre résumé doit compter **une dizaine de lignes.** Avant de le rédiger, vérifiez que vous êtes capable de répondre aux questions suivantes : **où** et **quand** se situe l'épisode ; **qui** en sont les protagonistes ; quel en est l'**intérêt**.

Compra mi destino

— Vete al mercado — dijo el comerciante a su criado — y compra mi destino. Estoy seguro de que será fácil encontrarlo. Pero no te dejes engañar, no pagues más de lo que vale.

— ¿Cuánto he de pagar? — preguntó el criado.

— Lo mismo que para los demás. Mira a cómo está el destino de los demás y paga lo mismo por el mío.

El criado estuvo ausente durante largo tiempo y volvió desazonado[1], asegurando a su amo que no había encontrado su destino en el mercado, a pesar de haberlo buscado con gran ahínco[2]. El comerciante le reprendió con acritud[3] y se quejó de su ineficacia.

— No puedo encargarte la encomienda más sencilla[4]. ¿Es que lo he de hacer todo yo? No puedo — compréndelo — abandonar este negocio que sólo marcha si yo lo vigilo. Por otra parte, me interesa mucho hacerme con[5] ese destino. Sigue buscando y no vuelvas por aquí sin haber dado con él.

El criado volvió al mercado y durante días buscó el destino de su amo, sin encontrarlo en parte alguna. Pero alguien le sugirió que buscara en otros mercados y ciudades porque una cosa tan especial no tenía por qué hallarse allí[6]. El criado volvió a casa del comerciante a pedirle permiso y dinero para el viaje, a fin de buscar su destino por toda la parte conocida del país.

El comerciante lo pensó y dijo :

— Bien, te concedo ese permiso y ese dinero, a condición de que no hagas otra cosa que buscar mi destino. No vuelvas aquí sin él — y añadió — o sin la seguridad de que no está a merced de quien se lo quiera llevar[7].

[1] *découragé.*
[2] *acharnement.*
[3] *le réprimanda avec acrimonie.*
[4] *te confier la moindre commission.*
[5] *mettre la main sur.*
[6] *n'avait aucune raison de se trouver là.*
[7] *sans la certitude qu'il ne se trouve pas à la merci du premier venu.*

El criado se puso en viaje y ya no hizo otra cosa que recorrer toda la parte conocida del país en busca del destino de su amo. Viajó por regiones muy lejanas y envejeció[8], perdió la memoria pero, fiel a la promesa hecha a su amo, sólo conservó la obligación contraída[9]. También el comerciante envejeció y perdió muchas de sus facultades. Un día su constante peregrinación llevó al criado hasta el negocio de su amo a quien ya no reconoció, empero[10] sí le interrogó sobre el objeto de su búsqueda[11].

— Por lo que me dices — dijo el comerciante —, tengo algo aquí que creo que te puede convenir — y le mostró su propio destino.

— Es exactamente lo que necesito — repuso el criado —. Pero espero que no cueste mucho. Llevo tantos años buscándolo que me he gastado casi todo el dinero que tenía. Sólo me resta esto.

— Ya es bastante y me conformo — repuso el amo —. Ese trasto[12] lleva toda la vida en mi casa y a nadie ha interesado hasta ahora. Te lo puedes llevar a condición de que me digas para qué lo quieres.

— Eso no lo puedo decir porque lo ignoro. Lo he olvidado. Sé muy bien que lo necesito, pero no sé para qué.

— Entonces es tuyo — replicó su viejo amo —; es un objeto que conviene a un desmemoriado[13]. Creo recordar que alguien lo olvidó aquí y no se me ocurre destino mejor para él que quedar encerrado en el olvido de quien tanto lo necesitó.

Y cuando el comerciante vio que su antiguo criado se alejaba con su destino bajo el brazo, dijo para sus adentros[14]:

— Al fin.

Juan Benet, *Trece fábulas y media,* 1981.

[8] envejecer, *vieillir.*
[9] *qu'il avait contractée.*
[10] sin embargo.
[11] buscar, *chercher.*
[12] *ce machin.*
[13] el que ya no tiene memoria.
[14] para sí.

Caminos de la evasión

Antes de redactar

1. *¿Cuántos son los personajes y quiénes son?*
2. *¿Dónde y cuándo pasa el cuento? ¿Qué importancia tendrá esto para el comentario (fíjese en el título del libro)?*
3. *Destaque en una frase el tema del texto.*
4. *Señale las diferentes etapas de la historia.*
5. *Fíjese en la forma (aquí diálogo y relato), en las personas y los tiempos empleados.*
6. **Redacte ahora el resumen.**

Dibujo de **Quino.**

Un «Orient Express» a la Andaluza

No pueden evitarse las comparaciones con el legendario «Orient Express», aunque sus organizadores afirman que los objetivos de ambos ferrocarriles son diferentes: mientras la finalidad del primero es viajar, la del segundo es disfrutar plenamente de todas las comodidades que ofrece un tren mágico como es el «Al Andalus[1]», al que califican de más lujoso. Sin embargo, debido a su precio, que oscila entre 119 000 pesetas por persona en cabina triple, y las 225 000 en cabina individual, calculan que el 80 por 100 de sus plazas serán ocupadas por extranjeros, principalmente norteamericanos, que deseen conocer las maravillas que ofrece Andalucía. El precio incluye el viaje desde Madrid, visitando Aranjuez, Linares, Úbeda, Córdoba, Sevilla, Jerez, Málaga, Antequera y Granada, con pensión completa durante todo el recorrido[2], en una cuidada selección de restaurantes, así como la entrada a diversos espectáculos, típicamente andaluces, y a los principales monumentos, acompañados de expertos guías. Además están a libre disposición de los viajeros los múltiples servicios del tren.

El «Al Andalus» ofrece a los más exquisitos[3] y románticos la experiencia de viajar en un cinco estrellas con todas las comodidades, rodeado de un ambiente distinguido, y en el que a medida que pasa el tiempo se siente uno más a gusto. Viajar en este tren no fatiga, y sus instalaciones ofrecen un inmejorable aire acondicionado, que se transformará en calefacción[4] durante el invierno. Tras la máquina va un coche-furgón, que produce una corriente continua de tres mil voltios y permite tener aire acondicionado y perfectas instalaciones de alumbrado y música. Hay tres o cuatro coches-camas[5], según las necesidades, y otro coche de literas[6] para los empleados. Y lo verdaderamente impresionante son los nostálgicos coches «Alhambra», «Medina Azahara» y «Giralda», que datan de 1920, y han sido reconstruidos con todo lujo de detalles y utilizando parte de la decoración auténtica. Caoba, cuero, bronce y telas nobles, debidamente coordinadas, crean una atmósfera de alta calidad y evocan los trenes de principios de siglo. «Alhambra», con su suelo enmoquetado, es el coche-restaurante, y allí se sirven los desayunos. «Medina Azahara» es el coche recreativo, en el que no faltan dos vídeos y diez mesas de juego. Probablemente sea el primer tren del mundo que incluye en sus instalaciones máquinas tragaperras[8]. También es único el coche «Giralda», con su animada y moderna discoteca, la primera que se instala en un tren europeo y quizá mundial, así como su confortable «pub» y su romántico piano-bar.

En Sevilla tuvo lugar el bautizo[9] del tren, con la correspondiente rotura[10] de un par de botellas de champán. En la acogedora capital del Nuevo Mundo, los periodistas asistentes a la inauguración del «Al Andalus» fuimos recibidos por

Juan Manuel Castillo, Consejero de Turismo, Comercio y Transportes de la Junta de Andalucía, quien resaltó la importancia del turismo, primera industria de esta región, y se alegró enormemente de la puesta en marcha de tan importante tren.

«Al Andalus» causó sensación en todas las localidades visitadas. Su llegada a las diversas estaciones del recorrido levantó una gran expectación[11], y fueron muchos los curiosos que se agolpaban[12] en los andenes para ver al tren mágico.

Ya, 14/7/1985.

Caminos de la evasión

---

[1] nombre dado por los Arabes a las tierras que conquistaron. - [2] *le parcours*. - [3] *raffinés*. - [4] la calefacción, *le chauffage*. - [5] *wagons-lits*. - [6] *couchettes*. - [7] *acajou*. - [8] *des machines à sous*. - [9] *le baptême*. - [10] romper, *briser*. - [11] *curiosité*. - [12] agolparse, *s'entasser*.

Para empezar

1 *Un tren mágico como lo es el « Al Andalus » : ¿qué aspectos del texto permiten justificar esta frase?*
2 *Localice todas la ciudades del recorrido del « Al Andalus » y recuerde el interés turístico de cada una.*

Analicemos

1 *Párrafo 1 : explique la relación establecida entre el « Al Andalus » y el « Orient-Express ». ¿A qué clientela se dirige?*
2 *Párrafo 2 : ¿qué atractivos ofrece el « Al Andalus »? ¿Cómo los presenta el periodista?*
3 *Caracterice el ambiente que se ha querido crear en este tren.*
4 *Párrafos 3 y 4 : **La importancia del turismo, primera industria de esta región.** A la luz de esta frase diga lo que puede aportar « Al Andalus » a Andalucía.*

Para concluir

● *¿Qué opina usted de este tipo de turismo? Justifique su respuesta citando argumentos a favor y en contra.*

Practicando se aprende

1 *Transformez le texte depuis « El "Al Andalus"... » jusqu'à « ... decoración auténtica. » en commençant ainsi :* **El « Al Andalus » ofrecía...**
2 **Extranjeros que deseen** *conocer... Sur ce modèle complétez les amorces suivantes :* **A los turistas les gusta un tren que...; Andalucía necesita un turismo que...; viajarán en el « Al Andalus » los turistas que...** *(gramm. p. 229).*
3 **Aunque** *sus organizadores afirman. Dans la logique du texte employez quand il convient le subjonctif ou l'indicatif après* **aunque** *(gramm. p. 234).*

PRÁCTICAS

El terrorista sentimental

A media tarde llegó a la basílica del Valle de los Caídos[1]. Cuando el terrorista penetró en la basílica fue acogido en seguida por una sensación de frescor perfumada de incienso, y de momento no se dio cuenta de que estaba sonando el órgano[2]. Venía obsesionado con la dinamita e izaba los ojos por las paredes ascéticas buscando urnas de soldados victoriosos y muertos. Después se acercó a la tumba del dictador. Contempló la corona de flores que cubría la losa[3]. Allí dentro, la encarnación del mal esperaba el juicio de la historia. En este instante el terrorista se había convertido en el brazo vengador. Cuando iba a depositar, como obsequio, la caja de puros, cebada con dinamita[4], bajo la guirnalda de mirto, antes de que le diera media vuelta a la llave para marcar el plazo al reloj[5], se sintió inundado de pronto por el acorde de Juan Sebastián Bach. Algo se estremeció[6] dentro de sus costillas. La música del órgano alcanzó repentinamente una belleza increíble, los compases[7] de la fuga se perseguían en el aire como libélulas de oro, los quiebros sincopados habían comenzado a extraer destellos de la penumbra faraónica. Un arpegio de ángeles caía en cascada sobre su cogote[8]. No había nada que hacer. Al terrorista le gustaba demasiado Bach. Aquella música estaba a punto de hacerle saltar las lágrimas, porque le recordaba los tiempos de la infancia en la escolanía[9].

Era la cuarta vez que le pasaba lo mismo. En su primera salida de terrorista tenía que colocar una bomba en la central de un banco, pero en un salón de ese banco había una exposición de pintura de Solana[10]. El joven amaba mucho a Solana y tuvo que desistir. Después se le encargó que dejara un paquete de plástico en la entrada de la Caja de Ahorros y dio la casualidad de que la portada del edificio era de Churriguera[11]. Tampoco lo pudo soportar. Finalmente viajó a Valencia para atentar contra el transbordador de Ibiza, pero en el malecón[12] del puerto había jóvenes con guitarras tocando cosas de los Beatles, esperando embarcar. También en esa ocasión fue demasiado débil. Ahora el terrorista volvía a Madrid en el autobús de turistas y se mordía los puños llorando en silencio mientras una abuelita de Ohio le sonreía dulcemente. Había arrancado los cables de la caja de puros, había tirado el bártulo en una cuneta[13] y llevaba la cabeza penetrada por aquella sonata de Bach. Ésta es la historia real de un terrorista sin facultades.

Manuel Vicent, *Crónicas urbanas,* 1983.

[1] Sanctuario que mandó construir Franco para recibir los restos mortales de las víctimas de la Guerra Civil y donde él está sepultado.
[2] *l'orgue.*
[3] *la dalle.*
[4] *la boîte de cigares bourrée de dynamite.*
[5] *pour régler la minuterie.*
[6] estremecerse *vibrer.*
[7] *les mesures.*
[8] *sa nuque.*
[9] escuela de canto litúrgico.
[10] pintor madrileño (1886-1945).
[11] escultor y arquitecto español (1660-1725).
[12] *la jetée.*
[13] *il avait jeté son engin dans le fossé.*

Compréhension du texte

1 Sin comentarlo, haga en unas diez líneas un resumen de este texto.
2 *No había nada que hacer. Al terrorista le gustaba demasiado Bach.* ¿Qué aspecto esencial de la anécdota recalca esta frase?

Expression personnelle

1 a) *Analice usted la presentación que nos hace el narrador del terrorista en las primeras líneas (hasta : « marcar el plazo al reloj »).*
b) *¿Con qué recursos estilísticos describe el novelista la irrupción de la música de Bach? ¿Qué efectos consigue esta evocación?*
c) *Destaque el tono del texto subrayando los elementos que contribuyen a crearlo.*
2 *Comente usted un aspecto de esta página que le haya llamado particularmente la atención.*

Compétence linguistique

1 a) *Récrivez la phrase suivante en imaginant que l'action ne se passera que dans quelques jours : « Cuando iba a depositar la caja de puros, antes de que le diera media vuelta a la llave, se sintió inundado por el acorde de Bach ».*
b) *Exprimez d'une autre façon le sujet indéfini en transformant l'expression :* **se le encargó que...**
c) *Dites autrement :* **tenía que** *colocar una bomba.*
2 *Complétez la phrase suivante en vous inspirant du texte :* **No depositó la dinamita en el banco ; tampoco...**
3 *Al terrorista* **le gustaba** *Bach : imitez cette construction pour donner votre appréciation sur les Beatles.*
4 *Traduisez le début du texte jusqu'à : « ... soldados victoriosos y muertos ».*

Caminos de la evasión

Valle de los Caídos.

Para comentar
1. *Describa estos carteles publicitarios insistiendo en su composición, eslogan y tema.*
2. *Sabiendo que la publicidad procura atraer, interesar, provocar el deseo y la compra, muestre y explique de qué manera se satisfacen estos requisitos.*
3. *Esta publicidad era destinada a las carteleras o vallas* (panneaux publicitaires). *Subraye las características propias de este canal publicitario comparándolas con las de la prensa por ejemplo.*

La resurrección de la pasta

Caminos de la evasión

I

Aparecieron imperiales, con su poderoso penacho[1] de humo, y su bermeja estola[2] de tomate y carne picada[3]. Exhalaban una fuerte vaharada[4], un tufo[5] macho y sanguíneo; no era precisamente el suyo un olor de delicado pachulí[6]. Estaban muy callados, salvo el humo; y observados de cerca, se veía en seguida que eran a la vez flacos y musculosos[7] (probablemente se habían sometido a una cura para adelgazar). Sudaban a más no poder en la sauna del plato caliente, y, como no llevaban toalla[8], nada impediría decir que estaban desnudos. Cuando se disipó un poco el vapor que les circundaba, se les vio mejor : eran, de nuevo, espaguetis. Su pastosa y penetrable presencia invitaba al mordisco[9]. Pero había que pasar antes por otro rito : el bautismo del queso rayado[10]. Al mezclarlos, para que tomate fundido, queso y pasta se maridasen bien[11], sucedió lo extraño aquel martes día 30 de marzo, en Roma. Los espaguetis empezaron a moverse de un modo insólito : estoy por decir que se meneaban[12], que vibraban, o — ¿por qué no? — que reptaban[13]. Uno de ellos, gualdo[14] con manchas rojas en el lomo[15], comenzó a segregarse del montón viscoso, comenzó a serpentear lentamente, con curvas sinuosas (no sé si decir femeninas) hasta el borde del plato. Y ahí no se detuvo aquel hombre. Como si fuese una maroma[16], se fue descolgando[17] desde el primer hasta el segundo plato. Si allí se hubiese detenido, todo el mundo lo hubiera entendido : se ha tratado, señores y señoras, de un normalísimo resbalón[18] de un fideo[19] demasiado lubrificado. Pero el caso es que el filamento hacía tiempo que también se había bajado del segundo plato, y culeteaba[20] ya osadamente por el mantel, dejando, como se puede imaginar, un detestable reguero[21] de tomate. Era admirable, y algunos comensales[22] del restaurante se levantaron para ver la proeza[23] de aquel ser, que ya se estaba dejando caer patas abajo de la mesa, camino de las baldosas[24], camino puede de la puerta, y quién sabe después camino de dónde : Vaticano, Quirinal, Trastevere...
  Al poco rato, todos los habitantes del plato habían desaparecido del local. En ese momento llegó la policía.

1. *un panache.*
2. *son étole vermeille.*
3. *de viande hachée.*
4. *un vapor.*
5. *un olor.*
6. *(perfume).*
7. *maigres et musclés.*
8. *serviette.*
9. *au coup de dent.*
10. *fromage râpé.*
11. *se marient bien.*
12. *moverse, agitarse.*
13. *reptar, ramper.*
14. *amarillo.*
15. *le dos.*
16. *une corde.*
17. *il se laissa glisser.*
18. *resbalar, glisser.*
19. *un vermicelle.*
20. *culetear, se tortiller.*
21. *une traînée.*
22. *quelques convives.*
23. *la prouesse.*
24. *les dalles, le carrelage.*

II

Nino Giustini, agricultor lacial[25], fue el primero en ser mordido. Pensaron que era una víbora[26]. Pero era invierno y extraño que hubiera víboras en un patatal. Antes de entrar en coma, Giustini dijo esta palabra : «Espaguetis.» Pero el médico lo atribuyó a la psicosis en boga. Luego fue un niño que jugaba en el parque romano de Villa Panphili : un orificio sobre el tobillo[27], y la muerte instantánea. No se podía dudar más. Los espaguetis, que durante semanas habían escapado, empezaban a morder a las personas. Inyectaban con su pico[28] redondo y cortante un veneno más

25. *de la región de Roma.*
26. *une vipère.*
27. *la cheville.*
28. *boca.*

fulminante que el curaré. No se contaban los muertos. Todos los sueros[29] y antídotos fracasaban[30]. Cuando alguien dijo que el limón era bueno, sólo consiguió que los precios de estos frutos subiesen por las nubes, pero ninguna defunción[31] se evitó.

La gente — ¡para qué decir otra cosa! — tenía miedo, e Italia toda decidió no comer más pasta. Fue un paso duro[32], un amargo trago. El pavor ante los ofidios[33]-espaguetis había logrado que los italianos desconfiasen también de los otros tipos de pasta : se abandonó con pesar el canalón, el macarrón, el tallarín. Todo el pueblo inició el arduo calvario de la lenteja y el garbanzo[34]; la alubia[35] y la patata adquirieron por fin la primacía[36]. Pero el problema de los espaguetis venenosos seguía sin resolverse.

Luis Pancorbo, 1978.

[29] *les sérums.*
[30] *fracasar, échouer.*
[31] *ninguna muerte.*
[32] *un coup dur.*
[33] *les ophidiens (reptiles).*
[34] *la lentille et le pois chiche.*
[35] *le haricot.*
[36] *la primauté.*

Para empezar
1 *Resuma la historia.*
2 *¿A qué género literario se aparenta esta página y cuál es su tono?*

Analicemos
1 *Líneas 1-10 : ¿qué ambiente se crea desde el principio y con qué procedimientos?*
2 *Líneas 11-14 : ¿qué valor se le confiere aquí a la comida?*
3 *Líneas 15-34 : ¿cómo va progresando la animación y personificación de los espaguetis a lo largo de la primera parte?*
4 *Líneas 35-47 : ¿qué nueva transformación sufren los espaguetis? ¿Con qué recursos consigue el narrador despertar el interés dramático?*
5 ***Todo el pueblo inició el arduo calvario de la lenteja y el garbanzo :*** *¿qué dimensión cobra la invasión de la pasta? ¿En qué medida recuerda las calamidades medievales?*

Para concluir
1 *Estudie el humorismo del texto y su alcance.*
2 *¿Cuál le parece ser el interés esencial de la página.*
3 *Imagine una continuación a esta historia.*

Practicando se aprende
1 *Mettez au présent depuis «No se podía dudar...» jusqu'à «... ninguna defunción se evitó.»*
2 *Comment pourrait-on dire autrement :* **Ninguna** *defunción se evitó;* **al mezclarlos** *para que se maridasen bien;* **Cuando** *se disipó el vapor.*
3 *Complétez les amorces suivantes dans la logique du texte :*
   a) ***los italianos decidieron...; (no) consiguieron...;***
   b) ***los espaguetis atacaban al hombre como si...;***
   c) ***si los italianos hubieran conseguido encontrar algún suero o antídoto...***
4 *Imitez les structures en gras dans des phrases se rapportant au texte : el problema* ***seguía sin resolverse;*** *no* ***se contaban los muertos.***
5 ***Estaban*** *muy callados;* ***eran*** *flacos y musculosos. Reprenez les verbes* **ser** *et* **estar** *pour évoquer les Italiens face au problème des spaghetti meurtriers (gramm. p. 211).*

PRÁCTICAS

Caminos de la evasión

Cesc, *No es broma,* 1985.

Para el comentario

- *La ventanilla,* le guichet. - *la oficina,* le bureau, l'office. - *hacer cola,* faire la queue. - *atender,* s'occuper de quelqu'un. - *señalar,* indiquer.

PRÁCTICAS

Rosa mutábile[1]

Cuando se abre en la mañana
roja como sangre está;
el rocío[2] no la toca
porque se teme quemar.
5   Abierta en el mediodía,
es dura como el coral[3],
el sol se asoma a los vidrios[4]
para verla relumbrar[5].
Cuando en las ramas empiezan
10   los pájaros a cantar
y se desmaya[6] la tarde
en las violetas del mar,
se pone blanca, con blanco
de una mejilla de sal.
15   Y cuando la noche toca
blanco cuerno de metal
y las estrellas avanzan
mientras los aires se van,
en la raya[7] de lo obscuro
se comienza a deshojar[8]...

Federico García Lorca,
Doña Rosita la soltera, 1935.

[1] (lat.), *changeante.*
[2] *la rosée.*
[3] *le corail.*
[4] *les vitres (ici, de la serre).*
[5] *resplendir.*
[6] desmayarse, *défaillir.*
[7] *à l'orée.*
[8] *s'effeuiller.*

Joan Miró, *Llanto del lagarto enamorado,* 1947.
Aguada sobre papel, 23,5 × 32,5 cm.

Analicemos

- *La obra original ilustraba el poema de René Char «Complainte du lézard amoureux».*
1 *A la luz del título comente los diferentes aspectos de la ilustración : identificación de los elementos, composición, representación del espacio, uso y posible significado de los colores.*
2 *Intente destacar el carácter poético de la obra.*
3 *Ponga de realce para concluir lo específico del arte de Miró.*

Diego Velázquez, *La fragua de Vulcano*, 1630.
Óleo sobre lienzo, 225 × 290 cm. Museo del Prado.

Para empezar

- Velázquez trata un tema mitológico. El dios del fuego y de la forja trabaja rodeado de los cíclopes cuando Apolo hace saber a Vulcano que Venus, la mujer de éste, le está engañando con el dios Marte.

Analicemos

1. Apolo, personificación del sol, Vulcano e indirectamente Marte, están en el cuadro. Muéstrelo indicando de qué manera los ha representado el pintor.
2. Comente la reacción que provoca la noticia. ¿Cómo lo puso de realce Velázquez? Estudie los diferentes recursos plásticos utilizados para valorar actitudes y ademanes (luz, colores, composición, etc.).
3. Analice la impresión de realismo que se desprende del cuadro y señale de dónde procede.
4. ¿Qué visión se da de los dioses de la mitología?
5. Explique de dónde nace el humor en esta pintura.

Para concluir

- Según usted ¿desacraliza este lienzo el mito o diviniza lo humano?

Francisco de Zurbarán,
Santa Casilda, 1650.

Óleo sobre lienzo, 184 × 90 cm.
Museo del Prado.

Para empezar

- Santa Casilda, hija de un rey moro de Toledo, llevaba pan a los cristianos cautivos pese a la interdicción de su padre. Éste le preguntó lo que escondía entre los pliegues de su basquiña (sa jupe) y los panes se transformaron en rosas.

Analicemos

1   Muestre lo que, en el retrato, recuerda la noble estirpe (l'ascendance) de Casilda y el milagro que la sanctificó.
2   Este lienzo pretende mostrar a los fieles quién y cómo era Santa Casilda. ¿Qué aspectos privilegió el pintor y cómo los consiguió?
3   ¿Qué opina usted de la visión que dio Zurbarán de la Santa?

Joaquín Sorolla, *Paseo a la orilla del mar,* 1909.
Óleo sobre lienzo, 200 × 200 cm. Museo Sorolla, Madrid.

Para empezar
- Joaquín Sorolla, pintor valenciano, ha retratado a Clotilde, su esposa, y a María, su hija.

Analicemos
1. Describa el lienzo subrayando el ambiente que se desprende.
2. Explique de dónde nacen la fluidez y la elegancia de la escena.
3. ¿Gracias a qué procedimientos consiguió reproducir el pintor la luz mediterránea?

Para concluir
- Destaque los aspectos luministas e impresionistas del cuadro.

- Consacrez votre temps de préparation, qui est très court, à bien vous imprégner du document qui vous est proposé, à l'**analyser** et à **organiser** ce qui sera votre commentaire. **Écrivez peu** sur votre brouillon : un simple **plan** qui vous servira de fil d'Ariane pour exposer vos idées et que vous ne serez pas tenté de lire.

- Soyez attentif aux remarques de votre examinateur : elles ont pour but de vous guider et la façon dont vous y répondrez témoignera de votre capacité à comprendre la langue et les arguments d'une autre personne.

Caminos de la evasión

Mar nuestro

Mar nuestro : permanencia.
De un año a otro se va tensando[1] el puente
que lleva de ola a ola[2].

Que nos siga por siempre ese gemido[3],
ese fluir[4] adamantino[5] y calmo :
canto de luz hiriente[6] en las ventanas,
claridad de una atmósfera
que todo lo arrebata[7].

Mar para tantos ; misterio a cuya orilla[8]
encuentra sitio exacto nuestro cuerpo
y busca la memoria permanencia.

Aurora Saura, *Las horas,* 1986.

[1] tensar, *tendre.*
[2] la ola, *la vague.*
[3] *ce gémissement.*
[4] fluir, *couler, s'écouler.*
[5] *de :* el diamante.
[6] herir, *blesser.*
[7] arrebatar, *ravir, transporter.*
[8] *la rive.*

Pirulí[1]

De fresa, limón y menta
Pirulí.
Chupachús[1] hoy en día
«lolipop» americano.
5 Pirulí.
Cucurucho[2] de menta,
caviar en punta de mi primera hambre,
primer manjar[3] de mi niñez sin nada,
juguete comestible
10 cojeando cojito[4] por tu única pata de palillo de dientes,
verde muñeco[5] azucarado indesnudable
— te devoraba entero
metido en tu barato guardapolvo[6] de papel —.
Tú mi primer pecado de carne,
15 caperuzo imposible,
... robé para comprarte,
fantasmita pequeñito
penitente de dulce
de mi primera Semana Santa
20 ¡Pirulí!
Triste ciprés si estabas
en la mano de otro.

Gloria Fuertes, *Cómo atar los bigotes del tigre,* 1960.

[1] *sucre d'orge.*
[2] *cagoule.*
[3] *mets.*
[4] cojo, *boiteux.*
[5] *poupon.*
[6] *enveloppe.*

Los bandos[1] del Señor Alcalde[2]

«Esta Alcaldía Presidencia ha observado que los ruidos de esta Villa y Corte[3] aumentan hasta hacerse intolerables.

Jóvenes sin escrúpulos, que gustan de ostentar prepotencia y mostrarse ante sí mismos y los demás superiores a cualquier norma y acatamiento[4], vociferan con tal estruendo[5] o producen tales ruidos con las máquinas de correr, que llaman motocicletas, que impiden el sueño apacible y reposado que el trabajo cotidiano de nuestros vecinos requiere. Agavíllanse[6] en ocasiones estos jóvenes, por lo común adolescentes, para que el número aumente el estruendo y fortalezca la impunidad de su deplorable conducta.

A veces no ya los jóvenes, sino los adultos, caen en parecido incivismo y descuido alzando inconsideradamente la voz de los ingenios[7] que reproducen el sonido, mientras tienen los postigos[8] y las vidrieras de ventanas y balcones abiertos, con lo que perturban, particularmente de noche, la sensibilidad y el ánimo de los vecinos, moradores[9] o viandantes[10].

No faltan tampoco quienes hablan con voz estentórea[11], gritan o anuncian mercancías, o tocan instrumentos musicales sin el debido y solícito recato[12]...»

E. Tierno Galván, *Sobre los Ruidos*, 22/7/1981.

El Perich, 1973.

- ¿Qué consigue visualizar Perich y con qué procedimientos?

Comenta Tierno Galván :
«Hay naturalmente una dimensión lúdica, de juego, visible y accesible para los cultos[13] que leen los bandos. Los menos cultos no ven en ellos la ironía y el humor. Y, sin embargo, así, a las relaciones entre el Ayuntamiento y la población madrileña se les da un aspecto de juego. Y es literatura, por supuesto[14]. La literatura es uno de los más eficaces vehículos para la evolución de la personalidad. Aproximar a los ciudadanos a la literatura es aproximarlos a la normalidad.»

Cambio 16, 15/3/1982.

---

[1] bans, avis à la population. - [2] Enrique Tierno Galván (1918-1986), alcalde de Madrid de 1979 a 1986. - [3] (clás.), Madrid. - [4] respeto. - [5] *un tel fracas.* - [6] agruparse (la gavilla, *la gerbe*). - [7] *les engins.* - [8] *les volets.* - [9] morar, *demeurer.* - [10] *passants.* - [11] *de stentor.* - [12] *discrétion.* - [13] *les gens cultivés.* - [14] por cierto.

Para empezar

- ¿Cuál es el objeto de este bando?

Analicemos

1. Caracterice la expresión y la tonalidad del aviso.
2. ¿De qué procedimientos se vale su retórica? ¿Qué efectos surte?
3. Ponga de realce la dimensión lúdica y literaria de la que habla su autor.
4. ¿Comparte usted la opinión de Tierno Galván sobre lo que ha de ser la prosa administrativa?

Para concluir

- Tierno Galván también advirtió : «Ahora los bandos se leen y comentan. No es ya la prosa rutinaria de la administración». ¿Qué opina usted de la eficacia de este método?

TeATRO COMPAÑIA NACIONAL CLÁSICO

Después de : Buenos Aires, Córdoba (Argentina), Sevilla, Palma de Mallorca y Almagro. Ahora... MADRID.

Director de la Compañía :
Adolfo Marsillach

Teatro de la Comedia

Don Pedro Calderón de la Barca
El Médico de su Honra

Calderón : el honor como tragedia.

Lope de Vega
Los Locos de Valencia

Lope : el amor como locura.

LOS CLÁSICOS COMO PASIÓN.
UNA MANERA *VIVA* DE ENTENDERLOS Y DE INTERPRETARLOS

MINISTERIO DE CULTURA
Instituto Nacional de las Artes Escénicas y de la Música

- *Muestre que esta publicidad intenta presentar de manera «viva» las obras clásicas del teatro español.*

¡Perro, villano[1]!

LAURENCIA
    A medio torcer los paños[2]
    quise, atrevido Frondoso,
    para no dar qué decir[3],
    desviarme del arroyo;

(Sacando ropas, las va terminando de estrujar[4].)

5   refrena tus demasías[5]
    que murmura el pueblo todo
    que me miras y te miro,
    y todo nos traen sobre ojo[6].
    Y como tú eres zagal[7]
10   de los que huellan, brioso[8]
    y excediendo a los demás,
    vistes bizarro[9] y costoso,
    en todo el lugar no hay moza,
    o mozo en el prado o soto[10],
15   que no se afirme diciendo
    que ya para en uno somos[11].

FRONDOSO
    Tal me tienen tus desdenes[12],
    bella Laurencia, que tomo,
    en el peligro de verte,
20   la vida, cuando te oigo[13].
    Si[14] sabes que es mi intención
    el desear ser tu esposo,
    mal precio das a mi fe[15].

(Laurencia está terminando su tarea.)

LAURENCIA
    Es que yo no sé dar otro.

FRONDOSO
25   ¿Posible es que no te duelas
    de verme tan cuidadoso
    y que imaginando en ti
    ni bebo, duermo ni como?

LAURENCIA *(Enamorada.)*
    No te me acerques... amor.
30   Frondoso, mi bien... Frondoso...

(Pero su embeleso[16] lo rompe el sonido de un cuerno de caza.)

FRONDOSO
    ¡Ay de mí, el señor es ése!

LAURENCIA
    Tirando viene a algún corzo[17].
    Escóndete en esas ramas.

(Le empuja. Él no querría, pero ella insiste.)

FRONDOSO
    Y ¡con qué celos me escondo!

---

[1] *vilain, paysan.*
[2] *ici, le linge.*
[3] *matière à médisance.*
[4] *tordre, essorer.*
[5] *tes excès.*
[6] *tout le monde nous a à l'œil.*
[7] *mozo.*
[8] *Et comme tu es un garçon décidé et qui n'a pas froid aux yeux.*
[9] *élégamment.*
[10] *le bocage.*
[11] *estamos a punto de casarnos.*
[12] *ton dédain.*
[13] *Hélas, belle Laurence, tes dédains sont pour moi si cruels, que lorsque je suis en ta présence, ta seule vue me rend une vie que m'ôtent tes paroles.*
[14] *puisque.*
[15] *mi amor.*
[16] *ravissement.*
[17] *chevreuil.*

(*Desaparece en la espesura*[18]. *Laurencia comienza a recoger apresuradamente la ropa. Los cuernos de caza parecen desviarse, pero el* COMENDADOR *llega al galope y se detiene. Se echa a reír y dice*) :

COMENDADOR
No es malo venir siguiendo
un corcillo temeroso
y topar tan bella gama[19].

LAURENCIA
Aquí descansaba un poco
de haber lavado unos paños ;
y así al arroyo me torno,
si manda su señoría.

(*Intenta Laurencia irse, pero el* COMENDADOR, *siempre a caballo, le cierra el paso.*)

COMENDADOR
Aquestos desdenes toscos[20]
afrentan, bella Laurencia,
las gracias que el poderoso
cielo te dio, de tal suerte
que vienes a ser un monstruo.
Mas si otras veces pudiste
huir mi ruego[21] amoroso,
ahora no quiere el campo.

LAURENCIA
Id con Dios, tras vuestro corzo,
que, a no veros[22] con la cruz[23],
os tuviera por demonio,
pues tanto me perseguís.

(*El* COMENDADOR, *airado*[24], *casi le echa encima el caballo, derribándola en tierra.*)

COMENDADOR
¡Qué estilo tan enfadoso[25]!

(*Salta del caballo y tira la ballesta*[26].)

¡Vayan caballo y ballesta
lejos, que me quiero solo
para, con solas mis manos,
reducir melindres[27]!

(*Quiere cogerla. Ella se resiste.*)

LAURENCIA
            ¡Cómo!
¿Eso hacéis? ¿Estáis en vos?

COMENDADOR (*Forcejeando*[28].)
¡No te defiendas!

LAURENCIA
            ¡Socorro!

COMENDADOR
¡Acaba, ríndete!

LAURENCIA
            ¡Cielos,
ayudadme ahora!

[18] *les fourrés.*

[19] *biche.*

[20] *de paysanne.*

[21] *rogar, prier.*

[22] *si nos os viera.*
[23] (la cruz de la orden de Calatrava).

[24] *en colère.*

[25] *désagréable.*

[26] *l'arbalète.*

[27] *venir à bout de tes minauderies.*

[28] *luchando.*

COMENDADOR
             Solos
estamos, no tengas miedo.

(De un salto llega FRONDOSO y, apoderándose de la ballesta caída, apunta al Comendador, diciendo):

FRONDOSO
¡Comendador generoso²⁹!

(Cesa el forcejeo.)

65 Dejad la moza o creed
que de mi agravio y enojo³⁰
será blanco³¹ vuestro pecho
aunque esa cruz me dé asombro.

COMENDADOR
¡Perro, villano!...

FRONDOSO *(Conteniéndole con la ballesta.)*
             ¡No hay perro!
70 Huye, Laurencia.

LAURENCIA
             Frondoso,
mira lo que haces.

FRONDOSO
             Vete.

(Laurencia, irresoluta, se va.)

COMENDADOR *(Furioso.)*
¡Oh, mal haya el hombre loco
que se desciñe³² la espada!

FRONDOSO
Pues, pardiez³³, señor, si toco
75 ésta que os he de apiolar³⁴.

COMENDADOR
Ya es ida. Infame, alevoso³⁵,
suelta la ballesta luego,
Suéltala, villano.

FRONDOSO
             ¿Cómo?
Que me quitaréis la vida.
80 Y advertid que amor es sordo
y que no escucha palabras
el día en que está en su trono.

COMENDADOR
Pues ¿la espalda ha de volver
un hombre tan valeroso
85 a un villano? Tira³⁶, infame,
tira y guárdate, que rompo
las leyes de caballero³⁷.

(FRONDOSO va hacia el caballo.)

²⁹ (clás.), ilustre.

³⁰ mon offense et mon courroux.
³¹ la cible.

³² malheur au fou qui se défait de.
³³ parbleu.
³⁴ aquí, matar.
³⁵ traidor.
³⁶ jette.
³⁷ (un caballero no podía luchar contra un villano).

Altos mandos con ropilla, calzones o gregüescos, valonas y sombreros de «halda grande».

FRONDOSO
   Eso no. Yo me conformo
   con mi estado[38] y, pues me es   [38] mon rang.
   guardar la vida forzoso,
   con la ballesta me voy.

   (Monta en el caballo.)

FRONDOSO
   Y el caballo os lo cojo
   prestado. ¡Os lo volveré!,
   que me contento con poco.

Lope de Vega,
Fuenteovejuna, 1619.
Ministerio de Cultura,
Teatro clásico español, casete 13, 9079.

Labrador rico con sayo, calzon, polainas sobre las medias y zapatos de lazo.

Labrador pobre con jubón suelto, calzón de lienzo y abarcas.

Para empezar
1 Presente usted a cada uno de los personajes de esta escena.
2 Destaque los tres momentos esenciales del texto. ¿Qué sucesos los determinan?

Analicemos
1 Versos 1-30 : destaque las características y los resortes de esta escena amorosa.
2 ¿En qué momento y cómo se le pone fin? ¿Qué efecto surte?
3 Versos 31-53 : diga usted lo que pasa en el escenario al principio de esta parte. Teatralmente ¿qué importancia tiene para lo que sigue?
4 Analice cómo intenta el Comendador seducir a Laurencia y las reacciones de ésta.
5 Versos 54-63 : ¿a qué progresión asiste el espectador? ¿Cómo lo traduce la versificación? Destaque la importancia de los versos 55-56 para el desarrollo de la acción.
6 Versos 64-94 : ¿qué impacto dramático crea el lance del verso 64? ¿De qué manera y por qué provoca Frondoso al Comendador?
7 ¿Qué defiende Frondoso? Muestre que la rivalidad entre los dos hombres es también enfrentamiento social.
8 ¿Qué fuerza teatral tiene este momento de la escena? Analice lo simbólico del desenlace.

Para concluir
• ¿Cómo trata Lope de Vega el tema del honor en esta escena?

¡Yo soy una romántica!

Don Friolera, celoso (jaloux) *del cojo Juanito Pachequín, acaba de reñir con su esposa doña Loreta, echándola a la calle; Pachequín lleva a Loreta medio desmayada a su casa.*

Entra el galán[1] con la raptada[2], encendida, pomposa[3] y con suspiros de soponcio[4]. La luna infla los carrillos[5] en la ventana.

DOÑA LORETA. — ¡Demonio tentador[6], adónde me conduces?

PACHEQUÍN. — ¡A tu casa, prenda[7]!

5 DOÑA LORETA. — ¡Buscas la perdición de los dos! ¡Tú eres un falso! ¡Déjame volver honrada al lado de mi esposo! ¡Demonio tentador, no te interpongas[8]!

PACHEQUÍN. — ¿Ya no soy nada para ti, mujer fatal? ¿Ya no dicto[9] ninguna palabra a tu corazón? ¡Juntos hemos arrostrado[10] la
10 sentencia de ese hombre bárbaro que no te merece!

DOÑA LORETA. — Yo lo elegí libremente.

PACHEQUÍN. — ¡Estabas ofuscada[11]!

DOÑA LORETA. — ¿Y ahora no es ofuscación dejar mi casa, dejar un ser nacido de mis entrañas[12]? ¡Considera que soy esposa
15 y madre!

PACHEQUÍN. — ¡Todo lo considero!... ¡Y también que tu vida peligra al lado de ese hombre celoso!

DOÑA LORETA. — ¡No me ciegues[13] y ábreme la puerta!

PACHEQUÍN. — ¿Olvidas que una misma bala pudo[14] matarnos?

20 DOÑA LORETA. — ¡No me ciegues! ¡Ten un buen proceder, y ábreme la puerta!

PACHEQUÍN. — ¿Olvidas que nuestra sangre estuvo a pique de correr emparejada[15]?

DOÑA LORETA. — ¡No me ciegues!

25 PACHEQUÍN. — ¿Olvidas que ese hombre bárbaro, a los dos nos tuvo encañonados con su pistola? ¿Qué mayor lazo para enlazar corazones?

DOÑA LORETA. — ¡No pretendo romperlo! ¡Pero déjame volver al lado de mi hija, que estoy en el mundo para mirar por ella!

30 PACHEQUÍN. — ¿Y para nada más?

DOÑA LORETA. — ¡Y para quererte, demonio tentador!

PACHEQUÍN. — ¿Por qué entonces huyes de mi lado?

DOÑA LORETA. — ¡Porque me das miedo!

PACHEQUÍN. — ¡No paso a creerlo[16]! ¡Tú buscas verme desespe-
35 rado!

DOÑA LORETA. — ¡Calla, traidor!

PACHEQUÍN. — Si me amases, estarías recogida[17] en mis brazos, como una paloma.

---

[1] *le jeune premier.*
[2] *raptar, enlever quelqu'un.*
[3] *écarlate, pompeuse.*
[4] *pâmoison.*
[5] *gonfle les joues.*
[6] *démon tentateur.*
[7] *ici, mon trésor.*
[8] *ne t'y oppose pas.*
[9] *aquí, inspirar.*
[10] *arrostrar, afrontar.*
[11] *aveuglée par la passion.*
[12] *le fruit de mes entrailles.*
[13] *N'essaie pas de m'égarer.*
[14] *a failli.*
[15] *unida.*
[16] *No puedo creerlo.*
[17] *blottie.*

DOÑA LORETA. — ¿Por qué así me hablas, cuando sabes que soy tuya?

PACHEQUÍN. — ¡Aún no lo has sido!

DOÑA LORETA. — Lo seré y te cansarás de tenerme, pero ahora no me pidas cosa ninguna.

PACHEQUÍN. — Me pondré de rodillas.

DOÑA LORETA. — ¡Pachequín, respétame! ¡Yo soy una romántica!

Ramón del Valle-Inclán, *Los cuernos de don Friolera*, 1921.

Para empezar
1. ¿Quiénes son los personajes y qué les pasa?
2. ¿A qué tipos teatrales remiten?
3. ¿Cuál es el tono de la escena?

Analicemos
1. Analice la acotación. ¿Cómo indica ya el tono de la escena? ¿Qué sugiere a propósito de la actuación de los personajes?
2. Líneas 1-12 : ¿qué pretende Pachequín y qué argumentos le opone doña Loreta? Analice el lenguaje de los dos.
3. Líneas 13-27 : ¿a qué nuevo pretexto acude doña Loreta? Comente los juegos de escena y el papel de las repeticiones.
4. Líneas 28-45 : ¿qué progresión se puede advertir en las réplicas de Loreta? ¿Qué efecto surte?
5. Comente la última réplica de la protagonista.
6. Se parodian en esta escena varios valores y modelos : diga cuáles y con qué procedimientos.

Para concluir
1. Valle Inclán define así este teatro : « Los héroes clásicos reflejados en los espejos cóncavos dan el **Esperpento** ». Muestre cómo esta cita se aplica a la página.
2. « El sentido trágico de la vida española sólo puede darse con una estética sistemáticamente deformada ». Recordando el entorno histórico de esta obra, diga lo que quiso dar a entender el autor con ella.

Practicando se aprende
1. Mettez au style indirect depuis « Buscas la perdición de los dos... » jusqu'à «... ábreme la puerta » : **Doña Loreta exclama que...** (l. 5), **Pachequín le pregunta...** (l. 8), **y le recuerda que...** (l. 9), **Loreta le advierte que...** (l. 11), **él replica...** (l. 12), **ella le pregunta...** (l. 13), **le ruega que...** (l. 14), **Pachequín argumenta que...** (l. 16), **pero Loreta le suplica...** (l. 18) (gramm. p. 236). Recommencez cet exercice au passé : **Doña Loreta exclamó que...**
2. Complétez l'amorce suivante dans la logique de la scène : **Me pondré de rodillas para que...**
3. Évoquez ce qui aurait pu se passer et ce qui pourrait encore se passer en formulant des hypothèses sur le modèle suivant : **Si me amases, estarías recogida** en mis brazos (gramm. p. 229).
4. **Déjame** volver... **No te interpongas.** Imaginez les conseils (ordres et défenses) que pourraient donner à Pachequín ou doña Loreta leurs amis ou le mari de cette dernière.

En tanto que de rosa y azucena

En tanto[1] que de rosa y azucena[2]
se muestra la color[3] en vuestro gesto[4],
y que vuestro mirar ardiente, honesto,
enciende el corazón y lo refrena;
5   y en tanto que el cabello, que en la vena
del oro se escogió, con vuelo presto,
por el hermoso cuello blanco, enhiesto[5],
el viento mueve, esparce[6] y desordena;
coged de vuestra alegre primavera
10 el dulce fruto, antes que el tiempo airado[7]
cubra de nieve la hermosa cumbre.
Marchitará la rosa el viento helado,
todo lo mudará la edad ligera[8],
por no hacer mudanza en su costumbre.

Garcilaso de la Vega (1501-1536).

[1] *Tant que.*
[2] *lys blanc.*
[3] el color.
[4] aquí, el rostro.
[5] *dressé.*
[6] esparcir, *disperser.*
[7] la ira, *la colère.*
[8] aquí, rápida.

Para empezar
1   ¿A quién se dirige el poeta?
2   ¿Cuál es el tema de esta poesía?

Analicemos
1   ¿Cuáles son las articulaciones del soneto?
2   Estrofas 1-2 : la locución « en tanto que » encabeza los dos cuartetos, ¿qué significado tiene?
3   ¿En qué estriba el poder de seducción de la dama? ¿Qué tipo de belleza se ensalza y con qué procedimientos?
4   Estrofas 3-4 : muestre cómo el verso 9 constituye el eje del soneto.
5   Comentando las metáforas de los tercetos, usted subrayará la unidad que existe con las primeras estrofas.

Para concluir
- ¿En qué tradición literaria se inserta este soneto? Compárelo con el romance de Góngora y con poemas extranjeros que conozca.

Practicando se aprende
- « Ronsard me célébrait du temps que j'étais belle ». Comme Hélène, la jeune femme devenue vieille reprend le poème pour évoquer sa jeunesse : En tanto que de rosa y azucena **se mostraba** la color en **mi** gesto... **Garcilaso me aconsejó que... y me advirtió que...** (gramm. p. 226).

¡Que se nos va la Pascua[1]...!

*¡Que se nos va la Pascua, mozas,
que se nos va la Pascua!*

Mozuelas[2] las de mi barrio
loquillas y confiadas,
5 mirad no os engañe el tiempo
la edad y la confianza.
No os dejéis lisonjear
de[3] la juventud lozana,
porque de caducas flores
10 teje el tiempo sus guirnaldas[4].

*¡Que se nos va la Pascua, mozas,
que se nos va la Pascua!*

Vuelan los ligeros[5] años
y con presurosas[6] alas
15 nos roban, como harpías[7]
nuestras sabrosas viandas[8].
La flor de la maravilla[9]
esta verdad nos declara
porque le hurta la tarde
20 lo que le dio la mañana.

*¡Que se nos va la Pascua, mozas,
que se nos va la Pascua!*

Mirad que cuando pensáis
que hacen la señal de la alba[10]
25 las campanas de la vida,
es la queda[11] y os desarma
de vuestro color y lustre[12]
de vuestro donaire[13] y gracia
y quedáis todas perdidas
30 por mayores de la marca[14].

*¡Que se nos va la Pascua, mozas,
que se nos va la Pascua!*

Yo sé de una buena vieja
que fue un tiempo rubia y zarca[15],
35 y que al presente le cuesta
harto[16] caro ver su cara;
porque su bruñida[17] frente
y sus mejillas se hallan
más que roquete de obispo[18]
40 encogidas y arrugadas.

*¡Que se nos va la Pascua, mozas,
que se nos va la Pascua!*

Y sé de otra buena vieja,
que un diente que le quedaba
45 se lo dejó estotro[19] día
sepultado en unas natas[20];
y con lágrimas le dice:
«Diente mío de mi alma,
yo sé cuando fuisteis perla,
50 aunque ahora no sois nada.»

*¡Que se nos va la Pascua, mozas,
que se nos va la Pascua!*

Por eso, mozuelas locas,
antes que la edad avara
55 el rubio cabello de oro
convierta en luciente plata,
quered cuando sois queridas,
amad cuando sois amadas;
mirad, bobas[21], que detrás
60 se pinta la ocasión calva[22].

*¡Que se nos va la Pascua, mozas,
que se nos va la Pascua!*

Luis de Góngora, *Romances,* 1582.

Discografía
Paco Ibáñez chante F. García Lorca et L. de Góngora, Polydor 658022 GU.

[1] *ici, les beaux jours.*
[2] dim. de moza, *jeune fille.*
[3] *por.*
[4] *ses guirlandes.*
[5] *rápidos.*
[6] la prisa, *la hâte.*
[7] *les harpies* (monstruos fabulosos con cabeza de mujer y cuerpo de ave de rapiña).
[8] *nos mets savoureux.*
[9] flor que se marchita en pocas horas.
[10] del alba.
[11] *le couvre-feu.*
[12] *votre éclat.*
[13] *votre charme.*
[14] (de même que le chevalier du guet désarme ceux qui ont des épées dépassant la taille réglementaire, le temps prive les belles de leurs charmes).
[15] de ojos azules.
[16] muy.
[17] *lisse et poli.*
[18] *rochet (vêtement) d'évêque.*
[19] *este otro.*
[20] *ensevelie dans une crème.*
[21] tontas.
[22] (de la expresión: «asir la ocasión por los cabellos»).

Para empezar

1. ¿Cómo se organiza este romance?
2. ¿A quiénes se dirige el poeta y qué aconseja? ¿Con qué tono lo hace?

Analicemos

1. Estrofa 1 : ¿cómo aparecen las mozuelas? ¿De dónde procede la impresión producida? ¿Qué visión del tiempo se sugiere?
2. Estrofa 2 : repare en el vocabulario, la posición de los verbos y el ritmo de los cuatro primeros versos. ¿Qué efecto surten? ¿Cómo lo refuerzan las metáforas?
3. Estrofa 3 : comente la agudeza de esta estrofa.
4. Estrofas 4-5 : ¿qué papel desempeñan en la lógica del romance? Destaque los procedimientos paródicos y burlescos.
5. Estrofa 6 : concluye ésta la demostración del poeta. Muéstrelo.

Para concluir

1. Escribió Góngora este romance a los veinte años. ¿Cómo se trasluce en su tratamiento del tema clásico del Carpe diem?
2. A Garcilaso, Ronsard, Corneille, Goya (cf. p. 67). Queneau también les inspiró este tema. ¿De quién le parece ser más próximo Góngora y por qué?

Practicando se aprende

1. Mettez au style indirect la dernière strophe : **Góngora aconsejó a las mozuelas que... antes que...** (gramm. p. 236).
2. Complétez l'amorce suivante : **antes que la bruñida frente de la joven...** (gramm. p. 227).
3. Ajoutez un suffixe diminutif aux mots suivants : **la flor; la vieja; la cara; el diente** (gramm. p. 203).
4. **Mirad; no os dejéis lisonjear.** Reprenez ces expressions de l'ordre et de la défense dans la logique du poème (gramm. p. 229).

Volverán las oscuras golondrinas[1]

[1] les hirondelles.

Volverán las oscuras golondrinas
de tu balcón sus nidos a colgar,
y otra vez, con el ala a tus cristales,
    jugando, llamarán;

5 pero aquéllas que el vuelo refrenaban,
tu hermosura y mi dicha al contemplar,
aquéllas que aprendieron nuestros nombres,
    ésas... ¡no volverán!

Volverán las tupidas madreselvas[2]
10 de tu jardín las tapias[3] a escalar,
y otra vez, a la tarde, aún más hermosas,
    sus flores se abrirán;

pero aquéllas cuajadas de rocío[4],
cuyas gotas mirábamos temblar
15 y caer, como lágrimas del día...
    Ésas... ¡no volverán!

[2] les chèvrefeuilles touffus.
[3] les murs.
[4] gorgées de rosée.

> Volverán del amor en tus oídos
> las palabras ardientes a sonar;
> tu corazón de su profundo sueño
> 20   tal vez despertará;
>
> pero mudo, y absorto, y de rodillas,
> como se adora a Dios ante su altar,
> como yo te he querido...; desengáñate,
> ¡así no te querrán!

Gustavo Adolfo Bécquer, *Rimas,* 1871.

Para empezar
1 ¿Qué mensaje dirige el poeta a su amada y con qué tono?
2 **Volverán a..., no volverán.** ¿En qué condensan estos dos empleos del verbo «volver» el tema del poema?

Analicemos
1 Ponga de relieve la organización del poema fijándose en ritmo, repeticiones, oposiciones, paralelismos...
2 ¿Qué papel desempeña la Naturaleza en esta poesía amorosa?
3 Muestre cómo va exacerbándose el lirismo en las dos últimas estrofas.

Para concluir
• ¿En qué estriba el romanticismo de este poema?

Practicando se aprende
1 Aquellas madreselvas **cuyas** gotas... Imitez cette structure dans des phrases se rapportant au texte (gramm. p. 209).
2 **Volverán** a colgar; **otra vez** llamarán. Imitez ces deux expressions de la réitération pour évoquer la pérennité de la nature (gramm. p. 231).

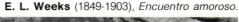

E. L. Weeks (1849-1903), *Encuentro amoroso.*

Nuria Espert, Théâtre de l'Odéon, Paris, 1981.

Yo lo sabía todo

Es el tercer acto, Rosita, que ya se acerca a los cincuenta años, tuvo un novio que se fue a América y al que se ha quedado esperando fielmente toda su vida, ésta es la primera escena en que confiesa sus sentimientos.

ROSITA *(Arrodillada delante de la tía.).* — Me he acostumbrado a vivir muchos años fuera de mí, pensando en cosas que estaban muy lejos, y ahora que estas cosas ya no existen sigo dando vueltas y más vueltas por un sitio frío, buscando una salida que no he de encontrar nunca. Yo lo sabía todo. Sabía que se había casado; ya se encargó un alma caritativa de decírmelo, y he estado recibiendo sus cartas con una ilusión llena de sollozos[1] que aun a mí misma me asombraba. Si la gente no hubiera hablado; si vosotras no lo hubierais sabido; si no lo hubiera sabido nadie más que yo, sus cartas y su mentira hubieran alimentado mi ilusión como el primer año de su ausencia. Pero lo sabían todos y yo me encontraba señalada por un dedo que hacía ridícula mi modestia de prometida y daba un aire grotesco a mi abanico de soltera. Cada año que pasaba era como una prenda íntima[2] que arrancaran de mi cuerpo. Y hoy se casa una amiga y otra y otra, y mañana tiene un hijo y crece, y viene a enseñarme sus notas de examen, y hacen casas nuevas y canciones nuevas, y yo igual, con el mismo temblor, igual; yo, lo mismo que antes, cortando el mismo clavel, viendo las mismas nubes; y un día bajo al paseo y me doy cuenta de que no conozco a nadie; muchachas y muchachos me dejan atrás porque me canso, y uno dice: «Ahí está la solterona»; y otro, hermoso, con la cabeza rizada, que comenta: «A ésa ya no hay quien le clave el diente.» Y yo lo oigo y no puedo gritar, sino vamos adelante, con la boca llena de veneno y con unas ganas enormes de huir, de quitarme los zapatos, de descansar y no moverme más, nunca, de mi rincón.

TÍA. — ¡Hija! ¡Rosita!

ROSITA. — Ya soy vieja. Ayer le oí decir al ama que todavía podía yo casarme. De ningún modo. No lo pienses. Ya perdí la esperanza de hacerlo con quien quise con toda mi sangre,

[1] *sanglots.*

[2] *une partie de moi-même.*

con quien quise y... con quien quiero. Todo está acabado... y, sin embargo, con toda la ilusión perdida, me acuesto, y me levanto con el más terrible de los sentimientos, que es el sentimiento de tener la esperanza muerta. Quiero huir, quiero no ver, quiero quedarme serena, vacía... (¿es que no tiene derecho una pobre mujer a respirar con libertad?) Y sin embargo la esperanza me persigue, me ronda³, me muerde; como un lobo moribundo que apretase sus dientes por última vez.

TÍA. — ¿Por qué no me hiciste caso? ¿Por qué no te casaste con otro?

ROSITA. — Estaba atada, y además, ¿qué hombre vino a esta casa sincero y desbordante para procurarse mi cariño? Ninguno.

TÍA. — Tú no les hacías ningún caso. Tú estabas encelada por un palomo ladrón⁴.

ROSITA. — Yo he sido siempre seria.

TÍA. — Te has aferrado⁵ a tu idea sin ver la realidad y sin tener caridad de tu porvenir.

ROSITA. — Soy como soy. Y no me puedo cambiar. Ahora lo único que me queda es mi dignidad. Lo que tengo por dentro lo guardo para mí sola.

Federico García Lorca, *Doña Rosita la Soltera,* 1935.

³ rondar, *tourner autour.*
⁴ el palomo, *le pigeon (tu étais folle d'un roucouleur).*
⁵ aferrarse, *s'accrocher.*

Para empezar
1 *Resuma brevemente la historia de Rosita.*
2 *¿En qué estado de ánimo se encuentra?*

Analicemos
1 *Líneas 1-11 : ¿qué rasgos de la personalidad de Rosita se perfilan en su manera de vivir su drama?*
2 *Líneas 11-24 : analice el papel cumplido por la sociedad. ¿Qué efecto le produce a usted el modo con el que la protagonista lo expresa?*
3 *Líneas 24-39 : ¿qué sentimientos contradictorios atormentan a Rosita?*
4 **Soy como soy y no me puedo cambiar.** *¿En qué es representativa esta afirmación del diálogo final y de la escena entera?*

Para concluir
● *¿Por qué resulta tan conmovedora Doña Rosita?*

Practicando se aprende
1 *Mettez à la 3ᵉ personne du singulier le début du monologue de Rosita jusqu'à : «... a mí misma me asombraba».*
2 *Mettez au style indirect la seconde réplique de Rosita (« Ya soy vieja... ») en commençant ainsi :* **Rosita confesó que...** *(gramm. p. 236).*
3 *Avec des* **si...** *refaites la vie de Rosita (gramm. p. 229).*
4 *Construisez autrement les négations suivantes :* **no he de encontrar nunca; no conozco a nadie; si no lo hubiera sabido nadie más** *que yo (gramm. p. 235).*
5 **Sigo dando** *vueltas;* **he estado recibiendo** *sus cartas. Reprenez ces semi-auxiliaires ainsi que d'autres dans des phrases se rapportant au texte (gramm. p. 230).*
6 *Traduisez depuis « Hoy se casa una amiga... » jusqu'à «... las mismas nubes. »*

El enamorado y la Muerte

Un sueño soñaba anoche,
soñito[1] del alma mía,
soñaba con mis amores
que en mis brazos los tenía.
5 Vi entrar señora tan blanca
muy más[2] que la nieve fría.
— ¿Por dónde has entrado, amor?
¿Cómo has entrado, mi vida?
Las puertas están cerradas,
10 ventanas y celosías[3].
— No soy el amor, amante:
la Muerte que Dios te envía.
— ¡Ay Muerte tan rigurosa,
déjame vivir un día!
15 — ¡Un día no puede ser,
una hora tienes de vida!
Muy de prisa se calzaba[4],
más de prisa se vestía;
ya se va para la calle,
20 en donde su amor vivía.
— ¡Ábreme la puerta, blanca,
ábreme la puerta, niña!
— ¿Cómo te podré yo abrir
si la ocasión no es venida[5]?
25 Mi padre no fue al palacio,
mi madre no está dormida.
— Si no me abres esta noche,
ya no me abrirás, querida;
la Muerte me está buscando,
30 junto a ti vida sería.
— Vete bajo la ventana
donde labraba[6] y cosía,
te echaré cordón de seda
para que subas arriba,
35 y si el cordón no alcanzase[7],
mis trenzas[8] añadiría.
La fina seda se rompe;
la Muerte que allí venía:
— Vamos, el enamorado,
40 que la hora ya está cumplida.

Anónimo, siglo XVI.

Discografía

Joaquín Díaz, *Cancionero de Romances,*
Movieplay 27.00002/7 G

[1] sueñecito. - [2] mucho más. - [3] *jalousies (persiennes).* - [4] las calzas, *les chausses.* - [5] si no ha venido el momento. - [6] bordaba. - [7] no fuese suficiente. - [8] *mes cheveux tressés.*

Para empezar

1 Presente usted brevemente la historia.
2 Recuerde las características formales del romance.

Analicemos

1 Versos 1-4: ¿en qué persona y tiempo empieza la narración? Comente usted las repeticiones de este principio y el ambiente creado.
2 Versos 5-10: analice los diferentes recursos estilísticos por los que se pone de manifiesto el cambio de ambiente. Caracterícelo y diga en qué anuncia la revelación de los versos siguientes.
3 Versos 11-12: ¿qué efecto producen y cómo se acrecienta tal efecto de un verso a otro?
4 Versos 13-16: comente las actitudes de cada uno de los protagonistas del diálogo, insistiendo en su carácter teatral y dramático.
5 Versos 17-20: analice los cambios introducidos aquí.
6 Versos 21-30: ¿cómo se pone de realce la irrupción del drama en la vida de los enamorados?
7 Versos 31-40: ¿qué partido se saca aquí de la tradicional escena del balcón? ¿Qué recursos contribuyen a su dramatización? ¿Qué efecto produce el final?

Para concluir

1 Haga usted la síntesis de los elementos teatrales, poéticos y misteriosos de este romance.
2 ¿Qué interpretación filosófico-moral daría usted de este poema?

Antonio de Pereda, *El sueño del gentilhombre,* 1660.
Óleo sobre lienzo, 152 × 217 cm. Madrid, Academia de San Fernando.

Para empezar
1 Este lienzo forma parte del género de las llamadas «**vanidades**» o «**desengaños**» y es muy característico de la mentalidad religiosa y moral del siglo XVII. La inscripción latina «Aeterne pungit cito volat et occidit» significa que todo aquello que eternamente atormenta pronto vuela y muere.
2 Haga usted una descripción de la obra poniendo de realce su composición e insistiendo en posturas y ademanes.

Analicemos
1 Analice los diferentes recursos plásticos utilizados para valorar tanto a los personajes como a los objetos dispuestos en la mesa (luz, colores, sombras...).
2 Cada uno de los objetos del primer término alcanza un significado simbólico : los libros y el globo terráqueo, por ejemplo, representan saber y conocimiento. ¿Qué simbolizarán los demás? (Las monedas de oro y las joyas, la pistola, la armadura, la corona, el esceptro, la tiara, las flores, el retrato de mujer y la partitura musical, las calaveras y la vela apagada...).
3 ¿Qué significado tendrá la mirada que dirige el ángel al gentilhombre? ¿Cuál es el alcance de su aviso?

Para concluir
• A la luz del análisis del cuadro ¿Cómo comprende usted el término «vanidad» aplicado a este género de obra?

Salvador Dalí, *Madona de Port-Lligat,* 1949.
Óleo sobre lienzo, 49,5 × 37,5 cm. Haggerty Museum of Art, Marquette University, Milwaukee.

Para empezar
- ¿Cuál es el tema del cuadro?

Analicemos
1. ¿En qué entorno ha situado Dalí la escena?
2. ¿Con qué relaciona usted los elementos arquitecturales presentes en el cuadro?
3. Destaque el papel importante concedido a la perspectiva y a las construcciones geométricas. ¿A qué contribuyen?
4. ¿Qué tratamiento particular les ha dado el pintor a los bustos de la Virgen y del niño Jesús? ¿Cómo lo explica usted?

Para concluir
- Intente destacar los aspectos místicos y surrealistas de este lienzo.

Éxtasis místico

En esta visión quiso el Señor le viese así : no era grande, sino pequeño, hermoso mucho, el rostro tan encendido que parecía de los ángeles muy subidos[1], que parece todos se abrasan[2]. Deben ser los que llaman querubines[3], que los nombres no me los dicen : mas, bien veo que en el cielo hay tanta diferencia de unos ángeles a otros, y de otros a otros, que no la sabría decir. Veíale en las manos un dardo[4] de oro largo, y al fin del hierro me parecía tener un poco de fuego. Éste me parecía meter en el corazón algunas veces, y que me llegaba a las entrañas[5] : al sacarle me parecía las llevaba y me dejaba toda abrasada en amor grande de Dios. Era tan grande el dolor, que me hacía dar aquellos quejidos[6], y tan excesiva la suavidad que me pone este grandísimo dolor, que no hay desear que se quite, ni se contenta el alma con menos que Dios. No es dolor corporal, sino espiritual, aunque no deja de participar el cuerpo algo, y aun harto[7]. Es un requiebro[8] tan suave que pasa entre el alma y Dios, que suplico yo a su bondad lo dé a gustar a quien pensara que miento.

Santa Teresa de Jesús (1515-1582),
Su Vida.

Transverberación de Santa Teresa, s. XVII.

[1] *de la première hiérarchie.*
[2] *embraser.*
[3] *les chérubins.*
[4] *un dard* (una lanza).
[5] *les entrailles.*
[6] *ces soupirs.*
[7] mucho.
[8] *une caresse amoureuse.*

El texto
1 *Analice con qué recursos intenta Santa Teresa describir el éxtasis místico.*
2 *Compare su evocación con el* Cantar de los Cantares.

El cuadro
1 *Ayudándose del relato de Santa Teresa, describa el cuadro.*
2 *Estudie su composición. ¿Qué valora?*
3 *Comente los efectos conseguidos por las materias (el nácar, las doraduras) y los colores.*
4 **Es un requiebro tan suave que pasa entre el alma y Dios :** *muestre cómo esta pintura intenta sugerirlo.*

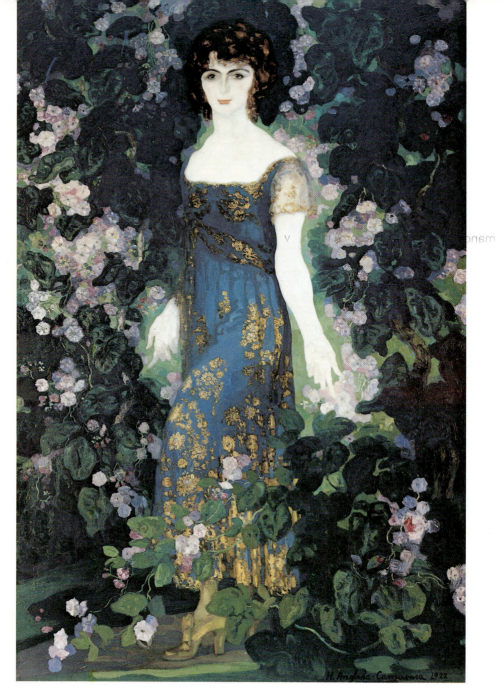

Hermenegildo Anglada Camarasa,
Retrato de la Condesa de Durcal, 1922.

Óleo sobre lienzo, 193 × 124 cm. Madrid, Museo Español de Arte Contemporáneo.

Analicemos

1. ¿Qué juegos se establecen entre el entorno floral y la Condesa de Durcal?
2. ¿De dónde nace la luz y cómo se destaca y cobra vida el personaje?
3. ¿Qué le sugiere a usted este lienzo? Comente la utilización de los colores y de qué manera se distribuyen en el cuadro.
4. Ponga de relieve los elementos que permiten vincular esta pintura con el «Arte Nuevo».

Clásicos

Romance del infante Arnaldos

¡Quién hubiera[1] tal ventura
sobre las aguas del mar
como hubo[2] el infante Arnaldos
la mañana de San Juan!
5 Andando a buscar la caza
para su falcón cebar[3],
vio venir una galera
que a tierra quiere llegar[4];
las velas tiene de seda,
10 la jarcia de oro torzal[5],
áncoras[6] tiene de plata,
tablas de fino coral[7].
Marinero que la guía,
diciendo viene un cantar,
15 que la mar ponía en calma,
los vientos hace amainar[8];
los peces que andan al hondo,
arriba los hace andar;
las aves que van volando,
20 al mástil[9] vienen posar.
Allí habló el infante Arnaldos,
bien oiréis lo que dirá :
— Por tu vida, el marinero,
dígasme ora[10] ese cantar.
25 Respondióle el marinero,
tal respuesta le fue a dar :
— Yo no digo esta canción
sino a quien conmigo va.

Anónimo, siglo XV.

[1] ¡Quién tuviera...!, *ah!, si j'avais...*
[2] *tuvo.*
[3] *chercher des proies pour dresser son faucon.*
[4] *que está a punto de llegar a tierra.*
[5] *les cordages d'or tressé.*
[6] *les ancres.*
[7] *le bordage de fin corail.*
[8] *fait mollir les vents.*
[9] *le mât.*
[10] *dime ahora.*

Para empezar

1 Resuma la historia que aquí se narra.
2 ¿Qué impresiones le deja a usted la primera lectura del poema?

Analicemos

1 Versos 1-4 : muestre cómo sirven de introducción al texto destacando la particularidad de su tono. Comente la situación temporal, tradicional en muchos romances.
2 Versos 5-6 : ¿a qué tipo social y literario pertenece el infante? ¿En qué resulta simbólica la caza?
3 Versos 7-12 : ¿qué calificativos se le ocurren a usted para evocar el espectáculo que ofrece el barco y por qué? ¿Cómo se justifica a partir del verso 8 el uso del presente de indicativo?
4 Versos 13-20 : ¿cómo complementa el cantar la evocación del barco? ¿Con qué tradición pueden relacionarse?
5 Versos 21-28 : destaque su estructura y diga usted en qué difieren de los versos anteriores. Comente los sucesivos cambios de tiempo. Los romances se recitaban y/o cantaban : ¿cómo se evidencia aquí?
6 Destaque todas las sugerencias del diálogo final y diga en qué estriba su fuerza poética. Comente la relación establecida entre los dos últimos versos y los cuatro del principio.

Para concluir

1 Este poema es muy famoso : ¿cómo puede explicarse?
2 Valiéndose de la explicación del romance dé usted algunas características del género y recuerde su particularidad formal.

Practicando se aprende

- ¡Quién tuviera...! : *réutilisez ce modèle pour formuler d'autres souhaits (gramm. p. 229).*

La casada que se afeita[1]

En la Hora de todos, *Quevedo satiriza a varios tipos sociales. Describe a los personajes antes y después de que les coja la hora de la verdad (el juicio divino) que los castiga revelando sus defectos.*

Estábase afeitando una mujer casada y rica : cubría con hopalandas[2] de solimán[3] unas arrugas jaspeadas de pecas[4], jalvegaba[5], como puerta de alojería[6], lo rancio de la tez; estábase guisando[7] las cejas con humo, como chorizos; acompañaba lo mortecino de los labios a poder de cerillas[8], iluminábase, con vergüenza postiza[9], con dedadas de salserilla de color[10]. Asistíala, como asesor de cachivaches[11], una dueña, calavera confitada en untos[12] : estaba de rodillas sobre sus chapines[13] con un moñazo[14] imperial en las dos manos y a su lado una doncellita platicanta de botes[15], con unas costillas de borrenes[16] para que su ama aplanase las concavidades que la resultaban de un par de gibas que le trompicaban el talle[17].

Estándose, pues, la tal señora dando pesadumbre y asco a su espejo, cogida de la *Hora,* se confundió en manotadas[18], dándose con el solimán en los cabellos, y con el humo en los dientes, y con la cerilla en las cejas y con la color en la frente, y, encajándose[19] el moño en las quijadas[20] y atacándose[21] las borrenes al revés, quedó cana y cisco[22] y barbada de rizos[23] y hecha abrojo[24] con cuatro corcovas[25], vuelta visión y cochino de San Antón[26]. La dueña, entendiendo que se había vuelto loca, echó a correr con los andularios de la muerte[27] en las manos; la muchacha se desmayó, como si viera al diablo; ella salió tras la dueña hecha un infierno, chorreando fantasmas[28]. Al ruido, salió el marido y, viéndola, creyó que eran espíritus que se le habían revestido[29] y partió de carrera a llamar quien la conjurase[30].

Francisco de Quevedo, *La hora de todos,* 1635.

[1] afeitarse, *se farder.* - [2] *des houppelandes.* - [3] *sublimé (fard) et nom de sultans.* - [4] *rides parsemées de taches de rousseur.* - [5] enjalbegar, *blanchir à la chaux.* - [6] *la aloja, bebida de la época.* - [7] *guisar, preparar y cocer.* - [8] *elle ornait ses lèvres mortes à grand renfort de cire.* - [9] *postiche.* - [10] *en trempant ses doigts dans des godets de rouge.* - [11] *préposée aux accessoires.* - [12] *tête de mort confite en onguents.* - [13] *ses cothurnes.* - [14] el moño, *le chignon.* - [15] *préparatrice en pots.* - [16] *coussinets.* - [17] *une paire de bosses qui accidentaient sa taille.* - [18] *elle s'emmêla les mains.* - [19] *s'emboîtant.* - [20] *les mâchoires.* - [21] *(class.), s'attacher.* - [22] *chenue et charbonnée.* - [23] *frisettes.* - [24] *chardon.* - [25] *quatre bosses.* - [26] *(Saint Antoine est souvent représenté accompagné d'un cochon, symbole de sa tentation).* - [27] *sa défroque de la mort.* - [28] *dégoulinant de spectres.* - [29] *s'étaient emparés d'elle.* - [30] *conjurar, conjurer.*

Para empezar

1 *¿A quién satiriza Quevedo? ¿Cuál es la tonalidad del fragmento?*
2 *Destaque las dos partes del texto y diga a qué momentos corresponden.*

Analicemos

1 *Líneas 1-6 : ¿qué metáforas le permiten a Quevedo evocar el maquillaje de la mujer? Explíquelas y diga qué reacciones le inspiran a usted.*
2 *Ponga de relieve algunos juegos de palabras. ¿Qué aportan?*
3 *Líneas 6-11 : ¿de qué procedimientos cómicos se vale el autor para presentar a las tres mujeres?*
4 *Líneas 12-18 : ¿qué desencadena la Hora? Analice sus efectos y la dimensión que cobra el relato.*
5 *Líneas 18-22 : comente las reacciones de las dueñas y de la muchacha y diga lo que añaden al relato. Líneas 22-24 : ¿qué encarna al final la mujer que se afeita? ¿Cómo se explica la huida del marido?*

Para concluir

1 *¿En qué estriba el arte de Quevedo?*
2 *Quevedo calificó* La Hora de todos *de «fábula moral». Justifíquelo a la luz del texto.*

PRÁCTICAS

Clásicos

Francisco Goya, *Los Caprichos,* 1799.

Aclaraciones

La serie de ochenta láminas grabadas por Francisco Goya al aguafuerte de la que se ha sacado esta reproducción, se dio a la venta en 1799. El comentario siguiente acompañaba el grabado : «Hace muy bien de ponerse guapa. Son sus días; cumple 75 años y vendrán las amiguitas a verla.»

Para el comentario

El espejo, le miroir. - *los potes de afeites,* les boîtes de fard. - *las medias de encaje,* les bas de dentelle. - *los zapatos de tacón,* les souliers à talon. - *reflejarse,* se refléter. - *ponerse un tocado,* mettre sa coiffe.

¡Al lobo, Barcino![1]

Digo, pues, que yo me hallaba bien con el oficio de guardar ganado, por parecerme que comía el pan de mi sudor y trabajo, y que la ociosidad, raíz y madre de todos los vicios, no tenía que ver conmigo, a causa que si los días holgaba[2], las noches no dormía, dándonos asaltos[3] a menudo, y tocándonos a arma[4] los lobos : y apenas me habían dicho los pastores : « Al lobo, Barcino », cuando acudía primero que los otros perros a la parte que me señalaban que estaba el lobo ; corría los valles, escudriñaba los montes[5], desentrañaba las selvas[6], saltaba barrancos[7], cruzaba caminos, y a la mañana volvía al hato[8], sin haber hallado lobo ni rastro[9] de él anhelando[10], cansado, hecho pedazos y los pies abiertos de los garranchos[11] ; y hallaba en el hato, o ya una oveja muerta, o un carnero degollado[12] y medio comido del lobo. Desesperábame de ver de cuán poco servía mi mucho cuidado y diligencia. Venía el señor del ganado, salían los pastores a recibirle con las pieles de la res[13] muerta ; culpaba a los pastores por negligentes y mandaba castigar a los perros por perezosos ; llovían sobre nosotros palos, y sobre ellos reprehensiones ; y así, viéndome un día castigado sin culpa, y que mi cuidado, ligereza y braveza[14] no eran de provecho[15] para coger el lobo, determiné mudar[16] estilo, no desviándome a buscarlo, como tenía costumbre, lejos del rebaño, sino estarme junto a él, que pues el lobo allí venía, allí sería más cierta la presa. Cada semana nos tocaban a rebato[17], y en una oscurísima noche tuve yo vista para ver los lobos, de quien era imposible que el ganado se guardase. Agachéme detrás de una mata[18], pasaron los perros mis compañeros adelante, y desde allí oteé[19], y vi que dos pastores asieron de un carnero de los mejores del aprisco[20], y lo mataron de manera que verdaderamente pareció a la mañana que había sido su verdugo[21] el lobo. Pasméme ; quedé suspenso[22] cuando vi que los pastores eran los lobos, y que despedazaban[23] el ganado los mismos que lo habían de guardar. Al punto hacían saber a su amo la presa del lobo, dábanle el pellejo[24] y parte de la carne, y comíanse ellos lo más y lo mejor. Volvía a reñirles[25] el señor, y volvía también el castigo de los perros. No había lobos, menguaba[26] el rebaño ; quisiera yo descubrirlo, hallábame mudo ; todo lo cual me traía lleno de admiración y de congoja[27] : « ¡Válgame Dios! decía entre mí, ¿quién podrá remediar esta maldad ? ¿quién será poderoso a dar a entender que la defensa ofende, que las centinelas duermen, que la confianza roba, y que el que os guarda os mata ? »

Miguel de Cervantes, *Coloquio de los perros,* 1613.

---

[1] *Sus au loup, le Rouquin!*
[2] holgar [ue], no trabajar.
[3] dar asalto, *assaillir.*
[4] tocar a arma, *mettre en alerte.*
[5] *je fouillais les taillis.*
[6] *j'explorais la forêt.*
[7] *les ravins.*
[8] *troupeau.*
[9] *trace.*
[10] *ici, haletant.*
[11] *ici, les ronces.*
[12] *un mouton égorgé.*
[13] el animal.
[14] rapidez y valor.
[15] *ne servaient à rien.*
[16] cambiar.
[17] tocaban a arma.
[18] *Je me tapis derrière un fourré.*
[19] otear, *guetter.*
[20] *la bergerie.*
[21] *son bourreau.*
[22] *Je fus tout ébahi; demeurai abasourdi.*
[23] *mettaient en pièces.*
[24] *la peau.*
[25] reñir, *gronder, tancer.*
[26] menguar, disminuir.
[27] *de stupeur et d'angoisse.*

Para empezar

1. ¿Quién narra esta historia?
2. Cuéntela destacando sus diferentes momentos.

Analicemos

1. *Líneas 1-6* : ¿qué revelan del carácter de Barcino sus consideraciones acerca de su oficio?
2. *Líneas 6-14* : ponga de relieve los elementos que subrayan la buena voluntad y el desvelo (le zèle) del perro. ¿Qué sugiere el ritmo de esta larga frase?
3. *Líneas 14-24* : ¿cómo reacciona el señor del ganado y qué determina hacer Barcino?
4. *Líneas 24-37* : ¿en qué consiste el engaño? Ponga de relieve la astucia del perro y muestre cómo Cervantes mantiene el interés dramático.
5. *Líneas 37-42* : comente los sentimientos de Barcino. ¿Cuál será el sentido de la moraleja final?

Para concluir

1. ¿Qué visión de la sociedad de su tiempo presenta aquí Cervantes?
2. ¿Por qué habrá escogido el autor a un perro como narrador?
3. Destaque los rasgos picarescos de esta página.

Practicando se aprende

1. *Mettez à la 1ʳᵉ personne du pluriel depuis* « Acudía primero... » *jusqu'à* « ... mucho cuidado y diligencia ».
2. *Récrivez au présent le début du texte jusqu'à* « ... no dormía ».
3. *Trouvez une expression équivalente à* : los mismos que le **habían de** guardar *(gramm. p. 232)*.
4. *Expliquez la valeur de* **por** *dans les phrases suivantes* : Yo me hallaba bien con el oficio... **por** parecerme..., culpaba a los pastores **por** negligentes, mandaba castigar a los perros **por** perezosos, *et complétez les phrases* : **los perros no hallaban rastro del lobo por..., Barcino no había advertido que los pastores eran los lobos por...** *(gramm. p. 233)*.
5. **Volvía a** reñirles el señor : *employez cette structure de réitération en utilisant des verbes du texte (gramm. p. 231)*.
6. *Traduisez* : « apenas me habían dicho los pastores "¡Al lobo, Barcino!" cuando acudía primero que los otros perros a la parte que me señalaban que estaba el lobo ».

Miguel de Cervantes.

Siglo XX

Regencia
1885-1902

1898 Regencia de **María Cristina,** madre de **Alfonso XIII.**
Desastre de Cuba : tras una corta guerra con Estados Unidos pierde España sus últimas colonias de ultramar (Cuba, Filipinas, Puerto Rico).

Monarquía
1902-1931

Alfonso XIII de Borbón. A partir de 1917 la monarquía conoce graves momentos de crisis — disturbios sociales, guerra con Marruecos — que conducen al pronunciamiento del general Primo de Rivera (dictadura de 1923 a 1930). Los militares abandonan luego el poder a un gabinete civil monarquista que organiza elecciones municipales.

Segunda República
1931-1939

1931 A raíz de las elecciones triunfa la izquierda republicana en las grandes ciudades, **dimite el Rey y se proclama la República el día 14 de abril.** Restablecimiento de las libertades, política de reformas (reforma agraria). Pero los conflictos entre los diferentes partidos y los atentados extremistas originan disturbios.

1932 Fracasa el primer golpe de estado contra la República (general Sanjurjo).

1933 Fundación de **La Falange** por José Antonio Primo de Rivera, movimiento inspirado en el fascismo italiano y financiado por él.

1936 Gana las elecciones la coalición de **Frente popular** en febrero.

Guerra civil
1936-1939

El 18 de julio los generales Franco, Goded, Mola y Sanjurjo se levantan contra la República. España entra en un período de tres años de guerra civil.

Dictadura
1939-1975
Aislamiento

Francisco Franco, Caudillo de España por la Gracia de Dios.

1945 Aislamiento político de España tras la victoria de los aliados.

1953 El régimen franquista se beneficia del período de «Guerra fría» entre el Este y el Oeste. Acuerdo con Estados Unidos, instalación de bases militares en el territorio español.

1955 España entra en la O.N.U.

1962 España solicita su asociación a la Comunidad Económica Europea.

Boom económico

1967 La ley Orgánica del Estado garantiza la pervivencia del Régimen. **Don Juan Carlos de Borbón** (nieto de Alfonso XIII) es nombrado sucesor de Franco.

1970 **Proceso de Burgos** contra 16 etarras. Provoca fuertes repercusiones internacionales antifranquistas e intervención del Papa Pablo VI.

1973 Muerte del Almirante **Carrero Blanco,** Primer Ministro de Franco, en un atentado de E.T.A. Franco cada vez más enfermo a partir de este período.

1975 **Muerte del Generalísimo.**

Monarquía **Don Juan Carlos I de Borbón, Rey de**
1975- **España.**

Jura proclamación del Rey
(22 de noviembre de 1975)

Adolfo Suárez.

Transición Adolfo Suárez Presidente del Gobierno.
democrática 1977 Legalización de todos los partidos políticos, regreso de numerosos exiliados famosos, hombres políticos, intelectuales y primeras elecciones democráticas.

Democracia 1978 España se da una nueva **Constitución,** aprobada por
1978- referéndum, que hace del país una **monarquía parlamentaria.**
1979 Cataluña y el País Vasco votan **sus estatutos autonómicos.**
1981 Calvo Sotelo Presidente del Gobierno.
Fracasa el golpe de Estado del Coronel Tejero.
1982 **España entra en el Pacto Atlántico (OTAN);** las elecciones a diputados dan la victoria al PSOE, partido socialista obrero español.

Fracasa el golpe, 1981.

Felipe González, 1982.

1982 Felipe González, Presidente del Gobierno.
1986 **Entrada en el Mercado Común Europeo;** con la elección de Barcelona para los **Juegos Olímpicos** de verano de **1992** se le reconoce a España el rango de potencia mundial, coincidiendo además este año con el **quinto centenario del descubrimiento de América.**

Nuestras vidas son los ríos
Que van a dar en la mar,
Que es el morir :
Allí van los señoríos[1]
Derechos a se acabar
Y consumir :
Allí los ríos caudales[2],
Allí los otros medianos
Y más chicos :
Y llegados, son iguales
Los que viven por sus manos
Y los ricos.

Jorge Manrique, *Coplas,* 1476.

[1] *les seigneurs.*
[2] *principales.*

Llanto[1] de las virtudes y coplas por la muerte de don Guido

　　Al fin, una pulmonía
mató a don Guido, y están
las campanas todo el día
doblando[2] por él ¡din-dan!

5 　　Murió don Guido, un señor,
de mozo muy jaranero[3],
muy galán y algo torero;
de viejo, gran rezador[4].

　　Dicen que tuvo un serrallo[5]
10 este señor de Sevilla;
que era diestro[6]
en manejar el caballo,
y un maestro
en refrescar manzanilla[7].

15 　　Cuando mermó[8] su riqueza,
era su monomanía
pensar que pensar debía
en asentar[9] la cabeza.

　　Y asentóla
20 de una manera española,
que fue casarse con una
doncella de gran fortuna
y repintar sus blasones,
hablar de las tradiciones
25 de su casa,
a escándalos y amoríos
poner tasa[10],
sordina a sus desvaríos[11].

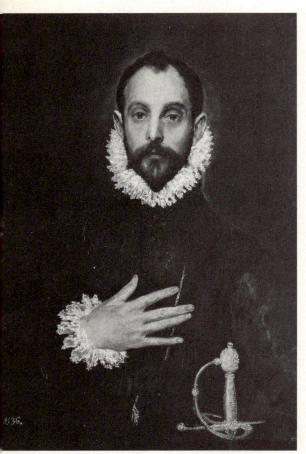

El Greco, *El Caballero de la mano al pecho,*
Museo del Prado, Madrid.

[1] *Chant funèbre.*
[2] *doblar, sonner le glas.*
[3] *noceur.*
[4] *rezar, prier.*
[5] *un harem.*
[6] *habile.*
[7] *famoso vino andaluz.*
[8] *mermar, disminuir.*
[9] *se ranger, s'assagir.*
[10] *mettre un frein.*
[11] *ses folies, ses extravagances.*

Con el tiempo

          Gran pagano,
30   se hizo hermano
     de una santa cofradía[12];
     el Jueves Santo salía,
     llevando un cirio[13] en la mano
     — ¡aquel trueno[14]! —,
35   vestido de nazareno[15].

     Hoy nos dice la campana
     que han de llevarse mañana
     al buen don Guido, muy serio,
     camino del cementerio.

40   Buen don Guido, ya eres ido
     y para siempre jamás...
     Alguien dirá : ¿Qué dejaste?
     Yo pregunto : ¿Qué llevaste
     al mundo donde hoy estás?

45   ¿Tu amor a los alamares[16]
     y a las sedas y a los oros,
     y a la sangre de los toros
     y al humo de los altares?

          Buen don Guido y equipaje,
50   ¡buen viaje!...

          El acá
     y el allá,
     caballero,
     se ve en tu rostro marchito,
55   lo infinito :
     cero, cero.

          ¡Oh las enjutas[17] mejillas,
     amarillas,
     y los párpados de cera,
60   y la fina calavera
     en la almohada del lecho[18]!

          ¡Oh fin de una aristocracia!
     La barba canosa y lacia[19]
     sobre el pecho;
65   metido en tosco sayal[20],
     las yertas[21] manos en cruz
     ¡tan formal[22]!
     el caballero andaluz.

Antonio Machado, *Campos de Castilla*, 1917.

[12] confrérie (religieuse).
[13] un cierge.
[14] ce libertin.
[15] en tunique de pénitent.
[16] les brandebourgs (sur les vestes, ornements de passementerie).
[17] décharnées.
[18] sur l'oreiller du lit.
[19] la barbe blanche et lisse.
[20] glissé dans une grossière toile de bure.
[21] inertes.
[22] comme il faut.

Para empezar

1 Destaque el tono de la copla de Manrique y analice la metáfora desarrollada.
2 Fíjese en la fecha de publicación del poema de Machado : diga usted a quién fustiga y qué critica el autor a través de don Guido.
3 Este poema es un claro *pastiche* de la obra de Jorge Manrique. Cantaba éste las virtudes de su padre, noble soldado y cortesano, que se había ilustrado en las guerras de Reconquista contra los moros.

Analicemos

1 Versos 1-4 : comente usted la manera con la que empieza el texto : ¿qué efecto surte?
2 Versos 5-35 : ¿qué retrato hace Machado de la aristocracia española de fines del siglo XIX y principios del XX? Analice y comente, estrofa por estrofa, los recursos estilísticos utilizados y los efectos conseguidos.
3 Versos 36-56 : ¿de qué manera enfoca el poeta la vida del hidalgo? Entresaque y analice versos y formulaciones que le parezcan más significativos. ¿Cómo contribuyen estilo y métrica a reforzar ironía y sarcasmo?
4 Versos 57-68 : ¿qué sentimientos ha querido inspirar Machado al hacer con tantos pormenores el retrato del difunto en su lecho de muerte?

Para concluir

• Antonio Machado pertenece a la generación del 98, así llamada por referencia al año del desastre de Cuba. Su postura es representativa de la de los intelectuales de la época. Caracterícela a la luz del poema.

PRÁCTICAS

Cartel dibujado y pintado por Rafael Alberti.

Una fecha de primavera : 14 de abril de 1931

Con la alegría y la impresión de que algo nuevo y grave era inminente, nos volvimos a Rota. Allí seguimos, tranquilos, trabajando, tumbados[1] en las dunas, recorriendo descalzos las orillas, bien lejos de las preocupaciones electorales que traían hirviendo[2] a toda España.

Pero de pronto cambió todo. Alguien, desde Madrid, nos llamó por teléfono, gritándonos :

— ¡Viva la República!

Era un mediodía, rutilante de sol. Sobre la página del mar, una fecha de primavera : 14 de abril.

Sorprendidos y emocionados, nos arrojamos[3] a la calle, viendo con asombro[4] que ya en la torrecilla del ayuntamiento de Rota una vieja bandera[5] de la República del 73[6] ondeaba sus tres colores[7] contra el cielo andaluz. Grupos de campesinos y otras gentes pacíficas la comentaban desde las esquinas, atronados[8] por una rayada « Marsellesa » que algún republicano impaciente hacía sonar en su gramófono. Mientras sabíamos que Madrid se desbordaba callejeante y verbenero[9], satirizando en figuras y coplas la dinastía que se alejaba en automóvil hacia Cartagena, un pobre guarda civil roteño, apoyado contra la tapia[10] de sol y moscas de su cuartelillo[11], repetía, abatido, meneando la cabeza :

— ¡Nada, nada! ¡Que no me acostumbro! ¡Que no me acostumbro!

— ¿A qué no te acostumbras, hombre? — quiso saber el otro que le acompañaba y formaba con él pareja.

— ¿A qué va a ser? ¡A estar sin rey! Parece que me falta algo.

[1] *allongés.*
[2] *qui mettaient en ébullition.*
[3] *arrojarse, se lancer, se jeter.*
[4] *stupéfaction.*
[5] *un drapeau.*
[6] 1873, año de la Primera República.
[7] amarillo, rojo, morado.
[8] *assourdis.*
[9] *festejero.*
[10] *le mur.*
[11] *son poste (de gendarmerie).*

Con el tiempo

De nuevo, y como siempre — yo empezaba a ver claro —, dos Españas : el mismo muro de incomprensión separándonos (muro que un día, al descorrerse[12], iba a dejar en medio un gran río de sangre). No hacía ni una hora que había sido izada la nueva bandera, cuando ya la vencida comenzaba a moverse, agitando un temblor de guerra civil. La República acababa de ser proclamada entre cohetes y claras palmas de júbilo[13]. El pueblo, olvidado de sus penas y hambres antiguas, se lanzaba, regocijado, en corros y carreras infantiles, atacando como en un juego a los reyes de bronce y de granito, impasibles bajo la sombra de los árboles. A la reina y los príncipes, que quedaron un poco abandonados por los suyos en el Palacio de Oriente[14], ese mismo pueblo, bueno y noble, los protegió con una guirnalda[15] de manos. Todo aquello fue así de tranquilo, de sensato, de cívico. Dentro de la mayor juridicidad — como entonces la gente repetía, satisfecha — había llegado la República. Sonaban bien las palabras de Azaña[16] :

« *Es una cosa que emociona pensar que ha sido necesario que venga la República de 1931 para que en la Constitución se consigne por primera vez una garantía constitucional (la garantía de la libertad del individuo) que los castellanos pedían en 1529.* »

Rafael Alberti, *La arboleda perdida,* 1959.

[12] *ici, s'écrouler.*

[13] *de alegría.*

[14] (en Madrid, residencia de los Reyes).

[15] *une guirlande.*

[16] Presidente del Consejo de la nueva República.

Compréhension du texte
1 *Sin comentarlo, resuma usted el texto en unas diez líneas, respetando el orden del relato.*
2 « *Pero de pronto cambió todo.* » « *Dentro de la mayor juridicidad había llegado la República.* » *A partir de estas dos frases ponga de realce, brevemente, el interés del texto.*

Expression personnelle
1 a) *Analice y comente el ambiente en el que se proclamó la Segunda República española.*
  b) *¿Cuál le parece ser la postura del autor frente al acontecimiento? Justifíquese.*
2 *Destaque un aspecto del texto que le interese particularmente y coméntelo libremente.*

Compétence linguistique
1 a) *Récrivez la citation du Président Azaña en passant le premier verbe à l'imparfait de l'indicatif.*
  b) « *La República acababa de ser proclamada.* » *Mettez cette phrase passive à la forme active.*
  c) « *Muro que un día,* **al descorrerse,** *iba a dejar en medio un río de sangre.* » *Substituez la tournure en gras par une autre de même sens.*
  d) *Donnez une formulation équivalente de la phrase suivante :* **No** *hacía* **ni** *una hora.*
2 *Complétez l'amorce suivante :* **izaremos la nueva bandera en cuanto...**
3 « *Allí* **seguimos trabajando.** » *Imitez la structure en gras dans une phrase se rapportant au texte, en utilisant la 3ᵉ personne du pluriel du passé simple.*
4 *Traduisez depuis* « *¡Nada, nada!...* » *jusqu'à* « *... un temblor de guerra civil* ».

Tenemos que europeizarnos

Fue grande el alma castellana cuando se abrió a los cuatro vientos y se derramó por el mundo; luego cerró sus valvas y aún no hemos despertado.

España está por descubrir, y sólo la descubrirán españoles
5 europeizados. Se ignora el paisaje y el paisanaje[1] y la vida toda de nuestro pueblo. Se ignora hasta la existencia de una literatura plebeya, y nadie para su atención en las coplas[2] de ciegos, en los pliegos de cordel[3] que sirven de pasto[4] aun a los que no saben leer y los oyen.

10 Quisiera sugerir con toda fuerza al lector la idea de que el despertar de la vida de la muchedumbre difusa y de las regiones tiene que ir de par y enlazado con el abrir de par en par las ventanas al campo europeo para que se oree[5] la patria. Tenemos que europeizarnos y chapuzarnos[6] en pueblo. El pueblo, el hondo pueblo, el
15 que vive bajo la historia, es la masa común a todas las castas, lo diferenciante y excluyente son las clases e instituciones históricas. Y éstas sólo se remozan[7] zambulléndose[8] en aquél.

¡Fe, fe en la espontaneidad propia, fe en que siempre seremos nosotros, y venga la inundación de fuera, la ducha!

Miguel de Unamuno, *En torno al casticismo,* 1916.

[1] *la population.*
[2] *canciones.*
[3] *œuvres populaires imprimées sur des feuillets.*
[4] *nourriture spirituelle.*
[5] orear, *aérer, rafraîchir.*
[6] chapuzarse, *se plonger.*
[7] remozar, *rajeunir.*
[8] zambullirse, *plonger.*

Analicemos

1 *Párrafo 1 : explicite las alusiones de Unamuno a la historia de España.*
2 *Párrafo 2 : ¿según el autor en qué situación se encontraba España y qué importancia le concedía al pueblo?*
3 *Párrafos 3 y 4 : explique cuáles eran, según Unamuno, las mejores maneras de descubrir la España profunda y auténtica.*
4 *¿Qué quiere comunicar el ensayista a sus lectores y cómo lo sugieren tono y estilo?*

Para concluir

- *Este texto fue escrito hacia 1910. España ingresó en la C.E.E. el 1 de enero de 1986. ¿Qué reflexiones le sugiere a usted?*

Igualitas, igualitas

Con el tiempo

La guerra civil ha empezado. Jaime Camino describe cómo transcurre la vida en un pueblo catalán, en zona republicana.

PATIO. EXTERIOR-DÍA.

① *Plano medio de soslayo[1] de Encarnación, la criada de la casa, asomada al balcón. Contrapicado.*

[1] *de biais.*

Plano medio en contrapicado de Encarna (plano ① pero más ajustado).

ENCARNA *(Con fuerte acento andaluz).* — Ni señora, ni señores, ni
5   señoritos. Se acabó.

② *Plano de conjunto en picado de la abuela y Mercedes, las amas. Están plegando las sábanas en el patio exterior : Mercedes está de espaldas, la abuela de frente.*

ENCARNA *(en off).* — Requete-se-acabó[2] el tuteo.

[2] *C'est fini et bien fini.*

10 MERCEDES *(Girando la cabeza. Voz in.).* — No sabes lo que dices.

③ *Plano corto en contrapicado de un seto[3] tras el cual asoma la cabeza de Pedrito el chico de la casa.*

[3] *une haie.*

ENCARNA *(off).* — Quiero decir que (④ *Plano general del patio : se ve a las dos mujeres y a Encarna. Tres niños del pueblo se han juntado
15   debajo del balcón y están escuchando a la criada. Llega otro patinando[4]*) se acabó. A mí de tú y a ti de Vd. Que tú (⑤ *Vuelta al plano ① de Encarna. Voz in.*) eres la compañera Mercedes y yo soy la compañera Encarna. Se acabó. Igualitas, igualitas. *(Empieza a dar media vuelta.)*

[4] *en patins à roulettes..*

20   ⑥ *Vuelta al plano ②, de la abuela y Mercedes.*

ABUELA. — Mírala ésa. Dile algo, dile algo *(sacudiendo un extremo de la sábana).*

⑦ *Plano de Encarna que, de nuevo, se apoya en la barandilla[5].*

[5] *balustrade.*

ENCARNA. — Pues sí, pues sí, abuela.

⑧ *Vuelta al plano de las amas.*

MERCEDES *(Mirando hacia la muchacha).* — ¿Y yo no te trato como a una igual?

⑨ *Plano de Encarna que da un paso hacia atrás, se cruza de brazos y exclama medio cantando :*

ENCARNA *(Voz in).* — Ay qué rica tía Felisa *(Voz off)* que me conozco la canción. (⑩ *Plano medio corto de los cuatro niños que se divierten de las palabras de Encarna. Pedrito salta por encima del seto. Los niños giran la cabeza al oírle caer.)* Porque sabes que ya no soy (⑪ *Plano medio corto de Encarna. Voz in.)* más una oprimida. ¿Te enteras?

⑫ *Plano de los niños.*

UN CHICO *(A Pedrito, en voz baja).* — ¿Es una roja?

PEDRITO. — Ácrata[6]. Positivamente ácrata.

[6] anarquista.

⑬ *Vuelta al plano ⑪ de Encarna.*

ENCARNA. — ¡No! ¡Se acabó!

⑭ *Vuelta al plano ⑥ de las dos mujeres en picado.*

ABUELA. — Ay, dile que se marche. (⑮ *Plano breve de los niños que siguen riendo, luego, de nuevo, plano ⑯ con las dos mujeres. La abuela se dirige a los niños :*) Y vosotros ¿qué hacéis aquí? Y hala[7], iros a jugar.

[7] *(interj.),* Allez, hop.

⑰ *Plano medio corto de Encarna con los brazos en jarra.*

ENCARNA. — Y ¿qué hacen ahora del amor libre? ¿Tampoco se han enterado?

⑱ *Plano de las amas.*

MERCEDES. — Pues ahora se marcha usted. Hace la maleta y se marcha.

⑲ *Plano de Encarna, igual que el ⑰.*

ENCARNA. — Pues claro que sí. *(Da media vuelta y se va hacia adentro.)*

⑳ *Plano general del patio en picado. Mercedes sale del encuadre. Los niños empiezan a irse. La abuela está apilando, en una mesa de terraza, las sábanas ya plegadas.*

NIÑOS. — Venga vamos. Vamos a patinar. Está como una cabra.

CASA. INTERIOR-DÍA.

㉑ *Plano de la puerta. Se oye a Encarna que sigue hablando a gritos. Entra Mercedes serena y como meditabunda. Se dirige hacia fotografías enmarcadas que cuelgan de las paredes. Escucha sin conmoverse. La cámara la sigue en panorámica izquierda luego derecha.*

ENCARNA *(en off).* — Y cuando vuelva tu marido[8], le dices que la Encarna ha puesto las cosas en su sitio[9]. ¡Vaya si las ha puesto! Pero ¡no!, que no me voy. Eso es lo que tú quisieras : que me fuera. No te digo. Pues no. Todos a su puesto[10]. ¿Me oyes Mercedes?

[8] oficial republicano, está en el frente.
[9] *a remis les choses à leur place.*
[10] *Tout le monde à son poste.*

Jaime Camino, *Las largas vacaciones del 36,* 1976.

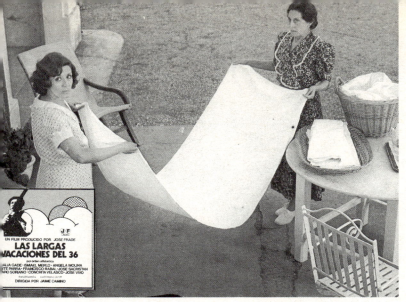

Plano de conjunto en picado de Mercedes y la abuela, amas.

Con el tiempo

Para empezar
1 Resuma la secuencia en una diez líneas.
2 Señale quiénes son los personajes, dónde están situados y qué están haciendo. Ayúdese de los fotogramas.
3 ¿Qué impresión se desprende de la escena?

Analicemos
1 Líneas 1-20 : muestre cómo desde el principio están invertidos los papeles. ¿Qué procedimientos cinematográficos y disposición escénica lo recalcan?
2 Precise cuáles son las reivindicaciones de Encarnación y comente su manera de formularlas.
3 Líneas 21-35 : analice la actitud y reacción de cada personaje y, utilizando los fotogramas, la expresión de los rostros.
4 Líneas 36-39 : comente el papel que desempeñan los niños en la secuencia (véanse también los planos ④, ⑩, ⑮, ⑳).
5 Líneas 40-58 : muestre cómo va subiendo la tensión entre los personajes hasta llegar a la ruptura. Comente el cambio en el tratamiento.
6 Plano ㉑ : ¿de qué manera se marca la unidad con la escena anterior y de dónde proceden las diferencias.
7 Comente el monólogo de Encarna y el efecto que produce.

Para concluir
1 Defina el tono y note sus cambios a lo largo de la secuencia.
2 ¿Qué visión da Jaime Camino de la vida y de las tensiones en la zona republicana y cómo lo recalca la cámara?

Practicando se aprende
1 **Dile que se marche.** Réutilisez cette construction (impératif + proposition complétive) pour formuler d'autres ordres (gramm. p. 229).
2 **Y vosotros qué hacéis aquí, iros a jugar.** Récrivez cette phrase en employant la personne de politesse au singulier et au pluriel.
3 **Hace la maleta y se marcha.** Remarquez la valeur impérative de ces présents de l'indicatif. Reprenez ces ordres en employant l'impératif.
4 **Cuando vuelva** tu marido... Complétez cette phrase et imitez sa structure en employant d'autres verbes (gramm. p. 227).
5 Tú **quisieras** que me fuera. Reprenez la tournure en gras et complétez-la avec d'autres verbes.

Llegó la libertad, llegó el «Guernica»

El 26 de abril de 1937 la aviación alemana, aliada de las fuerzas franquistas arrasó la ciudad de Guernica, en el País Vasco. Era día de mercado y la población civil fue diezmada (décimée). Guernica se convirtió en símbolo de libertad oprimida y de los horrores de la guerra.

El más famoso óleo de Pablo Picasso, el *Guernica*, aterrizó en el aeropuerto de Barajas el 10 de septiembre de 1981 entre la atenta vigilancia de un buen puñado de guardias civiles, que lo custodiaron[1] hasta el Casón del Buen Retiro de Madrid. El *Guernica*, enviado a España por el Museo de Arte Moderno de Nueva York, iba acompañado por 63 dibujos y bocetos[2] de Picasso. Algunos directivos del MOMA[3], donde el cuadro estuvo durante 42 años, lloraron su pérdida. En Madrid también hubo lágrimas al ver cumplido el deseo de Picasso de que su cuadro se entregara[4] al Estado español cuando aquí «se restableciesen las libertades». El *Guernica*, encargado[5] por el Gobierno de la República al pintor malagueño en 1937, nunca llegó a estar en España hasta 1981. La expectación[6] de los españoles por ver de cerca el gran lienzo de Pablo Picasso fue enorme. Al final de 1982 ya lo habían visitado un millón de personas.

El País, 4/5/1986.

---

[1] custodiar, vigilar.
[2] *esquisses, dessins.*
[3] *Museum of Modern Art.*
[4] entregar, *remettre.*
[5] encargar, *commander, passer une commande.*
[6] la impaciencia.

Con el tiempo

Pablo Picasso, *Guernica*, 1937.
350 × 780 cm, *Casón del Buen Retiro*, Madrid.

El artículo

- Tras recordar brevemente la historia del lienzo justifique el título dado al fragmento.

El cuadro de Picasso

1. El cuadro mide 3,50 × 7,80 m y es imprescindible tener presentes en la mente sus grandes proporciones para comentarlo. Dominan los negros, grises y blancos con toques azulados y amarillentos. ¿Qué sentimientos experimenta usted al contemplar esta obra?
2. Estudie detenidamente la composición del cuadro y las líneas que lo estructuran. Determine sus diferentes zonas y diga qué personajes y situaciones lo integran.
3. Analice cada uno de los grupos poniendo de manifiesto los recursos plásticos empleados tratando de explicitar lo que sugieren.
4. Note usted que el hombre destrozado y tumbado en el suelo boca arriba tiene una mano apretada en una espada rota y una flor. ¿Cómo interpreta estos detalles que ocupan un lugar privilegiado en el cuadro?

Para concluir

1. «Guernica, *apocalipsis en negro y blanco, no es el reportaje, poetizado trágicamente, de un drama preciso, sino el símbolo de todas las estupideces mortíferas pasadas y futuras.*» Discuta usted esta afirmación.
2. Relacione el cuadro de Picasso con el poema de Rafael Alberti de la página 82 y diga qué lazos pueden unir las dos obras.

Toro en el mar *(Elegía sobre un mapa perdido)*

1   A AQUEL país se lo venían diciendo
desde hace tanto tiempo.
Mírate y lo verás.
Tienes forma de toro,
5 de piel de toro abierto,
tendido sobre el mar.
(De verde toro muerto.)

2   ERAS jardín de naranjas.
Huerta de mares abiertos.
10 Tiemblo de olivas y pámpanos[1],
los verdes cuernos.

Con pólvora[2] te regaron[3].
Y fuiste toro de fuego.

3   ¡Ay, a este verde toro
15 le están achicharrando[4], ay, la sangre!
Todos me lo han cogido de los cuernos
y que quieras que no[5] me lo han volcado[6]
por tierra, pateándolo[7],
extendiéndolo a golpes de metales candentes[8],
20 sobre la mar hirviendo[9].
Verde toro inflamado, ¡ay, ay!
que llenas de lamentos e iluminas, helándola[10],
esta desventurada noche
donde se mueven sombras ya verdaderamente sombras,
25 o ya desencajadas[11] sombras vivas
que las han de tapar también las piedras.

¡Ay verde toro, ay,
que eras toro de trigo,
toro de lluvia y sol, de cierzo[12] y nieve,
30 triste hoguera[13] atizada hoy en medio del mar,
del mar, del mar ardiendo!

Rafael Alberti, *Entre el clavel y la espada,* 1940.

[1] *Frisson d'olives et de pampres.* - [2] *poudre (à fusil).* - [3] *regar, arroser.* - [4] *achicharrar, griller.* - [5] *que tu le veuilles ou non.* - [6] *volcar, renverser.* - [7] *patear, piétiner.* - [8] *chauffés à blanc.* - [9] *hervir, bouillir, être en ébullition.* - [10] *helar, glacer, geler.* - [11] *disloquées.* - [12] *el cierzo, la bise.* - [13] *bûcher.*

Analicemos

1   *Estrofa 1 : explique el simbolismo de los versos 1 a 6. ¿Qué sugiere el paréntesis y por qué se encuentra aislado tipográficamente?*
2   *Estrofa 2 : ¿qué sugieren los versos 8 a 11? ¿Cómo se justifica el empleo del imperfecto «eras»? ¿Qué pone de realce el cambio de tiempo y la metáfora de los versos 12 y 13?*
3   *Estrofas 3-4 : ¿cuál es la tonalidad de estas estrofas? Apunte y comente ciertas imágenes y recursos estilísticos encontrados en los versos 14 a 20. ¿Qué aporta la presencia del poeta en estos versos?*
4   *¿Cómo, a partir del verso 21, se intensifica la visión de la guerra y se refuerza el dramatismo?*
5   *Muestre que en la última estrofa se sintetizan los elementos del poema, haciendo culminar la emoción.*

Para concluir

1   *A la luz de la explicación comente usted el subtítulo del poema.*
2   *Relacione este texto con el* Guernica *de Picasso reproducido en la página 81. ¿Qué lazos pueden unir las dos obras?*

Meditación del día

Con el tiempo

Frente a la palma de fuego
que deja el sol que se va,
en la tarde silenciosa
y en este jardín de paz,
5   mientras Valencia florida
se bebe el Guadalaviar[1]
— ¡Valencia de finas torres,
en el lírico cielo de Ausias March[2],
trocando[3] su río en rosas
10   antes que llegue a la mar! —
pienso en la guerra. La guerra
viene como un huracán[4]
por los páramos[5] del alto Duero,
por las llanuras de pan llevar[6],
15   desde la fértil Extremadura
a estos jardines de limonar[7],
desde los grises cielos astures[8]
a las marismas[9] de luz y sal.
Pienso en España, vendida toda
de río a río, de monte a monte, de mar a mar.

Valencia, abril de 1937.
Antonio Machado.

[1] o Turia, río de Levante que riega Valencia.
[2] poeta valenciano (1397-1459), introductor del petrarquismo en la poesía catalana.
[3] *changeant.*
[4] *un ouragan.*
[5] *les landes.*
[6] *de terres à blé.*
[7] el limón, *le citron.*
[8] de Asturias.
[9] *les marais du bord de mer.*

Para empezar
1 En 1936 el Gobierno republicano y las personalidades más destacadas de la República abandonaron Madrid cercado por las tropas rebeldes trasladándose a Valencia.
2 Señale las dos partes del poema.

Analicemos
1 Versos 1-10 : ¿qué visión se da de Valencia y qué impresión se desprende en los primeros versos? ¿Cómo contribuyen a sugerirlo metáforas y ritmo?
2 ¿Qué valor tienen la elección del nombre Guadalaviar y la referencia a Ausias March? Este poeta empleó mucho el endecasílabo; fíjese en la versificación de esta primera parte. ¿Qué reflexiones le inspira a usted?
3 Versos 11-12 : se produce una ruptura. ¿Qué elementos la recalcan?
4 Versos 11-18 : muestre que estos versos constituyen una espléndida síntesis de España. Analice los recursos estilísticos y poéticos con los que se evoca el poder destructor del huracán.
5 Versos 19-20 : comente estos versos destacando los sentimientos del poeta.

Para concluir
1 ¿Cómo se justifica el título del poema?
2 ¿En qué resulta original y emocionante este tratamiento del tema de la guerra?

Practicando se aprende
1 *Antes que llegue a la mar.* Complétez l'amorce suivante : **Machado canta la belleza de Valencia antes que...**
2 *Valencia **de** finas torres.* Formulez d'autres phrases en utilisant le **de** de caractérisation pour présenter Valence ou l'Espagne que chante Machado.
3 *Viene **por** los páramos.* Évoquez le passage du Guadalaviar dans la huerta valencienne en reprenant cette préposition.

Las bicicletas son para el verano

(Campo muy cerca — casi dentro — de la ciudad. La luz de un sol pálido, tamizada por algunas nubes, envuelve las zonas arboladas y los edificios destruidos. Se oye el canto de los pájaros y los motores y las bocinas[1] de los escasos coches que van hacia las afueras. Por entre las trincheras[2] y los nidos de ametralladoras pasean LUIS y su padre.)

DON LUIS. — Aquello era el Hospital Clínico. Fíjate cómo ha quedado.

LUIS. — Eso es una trinchera, ¿no?

DON LUIS. — Claro. Te advierto que quizá sea peligroso pasear por aquí. Toda esta zona estaba minada.

LUIS. — Pero ya lo han limpiado todo. Lo he leído en el periódico. ¿Sabes, papá? Parece imposible... Antes de la guerra, un día, paseamos por aquí Pablo y yo... Hablábamos de no sé qué novelas y películas... De guerra, ¿sabes? Y nos pusimos a imaginar aquí una batalla... Jugando, ¿comprendes?

DON LUIS. — Sí, sí...

LUIS. — Y los dos estábamos de acuerdo en que aquí no podía haber una guerra. Porque esto, la Ciudad Universitaria[3], no podía ser un campo de batalla... Y a los pocos días, fíjate...

DON LUIS. — Sí, se ve que todo puede ocurrir... Oye, Luis, yo quería decirte una cosa... Es posible que me detengan[4]...

LUIS. — ¿Por qué, papá?

DON LUIS. — Pues... no sé... Pero están deteniendo a muchos... Y como yo fundé el sindicato... Y nos incautamos[5] de las Bodegas[6]...

LUIS. — Pero ¿eso qué tiene que ver? Era para asegurar el abastecimiento[7] a la población civil... Era un asunto de trabajo, no de política. Y aunque lo fuera : el Caudillo ha dicho que los que no tengan las manos manchadas de sangre...

DON LUIS. — Ya, ya... Si a lo mejor no pasa nada... Pero están deteniendo a muchos, ya te digo, por cosas como ésa... Yo, lo que quería decirte, precisamente, es que no te asustaras... Creo que hacen una depuración[8] o algo así...

LUIS. — ¿Y eso qué es?

DON LUIS. — Pues... todavía no se sabe bien... Llevan a la gente a campos de concentración...

LUIS. — ¿Como a los de las últimas quintas[9]?

[1] los claxones.
[2] les tranchées.
[3] Fue en Madrid el teatro de durísimos combates.
[4] detener, *arrêter, mettre en prison.*
[5] incautarse, *s'emparer de, se charger de.*
[6] Como el dueño de las bodegas *(les caves)* había muerto, don Luis y sus compañeros de trabajo fundaron el Sindicato de Distribución Vinícola, administrando la empresa durante los años de guerra.
[7] abastecer, *approvisionner.*
[8] une épuration.
[9] les derniers régiments.

Don Luis. — Sí, algo así. Pero por estas cosas supongo que, al fin, acabarán soltándonos[10]...

Luis. — Papá, hablas como si ya te hubieran detenido.

Don Luis. — Bueno, yo lo que quiero decirte es que, si pasa, no será nada importante. Pero que, en lo que dure, tú eres el hombre de la casa. Tu madre y tu hermana calcula cómo se pondrían las pobres... Tú tendrías que animarlas.

Luis. — Sí, no sé cómo.

Don Luis. — Pues les dices que, estando yo parado, al fin y al cabo, una boca menos.

Luis. — Qué cosas dices.

(Un silencio. El padre ha sacado un pitillo[11], lo ha partido y le da la mitad a su hijo. Lo encienden.)

Don Luis *(Dando una profunda bocanada.).* — Qué malo es, ¿verdad?

Luis. — Sí, papá. Pero se fuma... Me parece que, te detengan o no, nos esperan malos tiempos, ¿verdad?

Don Luis. — A mí me parece lo mismo, pero hay que apechugar con lo que sea[12].

Luis. — Hay que ver... Con lo contenta que estaba mamá porque había llegado la paz...

Don Luis. — Pero no ha llegado la paz, Luisito: ha llegado la victoria. He hablado con doña María Luisa. ¿Te acuerdas que alguna vez le llevé un kilo de bacalao[13]?

Luis. — Sí...

Don Luis. — Prometió pagarme el favor. Por mí no puede hacer nada, porque hay que esperar a que me depuren... Pero dice que un amigo suyo a ti podría colocarte[14].

Luis. — Bueno. Y al mismo tiempo estudio.

Don Luis. — Eso habíamos dicho. Al principio te será fácil porque la Física la sabrás de memoria.

Luis. — Sí, he estudiado bastante.

Don Luis. — Pero ¿has estudiado Física roja o Física nacional[15]?

Luis. — Y... ¿de qué me puede emplear el amigo de doña María Luisa?

Don Luis *(Antes de contestar echa una mirada de reojo a su hijo. Duda un poco y contesta con una sonrisa.).* — De... de chico de los recados[16].

Luis. — ¡Ah!

Con el tiempo

[10] soltar, liberar.

[11] *une cigarette.*

[12] *il faut savoir faire face à toutes les situations.*

[13] *de morue.*

[14] *te trouver un emploi.*

[15] Todas las papeletas de examen y títulos académicos expedidos en zona republicana fueron anulados.

[16] *comme coursier.*

DON LUIS. — No he encontrado otra cosa, Luis. Pero él dice que es de mucho porvenir. Están montando una oficina de importación y exportación. Y, de momento, no son más que tres o cuatro, todos de la otra zona. Tú serías el quinto.

75 LUIS. — Sí, el chico de los recados.

DON LUIS. — Compréndelo. Hay que llevar dinero a casa — del que vale, no de las estampitas[17] ésas —. Si Manolita se mete en alguna compañía[18], lo que le den se lo va a gastar en trapos y en pinturas[19]. Y lo de «chico de los recados» lo digo un poco
80 en cachondeo[20]. Es que dicen que al principio todos tendrán que arrimar el hombro[21], y habrá que llevar paquetes y cosas de un lado a otro.

LUIS. — Ya, ya.

DON LUIS. — Para ese empleo te vendría bien la bicicleta que te
85 iba a comprar cuando pasase esto, ¿te acuerdas?

LUIS. — Ya lo creo. Yo la quería para el verano, para salir con una chica.

DON LUIS. — ¡Ah!, ¿era para eso?

LUIS. — No te lo dije, pero sí.

90 DON LUIS. — Sabe Dios cuándo habrá otro verano.

(Siguen paseando.)

TELÓN

Fernando Fernán Gómez, *Las bicicletas son para el verano*, 1982.

[17] una estampa, *une image*. Billetes y monedas republicanos fueron declarados sin valor al terminar la guerra.
[18] compañía de teatro.
[19] *(fam.), en chiffons et en maquillage.*
[20] *un peu pour plaisanter.*
[21] *(fam.), en mettre un coup.*

Para empezar

1 *Sitúe con precisión lugar, tiempo y circunstancias.*
2 *Determine las diferentes partes del fragmento y diga usted qué tema encierra cada una.*
3 *A su parecer y según las acotaciones, ¿qué tiene que traducir el decorado?*

Analicemos

1 *Líneas 1-15 : en el prólogo a la obra se veía a Luis y a su compañero Pablo jugar por estos sitios. Comente la confesión que le hace Luis a su padre y la conclusión de éste.*
2 *Líneas 15-43 : ¿qué se nos enseña de la realidad de la posguerra? ¿Qué sentimientos asoman en las palabras del padre? ¿Cómo comprende usted los numerosos puntos suspensivos que las entrecortan? ¿Cuáles son las reacciones del hijo? Explíquelas.*
3 *Líneas 44-54 : ¿cómo interpreta usted el episodio del cigarrillo vinculado a la reflexión de Luis hijo?*
4 **No ha llegado la paz, Luisito. Ha llegado la victoria.** *Comente detenidamente estas palabras.*
5 *Líneas 54-83 : ¿qué revelan los rodeos de don Luis antes de evocar el trabajo que pudo conseguirle a su hijo? Comente la distinción entre* **Física roja o Física nacional** *y lo que supuso para la situación de los vencidos.*
6 *Líneas 84-90 : relacione usted estas líneas con el título de la obra. ¿Qué reflexiones le inspiran? Comente la réplica final del padre.*

Para concluir

• *Este fragmento es el epílogo a la obra. Resuma la visión que se da de los años de la posguerra. Destaque el ambiente general y la filosofía de la página respecto de la guerra.*

Practicando se aprende

1 *Complétez ces diverses réflexions de Luis :* **Parece imposible que...; el Caudillo ha dicho que los que tengan las manos manchadas de sangre...**
2 **Lo que quería decirte es que no te asustaras.** *Sur ce modèle énoncez les conseils que don Luis peut donner à son fils (gramm. p. 229).*
3 **Compréndelo.** *Substituez à cet impératif une tournure de l'obligation qui convienne (gramm. p. 232).*

Con el tiempo

Mensaje de amor de Valdemar Gris

Yo,
Valdemar Gris,
habitante de este mundo,
niño antiguo de veinticinco ríos secos de edad,
5   os traigo mi humilde mensaje de primavera
y os digo con alegría de estrellas en mis ojos :
Todos los jóvenes del mundo somos hermanos.
Somos todos hijos del sol y del misterio.

Olvidemos, pues, amigos míos,
10   hermanos míos del mundo; olvidemos
las vanas disputas de los viejos.
¡Que se llenen los libros con razones inútiles de muertos,
que nosotros sólo queremos ver triunfar
la gloria y la nada de la vida
15   por todos los puntos del viento planetario!
Queremos que nuestro destino de hombres
tenga un camino con soles y riberas[1],   [1] *des rives.*
y maravillosas ciudades de cristal,
y muchachas morenas
20   cantando por las playas,
y desesperados pensadores
intentando enhebrar[2] raíces con estrellas,   [2] *lier.*
e ingenieros poetas que canten
las melancolías atroces del cemento
25   que devora el corazón de las rosas,
y serenos atletas
con armonías de agua,
y ardientes corazones de santos
descubriendo senderos[3]   [3] *des sentiers.*
30   en su pasión total.

Pero hemos de estar unidos,
amigos míos, hermanos míos del mundo,
y ha de ser nuestro lazo abrasado[4]   [4] abrasar, *embraser.*
un humano destino secreto
35   de conciencia amorosa de la Tierra.

Os lo digo yo,
Valdemar Gris,
sediento[5] caminante de luz,
exhausto[6] de túneles adolescentes
40 por donde las espigas[7] estrangulan[8] su raíz hacia arriba :
Todos los jóvenes del mundo
somos hermanos de destino,
y os lo digo
con voz quebrada
45 de antiguos llantos sin consuelo,
con alegría renovada
de futuras estrellas en mis ojos.

Miguel Labordeta,
Sumido-25, 1948.

[5] *assoiffé.*
[6] *épuisé.*
[7] *les épis.*
[8] *estrangular, étrangler.*

Para empezar

1 *Recuerde la situación de España en 1948.*
2 *¿En qué consiste el mensaje de amor de Valdemar Gris?*

Analicemos

1 *Versos 1-6 : analice la presentación que hace de sí Valdemar Gris así como el papel de las metáforas y de la versificación.*
2 *Versos 7-11 : ¿a quién se dirige el mensaje y por qué?*
3 *Versos 12-30 : ¿qué ideal canta Valdemar Gris? ¿Cómo consiguen los versos expresarlo y comunicarlo?*
4 *Versos 31-35 : ¿qué se necesita, según el poeta, para transformar el sueño en realidad?*
5 *Versos 36-47 : analice estos versos finales destacando su impacto y su fuerza poética. ¿Qué aportan en relación con los del principio?*

Para concluir

- *¿De dónde nace la modernidad de esta página?*

PRÁCTICAS

Los cambios en Calafell

El aspecto de Calafell había comenzado a cambiar irreversiblemente. Un, de momento no muy acelerado pero ya inexorable, proceso de suburbanización que había comenzado en los solares[1] periféricos y en los huecos de sus calles, alcanzaba ya el frente
5 marinero y no sólo en las estribaciones[2] de levante, en la zona ya tradicionalmente turística, sino en el barrio de pescadores, cuyas casitas de dos plantas, las antiguas *botigues,* iban cediendo su lugar a las torres de apartamentos, generalmente de exigua planta, altas y estrechas como lapiceros[3], al amparo[4] de unas ordenanzas[5] locas

[1] *les terrains à bâtir.*
[2] *les contreforts montagneux.*
[3] *lápices, crayons.*

o desaprensivas⁶ y al gusto de arquitectos municipales sin muchas preocupaciones estéticas.

No era sólo, claro está, el cambio urbanístico, la transformación material del pueblo lo que despertaba mis humores elegíacos, era sobre todo el cambio social. Un paralelo proceso de servilización de las que fueron orgullosas gentes del pueblo, convertidas ahora en caseros⁷ sometidos además de a las exigencias de la clientela turística, a las manipulaciones de los intermediarios forasteros. Un consiguiente abandono⁸ de los oficios tradicionales. El arenal se iba despoblando de barcas y de botes⁹, ya no había calafate¹⁰, ya no tenían redes. Los pescadores más jóvenes habían obligado a los viejos patrones a amarrar las barcas en el vecino puerto de Vilanova. Preferían el diario viaje en tren a los esfuerzos de la *barada*¹¹, de la puesta a flote cotidiana de las inmensas y pesadas sardineras. Y poco a poco se iban quedando; desembarcaban para abrazar un oficio en tierra. Los patrones que no se resignaban a desarmar iban sustituyendo a sus propios hijos con mano de obra emigrante ni siquiera ya costeña¹² y marinera, como unos años antes. Mi paisaje de barcas varadas¹³, algo que había sido hasta entonces una constante de mi imaginación y de mi mundo sensual, como una referencia de identidad en el recuerdo de mí mismo, se iba reduciendo mes a mes, o muy rápidamente, parecía, al punto de notar de visita en visita, o casi, las ausencias. Y los viejos eran los últimos viejos, últimos viejos de la mar que no habrían de ser sustituidos. Nadie heredaría su papel, que yo de alguna manera había soñado para mí.

Carlos Barral, *Los años sin excusa*, 1977.

Con el tiempo

⁴ amparar, *protéger*.
⁵ *des arrêtés (municipaux)*.
⁶ *malhonnêtes*.

⁷ los que alquilan sus casas o pisos.
⁸ *entraînant l'abandon*.
⁹ *canots*.
¹⁰ *charpentier de marine*.
¹¹ la barada, *la mise à flot*.

¹² la costa, *la côte*.
¹³ *échouées sur la plage*.

Compréhension du texte

1 Resuma el texto en unas diez líneas.
2 Ayudándose de la frase siguiente, comente el interés del texto :
« No era sólo, claro está, el cambio urbanístico, la transformación material del pueblo lo que despertaba mis humores elegíacos, era sobre todo el cambio social. »

Expression personnelle

1 a) En la década de los años sesenta. ¿Cuáles fueron los cambios a los que asistió Carlos Barral?
b) Comentando ejemplos precisos ponga de relieve los sentimientos que impregnan toda la página y muestre cómo el autor se identifica a este pueblo y se siente concernido por su transformación.
2 Elija otro aspecto del texto que le parezca interesante y coméntelo.

Compétence linguistique

1 Reprenez la narration au présent depuis « El arenal se iba despoblando... » jusqu'à « ... no tenían redes. » et depuis « Y los viejos eran los últimos... » jusqu'à « ... para mí. »
2 Complétez la phrase suivante : « El autor hubiera querido que... »
3 **Los** pescadores **más** jóvenes habían obligado a los viejos patrones a amarrar las barcas. El barrio de pescadores **cuyas** casitas de dos plantas iban cediendo su lugar a las torres de apartamentos. En reprenant les tournures en gras, faites des phrases se rapportant au texte.
4 Traduire depuis « Un paralelo proceso... » jusqu'à « ... intermediarios forasteros. »

¡Es la milana¹, señorito!

Azarías, campesino simple y algo bobo, ayuda al señorito Iván, su amo y rico hacendado, a cazar el palomo (le pigeon ramier). *Han pasado la mañana esperando sin matar ni uno. Iván está furioso.*

... regresó junto al árbol y le dijo al Azarías,
desarma el balancín² y baja, Azarías, esta mañana no hay nada que hacer, veremos si a la tarde cambia la suerte,
y el Azarías recogió los bártulos³ y bajó y, conforme franqueaban
5 la ladera soleada, camino del Land Rover, apareció muy alto, por encima de sus cabezas, un nutrido bando de grajetas⁴ y el Azarías levantó los ojos, hizo visera con la mano, sonrió, masculló unas palabras ininteligibles, y, finalmente, dio un golpecito en el antebrazo al señorito Iván,
10 atienda⁵,
dijo,
y el señorito Iván, malhumorado
¿qué es lo que quieres que atienda, zascandil⁶?
y el Azarías, babeaba y señalaba a lo alto, hacia los graznidos⁷,
15 dulcificados por la distancia, de los pájaros,
muchas milanas, ¿no las ve?
y, sin aguardar respuesta, elevó al cielo su rostro transfigurado y gritó haciendo bocina con las manos⁸,
¡¡quái!!
20 y, repentinamente, ante el asombro del señorito Iván, una grajeta se desgajó⁹ del enorme bando y picó en vertical, sobre ellos, en vuelo tan vertiginoso y tentador, que el señorito Iván, se armó, aculató¹⁰ la escopeta y la tomó los puntos¹¹, de arriba abajo como era lo procedente, y el Azarías al verlo, se le deformó la sonrisa,
25 se le crispó el rostro, el pánico asomó a sus ojos y voceó¹² fuera de sí,
¡no tire, señorito, es la milana¹³!
pero el señorito Iván notaba en la mejilla derecha la dura caricia de la culata, y notaba, aguijoneándole¹⁴, la represión de la
30 mañana y notaba, asimismo, estimulándole, la dificultad del tiro de

¹ Azarías llama «milana» a cualquier ave.
² le balancier (auquel est attaché le pigeon qui sert d'appât).
³ l'attirail.
⁴ un vol fourni de corneilles.
⁵ mire, fíjese.
⁶ tonto.
⁷ graznar, *croasser.*
⁸ les mains en porte-voix.
⁹ desgajarse, *se séparer.*
¹⁰ aculatar, *épauler.*
¹¹ tomar los puntos, apuntar, *viser.*
¹² vocear, gritar.
¹³ (Azarías había amaestrado a una grajeta.)
¹⁴ aguijonear, *aiguillonner.*

alfredo landa
francisco rabal
los santos inocentes
DIRIGIDA POR mario camus
SEGUN LA NOVELA DE MIGUEL DELIBES

arriba abajo, en vertical y, aunque oyó claramente la voz implorante del Azarías,
    ¡señorito, por sus muertos, no tire!
no pudo reportarse[15], cubrió al pájaro con el punto de mira, lo adelantó y oprimió el gatillo[16] y, simultáneamente a la detonación, la grajilla dejó en el aire una estela[17] de plumas negras y azules, encogió las patas sobre sí misma, dobló la cabeza, se hizo un gurruño[18], y se desplomó, dando volteretas, y, antes de llegar al suelo, ya corría el Azarías ladera abajo, los ojos desorbitados, regateando entre las jaras y la montera[19], la jaula de los palomos ciegos bamboleándose[20] ruidosamente en su costado, chillando,
    ¡es la milana, señorito! ¡me ha matado a la milana!
y el señorito Iván tras él, a largas zancadas[21], la escopeta abierta, humeante, reía,
    será imbécil, el pobre,
como para sí, y, luego elevando el tono de voz,
    ¡no te preocupes, Azarías, yo te regalaré otra!
pero el Azarías, sentado orilla una jara, en el rodapié[22], sostenía el pájaro agonizante entre sus chatas manos, la sangre caliente y espesa escurriéndole entre los dedos, sintiendo, al fondo de aquel cuerpecillo roto, los postreros[23], espaciados, latidos de su corazón, e, inclinado sobre él, sollozaba[24] mansamente,
    milana bonita, milana bonita...

Miguel Delibes, *Los Santos inocentes,* 1981.

[15] refrenarse, *se retenir.*
[16] *la gachette.*
[17] *un sillage.*
[18] *se recroqueville.*
[19] *esquivant arbustes et broussailles.*
[20] bambolearse, *se balancer.*
[21] *à grandes enjambées.*
[22] *le marchepied (de la Land Rover).*
[23] los últimos.
[24] sollozar, *sangloter.*

Con el tiempo

Para empezar

1. Empleando los tiempos del pasado que convengan haga usted un resumen del texto poniendo de manifiesto los diferentes momentos de la historia.
2. «¡No tire señorito, es la milana!»; «¡no te preocupes, Azarías, yo te regalaré otra!». ¿En qué estas dos frases son reveladoras del sentido del texto?
3. ¿Qué particularidades formales y estilísticas ha apuntado usted al leer este fragmento?

Analicemos

1. Líneas 1-19 : analice usted las actitudes y los sentimientos de cada protagonista.
2. Líneas 21-27 : ¿cómo se explica el asombro del señorito? Analice las reacciones de cada hombre y, fijándose en la escritura, diga cómo las valoriza el autor.
3. Líneas 28-33 : ¿qué siente Iván en este momento? ¿Cómo lo traduce el relato? Comente la imploración de Azarías.
4. Líneas 34-42 : analice usted lo detallado de la descripción y el ritmo del párrafo mostrando cómo contribuyen a lo trágico del momento.
5. Líneas 43-53 : comente las oposiciones, los contrastes y el ambiente creado en este final.
6. Haga usted un retrato sicológico y moral de cada hombre.
7. Al final de la novela Azarías mata al señorito. ¿Qué luz aporta tal desenlace a esta página?

Para concluir

1. Poniendo de manifiesto el carácter de cada protagonista y su posición social destaque el alcance de esta anécdota.
2. La novela de Miguel Delibes fue llevada al cine por Mario Camus. Muestre usted en qué tiene ya de por sí este fragmento cualidades cinematográficas.

Practicando se aprende

- En suivant l'ordre du texte reprenez au style indirect et au passé les interventions de chacun des protagonistas : **Iván le pidió a Azarías que...; Azarías le advirtió de pronto que..., y que... pero el señorito Iván...** (gramm. p. 236).

Los Cantautores

Durante los años sesenta surgió en España una generación de jóvenes cantantes – y a la vez compositores – que ofrecieron una alternativa estética a la música comercial de aquel momento.

A estos jóvenes se les llamó «cantautores», y alcanzaron su esplendor en los últimos años del franquismo y primeros de la transición[1].

El fenómeno musical protagonizado por los cantautores fue dispar[2], heterogéneo : se puede hablar de nueva canción popular o música folk, de canción de autor e incluso, en algunos casos, de canción protesta.[3]

Desde luego, fue parte de la renovación musical que se dio en todo el mundo, y que en España coincidió con una peculiar situación política. En general, aquellos cantautores demostraron una mayor sensibilidad al escribir los textos de sus canciones, pues huían de los tópicos[4] habituales para comunicar sus propias vivencias[5] e inquietudes.

Muchos de ellos pretendían crear un nuevo folklore, y tenían especial interés en cantar a su tierra y expresar sus problemas. Otros, además, hicieron de su música un medio de oposición política.

(Música)

[1] (cf. Cronología pp. 70-71).
[2] *inégal.*
[3] *chanson engagée.*
[4] *des lieux communs.*
[5] experiencias.

« L'estaca » - « La estaca », por Lluis Llach

« Siset, que no veus l'estaca	« ¿Siset, es que no ves la estaca[6]
on estem tots lligats?	a la que estamos todos atados?
Si no podem desfer-nos-en	Si no podemos librarnos[7]
mai no podrem caminar.	no podremos caminar.
Si estirem tots, elle caurà	Si estiramos todos[8], ella caerá
¡molt de temps no pot durar!	¡mucho tiempo no puede durar!
Segur que tomba, tomba, tomba;	Seguro que cae, cae, cae;
ben corcada deu ser ja.	bien podrida[9] debe estar ya.
Si tu l'estires fort per aquí	Si tú tiras fuerte por aquí
¡si jo l'estiro fort per allà,	y si yo tiro fuerte por allá,
segur que tomba, tomba, tomba;	seguro que cae, cae, cae;
¡ens podrem alliberar. »	y nos podremos liberar. »

[6] *le pieu.*
[7] liberarnos.
[8] *si nous tirons tous.*
[9] *pourri.*

Fue en Cataluña donde primero surgió este movimiento musical. Allí recibió el nombre de Nova Cançó.

(fragmento de entrevista con el cantautor Lluis Llach. Acento catalán)

«Para los cantantes de la Cançó era muy importante cantar sólo en catalán, porque era la única manera de expresar públicamente nuestra respuesta a la opresión cultural que sufríamos. Bueno, opresión cultural que venía también... que era resultado de una opresión política, social. Entonces, como que eso no se podía explicar ni en la prensa ni en la radio... lo hacíamos manteniendo esta forma tan radical : negándonos[10] a cantar en castellano. »

En Cataluña – y después en Galicia, País Vasco y Valencia – se empleaban las lenguas vernáculas[11] no sólo para revitalizarlas, sino también para reivindicar las peculiaridades[12] de cada región. La canción simbolizaba las aspiraciones de algunas de las actuales autonomías.

(Música)

[10] negarse, *se refuser.*
[11] *vernaculaires.*
[12] las particularidades.

«Al vent» - «Al viento», por Raimón

«Al vent	«Al viento
la cara al vent	la cara al viento
el cor al vent	el corazón al viento
les mans al vent	las manos al viento
els ulls al vent	los ojos al viento
al vent del món.»	al viento del mundo.»

Estas canciones testimoniales[13], reivindicativas, sugerían lo que no se podía decir abiertamente a causa de la censura. Sin embargo, tenían una enorme capacidad para enardecer[14] a una juventud deseosa de libertades.

Pero la Administración notaba la agitación que algunos cantantes transmitían al público en sus actuaciones[15]. Por eso, muchos recitales eran prohibidos.

Y es que los aires de libertad que las canciones transmitían convertían muchos recitales en manifestaciones políticas.

Poco a poco la reforma política fue cumpliendo sus objetivos. La legalización de todos los partidos, las primeras elecciones libres en 1977, la amnistía, la aprobación de la Constitución, el reconocimiento de las peculiaridades regionales y las segundas elecciones, en 1979, marcaron un camino sin retorno.

Como consecuencia de todo ello, la reivindicación política a través de la música perdía sentido.

Radio Nacional de España, *Montaje audiovisual,* 1985.

[13] el testimonio, *le témoignage.*
[14] *enflammer.*
[15] espectáculos.

Con el tiempo

Amancio Prada.

Para empezar
- ¿Quiénes eran los cantautores? ¿En qué época alcanzaron su esplendor?

Analicemos
1 ¿Cómo se explica este «fenómeno musical»? ¿Qué características y objetivos tenía?
2 ¿En qué pueden ser «subversivas» las dos canciones insertas?
3 ¿Qué significado tenía que se usaran los idiomas regionales? ¿Cómo explica usted el particular éxito que tuvo en la década de los sesenta «la Nova Cançó catalana»?
4 ¿Por qué perdió sentido la misión de los cantautores al cambiar el régimen político?

Para concluir
- ¿En qué puede ser la canción un arma política?

Practicando se aprende
1 **Fue** en Cataluña **donde** surgió. Utilisez cette tournure pour souligner les circonstances de l'apparition des chanteurs engagés (gramm. p. 234).
2 La renovación musical que **se dio** en todo el mundo. Quels autres verbes pourrait-on employer?
3 **Era muy importante cantar** (cantar era muy importante). Réutilisez la tournure en gras pour souligner l'importance de tels spectacles, les difficultés rencontrées, l'enthousiasme suscité.

Así ¡todos contentos!

Es el principio de la película. Estamos en el frente de Aragón, durante la guerra civil. Dos años hace que dura el conflicto pero aquí ya no se dispara un solo tiro. Un día el altavoz[1] de la zona nacional anuncia a los republicanos malcomidos[2] que va a celebrarse en el pueblo cercano un banquete con baile y una corrida. Enfurecido por esta propaganda poco leal, el brigada republicano replica, también por altavoz, que si siguen con su anuncio, no habrá intercambio[3]. Hay que saber que los nacionales tienen tabaco pero les falta papel de fumar y los republicanos al revés. Entonces cambian una cosa por otra y así fuman todos. Por cierto que está prohibido. Como los nacionales han interrumpido su propaganda, puede tener lugar el intercambio.

FRENTE. EXTERIOR-DÍA.

① *Plano general de un brigada y un soldado republicanos; el soldado lleva una cesta[4]. La cámara los sigue en travelling hacia atrás.*

BRIGADA. — Quítate el pañuelo y abróchate[5] la camisa.

SOLDADO REPUBLICANO. — Sí.

5 BRIGADA. — Que conste que[6] te dejo venir por ser el día que es. Pero ya sabes : ojo con darle confianza al enemigo.

SOLDADO REPUBLICANO. — No, yo le mando un beso a mi novia y ya está. Es que le va a hacer ilusión a la pobre.

BRIGADA. — Bueno, bueno, pero nada de bromas, ¿eh?

10 SOLDADO REPUBLICANO. — Mmmm.

BRIGADA. — Y sobre todo marcialidad[7].

SOLDADO REPUBLICANO. — Está bien.

Panorámica izquierda : pasan delante de la cámara y por fin aparecen de espaldas cuando se juntan con los nacionales, a quienes vemos de frente. Plano de conjunto. Los suboficiales se cuadran[8] y saludan :

15 SARGENTO NACIONAL. — Mi brigada.

BRIGADA. — Hola, Capito, ¿qué tal?

SARGENTO. — Joder[9], ¡qué calor hace! *(Se pasa la manga por la frente)*

BRIGADA. — Y eso que se levantó cierzo[10] ¿eh?

20 SARGENTO. — Sí.

BRIGADA *(A los soldados).* — Contad los librillos[11], nosotros las cajetillas. *(Al republicano.)* Dame la cesta.

SOLDADO REPUBLICANO *(Al nacional haciéndole una señal.)* — Venga.

Panorámica derecha y zoom hacia atrás para seguir a los suboficiales y soldados quienes se separan. Éstos están en primer término a la izquierda. Aquéllos en el fondo, a la derecha.)

SARGENTO. — ¿Qué? ¿Hace un Farias[12]? *(Echa mano al bolsillo para sacar una caja de puros[13].)*

BRIGADA. — Hombre, claro.

30 SOLDADO REPUBLICANO *(En voz baja mientras empieza a sacar los librillos.)* — Oye... *(Gritando)* Ahí van cinco. *(Bajito)* ¿Tú no puedes hacerme un favor?

[1] *le haut-parleur.*
[2] *mal nourris.*
[3] *il n'y aura pas d'échange.*
[4] *un panier.*
[5] abrochar, *boutonner.*
[6] *qu'il soit bien entendu.*
[7] *Et surtout garde l'air martial.*
[8] *se mettent au garde-à-vous.*
[9] *(juron).*
[10] *la bise.*
[11] *cahiers (de papier à cigarettes).*
[12] *Ça vous dit un Farias.*
[13] *une boîte de cigares.*

SOLDADO NACIONAL. — Sí.

SOLDADO REPUBLICANO. — Es que tengo la novia en Perales y como vais a hacer allí la fiesta. *(Fuerte)* ¡Diez!

SOLDADO NACIONAL. — Vosotros ya lo sabéis, y a nosotros aún no nos han dicho dónde.

SOLDADO REPUBLICANO. — ¡Quince! *(Al franquista)* Servicio de Escucha[14].

SOLDADO NACIONAL. — Ah, ah. Pues tu novia ya la puedes dar por perdida porque como nosotros mañana tenemos baile, te la quitamos.

SOLDADO REPUBLICANO. — ¿Cómo? ¿Que hay baile?

SOLDADO NACIONAL *(Muy orgulloso)* — Organizado por el Mando[15]. Nos vamos a poner las botas[16].

SOLDADO REPUBLICANO *(Enfadándose)* — Eso será con tu p... madre que mi novia es honrada. *(Le da un manotazo en el brazo.)*

BRIGADA. — ¡He dicho sin confianza!

SOLDADO NACIONAL *(Al soldado republicano)* — Perdona ¿eh? yo no quería faltar[17].

SOLDADO REPUBLICANO. — Y diez ¡treinta!

SOLDADO NACIONAL. — ¿Treinta? Oye, entonces..., espera, espera... que podemos hacer una cosa. Treinta van ¿no? *(El otro opina con la cabeza. Luego el soldado nacional da media vuelta y se dirige hacia los suboficiales. Travelling para seguirle. Se cuadra y saluda.)* Mi sargento, ¿da usted su permiso?

SARGENTO. — ¿Qué pasa?

② *Plano medio corto del soldado franquista, detrás está el republicano.*

SOLDADO NACIONAL. — Verá. Es que este muchacho, pues nada, que tiene la novia en nuestra zona y como yo tengo mi familia en Vildecona...

SARGENTO *(③ Vuelta al final del plano ①)* — Adelante, adelante.

SOLDADO NACIONAL. — Pues eso, que podríamos cambiarnos como el papel de fumar y el tabaco. Él se iba con Vd, yo me iba con el brigada rojo. Todos tan contentos.

SARGENTO *(Pegando un grito.)* — ¡¡Firme!!

BRIGADA. — Hombre, dale dos ostias[18], hombre.

SARGENTO *(Le da una bofetada.)* — Tú te has creído que la guerra es una broma. Pero ¿es que no sabes que hay dos Españas: la nuestra y la de ellos?

BRIGADA. — Claro.

SOLDADO NACIONAL. — Pero como él es un soldado y yo otro, pensaba que no hacíamos daño a nadie.

SARGENTO. — Anda, anda, coge eso y quítate de mi vista. ¿Es posible? *(Travelling hasta encuadrar a los suboficiales en plano americano ajustado.)* ¿Le has oído?

Con el tiempo

[14] Service de renseignements.

[15] le Commandement.
[16] On va bien en profiter.

[17] t'offenser.

[18] (vulg.), deux baffes.

BRIGADA. — Mmmm.

SARGENTO. — Si es que ni siquiera hay patriotismo, ni espíritu militar.

BRIGADA. — Naa[19]. [19] Nada.

SARGENTO. — ¿Cómo vamos a hacer la guerra con tipos así?

BRIGADA. — Si es que están mal acostumbrados. Como en este frente llevamos tanto tiempo sin pegar un tiro...

SARGENTO. — Ahí le duele. Y esto no es lo peor. Lo peor es que sin una buena batalla no hay manera de ascender por méritos de guerra.

Luis García Berlanga, *La vaquilla,* 1986.

Para empezar
1 *Haga un resumen de la secuencia destacando los diferentes momentos.*
2 *¿Cuál es el tema principal y qué impresión se desprende?*

Analicemos
1 *Líneas 1-13 : ¿qué aspecto tienen ambos militares? Comente las recomendaciones del brigada. ¿Qué opina usted de las intenciones del soldado?*
2 *Líneas 14-30 : caracterice el ambiente del encuentro. ¿Qué revela? Comente la técnica de Berlanga para reunir a los cuatro personajes en el mismo encuadre.*
3 *Líneas 31-52 : insistiendo en el efecto producido comente el diálogo entre los dos soldados y el juego escénico que provoca.*
4 *Y diez ¡treinta! : ¿cómo explica usted la « equivocación » en las cuentas del soldado republicano?*
5 *Líneas 53-67 : ¿cuál es el proyecto del soldado nacional y qué reacción tiene usted frente a ello?*
6 *Líneas 68-78 :* **no sabes que hay dos Españas : la nuestra y la de ellos,** *analice el alcance de esta advertencia y la actuación de los suboficiales.*
7 *Líneas 79-88 : a la luz de toda la secuencia comente el diálogo entre los suboficiales.*
8 *Caracterice la técnica cinematográfica de Berlanga.*
9 *¿De dónde procede el interés de la secuencia?*

Para concluir
- *¿Qué visión da Berlanga de la guerra civil y qué revela de la España de los 80 el gran éxito de la película?*

Practicando se aprende
1 *Reprenez au passé et au style indirect les ordres de l'adjudant et du sergent (gramm. p. 236).*
2 *Líneas 32-43 : transformez le texte en imaginant que les deux soldats se vouvoient.*

Eduardo Arroyo,
Vestido bajando la escalera, 1976.

Óleo sobre lienzo, 139 × 242 cm.
Centro Julio González, Valencia.

Analicemos

1. ¿Qué efectos surte este cuadro? ¿A qué se debe? ¿Cómo reacciona usted ante él?
2. Estudie la composición del lienzo ¿Cómo se representan el equilibrio y el movimiento?
3. Describa al hombre analizando la mezcla de lo figurativo y lo no figurativo. Comente los efectos producidos por su cara y sus manos.
4. ¿Qué le recuerdan a usted los colores de las escaleras? ¿Cómo lo explicaría?

Para concluir

- El lienzo se relaciona con el de Marcel Duchamp, Nu descendant l'escalier, *1911,* que provocó un escándalo incluso entre los cubistas e influyó mucho en la pintura norteamericana. ¿Qué vínculos pueden establecerse entre la obra de Arroyo y la del pintor francés? ¿Qué interpretación daría usted de este cuadro pintado en 1976?

Pablo Picasso, *Joven dibujando en un interior,* 1935.
Óleo sobre lienzo, 130 × 195 cm.
Collection, The Museum of Modern Art, New York. Nelson A. Rockefeller Bequest.

Para empezar
- *Describa usted el lienzo poniendo de realce su organización.*

Analicemos
1 *Estudie cómo se agencian colores, líneas y volúmenes.*
2 *¿Qué relaciones se establecen entre la joven artista y su entorno?*
3 *¿En qué difiere la pintora de la joven dormida? ¿Cómo interpreta usted la presencia de ésta y la del espejo?*

Para concluir
1 *Trate usted de caracterizar el arte de Picasso en este cuadro (retrato, percepción del espacio, utilización de los colores y volúmenes).*
2 *¿Qué reflexiones le inspira este lienzo sobre el tema de la creación?*

¿Monarquía o República?

Con el tiempo

Muchos se sorprenden todavía de que en pleno siglo XX pueda restaurarse un trono con acierto[1], y sea éste y no la República solución inmediata y real a las aspiraciones sociales de democracia.
Resulta que hoy las formas de Estado se juzgan, paradójicamente, más que nada por sus contenidos, y que es más homologable la monarquía británica (o la sueca[2]) a la República Federal de Alemania que a los reyes hachemíes[3], y éstos, más comparables a no pocos presidentes de las repúblicas de América Latina o África. Desde el derrumbamiento[4] del absolutismo, los litigios de los pueblos no se plantean tanto en torno a las formas de Estado como a las libertades y a las alternativas de poder que se ofrecen a los ciudadanos. La opción en España a la salida de la dictadura era exclusivamente entre libertad y autoritarismo. Todos los demócratas españoles prefieren por eso una monarquía constitucional a una *república bananera*[5].
El Rey ha llenado un vacío de poder que de otra manera habría sido ocupado por la única institución perdurable de la etapa franquista : el Ejército. El Rey ha podido así ejercer una función arbitral y decisoria, necesaria durante el período de tránsito hacia la instauración de la democracia[6]. La función de don Juan Carlos durante sus dos años de reinado, y muy especialmente hasta las elecciones de junio, no ha sido la tradicional de un monarca constitucional. Ha ejercido el poder de una manera efectiva, y eficiente[7], para conducir el país a la normalización política. Temas como el de la amnistía o la legalización de los partidos comunistas no hubieran podido ser abordados en un proceso de cambio no revolucionario, como el que hemos vivido, sin esa figura de arbitraje último y de poder tangible que el Rey ha desempeñado. El Monarca ha facilitado así de hecho la única vía *reformista* pensable para la sustitución del franquismo por un régimen de libertades[8]. Y ésta es una realidad histórica de primera magnitud[9].
Sin duda, ha sido don Juan Carlos, y no otra persona, el hombre que ha hecho posible la democracia en España.
Se preguntará alguien entonces qué sentido tiene, una vez culminado este período, mantener una monarquía como forma de Estado en nuestro país ; no obstante, lo que verdaderamente habría que preguntarse es qué sentido tiene tratar de instaurar entonces una república. Si la monarquía ha restablecido las libertades, consolida la democracia y garantiza la estabilidad y continuidad política hacia el futuro, tiene asegurada larga vida entre los españoles. Esto lo saben los socialistas, que mantienen, no obstante, su opción republicana en el debate constitucional[10].
Ningún socialismo europeo de las monarquías reinantes se confesaría monárquico, y sin embargo, en Suecia, en el Reino Unido, en Holanda han gobernado, en ocasiones durante decenios, conciliando su republicanismo con su servicio al trono y al sistema que encarna. Mírese por donde se mire[11], el reinado de don Juan Carlos, nacido en medio de todo tipo de contradicciones, frente a una crisis económica y sin una clase política entrenada y capaz, es uno de los ejemplos más evidentes de cómo se puede empujar[12] la modernización de un país desde una institución milenaria. Don Juan Carlos es rey de todos los españoles. Hasta de los españoles republicanos.

Juan Luis Cebrián, *El País*, 29/12/1977.

[1] *avec succès.*
[2] *la suédoise.*
[3] *les Hachémites (dynastie actuellement au pouvoir dans divers pays du Moyen-Orient, Arabie, Jordanie).*
[4] derrumbar, *renverser.*
[5] (nombre dado a ciertas repúblicas de Centroamérica a principios de siglo por ser económica y políticamente dependientes de los trusts bananeros norteamericanos.)
[6] (Cf. Cronología, pp. 70-71.)
[7] eficaz.
[8] (el franquismo había prohibido todos los partidos políticos y los sindicatos.)
[9] importancia.
[10] (fíjese en la fecha en que se escribió este texto.)
[11] *de quelque côté que l'on se tourne.*
[12] *donner de l'élan.*

Para empezar

1. *Fíjese usted en la fecha de publicación del artículo y diga qué pertinencia particular tenía esta reflexión sobre la forma del estado español en aquella época. (Cf. Cronología pp. 70-71.)*
2. *Resuma el texto en unas quince líneas.*
3. **Don Juan Carlos es rey de todos los españoles. Hasta de los españoles republicanos.** *¿En qué ilustra esta afirmación el interés del fragmento?*

Analicemos

1. *Líneas 1-16 : ¿qué argumentos aduce J. Luis Cebrián para introducir el debate ¿Monarquía o República?*
2. *Líneas 17-34 : ¿cómo analiza el periodista la particularidad de la situación española tras la muerte de Franco y el papel destacado del rey?*
3. *Líneas 35-47 : a fines de 1977 ¿qué elementos garantizaban, según el periodista, el pleno éxito de un régimen monárquico?*
4. *Líneas 48-55 : ¿en qué es ejemplar la vía elegida por España?*

Para concluir

- *Utilice la cronología de las páginas 70-71 para decir y explicar si, diez años después, los acontecimientos le han dado razón al periodista.*

Practicando se aprende

1. **Muchos se sorprenden de que en pleno siglo XX...** *Remplacez le présent de l'indicatif par un passé simple et transformez le reste de la phrase en conséquence (gramm. p. 226).*
2. **La democracia estará consolidada cuando...** *Complétez cette amorce comme il convient (gramm. p. 227).*
3. *Récrivez la dernière phrase du texte en employant un adverbe équivalent de* **hasta**.

Madrid, 23/11/1975.

1978 : la Constitución

— ¿Y qué os parece la Constitución, por cierto? — preguntó la marquesa viuda de Tierramar.

Hubo una pausa; parecía evidente que ninguna se la había leído.

Doña Amparo rompió el silencio.

— Es atea. No habla de Dios, ni de la religión católica, ni de los valores espirituales de nuestra Patria. Autoriza el divorcio y el aborto[1]. ¿Qué más queréis que os diga, para explicaros que yo pienso votar en contra?

— Pues el cardenal Tarancón[2] parece partidario... — apuntó doña Raimunda.

— Claro; como que es un rojo — fulminó doña Amparo, sin pensárselo un segundo.

— Pero Fraga[3], que es bien de derechas, también aconseja el sí... — recordó la viuda de Jordán.

— Yo hago mucho más caso de la opinión del Primado[4], porque don Marcelo[4] es un obispo[5] de los de antes. Supongo que habréis leído su carta pastoral... No deja lugar a dudas : no, no y no.

Entonces, la viuda de Riata planteó un grave y muy cierto problema :

— Os digo la verdad : no entiendo nada. Unos obispos dicen que votemos sí y otros, que votemos no. Blas Piñar[6] pide también el no, pero resulta que al hacerlo, coincide con la ETA[7]. López Rodó[8], que es medio cura, recomienda el sí y también Carrillo[9], que todos sabemos cómo piensa, porque a nosotras no nos va a engañar, a estas alturas[10]. En *El Alcázar*[11] ponen de vuelta y media[12] a la Constitución y en el *Ya*[13], que yo lo leo desde hace treinta años, porque me lo recomendó mi confesor de entonces, aseguran que está muy bien. Vamos : un verdadero lío[14].

— Tienes toda la razón, Leonor. Un lío... — confirmó doña Raimunda.

Se quedaron otra vez calladas. De nuevo tomó la palabra doña Amparo.

— A mí todas estas cosas de ahora no me gustan nada. Hemos pasado cuarenta años sin votar y bien tranquilos que estábamos. Claro que, entonces, el Sagrado Corazón[15] reinaba en España...

— Y Franco gobernaba; tampoco lo olvides — recordó doña Raimunda.

— Lo que decía mi pobre esposo : con el Caudillo se nos fue la tranquilidad.

Fernando Vizcaíno Casas, *Hijos de papá*, 1979.

Con el tiempo

[1] *l'avortement.*
[2] (arzobispo de Madrid, de tendencia liberal).
[3] (Manuel Fraga Iribarne, ministro de Información y Turismo de 1963 a 1969, ex-líder de Alianza Popular).
[4] (don Marcelo González, arzobispo de Toledo, Primado de España).
[5] *un évêque.*
[6] (Presidente de Fuerza Nueva, integrista franquista).
[7] Euskadi Eta Askatasuna : (País Vasco y Libertad).
[8] (López Rodó, Ministro del Plan de Desarrollo (años 60). Miembro del Opus Dei).
[9] (Secretario del Partido Comunista Español).
[10] ahora.
[11] (El Alcázar, periódico de los ex-combatientes franquistas.)
[12] *ils disent pis que prendre.*
[13] (periódico católico conservador).
[14] *embrouillamini.*
[15] (culto de los jesuitas, en sentido amplio, el catolicismo).

Para empezar

1 Recuerde las circunstancias en las que se promulgó la Constitución (véase cronología p. 70).
2 ¿A qué clase social pertenecen las señoras de la tertulia?

Analicemos

1 *¿Qué os parece la Constitución? Parecía evidente que ninguna se la había leído.* Comente estas frases.
2 *Líneas 5-19 :* caracterice los argumentos de doña Amparo y explique por qué las señoras se refieren al cardenal Tarancón, a Manuel Fraga Iribarne y al cardenal González para formarse una opinión.
3 *Líneas 20-32 :* aclare por qué les puede parecer a todas **un verdadero lío** el voto de la Constitución.
4 *Líneas 33-41 :* diga a qué período se refieren aquí las dos mujeres. ¿Qué significado tiene para ellas la palabra « tranquilidad » ?
5 *Analizando ejemplos precisos defina el tono de la página.*

Para concluir

1 *¿Qué paradojas puso de realce el voto de la Constitución?*
2 *¿Qué elementos del texto muestran que fueron aquéllos unos años claves?*

Practicando se aprende

1 *Mettez à la personne de politesse :* **¿Qué más queréis que os diga, para explicaros que yo pienso votar en contra?**
2 *Récrivez au passé et au style indirect depuis* « No entiendo nada... » *jusqu'à* « ... está muy bien. »
3 **Ninguna** *se la había leído.* **Tampoco** *lo olvides. Dans chaque cas quelle autre construction peut-on employer?*
4 *Complétez les phrases suivantes en vous inspirant du texte :* **Mi confesor me recomendó...; Fraga aconseja que...**
5 **Se nos fue** *la tranquilidad. Imitez cette tournure dans la logique du texte.*
6 *Traduire depuis* « Claro; como que es un rojo... » *jusqu'à* « ... no, no y no. »

Monseñor Añoveros y el Cardenal Tarancón.

Libertad sin ira

Con el tiempo

Dicen los viejos
que en este país
hubo una guerra
y hay dos Españas
5 que guardan aún
el rencor de viejas deudas[1].
Dicen los viejos
que este país necesita
palo[2] largo y mano dura
10 para evitar lo peor.
Pero yo sólo he visto gente
que sufre y calla,
dolor y miedo,
gente que sólo desea
15 su paz, su hembra[3]
y la fiesta en paz.

Libertad, libertad,
sin ira libertad,
guárdate tu miedo y tu ira,
20 porque hay libertad,
sin ira libertad,
y si no la hay,
sin duda la habrá.

Dicen los viejos
25 que hacemos
lo que nos da la gana[4],
y no es posible
que así pueda haber
gobierno que gobierne nada.

30 Dicen los viejos
que no se nos dé rienda suelta[5],
que todos aquí llevamos
la violencia a flor de piel.
Pero yo sólo he visto gente
35 muy obediente,
hasta en la cama,
gente que tan sólo pide
vivir su vida
sin más mentira.
40 Y en paz.

Libertad, libertad
sin ira libertad,
guárdate tu miedo y tu ira,
porque hay libertad,
45 sin ira libertad,
y si no la hay
sin duda la habrá.

Rafael Baladés, Armenteros, Herrero, 1980.

Discografía :
Zafiro CM-5009

[1] la rancœur des dettes passées.
[2] un bâton.
[3] su mujer.
[4] lo que nos gusta.
[5] qu'on ne nous lâche pas la bride.

Para empezar

1 Fíjese en el título de la canción y en su fecha de salida. Aclare su contexto histórico.
2 ¿Cómo se estructura la canción (repare en la letra y la interpretación).

Analicemos

1 Exponga y comente los argumentos aducidos por los viejos. ¿Qué temores encierran?
2 ¿En qué razones se basan las respuestas de los jóvenes?

Para concluir

• ¿Le gusta la interpretación de Jarcha? A su parecer, ¿cómo se justificaría el éxito que conoció esta canción?

Practicando se aprende

1 **Dicen los viejos que hacemos...; Dicen los viejos que no se nos dé... :** comment expliquez-vous la différence de mode dans les subordonnées? Mettez les vers 24 à 34 au passé (gramm. p. 226).
2 Mettez au pluriel : « Guárdate tu miedo ».
3 **No es posible que... :** complétez cette amorce en exprimant les arguments des deux générations (gramm. p. 229).
4 Traduisez cette chanson en faisant en sorte que votre texte s'adapte à la musique.

El proceso autonómico español

«El Estado se organiza territorialmente en municipios, en provincias y en las Comunidades Autónomas para la gestión de sus respectivos intereses.» Así dice literalmente el artículo 137 de la Constitución española, aprobada por las Cortes Generales o Parlamento en 1978.

El regionalismo tiene raíces históricas muy asentadas[1]. España es, como nación, resultado de largos procesos[2] políticos que arrancan, al menos, de la Edad Media, y más concretamente de la Reconquista. Aunque los Reyes Católicos unieron bajo la Corona todos los reinos, éstos seguían manteniendo sus instituciones propias.

Sin embargo, entre los siglos XVI y XVIII, con frecuentes conflictos armados, la instauración del Estado Moderno trajo consigo la paulatina[3] desaparición de las instituciones, leyes, monedas y formas propias de cada reino, que fueron sustituidas por normas unificadoras establecidas por el poder monárquico.

El Romanticismo y el Nacionalismo del siglo XIX dieron pie[4] al desarrollo de una doctrina, de una base teórica, que explicaba o al menos justificaba las viejas diferencias regionales.

Cataluña conoció un movimiento cultural que, con el nombre de «Renaixença», resaltó sus valores de identificación, es decir, aquellos valores que la hacían distinta de las demás regiones de España.

Décadas más tarde y en un movimiento similar, Sabino Arana creó el nacionalismo vasco, con marcada influencia religiosa y mucho más radicalizado que el catalán. De igual manera, en Galicia y, con menor arraigo[5], en Andalucía surgieron también movimientos que reivindicaron la individualidad de cada una de estas regiones.

De todos estos proyectos, sólo el estatuto de Cataluña fue aprobado, en septiembre de 1932. El Alzamiento militar de 1936 impidió que el País Vasco y Galicia alcanzaran sus respectivos estatutos antes de la Guerra Civil. Casi todas las fuerzas sociopolíticas que apoyaron el Alzamiento militar eran claramente contrarias a cualquier autonomía, y así lo manifestaron ya durante la República. Franco llegó a prohibir las lenguas autóctonas, y estableció multas[6] para quienes hablasen en público «idiomas y dialectos diferentes del castellano».

La incapacidad de las viejas organizaciones nacionalistas para hacer frente al franquismo dio lugar a la aparición de movimientos separatistas y revolucionarios, el más conocido de los cuales es la organización terrorista ETA[7], que se creó en 1959-1960 y que comenzó a actuar como banda armada desde 1968. El Gobierno respondió con estados de excepción y con aumento de la represión. De esa forma se originó una cadena de acción y represión cuyos momentos más importantes fueron el proceso efectuado en Burgos contra varios terroristas y la muerte en atentado del Presidente del Gobierno, almirante Carrero Blanco, en diciembre de 1973.

Con la muerte de Franco se abrió una nueva fase en la historia de España. El Príncipe Don Juan Carlos fue proclamado Rey y asumió la Jefatura del Estado. En su primer discurso, se refirió al hecho regional.

(Primer mensaje de Don Juan Carlos I tras su juramento y proclamación como rey de España. 22-XI-1975.)

«Un orden justo, igual para todos, permite reconocer dentro de la unidad del Reino y del Estado, las peculiaridades[8] regionales como expresión de la diversidad de pueblos que constituyen la sagrada realidad de España. El Rey quiere serlo de todos a un tiempo y de cada uno, en su cultura, en su historia y en su tradición.»

Radio Nacional de España, *Montaje audiovisual*, 1984.

[1] profundas.
[2] *processus.*
[3] progresiva.
[4] *furent à l'origine.*
[5] arraigar, *enraciner.*
[6] *des amendes.*
[7] Euskadi Eta Askatasuna (País Vasco y libertad).
[8] particularidades.

Mapa autonómico de España.

Con el tiempo

Para empezar
- Recuerde el nombre de cada una de las diecisiete comunidades autónomas de España y diga qué lengua(s) se habla(n) en cada una.

Analicemos
1. Resuma las diferentes etapas del proceso autonómico español a lo largo de los siglos.
2. ¿Cómo se puede explicar que **casi todas las fuerzas sociopolíticas que apoyaron el Alzamiento militar eran claramente contrarias a cualquier autonomía?** ¿A qué dio lugar la política de Franco?
3. ¿Qué revela el cambio radical entre la política del Caudillo y la de Juan Carlos frente a los movimientos autonómicos. Comente el primer mensaje del rey del 22/11/1975.

Para concluir
- ¿Le parece que la Constitución solucionó completamente el problema regional?

La piel de toro[1]

Analicemos
1. ¿En qué lugar geográfico de la península están clavadas las banderillas?
2. ¿A qué situación o acontecimientos remite el dibujo?
3. Intente reconstruir el razonamiento que, desde la metáfora inicial « España = piel de toro » conduce al dibujo.
4. Explique y comente el particular alcance de la metáfora de la corrida.

[1] España, así llamada metafóricamente desde la antigüedad.

El Perich, 5º canal ilustrado, 1984.

La Coruña, 1980 : el estatuto autonómico.

El año de Europa

La incorporación de España a las estructuras europeas está llamada a romper un aislamiento[1] secular y pernicioso que ha padecido este país desde hace casi cinco siglos. Esta soledad comienza con las guerras de religión emprendidas contra la Reforma protestante[2] y culmina con el cerco[3] a que se vio sometido el régimen franquista tras la victoria aliada en la II Guerra Mundial. A partir de este aislamiento se han construido las realidades políticas de los últimos centenios[4], ocasionadas por la pérdida de las colonias, el papel de la Iglesia y el Ejército en el mantenimiento[5] de la unidad nacional, el desprecio a las innovaciones revolucionarias de la burguesía, a la industrialización y a la ciencia, y maquilladas con los afeites[6] viejos de un imperio en continua decadencia.

Aunque el desarrollo económico y las transformaciones sociales de las últimas décadas, junto con la emigración y el turismo, han contribuido a disminuir notablemente la distancia entre las formas de vida de los españoles y las del resto de Europa, las diferencias son todavía considerables.

Desde la cultura del aceite de oliva hasta el horario laboral de la Administración, pasando por los niveles de estructuración social y política — partidos, sindicatos, asociaciones cívicas —, muchas cosas se van a ver sacudidas por el primer impacto de la incorporación española a la CEE. Algunos se asustarán con el crecimiento inmediato, y parece que inevitable, de la inflación como consecuencia de la entrada en vigor del impuesto sobre el valor añadido (IVA[7]) y no pocos pondrán de relieve los destrozos[8] que la integración provocará a corto plazo en los sectores más desasistidos de la economía.

Lo más grave del caso es que los aspectos desfavorables del proceso de europeización se producirán de manera inmediata, mientras que las ventajas, indudables y superiores, de ese mismo proceso están sometidas a cauciones y plazos que en ocasiones alcanzan los dos lustros de tiempo[9]. Diez años no es mucho para cambiar un devenir de siglos. Pero todo ello justifica la importancia que adquiere el subrayar también los beneficios adicionales que para la ciudadanía, como colectividad política, supone la integración. La entrada de España en Europa es un hecho de consecuencias todavía apenas sospechadas, y para nada se trata sólo o primordialmente de una manera de vender tomates.

Juan Luis Cebrián,
El País, 30/12/1984.

Cumbre franco-española, Madrid, 11/3/1987.

[1] aislar, *isoler*. - [2] (en el siglo XVI). -[3] *le siège*. -[4] siglos. - [5] mantener, *maintenir*. - [6] *les fards*. - [7] *TVA* en Francia *(Taxe à la Valeur Ajoutée).* - [8] *les dégâts.* - [9] (en particular en el caso de las exportaciones de productos agrícolas).

Para empezar

1 Resuma usted este texto siguiendo su progresión.
2 Valiéndose de la primera y de la última frase, diga cuál es el interés del fragmento.

Comentemos

1 *Primer párrafo :* explique y comente las diferentes causas del aislamiento que conoció España a lo largo de casi cinco siglos.
2 **Muchas cosas se van a ver sacudidas por el primer impacto de la incorporación española a la CEE.** *A la luz del segundo y del tercer párrafo aclare esta frase, comentando en particular la palabra* **impacto.**
3 *Cuarto párrafo :* el autor habla de **los aspectos desfavorables del proceso de europeización.** Diga cuáles pueden ser y con qué filosofía encara el asunto J. L. Cebrián.

Para concluir

- Comente esta afirmación : **la entrada de España en Europa es un hecho de consecuencias todavía apenas sospechadas.**

Practicando se aprende

1. **Aunque** el desarrollo económico y las transformaciones sociales **han contribuido...** Réutilisez la structure soulignée dans la logique du texte (gramm. p. 234).
2. Muchas cosas **se van a ver** sacudidas por el primer impacto de la incorporación española a la CEE. Substituez à la structure soulignée un futur simple et récrivez la suite de la phrase en utilisant une proposition temporelle introduite par **cuando** (gramm. p. 227).
3. Traduisez depuis « Pero todo ello justifica la importancia... » jusqu'à la fin du texte.

Con el tiempo

El Perich, 5º canal ilustrado, 1984.

Para empezar

- Este dibujo se realizó en la época en que España gestionaba su entrada en el Mercado Común, dos años antes de su ingreso efectivo (1/1/1986).

Analicemos

1. ¿En qué estriba el humorismo del dibujo?
2. ¿Qué visión da Perich del Mercado Común y de España y qué análisis de la situación hace?

La Puerta de Alcalá

Acompaño a mi sombra por la avenida,
mis pasos se pierden entre tanta gente,
busco una puerta, una salida
donde convivan[1] pasado y presente.
Pronto me paro, alguien me observa,
levanto la vista y me encuentro con ella,
y ahí está, ahí está, ahí está, ahí está,
viendo pasar el tiempo,
la Puerta de Alcalá.

Una mañana fría llegó Carlos III con aire insigne[2]
se quitó el sombrero muy lentamente,
bajó de su caballo y con voz profunda
le dijo a su lacayo[3] : ahí está, la Puerta de Alcalá,
ahí está, ahí está, viendo pasar el tiempo,
la Puerta de Alcalá.

Lanceros con casacas[4], monarcas de otras tierras,
fanfarrones que llegan inventando la guerra
milicias que resisten bajo el «no pasarán»[5]
que el sueño eterno como viene se va
y ahí está, ahí está, la Puerta de Alcalá,
ahí está, ahí está, viendo pasar el tiempo,
la Puerta de Alcalá.

Todos los tiranos se abrazan como hermanos,
exhibiendo a las gentes sus calvas[6] indecentes.
Manadas de mangantes[7], doscientos estudiantes
inician la revuelta[8] son los años sesenta,
y ahí está, ahí está, la Puerta de Alcalá,
ahí está, ahí está, viendo pasar el tiempo,
la Puerta de Alcalá.

Un travestí perdido, un guardia pendenciero[9],
pelos colorados, chinchetas en los cueros[10],
rockeros insurgentes, modernos complacientes,
poetas y colgados[11], aires de libertad
y ahí está, ahí está, la Puerta de Alcalá,
ahí está, ahí está, viendo pasar el tiempo,
la Puerta de Alcalá.

La miro de frente y me pierdo en sus ojos[12],
sus arcos me vigilan, su sombra me acompaña,
no intento esconderme, nadie la engaña,
toda la vida pasa por su mirada,
mírala, mírala, mírala, mírala, mírala,
la Puerta de Alcalá,
mírala, mírala, mírala, mírala,
la Puerta de Alcalá.

Víctor Manuel, Ana Belén, 1986.
Siempre hay tiempo, CBS 40-88679.

[1] convivir, vivre ensemble.
[2] avec superbe.
[3] son laquais.
[4] des lanciers à casaques.
[5] (durante la guerra civil, grito de los defensores de Madrid.)
[6] leur calvitie.
[7] des bandes de mendiants.
[8] la révolte.
[9] querelleur.
[10] blousons cloutés.
[11] des paumés.
[12] ses arches.

Para empezar
1 ¿Dónde se sitúa la Puerta de Alcalá?
2 Aclare las alusiones históricas.

Analicemos
1 Versos 1-9 : ¿qué dimensión se le confiere a la Puerta de Alcalá en la primera estrofa?
2 Versos 10-29 : estos versos aluden a acontecimientos históricos precisos. Analice su evocación y destaque la posición del narrador, comentando en particular el verso 19.
3 Versos 30-36 : ¿qué visión se da del Madrid de hoy?
4 Versos 37-44 : ¿qué simboliza la Puerta de Alcalá?

Para concluir
1 ¿Qué aportan música e interpretación a la letra de esta canción?

Practicando se aprende
1 *Mírala.* Reprenez ce verbe pour vous adresser successivement à plusieurs personnes que vous tutoyez puis, que vous vouvoyez.
2 Mettez à la forme négative **alguien me observa.**
3 Complétez les phrases : **si la Puerta de Alcalá pudiera hablar...; los jóvenes quieren un mundo que...**

Con el tiempo

La Puerta de Alcalá.

AMÉRICA

1. Fábrica de coches, Puebla, México.

2. México, industria del petróleo.

4. Colombia, exportación del algodón.

5. Paisaje selvático.

8. Chile, minas de cobre.

7. Perú, campesinas.

9. Chile, pesca.

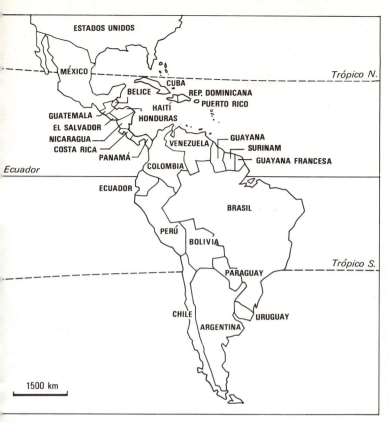

3. Cuba, caña de azúcar.

6. Venezuela, central eléctrica, Arrecife.

10. Argentina, gauchos y ganado vacuno.

11. Argentina, el Aconcagua (6 959 m).

12. Argentina, Buenos Aires.

PRÁCTICAS

Discurso del Rey Juan Carlos[1]

El Rey pronunció este discurso con motivo de la celebración del Día de la Hispanidad.

Como ya es tradicional, el día 12 de octubre[2] el Rey don Juan Carlos presidió los actos celebrados el Día de la Hispanidad, en el que se conmemora el descubrimiento de América.

«La ocasión que ahora celebramos nos viene a recordar nuestra esencial «americaneidad», porque es en América donde en mayor medida nos hemos proyectado[3] los españoles como pueblo.»

«Desde el restablecimiento de la monarquía parlamentaria, ha venido siendo una constante de nuestro reinado[4] la proclamación de la vocación americana de España. De ahí, los desvelos[5] de la Corona para que no se olvide nuestro deber respecto a los demás miembros de la gran familia iberoamericana de pueblos. La comunidad iberoamericana de naciones nos parece una constante que ha de dominar nuestro pensamiento y nuestra acción.»

Radio nacional de España, 10/1984.

Discurso de Raúl Alfonsín[6]

El Presidente ganó el «Premio Príncipe de Asturias[7] a la Cooperación Iberoamericana» por haber conducido la transición democrática en Argentina.

«Nueve meses después de la toma de Granada, Cristóbal Colón desembarcaba en Guanahaní y abría en la Historia un capítulo de transformaciones nunca igualado ni superado[8] hasta ahora. Uno y otro acontecimiento aparecen estrechamente unidos, tanto que podrían considerarse los gemelos[9] prefigurados; la España recién nacida[10], madre y maestra[11], alumbraba un Nuevo Mundo. Fue un Nuevo Mundo aun cuando algunos de sus territorios albergaran[12] civilizaciones entonces bimilenarias. Fue un Nuevo Mundo, no porque se lo divisara como tal desde Europa — sino porque resultó el único caso en los anales de las colonizaciones en que hubo fusión de pueblos y fusión de culturas, las que dieron origen a otros pueblos y a otras culturas. Ese Nuevo Mundo somos nosotros, los iberoamericanos, y no sólo somos el Nuevo Mundo, debemos serlo cada vez más[13]. España se volcó[14] entera en América, entregándole cuanto[15] poseía, lo que no reconoce precedentes ni similitudes posteriores.»

Radio nacional de España, 10/1985.

---

[1] Rey de España desde 1975. - [2] el 12 de octubre de 1492, Cristóbal Colón llegó a lo que pensaba ser las Indias. - [3] proyectar, *projeter.* - [4] *notre règne.* - [5] *les préoccupations.* - [6] Presidente de la República argentina desde 1983. - [7] los Reyes de España y su hijo, el Príncipe de Asturias, presiden los actos de entrega de los premios. - [8] *dépassé.* - [9] *les jumeaux.* - [10] *née depuis peu.* - [11] *mère et souveraine.* - [12] *même si certains de ses territoires abritaient.* - [13] *de plus en plus.* - [14] *se consacra.* - [15] dándole todo lo que.

El mundo de Colón

Aspectos de un continente

El 12 de octubre de 1992, al mismo tiempo que el Rey Juan Carlos corte la cinta[1] inaugural para entrar en el recinto[2] de la Exposición Universal de Sevilla, a casi doce mil kilómetros de allí, el Congreso de los Diputados de la Paz oirá cómo el presidente de la República de Bolivia cambiará solemnemente la historia que enseñan en las escuelas bolivianas por nuevos textos homologados con los de España, Portugal y el resto de los países iberoamericanos.

Entre tanto, en un remoto paraje[3] de la costa del Caribe centroamericano, en el cabo Gracias a Dios, el presidente de Honduras recordará que por allí pasó Colón, quinientos años antes, con la inauguración de una columna monumental entre salvas de artillería. En otro extremo del Caribe, los cañones del buque escuela[4] chileno atronarán la desembocadura[5] del río Ozama, frente a la ciudad de Santo Domingo, República Dominicana, mientras miles de personas concentradas en el muelle[6], al pie de la fortaleza, darán la bienvenida al velero[7] ganador de la tercera regata *Ruta del Descubrimiento*.

Es factible[8] que, si prospera el programa de Bolivia, los niños iberoamericanos ya no tengan que aprender en sus textos que «los españoles mataban a los indios por placer, los cortaban en dos con sus espadas y se los echaban vivos a sus perros para que los destrozaran», como dice la *Historia dominicana para niños*, que se da en el cuarto curso de Básica de ese país.

Una historia más objetiva, redactada por especialistas de toda Iberoamérica; un índice de archivos; diversos proyectos para la defensa de las lenguas española, portuguesa e indígenas; planes de restauración de zonas históricas en América; edición de textos y documentos antiguos, son proyectos que obtuvieron una acogida[9] favorable y unánime en Santo Domingo.

Las propuestas españolas de lanzar al espacio un satélite de comunicaciones, que costará unos treinta y nueve mil millones de pesetas, la creación de un centro internacional de documentación de patentes[10] en lengua castellana, el programa de la Comunidad Iberoamericana de Información fundamentada en la telemática y el programa de ciencia y tecnología para el desarrollo, que incluye temas como acuicultura[11], biotecnología, microelectrónica, tratamientos y conservación de alimentos, etcétera, sorprendieron favorablemente a los representantes de las comisiones nacionales que se reunieron en Santo Domingo no sólo por lo cuidado de su exposición, sino también por lo que el llevarlos a cabo[12] representa para la integración en el futuro de la Comunidad Iberoamericana de Naciones.

«Nosotros siempre hemos planteado[13] que la conmemoración del V Centenario tiene que ser el punto de partida para crear bases que permitan una eficaz y creciente cooperación antes y después de 1992», dice Pina López Gay, coordinadora de la comisión española.

Cambio 16, 23/7/1984.

---

[1] *le ruban*. - [2] *l'enceinte*. - [3] *site éloigné*. - [4] *bateau-école*. - [5] *retentiront à l'embouchure*. - [6] *le quai*. - [7] *au voilier*. - [8] *il est vraisemblable*. - [9] *un accueil*. - [10] *de brevets (d'invention)*. - [11] *aquaculture*. - [12] *el hecho de llevarlos a cabo*. - [13] *hemos pensado*.

Para empezar

1 ¿Qué se celebrará el 12 de octubre de 1992?
2 *Una historia más objetiva*. ¿Puede este juicio resumir el artículo?

Analicemos

1 Párrafos 1-2 : se celebrará simultáneamente el Descubrimiento en España y América. ¿Qué valor simbólico tiene la conmemoración y qué dimensión le confiere el artículo?
2 Párrafos 3-4 : comente la cita de la Historia dominicana para niños. ¿Qué sentimientos puede suscitar en los españoles? ¿Qué se piensa hacer para reformar esa visión, vestigio de «la leyenda negra»?
3 Párrafos 5-6 : analice los diversos proyectos de cooperación. ¿Qué interés puede tener la noción de «Comunidad iberoamericana de naciones»?

Christian Sarramon, Perú, 1984.

EL PAÍS

Hispanidad y libertad

Final del discurso pronunciado con motivo de la entrega de los « Premios Príncipe de Asturias[1] » en nombre de los premiados. Vargas Llosa recibió el Premio « Letras ».

A lo mucho que nos unió en el pasado, hoy nos une, a españoles y a latinoamericanos, otro denominador común : regímenes democráticos, una vida política signada[2] por el principio de la libertad. Nunca, en toda su vida independiente, ha tenido América Latina tantos Gobiernos representativos, nacidos de elecciones, como en este momento. Las dictaduras que sobreviven son apenas un puñado[3], y alguna de ellas, por fortuna, parece estar dando las últimas boqueadas[4]. Es verdad que nuestras democracias son imperfectas y precarias[5] y que a nuestros países les queda un largo camino para conseguir niveles de vida aceptables. Pero lo fundamental es que ese camino se recorra, como quieren nuestros pueblos dentro del marco de tolerancia y de libertad que vive ahora España.

Para nuestros países, lo ocurrido en la Península, en estos años, ha sido un ejemplo estimulante, un motivo de inspiración y de admiración. Porque España es el mejor ejemplo, hoy, de que la opción democrática es posible y genuinamente[6] popular en nuestras tierras. Hace 28 años, cuando llegué a Madrid como estudiante, había en el mundo quienes, cuando se hablaba de un posible futuro democrático para España, sonreían con el mismo escepticismo que lo hacen ahora cuando se habla de la democracia dominicana o boliviana. Parecía imposible, a muchos, que España fuera capaz de domeñar[7] una cierta tradición de intolerancias extremas, de revueltas y golpes armados. Sin embargo, hoy todos reconocen que el país es

Aspectos de un continente

una democracia ejemplar, en la que, gracias a la clarísima elección de la Corona, de las dirigencias políticas y del pueblo español, la convivencia[8] democrática y la libertad parecen haber arraigado[9] en su suelo de manera irreversible.

A nosotros, hispanoamericanos, esta realidad nos enorgullece y nos alienta[10]. Pero no nos sorprende; desde luego que era posible, como lo es también allende[11] el mar, en nuestras tierras. Por eso, a las muchas razones que nos acercan, deberíamos decididamente añadir esta otra : la voluntad de luchar, hombro con hombro[12], por preservar la libertad conseguida, por ayudar a recobrarla[13] a quienes se la arrebataron y a defenderla a los que la tienen amenazada. ¿Qué mejor manera que ésta de conmemorar el quinto centenario de nuestra aventura común ?

La palabra hispanidad exhalaba, en un pasado reciente, un tufillo[14] fuera de moda, a nostalgia neocolonial y a utopía autoritaria. Pero, atención, toda palabra tiene el contenido que queramos darle. Hispanidad rima también con modernidad, con civilidad, y, ante todo, con libertad. De nosotros dependerá que sea cierto. Hagamos con esas dos palabras, hispanidad y libertad, las piruetas que le gustaban a El Lunarejo[15] : juntémoslas, arrejuntémoslas[16], fundámoslas, casémoslas y que no vuelvan a divorciarse nunca.

Mario Vargas Llosa,
El País, 24/11/1986.

---

[1] La ceremonia es presidida por los Reyes y su hijo el Príncipe de Asturias. - [2] marcada. - [3] *une poignée*. - [4] el último suspiro. - [5] *précaires*. - [6] por esencia. - [7] *maîtriser*. - [8] *la convivialité*. - [9] *semblent s'être enracinées*. - [10] *est pour nous source de fierté et d'espoir*. - [11] más allá de. - [12] el hombro, *l'épaule*. - [13] *la recouvrer*. - [14] un olorcillo. - [15] Juan Espinosa Medrano, autor peruano del siglo XVII. - [16] unámoslas.

Para empezar

1. ¿Con qué motivo hizo el autor peruano esta declaración? Comente su valor simbólico.
2. *A lo mucho que nos unió en el pasado, hoy nos une otro denominador común : regímenes democráticos. Hispanidad rima también con modernidad, con civilidad, y ante todo, con libertad.* A partir de estas frases, señale el interés del texto.

Analicemos

1. *Párrafo 1 :* ¿qué similitudes entre España y Latinoamérica recalca Vargas Llosa? *A lo mucho que nos unió en el pasado :* ¿a qué se refiere el autor? Según él ¿en qué reside « lo fundamental »?
2. *Párrafo 2 :* ¿qué lección nos enseña la historia española? ¿Quiénes son los que permitieron tal evolución?
3. *Párrafo 3 :* ¿qué consecuencias tiene la democracia española para Latinoamérica y qué objetivos asigna el autor a los hispanohablantes?
4. *Párrafo 4 :* ¿cuál es el contenido que Vargas Llosa quiere darle a la palabra hispanidad?

Para concluir

1. *¿Qué mejor manera que ésta de conmemorar el quinto centenario de nuestra aventura común ? :* comente esta afirmación.
2. Comparando con los textos de las páginas 110 y 111, haga el balance del estado de las relaciones entre España y los países latinoamericanos.

Practicando se aprende

1. Mettez à l'imparfait depuis « *Las dictaduras que sobreviven...* » jusqu'à « *... ahora España* ».
2. **Juntémoslas, arrejuntémoslas, fundámoslas, casémoslas :** reprenez ces impératifs au tutoiement et au vouvoiement, au singulier et au pluriel.
3. Trouvez une expression équivalente à **sin embargo**.
4. Complétez les amorces suivantes : *A Vargas Llosa, le parece posible...; lo fundamental es que América...; lo mejor es que...*
5. Reprenez les expressions en gras dans de nouvelles phrases qui soient en rapport avec le sens général du texte : « *había **quienes** sonreían* » (gramm. p. 208), « ***a nosotros**, esta realidad **nos** enorgullece* » (gramm. p. 207).
6. Traduisez les paragraphes 1 et 3.

PRÁCTICAS

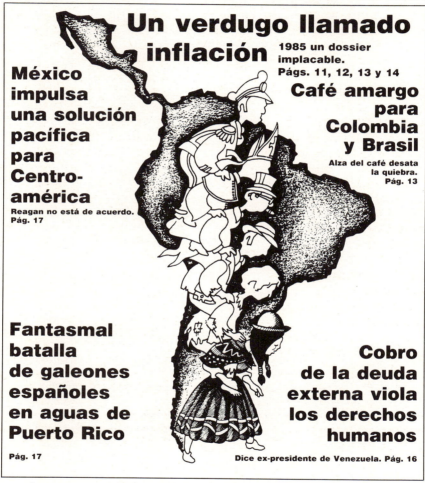

N° 30 del 10 al 16 de enero 1986   Director general : Fernando Gonzalez Parra   Prix 10 F

Un verdugo llamado inflación
1985 un dossier implacable.
Págs. 11, 12, 13 y 14

México impulsa una solución pacífica para Centroamérica
Reagan no está de acuerdo.
Pág. 17

Café amargo para Colombia y Brasil
Alza del café desata la quiebra.
Pág. 13

Fantasmal batalla de galeones españoles en aguas de Puerto Rico
Pág. 17

Cobro de la deuda externa viola los derechos humanos
Dice ex-presidente de Venezuela. Pág. 16

Aclaraciones

- *Un verdugo,* un bourreau. - *amargo,* amer. - *el alza,* la hausse. - *la quiebra,* la banqueroute. - *el cobro de la deuda externa,* le recouvrement de la dette extérieure.

Para el comentario

- *La primera plana,* la première page. - *los títulos,* les titres. - *cuestiones y problemas económicos y sociales,* questions et problèmes économiques et sociaux. - *las materias primas,* les matières premières. - *un militar,* un militaire. - *un obispo,* un évêque. - *un empresario,* un chef d'entreprise. - *llevar a cuestas, llevar a hombros,* porter sur son dos. - *estar encaramado,* être juché.

El sur también existe

Con su ritual de acero
sus grandes chimeneas
sus sabios clandestinos
su canto de sirenas
sus cielos de neón
sus ventas navideñas[1]
su culto de dios padre
y de las charreteras[2]
    con sus llaves del reino
    el norte es el que ordena

pero aquí abajo abajo
el hambre disponible
recurre al fruto amargo
de lo que otros deciden
mientras el tiempo pasa
y pasan los desfiles
y se hacen otras cosas
que el norte no prohíbe
    con su esperanza dura
    el sur también existe

con sus predicadores[3]
sus gases que envenenan[4]
su escuela de chicago[5]
sus dueños de la tierra
con sus trapos de lujo
y su pobre osamenta[6]
sus defensas gastadas
sus gastos de defensa
    con su gesta[7] invasora
    el norte es el que ordena

pero aquí abajo abajo
cada uno en su escondite[8]
hay hombres y mujeres
que saben a qué asirse
aprovechando el sol
y también los eclipses
apartando lo inútil
y usando lo que sirve
    con su fe veterana
    el sur también existe

con su corno[9] francés
y su academia sueca[10]
su salsa americana
y sus llaves inglesas
con todos sus misiles
y sus enciclopedias
su guerra de galaxias
y su saña opulenta[11]
    con todos sus laureles[12]
    el norte es el que ordena

pero aquí abajo abajo
cerca de las raíces
es donde la memoria
ningún recuerdo omite
y hay quienes se desmueren[13]
y hay quienes se desviven[14]
y así entre todos logran
lo que era un imposible
    que todo el mundo sepa
    que el sur también existe

Mario Benedetti,
Preguntas al azar, 1986.

Aspectos de un continente

---

[1] Navidad, *Noël.*
[2] *(milit.), des épaulettes.*
[3] predicar, *prêcher.*
[4] envenenar, *empoisonner.*
[5] escuela de economistas ultraliberales.
[6] *carcasse.*
[7] *son épopée.*
[8] esconderse, *se cacher.* Cada uno en su escondite, *chacun dans son trou.*
[9] *cor, instrument de musique.*
[10] *suédoise.*
[11] *sa rage d'opulence.*
[12] *ses lauriers.*
[13] *(néol., cf. note 14).*
[14] desvivirse, *ici, donner sa vie.*

Para empezar

1 *Explicite el significado de las dos palabras* **norte, sur.**
2 *Diga cómo se organiza esta poesía de versos heptasilábicos.*

Analicemos

1. ¿Qué particularidades estilísticas comunes tienen :
   a) las estrofas evocadoras del norte;
   b) las evocadoras del sur. Justifique su empleo.
2. Estrofa 1 : ¿qué visión se da del norte? Comente los efectos de la enumeración.
3. Estrofa 2 : destaque los procedimientos de esta estrofa y diga cómo y por qué resulta conmovedora.
4. Estrofas 3 y 5 : ¿cómo se completa la imagen del norte? ¿De qué manera se trasluce el compromiso del poeta?
5. Estrofa 4 : ¿qué cualidades de los pueblos del sur se ponen de manifiesto y con qué tono?
6. Estrofa 6 : muestre que esta estrofa condensa la emoción y el simbolismo de la canción toda.

Para concluir

1. Comente la versión grabada en el casete por J. M. Serrat diciendo si le parece respetar el espíritu del texto.
2. ¿Qué misión se asignan poeta y cantante y qué mensaje quieren transmitir?

Practicando se aprende

1. *El norte* **es el que** *ordena*. Réutilisez la structure soulignée, au singulier et au pluriel, dans des phrases se rapportant au texte (gramm. p. 234).
2. *Aquí* abajo **es donde** *la memoria ningún recuerdo omite*. Inspirez-vous de cette tournure de renforcement pour récrire la phrase suivante : **así** entre todos logran lo que era un imposible (gramm. p. 234).
3. *Logran que todo el mundo sepa...* Réutilisez ce modèle en vous inspirant du texte et en employant d'autres verbes que celui de la subordonnée (gramm. p. 229).

Herman Braun-Vega,
El tramposo... según La Tour 1, 1982.
Lápiz y acrílico, 150 × 88 cm.

El tobogán económico

Desde finales de 1981 aparecieron en los países latinoamericanos los primeros signos ominosos[1] del resquebrajamiento[2] de muchas economías que se presumía[3] eran sólidas, como las de México y Venezuela, merced a sus reservas petroleras, y lo que se pronosticó como «problemas coyunturales»[4] de los que se saldría en un breve lapso[5], ha entrado en una especie de tobogán sin fin que pone en peligro la estabilidad social y política, legítimamente conquistadas por los pueblos de naciones con una ya rancia[6] tradición democrática.

Los espejismos[7] económicos que causó el precio del petróleo a finales de la década de los setenta, sin embargo, no fue la única causa por la cual México y Venezuela entraron por la puerta grande al club de los países más endeudados[8] del Tercer Mundo, aceptando créditos millonarios con usureras tasas de interés[9] — que de suyo[10] anulaban el atractivo de la ganancia de los hidrocarburos —, sino que en este torbellino de ilusiones crediticias incursionaron[11] también naciones que contaban con otros productos naturales, como el caso de Argentina, con la carne; Brasil, con el café; Chile, con el cobre, etc., quienes también cedieron al «canto de las sirenas» y aceptaron préstamos millonarios[12] que ahora son causa directa del raquitismo económico interno que sufre cada país.

Efectivamente, el mundo

Aspectos de un continente

industrializado vivía una bonanza inflada y requería[13] colocar sus excedentes monetarios que le garantizaran a futuro una rentabilidad atractiva y ofrecieron sus dólares a los gobernantes y empresarios privados sin límite de cantidades. Los países pobres vieron en esta acción su oportunidad de desarrollo y aceptaron los empréstitos[14], sin tomar en consideración la recesión que ya se vislumbraba[15] en los industrializados, lo que originaría una drástica reducción en el consumo de materias primas que compraban a los subdesarrollados, causando el desplome[16] de los precios de los únicos productos que garantizarían el pago de su deuda.

La pesada carga de los pagos del servicio de la deuda ha traído consigo malestares[18] sociales que ponen en peligro las incipientes[19] democracias de Bolivia, Ecuador, Uruguay, Panamá, Argentina y hasta las más estables, como los casos de Colombia, Venezuela y México. Si en condiciones de paz interna, elemento indispensable para que los pueblos se dediquen a mejorar la producción y la productividad, no se han podido cumplir los compromisos de los débitos[20], si se dan revueltas y guerras intestinas, los países acreedores jamás recuperarán un dólar de sus préstamos.

De ahí la necesidad de los industrializados de procurar negociar con los deudores condiciones menos leoninas[21] para que den un respiro a las naciones que, de una forma u otra, han significado un auténtico puntal[22] para la riqueza de que ahora gozan las potencias, porque de otra manera, perderían todo lo ganado, también ellos.

Summa, 7-13/3/1986.

---

[1] funestos. - [2] resquebrajarse, *se lézarder*. - [3] *dont on pensait*. - [4] *conjoncturels*. - [5] en poco tiempo. - [6] antigua. - [7] *les mirages*. - [8] *endettés*. - [9] *des taux d'intérêts usuriers*. - [10] *à eux seuls*. - [11] *dans ce tourbillon d'illusions nées du crédit entrèrent*. - [12] *des prêts de plusieurs millions*. - [13] *une période de prospérité inflationniste et avait besoin*. - [14] *d'emprunter*. - [15] ya aparecía. - [16] *l'effondrement*. - [17] *des intérêts*. - [18] *des malaises, des difficultés*. - [19] nacientes. - [20] las deudas. - [21] *léonines, abusives*. - [22] *un pilier*.

Para empezar
1 ¿A qué período y países se refiere el artículo?
2 Resuma las principales ideas del texto y elija frases o expresiones que sinteticen su interés.

Analicemos
1 *Párrafo 1 :* ¿cuál es el peligro que amenaza a los países latinoamericanos? ¿Qué revela que ni México ni Venezuela están a salvo (à l'abri)?
2 *Párrafo 2 :* ¿qué países fueron afectados por **el torbellino de ilusiones crediticias**? ¿Por qué emplea el periodista expresiones como **espejismos** y **canto de las sirenas**?
3 *Párrafo 3 :* ¿cuáles fueron los motivos del endeudamiento de los países latinoamericanos? Según el articulista, ¿quiénes fueron los principales responsables?
4 *Párrafo 4 :* ¿qué peligros todavía mayores tanto para los países latinoamericanos como para el mundo industrializado encierra el excesivo endeudamiento?

Para concluir
• Resuma el problema planteado por esta página y exponga su opinión al respecto.

Practicando se aprende
1 Dans le 3ᵉ paragraphe mettez **vivía** au présent et faites les transformations qui s'imposent jusqu'à « ... el pago de su deuda. »
2 **Si se dan** revueltas, los países acreedores jamás **recuperarán** un dólar de sus préstamos. Dans cette phrase, augmentez le degré d'hypothèse puis trouvez une autre façon de formuler la subordonnée (gramm. p. 229).
3 Problemas coyunturales **de los que** se saldría en breve; la única causa **por la cual** entraron; Argentina, Chile, **quienes** también cedieron. En vous inspirant des idées du texte, reprenez chacun de ces relatifs dans de nouvelles phrases.

El mundo andino

El mayor problema que se presenta en todos los planes y programas que se elaboran para promover[1] el desarrollo de la América Latina es el relativo a la situación particular de los países del Área Andina (Perú, Bolivia y Ecuador), a los que se podría agregar[2] Guatemala. En todos, existe una considerable población indígena que oscila entre el 40 y 60 %. Esa población no está integrada, porque desde la Conquista Española ha seguido viviendo, en mayor o menor medida, su propia cultura, es decir, la cultura precolombina, empobrecida, pero vital en muchos aspectos. Se ha caracterizado por su agrupamiento en unidades comunales, agropecuarias[3], de mera[4] economía de consumo, con usos y costumbres tradicionales, con creencias y prácticas mágico-religiosas «paganas»[5], con alimentos de consumo inmemorial distintos de los introducidos por el europeo, con una psicología muy distinta de la de blancos y mestizos, con valores de plena vigencia[6] como la cooperación, la solidaridad, la honradez, la disciplina en el trabajo, el «espíritu comunal»[7], por encima de todas las influencias de los otros grupos sociales.

La concepción del Mundo que tiene el hombre andino es muy particular y en nada semejante a la del hombre «occidental». El universo tiene con el ser humano una constante relación, en todas las esferas[8]. Nada hay muerto. Las diferencias están en el modo de presentarse la vida. El cadáver[9] sigue viviendo, pero de una manera particular. Viven las montañas y viven las piedras tanto como el agua y las plantas y los animales, todos tienen algún modo de comunicarse con el hombre. El ambiente en que éste desarrolla su existencia no actúa sólo en el campo ecológico sino que comprende lo psíquico y, por lo tanto, no es sólo un ambiente geográfico sino un ambiente numinoso[10]. Para el hombre andino todo está dentro de un completo orden, de una estructura lógica. Cada ser está en su sitio y tiene una función.

El amor a la tierra, a los animales domésticos, es tan poderoso como el que tiene por sus familiares. Sus dioses están cerca de él : en el cerro, en el manantial[11], en la caverna, en el bosque, en la casa, en la tumba. Lo que adora es el «espíritu» que mora[12] en cada uno de sus «recipientes». Hay entre sus dioses y sus espíritus relaciones parentales y de jerarquía[13]. La base de las buenas relaciones con «lo divino» está en el «pago» de sus servicios. El Toma y Daca[14] aparece muy nítidamente[15]. Es un trueque[16] de todos los días. Nace de esta relación, en la confianza en el destino, el optimismo.

Luis E. Valcárcel, *El mundo andino y la evolución social-económica de América Latina,* 1966.

[1] *promouvoir.*
[2] *añadir.*
[3] *agrícolas.*
[4] *pura, simple.*
[5] *païennes.*
[6] *totalement en usage.*
[7] *l'esprit de communauté.*
[8] *dans tous les domaines.*
[9] *le cadavre.*
[10] *mágico; el numen, la divinidad.*
[11] *dans la montagne, dans la source.*
[12] *morar, demeurer.*
[13] *hiérarchie.*
[14] *l'échange.*
[15] *claramente.*
[16] *un troc.*

Para empezar

1 Sitúe geográficamente Perú, Bolivia, Ecuador y Guatemala. ¿Qué tienen en común estos países?
2 Destaque los principales temas desarrollados en esta página.

Analicemos

1 Párrafo 1 : **esa población no está integrada.** Muéstrelo y diga por qué.
2 El autor presenta al final del párrafo una serie de valores propios, según él, de la mentalidad india. ¿Qué nueva luz puede aportar al discutido balance de la colonización?
3 Párrafos 2 y 3 : **el universo tiene con el ser humano una constante relación.** Explíquelo a la luz del texto, comentando en particular la relación con los dioses.

Para concluir
1 *Cada ser está en su sitio y tiene una función* : ¿qué significa tal concepción para el individuo y la sociedad? Compárela con la mentalidad europea.
2 ¿En qué puede explicar este texto que los países andinos forman parte del tercer mundo?

Practicando se aprende
1 *Mettez au passé depuis* « El universo tiene con el ser humano... » *jusqu'à* « ... particular ».
2 *Complétez les amorces suivantes pour évoquer la psychologie andine :* **los indios son tan..., sus costumbres tienen tanto..., su relación con la naturaleza es más...** *(gramm. p. 236).*
3 *Los países* **a los que** *se podría agregar, el ambiente* **en que** : *écrivez des phrases en employant des relatifs pour évoquer les réalités andines (gramm. p. 208).*

Aspectos de un continente

Sebastião Salgado, Autres Amériques, « Ecuador 1982 ».

Comentemos
1 *¿Qué ambiente se desprende de esta foto y qué sensaciones le inspira a usted?*
2 *¿En qué estriba el carácter insólito y extraño de la escena y cómo lo recalcó el fotógrafo?*
3 *Según Luis E. Valcárcel, en el mundo andino,* « el universo tiene con el ser humano una constante relación. Viven las montañas y viven las piedras tanto como el agua y las plantas y los animales, todos tienen algún modo de comunicarse con el hombre. » *¿Qué luz aporta la cita a esta fotografía?*

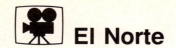

El Norte

Estamos en un pueblo de Guatemala.

INTERIOR / EXTERIOR DE LA CASA — ANOCHECER

① *Primer plano sobre una mesa con botellines de cerveza y vasos. Una mano deja un vaso medio vacío.*
② *Plano de conjunto. Risas. La familia está alrededor de la mesa. La madre y Rosa llevan el traje tradicional. La sala de estar está alumbrada por las llamas vacilantes de un fuego, de varias bujías diseminadas por todas partes, creando todo ello un ambiente íntimo, poético y sagrado. Han venido Josefina, madrina[1] de Enrique, y su esposo Pedro a hacer tertulia[2].*
③ *Plano medio corto de la madrina.*

JOSEFINA — Allí, hasta el más pobrecito... hasta el más pobrecito tiene un excusado[3] igualito (④ *plano de conjunto del grupo, la madrina se ve de espaldas.* ⑤ *Vuelta al plano corto de la madrina*) al de don Rodrigo, igualito. Uno echa el agua y todo desaparece... *(cierra los ojos)* en un ratito. Uno puede mear[4] a la moda.

⑥ *Plano medio corto de Rosa que se ríe.*

PEDRO *(en off).* — Carajo[5], ya, ya, ya.

⑦ *Vuelta al plano de conjunto ④.*

PEDRO *(voz in).* — El norte, el norte, el norte, siempre el norte. ¿No podés hablar de otra cosa vos?

⑧ *Vuelta al plano corto de Rosa.*

ROSA. — Digo que a mí me encanta oír hablar del norte, pues.

⑨ *Plano medio corto de la madre.*

MADRE *(habla en dialecto).* — Itzcutítz ibalá cataú[6].

⑩ *Vuelta al plano de Rosa que se ríe. Inclina la cabeza hacia su hermano.*

ENRIQUE *(voz en off).* — Dicen que es verdad...

⑪ *Plano medio corto de Enrique. La madre está en vista parcial desenfocada[7]. A la derecha hay una lámpara de alcohol.*

ENRIQUE *(voz in).* — ...que hay mucho pisto[8] por ahí. Miren toda la gente que tiene compadre, comadre, ahijados[9] que se fueron.

⑫ *Plano medio corto de la madre que está cosiendo mientras escucha sonriendo. Levanta la cabeza y mira, seria ya, a su hijo.*

ENRIQUE *(en off).* — ...Todos ellos cuentan cosas.

⑬ *Vuelta al plano medio corto de Enrique.*

ENRIQUE *(in).* — Y en la tele, se ve rebién[10] cómo es la vida allá. *(Mira hacia la derecha).*

JOSEFINA. *(en off).* — Así es, mi hijo.

⑭ *Plano medio corto de la madrina inclinada hacia adelante y mirando a su ahijado.*

JOSEFINA *(in).* — Así es, mi hijo, hasta el más pobrecito tiene su carro[11].

[1] la marraine.
[2] passer la soirée.
[3] un váter.
[4] pisser.
[5] Bon sang.
[6] No hay que hablar demasiado de él.
[7] en amorce, floue.
[8] dinero.
[9] un ou une amie, des filleuls.
[10] muy bien.
[11] (am.) su coche.

⑮ *Plano medio corto de Enrique.*

ENRIQUE. — ¿Cómo sabés tanto del norte?

⑯ *Vuelta al plano ⑭ de la madrina.*

JOSEFINA. — Pues para que lo sepás, hace diez años más o menos que la cocinera de don Rodrigo me pasa todos sus «Buen Hogar»[12].

⑰ *Vuelta al plano medio corto de Enrique que abre la boca como maravillado.*
⑱ *Vuelta al plano de la madrina.*

JOSEFINA. — Diez años tengo de estarla leyendo. Así que yo sé mi más tantito[13], mi hijo.

⑲ *Plano general de una de las paredes exteriores de la casa; se ve una ventana. Un joven se dirige hacia ella. Ha dejado su bicicleta apoyada en el bordillo de la acera. Llama al postigo.*
⑳ *Primer plano de la mano que pega con los nudillos. Se oyen los golpes.*
㉑ *Plano de conjunto de la tertulia (como el plano ④). Muchos vuelven la cabeza hacia el lugar de donde procede el ruido. El padre y Rosa cambian una mirada. Rosa se levanta.*
㉒ *Plano medio corto de Rosa que está de pie mirando a su padre.*

ROSA. — ¿Permiso?

㉓ *Plano medio corto del padre con el hijo en vista parcial a la derecha.*

PADRE (*en lengua vernácula, in*). — Pasamila[14].

MADRE (*voz en off menos nítida*). — Pasamila.

㉔ *Plano de conjunto (como el ④). Breve panorámica para seguir a Rosa quien se dirige hacia una salita que se ve en el fondo del cuarto de estar. Hay velas por todas partes. Rosa se arregla el pelo.*
㉕ *Plano americano de Rosa que al llegar a la puerta de la salita da media vuelta para cerrarla. Sonríe a los demás, las dos hojas de la puerta la encuadran hasta el cierre completo.*
㉖ *Plano medio corto de la madrina que, con aire cómplice, se vuelve hacia los padres.*

JOSEFINA. — ¿Novios?

㉗ *Plano del padre (como el ㉓) que asiente con la cabeza.*
㉘ *Plano de la madrina.*

JOSEFINA. — ¿De veras? ¡Qué lindo!

㉙ *Plano medio corto del hijo que levanta los ojos al cielo y mueve luego la cabeza sonriendo de las palabras de la madrina.*
㉚ *Plano medio corto de Luis delante de la ventana que se abre. La cámara está en la calle y lo encuadra desde atrás. Se abren las contraventanas y asoma Rosa en la luz.*

LUIS. — ¿Qué tal Rosita?

Rosita se yergue[15] *y se sienta en el mismo borde de la ventana detrás de la reja. Corta panorámica hacia arriba para seguirla.*

ROSA. — Bien Luis.

Aspectos de un continente

[12] una revista.

[13] *je sais de quoi je parle.*

[14] Puedes ir.

Entierro de los campesinos asesinados. Se habían reunido para defender sus tierras.

[15] erguirse, *se dresser.*

90   ㉛ *Primer plano de Luis detrás de los barrotes entre los que hace pasar un paquete. La cámara está ahora dentro de la casa y encuadra al muchacho.*

LUIS. — Mirá, te traje estos encanelados[16].

[16] dulces con sabor de canela.

㉜ *Primer plano sobre las manos de Rosa que toma la bolsa de dulces*
95   *cerrada por un ramillete de rosas. Cámara en el interior.*

ROSA. — Ay, gracias.

㉝ *Plano medio corto ajustado de Rosa.*

ROSA. — Que como me encantan.

㉞ *Vuelta al plano ㉛. Luis sonríe.*

Gregory Nava, El Norte, 1985.

Enrique sirviendo en un restaurante norteamericano.

Para empezar

1 *Diga qué es el Norte y resuma brevemente la secuencia.*
2 *¿Qué ambiente se desprende?*
3 *¿Qué tratamiento emplean los personajes y por qué (gramm. p. 207)?*

Analicemos

1 *Planos ① - ③ : ¿cómo se sugiere el ambiente desde el principio?*
2 *Planos ③ - ⑱ : ¿qué opiniones y reacciones se manifiestan a propósito del norte? Coméntelas mostrando el apego de algunos personajes a la tradición indígena.*
3 *¿Caracterice al personaje de la madrina y analice de dónde procede su atractivo?*
4 *Fíjese en el traje de la madre y estudie la actitud de ésta. ¿Cómo se relaciona con la poesía sugerida por las imágenes?*
5 *Planos ⑲ - ㉕ : ¿cómo se señala la aparición de un nuevo elemento y de qué manera se integra a la escena? Caracterice la actitud de Rosa y de los padres. Indique lo que contribuye a crear belleza y cierta solemnidad.*
6 *Planos ㉖ - ㉙ : explique lo que aportan estos planos para la historia y el dibujo de los personajes.*
7 *Planos ㉙ - ㉞ : analice la delicadeza y el recato* (la réserve et la pudeur) *de la escena.*
8 *Estudie el papel de la luz y de los planos en toda la secuencia.*

Para concluir

1 *Esa misma noche los soldados asesinarán al padre. Al día siguiente se llevarán a la madre. Los dos hermanos huirán a Estados Unidos. Rosa morirá allí y Enrique acabará de peón en unas obras. A la luz del desenlace y de los fotogramas ¿qué valor cobra esta secuencia?*
2 *Fijándose en la sencillez de los diálogos subraye la importancia del lenguaje fílmico en esta secuencia.*

Practicando se aprende

1 **Digo que a mí me encanta oír hablar del norte.** *Reprenez cette phrase à la 3ᵉ personne.*
2 **Uno** *echa el agua.* **Se** *ve muy bien cómo es la vida. Utilisez ces tournures indéfinies pour faire dire à chaque personnage comment il imagine le Nord (gramm. p. 208).*

Transculturización

Aspectos de un continente

Así es, ahora y sin ser chauvinistas[1] o nacionalistas exacerbados[2], observamos al joven mexicano actual, al niño, a la mujer. El atuendo[3] de moda es el pantalón de mezclilla[4] o jeans, los tenis, las playeras[5], la música la imponen Inglaterra o los Estados Unidos al igual que la forma de peinados, el habla cotidiana, los gustos literarios o cinematográficos y la vanguardia[6] artística. La mayoría de la clase media baja hacia arriba sueña con lograr alcanzar el «sueño americano» o el «modo de vida americano» *(american dream or american way of life)*. Se prefieren las compras en almacenes de autoservicio, comer en restaurantes tipo estadounidense (McDonald's, Burguer Boy, Lynnis, Dennys, etc.) hacer camping, ir a las discos[7], andar los domingos de shorts, beber cerveza de lata, ver mucha televisión, gritar ¡wow!, no perderse el fútbol americano, el béisbol de las Grandes Ligas, hablar mucho inglés.

Los niños comen hamburguesas, juegan atari[8] y adoran a Hé-Man, Rambo[9]; hacen vuelos chárter y se ponen todo lo que la moda juvenil norteamericana dicta[10]. En cuanto a los hombres, bueno, sólo se es mexicano en el registro civil y el mes de septiembre[11] o en algún evento[12] deportivo internacional siempre y cuando[13] se gane algo honroso.

Y todo esto se lo debemos en su mayoría a la televisión asistida por la cablevisión ultrayanqui, que es la que a fin de cuentas establece las directrices culturales, sociales, deportivas y de todo tipo, ya que ha demostrado ser el medio masivo más efectivo de manipulación y penetración de otras formas y concepciones culturales extrañas (ahora ya no tanto) a través de una oligarquía televisiva, pseudoliteraria, cinematográfica, pseudonacional, deportiva a nivel profesional, teatral, publicitaria y radiofónica, con algunas ramificaciones más.

Así las cosas, los postulados y los sueños o ideales de Juárez[14], Bolívar[15], Henríquez Ureña[16], Morelos[17] y muchos más respecto a la integración e identidad de un continente joven y fuerte en Latinoamérica, están más lejos cada día, descansando en viejos textos o apareciendo como fantasmas en conferencias y congresos. No han tenido eco ni futuro real los planteamientos integracionistas[18] latinoamericanos.

La transculturización fija los cánones[19], las reglas a seguir : consumo, alejamiento de la realidad de un contexto nacional y continental, adopción de lo moderno y extranjero en aras del[20] progreso y el vanguardismo, cambio de esquemas[21] de conducta y conciencia, integración al «desarrollo», a la cultura del «number one», la violencia, el hot-dog y la hamburguesa.

Summa, 16-22/5/1986.

[1] *chauvins*. - [2] *exacerbés*. - [3] el vestido. - [4] *coton mélangé*. - [5] *les claquettes*. - [6] *l'avant-garde*. - [7] las discotecas. - [8] (juego electrónico). - [9] (héroes de películas norteamericanas). - [10] dictar, imponer. - [11] (Fiesta del Grito : la gente grita por espacio de una hora.) - [12] acontecimiento. - [13] *à condition que*. - [14] Pres. indio de la Rep. de Mex. (1806-1872). - [15] Libertador de Venezuela, Colombia, Bolivia y Perú (1783-1830). - [16] Intelectual de la Rep. Dominicana (1884-1946). - [17] Héroe de la Indepencia de México (1765-1815). - [18] Los ideales de unión de las naciones de Am. Lat. - [19] las reglas. - [20] *au nom de*. - [21] aquí : modelo.

Para empezar

- *¿Qué significa el título? ¿A qué realidad se aplica?*

Analicemos

1. *Párrafos 1 y 2 : ¿cómo se evidencia la transculturización en la vida cotidiana? ¿Qué sectores de actividad afecta?*
2. *Párrafo 3 : ¿qué críticas le hace el autor a la televisión?*
3. *¿Qué otra alternativa cultural proponen los que se reclaman de Juárez, Bolívar, Henríquez Ureña, Morelos? ¿Qué opina de ellos el periodista? Justifique usted su parecer.*
4. *Último párrafo : ¿cómo se sitúa el articulista respecto de la transculturización?*

Para concluir

- *Según usted, ¿es mala la transculturización? ¿Cómo se puede explicar que para México sea éste un problema esencial?*

Uno de tantos miércoles

Desde que el ferrocarril fue inaugurado oficialmente y empezó a llegar con regularidad los miércoles a las once, y se construyó la primitiva estación de madera con un escritorio, el teléfono, y una ventanilla[1] para vender los pasajes, se vieron por las calles de Macondo hombres y mujeres que fingían actitudes comunes y corrientes, pero que en realidad parecían gente de circo. Entre esas criaturas de farándula[2], con pantalones de montar y polainas[3], sombreros de corcho[4], espejuelos con armaduras de acero[5], ojos de topacio[6] y pellejo de gallo fino[7], uno de tantos miércoles llegó a Macondo y almorzó en la casa el rechoncho[8] y sonriente Mr. Herbert.

Nadie lo distinguió en la mesa mientras no se comió el primer racimo de bananos[9]. Aureliano Segundo lo había encontrado por casualidad, protestando en español trabajoso porque no había un cuarto libre en el Hotel de Jacob, y como lo hacía con frecuencia con muchos forasteros se lo llevó a la casa. Tenía un negocio de globos cautivos[10], que había llevado por medio mundo con excelentes ganancias, pero no había conseguido elevar a nadie en Macondo porque consideraban ese invento como un retroceso[11], después de haber visto y probado las esteras voladoras[12] de los gitanos. Se iba, pues, en el próximo tren. Cuando llevaron a la mesa el atigrado racimo de banano que solían colgar en el comedor durante el almuerzo, arrancó la primera fruta sin mucho entusiasmo. Pero siguió comiendo mientras hablaba, saboreando[13], masticando, más bien con distracción de sabio que con deleite[14] de buen comedor, y al terminar el primer racimo suplicó que le llevaran otro. Entonces sacó de la caja de herramientas[15] que siempre llevaba consigo un pequeño estuche de aparatos ópticos. Con la incrédula atención de un comprador de diamantes examinó meticulosamente un banano seccionando sus partes con un estilete especial, pesándolas en un granatario[16] de farmacéutico y calculando su envergadura con un calibrador de armero. Luego sacó de la caja una serie de instrumentos con los cuales midió la temperatura, el grado de humedad de la atmósfera y la intensidad de la luz. Fue una ceremonia tan intrigante, que nadie comió tranquilo esperando que Mr. Herbert emitiera por fin un juicio revelador, pero no dijo nada que permitiera vislumbrar sus intenciones.

En los días siguientes se le vio con una malla y una canastilla[17] cazando mariposas[18] en los alrededores del pueblo. El miércoles llegó un grupo de ingenieros, agrónomos, hidrólogos, topógrafos y agrimensores[19] que durante varias semanas exploraron los mismos lugares donde Mr. Herbert cazaba mariposas. Más tarde llegó el señor Jack Brown en un vagón suplementario que engancharon[20] en la cola del tren amarillo, y que era todo laminado de plata, con poltronas de terciopelo[21] episcopal y techo de vidrios azules. En el vagón especial llegaron también, revoloteando en torno al señor Brown, los solemnes abogados[22] vestidos de negro que en otra época siguieron por todas partes al coronel Aureliano Buendía, y esto hizo pensar a la gente que los agrónomos, hidrólogos, topógrafos y agrimensores, así como Mr. Herbert con sus globos cautivos y sus mariposas de colores, y el señor Brown con su mausoleo rodante y sus feroces perros alemanes, tenían algo que ver con la guerra. No hubo, sin embargo, mucho tiempo para pensarlo, porque los suspicaces habitantes de Macondo apenas empezaban a

[1] un guichet.
[2] troupes ambulantes.
[3] des guêtres.
[4] chapeaux coloniaux (intérieur en liège).
[5] des lunettes à monture d'acier.
[6] des yeux de topaze (bleus).
[7] (fig.), cutis blanco.
[8] rondouillard.
[9] régime de bananes.
[10] montgolfières.
[11] une régression.
[12] les tapis volants.
[13] saborear, *savourer*.
[14] *délectation*.
[15] la boîte à outils.
[16] un trébuchet (petite balance).
[17] un filet et un petit panier.
[18] des papillons.
[19] des arpenteurs.
[20] enganchar, *accrocher*.
[21] des fauteuils en velours.
[22] les avocats solennels.

preguntarse qué cuernos era lo que estaba pasando[23], cuando ya el pueblo se había transformado en un campamento de casas de madera con techos de cinc, poblado por forasteros que llegaban de medio mundo en el tren, no sólo en los asientos y plataformas sino hasta en el techo de los vagones. Los gringos, que después llevaron sus mujeres lánguidas con trajes de muselina y grandes sombreros de gasa, hicieron un pueblo aparte al otro lado de la línea del tren, con calles bordeadas de palmeras, casas con ventanas de redes metálicas, mesitas blancas en las terrazas y ventiladores de aspas[24] colgados en el cielorraso[25], y extensos prados azules con pavorreales y codornices[26]. El sector estaba cercado por una malla[27] metálica, como un gigantesco gallinero electrificado que en los frescos meses del verano amanecía negro de golondrinas achicharradas[28]. Nadie sabía aún qué era lo que buscaban.

Gabriel García Márquez, *Cien años de soledad*, 1967.

[23] *ce qui diable pouvait bien se passer.*
[24] *des ventilateurs à pales.*
[25] *au plafond.*
[26] *des paons et des perdrix.*
[27] *était entouré d'un grillage.*
[28] *d'hirondelles grillées.*

Aspectos de un continente

Para empezar

1 *Resuma usted el texto en unas diez líneas, respetando el orden del relato.*
2 **Nadie comió tranquilo esperando que Mr. Herbert emitiera por fin un juicio revelador, pero no dijo nada que permitiera vislumbrar sus intenciones. Nadie sabía aún qué era lo que buscaban.** *A partir de estas dos frases ponga de realce, brevemente, el interés del texto.*
3 *¿Cómo se explica la llegada de los extranjeros?*

Analicemos

1 *Líneas 1-11 : ¿qué novedades conoció el pueblo? ¿Con qué tono las presenta el narrador?*
2 *Líneas 12-37 : ¿qué retrato se nos hace de Míster Herbert? ¿Qué le incitó a quedarse en Macondo?*
3 **Arrancó la primera fruta sin entusiasmo. Fue una ceremonia tan intrigante...** *Con ayuda de estas dos frases analice las líneas 23-37 y muestre cómo se manifiesta el interés progresivo del norteamericano. ¿De qué manera lo subraya el narrador y qué efecto surte?*
4 *Líneas 38-53 : ¿qué luz aportan estas líneas a las misteriosas actividades de Mr. Herbert? ¿Cómo se nos evoca al nuevo personaje y qué representa éste? Comente la expresión* **algo que ver con la guerra.**
5 *Líneas 53-68 : ¿qué acontecimientos y transformaciones pasaron en Macondo? Comente la manera de describirlos. ¿En qué hacen pensar?*
6 *¿Qué sugiere la interrogación final sobre los sucesos venideros? Argumente su respuesta.*

Para concluir

• *Muestre cómo, a partir de un tema tradicional de la literatura hispanoamericana (la implantación de una compañía norteamericana), el autor logra crear una página de mucha originalidad.*

Practicando se aprende

1 *Examinó meticulosamente un banano* **seccionando** *sus partes con un estilete especial,* **pesándolas** *en un granatorio de farmacéutico y* **calculando** *su envergadura con un calibrador de armero. Récrivez cette phrase en substituant aux gérondifs un passé simple.*
2 **Mr. Herbert no dijo nada que permitiera vislumbrar sus intenciones.** *Passez la principale au présent de l'indicatif et transformez la subordonnée comme il se doit (gramm. p. 226).*
3 *Complétez les amorces suivantes :* **Mr. Herbert se quedó en el pueblo deseando que...; suplicó que...; los habitantes le miraban esperando que... y exigiendo que...**
4 *En los días siguientes se* **le** *vio con una malla. Rétablissez le complément auquel renvoie le pronom en gras.*
5 *Traduisez depuis «Nadie lo distinguió en la mesa...» jusqu'à «... en el próximo tren».*

LUCHANDO POR LA DEMOCRACIA

Pancho Villa, 1910.

MÉXICO

1910-1920
Período revolucionario. Se acaba la dictadura de P. Díaz (Presidente de 1876 à 1911), sustituido por **F. Madero** asesinado en 1913. Levantamientos populares encabezados por **F. Villa** y **E. Zapata** contra el gobierno de **V. Carranza**, reivindicando «Tierras y Libertad».

1920-1940
Después de diez años de luchas y rivalidades, se abre un **período de paz y reformas** bajo las presidencias de **Obregón, Calles y Cárdenas.** Reparto de tierras y nacionalización de las compañías petroleras norteamericanas (1938).

1968
Serie de huelgas y represión gubernamental que culmina con la matanza de la Plaza de las Tres Culturas. Celebración de los Juegos Olímpicos en México.

1977-1982
Se restablecen las relaciones diplomáticas con España interrumpidas desde 1939.

1985
Violento terremoto en México D. F.

López Portillo, Presidente de la República mexicana, 1980.

1988
Difícil elección de C. Salinas de Gortari, candidato por el Partido Revolucionario Internacional (PRI que lleva 60 años en el poder).

GUATEMALA

1931-1944
Dictadura de Jorge Ubico. El país se ha convertido en una **«república bananera»** en manos de compañías norteamericanas (United Fruit Co.).

1951-1954
El presidente **J. J. Arbenz** intenta una política de **reformas anticolonialistas.** Un golpe de estado militar apoyado por EE. UU. pone fin a este período de esperanzas.

1986
Tras una larga serie de **dictaduras, se inicia una nueva era democrática.**

EL SALVADOR

1932-1960
Dictaduras del General M. Hernández Martínez y del Comandante O. Osorio después de las cuales siguen dominando los **militares** la vida política del país.

1980
Desde el asesinato de **Monseñor Romero,** abogado de la **«Teología de la Liberación»,** se enfrentan los movimientos de «liberación» (apoyados por los sandinistas nicaragüenses y los cubanos castristas) y las tropas gubernamentales ayudadas militar y económicamente por EE. UU.

1984
El demócrata-cristiano **N. Duarte** es elegido Presidente de la República.

1989
Le sucede el derechista **A. Cristiani.**

NICARAGUA

1937-1979
Dictadura de la dinastía de los **Somoza,** aliados de EE. UU. El **Frente sandinista** (del nombre del líder nacionalista A. Sandino, 1895-1934) fue creado en 1961 para derrocar a los Somoza. En la actualidad, democracia popular muy dura presidida por **D. Ortega** y movimiento contrarrevolucionario (los **«contras»**) apoyados por EE. UU. (cf. el «Irangate»).

PANAMÁ

1910
Puesta en servicio del **canal interoceánico** controlado por EE. UU. El plan de restitución del canal a la **soberanía nacional,** iniciado en 1974, tomará fin en el **año 2000.**

CUBA

1925-1959
Dictaduras de **G. Machado** y **F. Batista,** defensores de los intereses oligárquicos y estadounidenses en la isla.

1956-1959
Fidel Castro, Ernesto Che Guevara encabezan la guerrilla que derrocará a Batista. Entrada de las tropas revolucionarias en La Habana en enero de 1959.

1960-1964
Alfabetización de la mayor parte de la población, **nacionalización** de las empresas norteamericanas, ruptura de las relaciones diplomáticas con EE. UU. Fracaso del desembarque anticastrista apoyado por Norteamérica para derrocar a Castro. **Bloqueo económico por EE. UU.** La URSS trata de instalar sus cohetes (1962); gravísima crisis con Norteamérica.

Acuerdo económico con la Unión Soviética en 1964 (actualmente, Cuba recibe de la URSS el 50 % de sus ingresos y apoya militarmente a los movimientos revolucionarios de Centroamérica y África-Angola).
Fidel Castro sigue siendo Primer Ministro desde 1959.
Cuba y EE. UU. han reanudado recientemente sus relaciones diplomáticas.

Fidel Castro, 1979.

1980
Se concede a ciertos cubanos la posibilidad de emigrar : se marchan 120 000 personas.

COLOMBIA

1903
Conflicto con EE. UU. : Colombia **pierde Panamá**.
Alternan después en el poder **conservadores y liberales**.

1983
La mafia de la **droga** asesina al ministro de Justicia Lara Bonilla.

1986
El conservador **V. Barco** sustituye a B. Betancur en la Presidencia de la República.

VENEZUELA

1888-1945
Se suceden las **dictaduras militares**. El descubrimiento del **petróleo** trastorna la economía.

De 1936 a 1945, el P. N. B. crece anualmente en un 8 %.

1945
El demócrata-cristiano **R. Betancourt** instaura un **régimen democrático** que, derribado en 1948, quedará restablecido diez años más tarde, alternando desde entonces en el poder los demo-cristianos y los socio-demócratas.

1984
Elección del social-demócrata **M. Lusinchi**. Fuerte devaluación del bolívar. Graves dificultades económicas debidas a la baja del precio del petróleo y el peso de la deuda. Más de 250 personas resultan muertas en las manifestaciones populares de 1989 contra la probreza y el derrumbe del nivel de vida.

ECUADOR

1944-1972
J. M. Velasco Ibarra, cinco veces en el poder, sólo podrá llegar al final de uno de sus mandatos (1952-1956).

1979
La elección de J. Roldos pone fin a nueve años de dictadura.

1982
Se devalúa el sucre en un 32 %.

1984
Investidura del Presidente conservador **F. Cordero**.

BOLIVIA

1952-1964
El Presidente **V. Paz Estenssoro** nacionaliza las minas e inicia una reforma agraria. Grave crisis económica.
De nuevo **gobiernan los militares**.

1967
Ejecución del jefe guerrillero **E. Che Guevara**.

1982
Vuelta a la **democracia** con la elección de H. Siles Suazo.

1985
Huelga general de 16 días.
Paz Estenssoro es elegido Presidente de la República.
La **inflación** alcanzó en 1986 ¡el 11783 %!

PERÚ

1919-1930
Dictadura nacionalista y populista de A. B. Leguía.
La crisis mundial favorece el desarrollo del **movimiento antiimperialista APRA**.
En el poder, alternan los oligarcas y los reformistas (**B. Terry**, 1963-1968).
En los años sesenta, serie de **rebeliones de las comunidades andinas**.

1968-1980
Llega al poder una **junta militar** que inicia una **política de izquierda** : nacionalizaciones, reforma agraria, medidas a favor de las comunidades indígenas.

1985
En los últimos años ochenta, aparición del movimiento guerrillero **« Sendero Luminoso »**, de inspiración maoísta. Las poblaciones indígenas son víctimas del enfrentamiento entre la guerrilla y las violentas represiones militares.
El aprista (social-demócrata) **Alán García** (35 años de edad) sucede a Belaúnde Terry : su política económica acarrea devaluaciones, recesión, hiperinflación ($\pm$ 3 000 %). Gran parte de la actividad del país es informal (sumergida : *au noir*).
De 1988 a 1989, el poder adquisitivo bajó en un 50 %.

Alán García, 1986.

Luchando por la democracia

CHILE

Chile ha sido desde 1931 un país de **tradición democrática**, que ha conocido **regímenes muy diversos** : frente popular (1938-1948), oligarquía (1958-1963), democracia cristiana bajo la presidencia de **E. Frei**, el cual inicia una reforma agraria y la «chilenización» de las riquezas mineras.

1970-1973

Una coalición de **Unidad Popular** (radicales, socialistas y comunistas) lleva al poder al presidente **Salvador Allende**, cuya política de nacionalizaciones y reforma agraria descontenta a la alta burguesía y a las compañías extranjeras. La acción de los izquierdistas y la intervención de los EE. UU. por medio de la CIA contribuyen al sabotaje de la política emprendida (huelga de camioneros), paralizando la vida económica y quitándole a Allende el apoyo de la clase media.

Salvador Allende.

1973 (septiembre)

Golpe militar de A. Pinochet.
Muerte de S. Allende en el Palacio Presidencial bombardeado.
Se devuelven las minas de cobre a las compañías norteamericanas. La economía ultraliberal (inspirada en la «Escuela de Chicago») aplicada al país acaba con la crisis de 1982. Restructuración, recuperación económica y crecimiento, diversificación de las exportaciones, reducción de la inflación (11 % en 1988), disminución de la deuda externa constituyen el «milagro chileno», la otra cara de la moneda es el alto coste social de esta recuperación : el poder adquisitivo de los asalariados en 1989 es inferior al de 1973.

1988

Pinochet pierde el plebiscito.

ARGENTINA

1945-1955

Presidencia del coronel **J. D. Perón**, fundador del **«Justicialismo»**. Poder carismático (su mujer, **Eva Duarte Perón**, fue el ídolo de los «descamisados») de fuerte raigambre nacionalista, antiimperialista, defensor de la justicia social por medio de un sindicalismo oficial. Derrocado por un golpe militar en 1955, Perón se exilia a España para ser reelegido Presidente en 1973.

Eva Perón, 1947.

1973-1976

Los Montoneros (guerrilleros peronistas) habían apoyado desde 1970 la vuelta al poder de Perón. Pero éste muere en 1974 y su tercera mujer, Isabel, en un período de grandes dificultades políticas y económicas, le sucede en el poder.

1976-1983

Se suceden las juntas militares (J. R. Videla), tristemente famosas por sus métodos represivos (decenas de miles de **«desaparecidos»**). La derrota en la guerra de las Malvinas contra Gran Bretaña acelera la caída de los militares.

Raúl Alfonsín, 1986.

1983

Elecciones generales : restauración de la **democracia** con el Presidente **Raúl Alfonsín.**
Graves dificultades económicas y varias tentativas de putsch.

URUGUAY

Su tradición democrática y su legislación social avanzada le valieron el nombre de **Suiza de Latinoamérica.**

Años 60

Crisis económica y desarrollo del movimiento guerrillero de los Tupamaros.

1973

Golpe militar : Uruguay pasa a ser el país del mundo que más prisioneros políticos cuenta por habitante.

1984

Vuelve la democracia con la elección de **J. Sanguinetti.**

PARAGUAY

Domina la **oligarquía de los grandes terratenientes** en este país poblado esencialmente de mestizos e indios.

1954-1989

Dictadura del **Gral A. Stroessner.**

1984

Se inaugura la represa de **Itaipú** (la mayor del mundo).

1989

Golpe militar del **Gral A. Rodríguez.**

PRÁCTICAS

Cartel cubano, 1960, 55 × 33 cm.

Para el comentario

Labrar la tierra, labourer la terre. - *los surcos,* les sillons. - *sembrar,* semer. - *las semillas,* les graines. - *germinar,* germer. - *crecer,* pousser. - *los brotes,* les jeunes pousses.

PRÁCTICAS

René Portocarrero, *Flora*, 1973.

Para el comentario

Flora, *diosa romana de las flores y de los jardines.*
El perfil, le profil. - *la paloma,* la colombe. - *el pendiente,* la boucle d'oreille. - *los vegetales,* les végétaux. - *los arabescos,* les arabesques, les entrelacs. - *la línea,* la ligne. - *el trazo,* le trait, le tracé.

El pueblo unido jamás será vencido

Luchando por la democracia

¡De pie cantar![1]
Que vamos a triunfar
Avanzan ya banderas[2] de unidad
Y tú vendrás marchando junto a mí.
5 Y así verás tu canto y tu bandera florecer,
La luz de un nuevo amanecer
Anuncia ya la vida que vendrá.
¡De pie luchar!
El pueblo va a triunfar,
10 Será mejor la vida que vendrá.
A conquistar nuestra felicidad,
Y en un clamor, mil voces de combate se alzarán[3],
Dirán canción de libertad,
Con decisión la patria vencerá.
15   Y ahora el pueblo que se alza en la lucha
   Con voz de gigante gritando: «Adelante
   El pueblo unido jamás será vencido».
La patria está forjando[4] la unidad,
De norte a sur se movilizarán
20 Desde el salar[5] ardiente y mineral al monte austral
Unidos en la lucha y el trabajo irán,
La patria cambiarán,
Sus pasos ya anuncian el porvenir.
¡De pie cantar!
25 El pueblo va a triunfar
Millones ya imponen la verdad,
De acero son ardiente batallón,
Tus manos van llevando la justicia y la razón,
Mujer, con fuerza y con valor ya estás aquí
30 Junto al trabajador...
   Y ahora el pueblo que se alza en la lucha...

[1] *Debout, chantons!*
[2] *les drapeaux.*
[3] *alzarse, s'élever, se dresser.*
[4] *forjar, forger.*
[5] *la saline, (mine de nitrate).*

Quilapayún, Junio de 1973.

Discografía
Pathé Marconi / Emi / Dicap, C 064-81827.

Para empezar
- *Después de escuchar en el casete la grabación de esta canción, diga qué sentimientos expresan tanto la música como la letra.*

Analicemos
1 *Destaque las diferentes etapas de la canción y su progresión.*
2 *Versos 1-7: comente las metáforas encontradas en estos versos.*
3 *Versos 8-17: ¿cuáles son los ideales por los que se invita a luchar y cómo se encara el futuro?*
4 *Versos 18-28: muestre cómo se amplifica y afirma el movimiento.*
5 *Versos 29-30: ¿qué luz aportan estos versos al texto?*

Practicando se aprende
1 ***Vamos a triunfar; el pueblo va a triunfar.*** *Substituez à ces deux futurs proches des futurs simples (gramm. p. 213).*
2 *Reprenez certains vers sous la forme de subordonnées temporelles introduites par* ***cuando*** *et complétez-les par des principales au futur.* ***Cuando banderas de unidad...; cuando tu bandera...; cuando mil voces...; cuando de norte a sur...,*** *etc. (gramm. p. 227).*

Y aquel día...

Y aquel día, a eso de las 3 de la tarde, empezaron a sonar muchos teléfonos. Unos, al principio, intermitentes y desperdigados[1]. Luego, más numerosos, más subidos de tono[2], más impacientes en largar[3] gritos. Una multitud de teléfonos. Un vasto coro de teléfonos. Un mundo de teléfonos. Y llamadas de patio a patio, voces que corrían sobre los tejados y azoteas, pasaban de cerca a cerca, volaban de esquina a esquina. Y ventanas que empiezan a abrirse. Y puertas que empiezan a abrirse. Y uno que se asoma, gesticulando. Y diez que se asoman, gesticulando. Y las gentes que se tiran a las calles; y los que se abrazan, y los que ríen, y los que corren, se juntan, se aglomeran, hinchan su presencia[4], forman cortejo[5], y otro cortejo, y otros cortejos más que aparecen en las bocacalles[6], bajan de los cerros, suben de las hondonadas[7] del valle, se funden en masa, en enorme masa, y claman: «¡Viva la Libertad!»... Ya lo saben todos y lo repiten todos: *el Primer Magistrado acaba de morir.* De un infarto cardíaco, dicen unos. Pero, no; ya se sabe que fue asesinado por unos conjurados[8]. Tampoco: el que disparó fue un sargento afiliado al *Alfa-Omega.* Pero no, tampoco fue así...

Pero ha muerto. Ha muerto. Esto es lo grande, lo hermoso, el júbilo[9], la enorme fiesta.

Ahora, ir hacia el centro cantando el Himno Patrio, el Himno de los Libertadores, *La Marsellesa,* y algo de *La Internacional* que surge de pronto, inesperadamente, a la luz del día, entonada en coro... Pero en eso aparecen los carros blindados de la 4ª Motorizada, abriendo fuego sobre la multitud. Dispara, de golpe, la guarnición de Palacio, resguardados[10] los hombres por los anchos balaustres[11] de la terraza superior y los sacos de arena traídos días atrás.

Cerrando las avenidas avanzan ahora, lentamente, pausadamente[12], policías y soldados en filas apretadas, largando una descarga de fusil a cada tres pasos. Y ahora corren, huyen, las gentes despavoridas[13], dejando cuerpos y más cuerpos y otros cuerpos más en el pavimento, arrojando banderolas y pancartas, tratando de meterse en los zaguanes[14], de forzar las puertas cerradas, de saltar a los patios interiores, de levantar las tapas de las cloacas[15]. Y las tropas avanzan, despacio, muy despacio, disparando siempre, pisando a los heridos que yacen[16] en el piso, o rematando[17], a culata o bayoneta, al que se les agarra de las polainas[18] y botas. Y, al fin, luego del descrescendo y dispersión de la turbamulta[19], quedan las calles desiertas otra vez.

Al caer la noche, todas las calles son patrulladas por el ejército. Y tienen todos — todos aquellos que tanto hubiesen cantado los himnos y dado vivas a esto y aquello — que darse cuenta de una realidad atroz. El Primer Magistrado se asesinó a sí mismo, hizo difundir la noticia de su muerte, para que las masas se echaran a las calles y fuesen ametralladas en soberano alcance de tiro[20]...

Alejo Carpentier, *El recurso del método,* 1974.

[1] *par intermittence, çà et là.*
[2] *plus insistants.*
[3] *dar.*
[4] *viennent grossir le groupe.*
[5] *cortège.*
[6] *aux carrefours.*
[7] *des profondeurs.*
[8] *des conjurés.*
[9] *la liesse.*
[10] *protegidos.*
[11] *les balustres.*
[12] *despacio.*
[13] *épouvantés.*
[14] *les porches.*
[15] *les plaques d'égouts.*
[16] *qui gisent.*
[17] rematar, *achever.*
[18] *s'accroche à leurs guêtres.*
[19] *la foule.*
[20] *souverainement mitraillées à bout portant.*

Para empezar

1 *Sin comentarlo, resuma usted el texto en unas diez líneas, respetando el orden del relato.*
2 **El Primer Magistrado acaba de morir. El Primer Magistrado se asesinó a sí mismo.** *A partir de estas dos frases ponga de realce, brevemente, el interés del texto.*

Analicemos

1. *Líneas 1-21* : ¿qué noticia difunden los teléfonos? ¿Cuándo la revela el autor? ¿Por qué será?
2. **Esto es lo grande, lo hermoso, el júbilo, la enorme fiesta.** Destaque y analice a lo largo del primer párrafo los procedimientos de los que se vale Alejo Carpentier para traducir este ambiente.
3. *Líneas 22-29* : ¿en qué momento y de qué modo se produce el cambio? Muestre cómo se anuncia ya el desenlace trágico.
4. *Líneas 30-42* : analice el relato de la represión y compárelo con el de la fiesta de la primera parte del texto.
5. *Líneas 43-47* : ¿qué efecto produce la revelación final? ¿Qué opina usted de la táctica del Primer Magistrado?

Para concluir

1. Destaque el carácter teatral de esta página y la importancia particular de la escritura.
2. La novela de Carpentier es un montaje de elementos característicos de numerosas dictaduras latinoamericanas pasadas y presentes. ¿Qué visión del poder dictatorial pone de relieve este fragmento?

Practicando se aprende

1. *Récrivez la phrase au passé simple depuis* « *se juntan...* » *jusqu'à* « *... ¡Viva la Libertad!* ».
2. *El Primer Magistrado* **se asesinó** *a sí mismo* **para que** *las masas* **se echaran** *a las calles. Trouvez d'autres verbes et réutilisez les structures en gras dans des phrases se rapportant au texte, (gramm. p. 226).*
3. *Esto es* **lo grande**. *Reprenez et complétez la structure* **lo** + **adjectif** *en construisant ainsi :* **lo... era que...**
4. **Al caer** *la noche, todas las calles son patrulladas por el ejército. Récrivez cette phrase en remplaçant la structure en gras par une autre équivalente, (gramm. p. 230).*
5. *Traduisez depuis* « *Pero ha muerto...* » *jusqu'à* « *...traídos días atrás* ».

Luchando por la democracia

- Comente este cartel y diga de dónde nace su impacto.

Cartel cubano : niños desaparecidos.

Jardín público

Para el comentario

Las alegorías, les allégories. - *descuidar,* laisser à l'abandon. - *los desperdicios, la basura,* les ordures. - *el farol,* le réverbère. - *el letrero,* la pancarte. - *los jardineros,* les jardiniers. - *la podadera,* le sécateur. - *el cortacéspedes,* la tondeuse à gazon. - *el rastrillo,* le rateau. - *cuidar,* entretenir. - *la papelera,* la poubelle. - *la porra,* la massue. - *el globo terráqueo,* le globe terrestre. - *el pedestal,* le piédestal.

Analicemos

1. Diga cómo se construye este dibujo, destaque su carácter narrativo y la progresión señalada por el dibujante argentino.
2. ¿Qué efecto produce la última viñeta? Coméntelo.
3. Tras identificar las diferentes alegorías analice el sentido del dibujo y explique cuál es su alcance.

La muerte del Poeta

Pablo Neruda (1904-1973), ex-senador y Premio Nobel de Literatura en 1971, murió pocos días después del golpe militar que derrumbó al Gobierno de Unión Popular de su amigo Salvador Allende (11 de septiembre de 1973).

Luchando por la democracia

El Poeta agonizó en su casa junto al mar. Estaba enfermo y los acontecimientos de los últimos tiempos agotaron su deseo de seguir viviendo. La tropa le allanó la casa[1], dieron vueltas sus colecciones de caracoles, sus conchas[2], sus mariposas, sus botellas y sus mascarones de proa[3] rescatados[4] de tantos mares, sus libros, sus cuadros, sus versos inconclusos[5], buscando armas subversivas y comunistas escondidos, hasta que su viejo corazón de bardo[6] empezó a trastabillar[7]. Lo llevaron a la capital. Murió cuatro días después y las últimas palabras del hombre que le cantó a la vida, fueron: ¡los van a fusilar! ¡los van a fusilar! Ninguno de sus amigos pudo acercarse a la hora de la muerte, porque estaban fuera de la ley, prófugos[8], exilados o muertos. Su casa azul del cerro[9] estaba medio en ruinas, el piso quemado y los vidrios rotos, no se sabía si era obra de los militares, como decían los vecinos, o de los vecinos, como decían los militares. Allí lo velaron unos pocos que se atrevieron a llegar y periodistas de todas partes del mundo que acudieron a cubrir la noticia de su entierro. El Senador Trueba era su enemigo ideológico, pero lo había tenido muchas veces en su casa y conocía de memoria sus versos. Se presentó al velorio[10] vestido de negro riguroso, con su nieta Alba. Ambos montaron guardia junto al sencillo ataúd[11] de madera y lo acompañaron hasta el cementerio en una mañana desventurada. Alba llevaba en la mano un ramo de los primeros claveles[12] de la temporada, rojos como la sangre. El pequeño cortejo recorrió a pie, lentamente, el camino al camposanto, entre dos filas de soldados que acordonaban[13] las calles.

La gente iba en silencio. De pronto, alguien gritó roncamente el nombre del Poeta y una sola voz de todas las gargantas respondió ¡Presente! ¡Ahora y siempre! Fue como si hubieran abierto una válvula y todo el dolor, el miedo y la rabia[14] de esos días saliera de los pechos y rodara por la calle y subiera en un clamor terrible hasta los negros nubarrones[15] del cielo. Otro gritó ¡Compañero Presidente! Y contestaron todos en un solo lamento, llanto de hombre: ¡Presente! Poco a poco el funeral del Poeta se convirtió en el acto simbólico de enterrar la libertad.

La voz de todos se elevó en un canto y se llenó el aire con las consignas prohibidas, gritando que el pueblo unido jamás será vencido, haciendo frente a las armas que temblaban en las manos de los soldados. Ningún homenaje podría haber sido más grande que ese modesto desfile de unos cuantos hombres y mujeres que lo enterraron en una tumba prestada[16], gritando por última vez sus versos de justicia y libertad. Dos días después apareció en el periódico un aviso de la Junta Militar decretando duelo[17] nacional por el Poeta y autorizando a poner banderas a media asta[18] en las casas particulares que lo desearan. La autorización regía[19] desde el momento de su muerte hasta el día en que apareció el aviso.

Isabel Allende, *La Casa de los espíritus*, 1982.

[1] *mit sa maison à sac.*
[2] *saccagea sa collection d'escargots de mer, de coquillages.*
[3] *figures de proue.*
[4] *rescatar, sauver.*
[5] *inachevés.*
[6] *poeta.*
[7] *chanceler.*
[8] *en fuite.*
[9] *de la colina.*
[10] *à la veillée funèbre.*
[11] *le cercueil.*
[12] *œillets.*
[13] *el cordón, le cordon du service d'ordre.*
[14] *la rage.*
[15] *les lourds nuages noirs.*
[16] *une tombe d'emprunt.*
[17] *le deuil.*
[18] *en berne.*
[19] *regir, être en vigueur.*

Para empezar

1. ¿Qué acontecimientos **agotaron su deseo de seguir viviendo**?
2. **La tropa le allanó la casa** ¿Cómo se explica?
3. ¿Qué llegó a simbolizar el entierro del poeta?

Analicemos

1. *Líneas 1-10 : ¿qué rasgos de la personalidad del poeta se traslucen? ¿Cómo aparecen los sentimientos de la narradora?*
2. *Líneas 10-25 : ¿qué revelan estas líneas del entorno político y de las circunstancias de la muerte de Neruda?*
3. *Líneas 26-41 : caracterice las dimensiones que fue cobrando la ceremonia en aquel contexto político y analice como lo sugiere el estilo de Isabel Allende.*
4. *Líneas 41-45 : comente los métodos empleados por la Junta Militar. ¿Qué ponen de realce las últimas líneas del texto?*

Para concluir

1. *Muestre que en este fragmento* **el funeral del poeta se convirtió en el acto simbólico de enterrar la libertad.**
2. *¿Por qué resulta ejemplar y emocionante este relato?*

Practicando se aprende

1. *A partir de « Dos días después... » récrivez la fin du texte en la transposant dans le futur et en commençant ainsi :* **Dentro de dos días...** *(gramm. p. 227).*
2. **Los van a fusilar,** *placez autrement le pronom personnel.*
3. *Mettez à la forme négative :* **alguien gritó.**
4. *Complétez la phrase suivante dans la logique du texte :* **la Junta Militar le trató a Neruda como si...** *(gramm. p. 230).*
5. *Reprenez les structures en gras dans des phrases se rapportant au texte : su deseo de* **seguir viviendo** *(gramm. p. 230) ;* **le** *cantó* **a la vida** *(gramm. p. 207).*
6. *Traduisez depuis « Fue como si... » jusqu'à «...libertad. »*

Pablo Neruda.

Luchando por la democracia

Fernando Orellana, Santiago, local sindical, «el Surco Campesino», 1984.

Comentemos

- El póster representa al poeta comunista chileno Pablo Neruda (1904-1973, senador y Premio Nobel de Literatura). Comente la fotografía insistiendo en su composición, la mezcla de símbolos y de elementos de la vida cotidiana, el tema elegido y la fecha en que fue sacada.

Sebastião Salgado, Autres Amériques, «Ecuador 1982».

Comentemos

1. ¿Qué representa esta foto y dónde fue sacada?
2. Diga qué ambiente se desprende de la composición y analice los recursos que contribuyen a crearlo.
3. Comente las expresiones y actitudes y muestre qué partido sacó Salgado del juego de la luz y de la penumbra.
4. ¿Qué visión de la Iglesia se da en esta foto? Compárela con la de la canción de Atahualpa Yupanqui.

Preguntitas sobre Dios

Un día yo pregunté:
Abuelo, ¿dónde está Dios?
Mi abuelo se puso triste,
Y nada me respondió.

5 Mi abuelo murió en los campos
Sin rezo ni confesión
Y lo enterraron los indios,
Flauta de caña[1] y tambor.

Al tiempo[2] yo pregunté:
10 Padre, ¿qué sabes de Dios?
Mi padre se puso serio
Y nada me respondió.

Mi padre murió en la mina
Sin doctor ni protección.
15 ¡Color de sangre minera
Tiene el oro del patrón!

Mi hermano vive en los montes
Y no conoce una flor.
Sudor, malaria y serpientes,
20 La vida del leñador.

Y que nadie le pregunte
Si sabe dónde está Dios.

Por su casa no ha pasado
Tan importante señor.

25 Yo canto por los caminos
Y cuando estoy en prisión
Oigo las voces del pueblo
Que canta mejor que yo.

Hay un asunto en la tierra
30 Más importante que Dios.
Y es que nadie escupa[3] sangre
Pa[4] que otro viva mejor.

Que Dios vela por los pobres
Tal vez sí, y tal vez no.
35 Pero es seguro que almuerza
A la mesa del patrón.

Atahualpa Yupanqui.

Discografía:
Le Chant du Monde, LDX 7 4415.

Luchando por la democracia

[1] *de roseau.*
[2] *más tarde.*
[3] *escupir, cracher.*
[4] *para que.*

Para empezar

- *¿Qué denuncia Atahualpa Yupanqui en esta canción?*

Analicemos

1 *¿Cómo se estructura este poema y alrededor de qué tema?*
2 *Destaque y caracterice los medios empleados por el poeta para convencer a su público. ¿Por qué resultan adecuados para una canción?*
3 *Analice los diversos sentimientos del poeta a lo largo del texto y muestre su evolución.*
4 *Según Atahualpa Yupanqui, ¿qué papel desempeña Dios y la Iglesia en Latinoamérica?*

Para concluir

1 *Atahualpa Yupanqui grabó esta canción en 1969. ¿En qué era representativa de la situación social y política de la época en América Latina?*
2 *¿Qué opina usted del uso de la canción como medio de reivindicación?*
3 *Compare este poema con la foto de la página 136.*

Practicando se aprende

1 *Récrivez les deux premières strophes (vers 1 à 8) au présent.*
2 *Mettez les vers 25 à 28 à la 3ᵉ personne.*
3 *Transposez les vers 1-2 et 9-10 au style indirect : **Un día pregunté al abuelo...** (gramm. p. 236).*
4 *Comment pourrait-on construire autrement : **nada** me respondió ; que **nadie** le pregunte? (gramm. p. 207).*
5 *Por su casa no ha pasado **tan** importante señor : réutilisez cet adverbe dans une phrase en rapport avec le poème (gramm. p. 205).*

Charles Harbutt, *Progreso*, «Monumento a la Patria», Mérida.

Comentemos

1 *Fíjese en la fecha y diga lo que representa este relieve.*
2 *Caracterice a los protagonistas de la revolución y diga qué visión se da de ellos.*
3 *¿Qué aportan la piedra y la escultura a la impresión que se quiso sugerir?*

Nos han dado la tierra

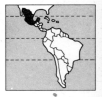
México

Vuelvo hacia todos lados y miro el llano. Tanta y tamaña[1] tierra para nada. Se le resbalan[2] a uno los ojos al no encontrar cosa que los detenga. Sólo unas cuantas lagartijas[3] salen a asomar la cabeza por encima de sus agujeros[4], y luego que[5] sienten la tatema[6] del sol corren a esconderse en la sombrita de una piedra. Pero nosotros, cuando tengamos que trabajar aquí, ¿qué haremos para enfriarnos del sol, eh? Porque a nosotros nos dieron esta costra de tepetate[7] para que la sembráramos[8].

Nos dijeron :
— Del pueblo para acá es de ustedes.
Nosotros preguntamos :
— ¿El Llano?
— Sí, el llano. Todo el Llano Grande.

Nosotros paramos la jeta[9] para decir que el llano no lo queríamos. Que queríamos lo que estaba junto al río. Del río para allá, por las vegas, donde están esos árboles llamados casuarinas y las parameras y la tierra buena. No este duro pellejo[10] de vaca que se llama el Llano.

Pero no nos dejaron decir nuestras cosas. El delegado[11] no venía a conversar con nosotros. Nos puso los papeles en la mano y nos dijo :
— No se vayan a asustar[12] por tener tanto terreno para ustedes solos.
— Es que el llano, señor delegado...
— Son miles y miles de yuntas[13].
— Pero no hay agua. Ni siquiera para hacer un buche[14] hay agua.
— ¿Y el temporal[15]? Nadie les dijo que se les iba a dotar con tierras de riego. En cuanto allí llueva, se levantará el maíz como si lo estiraran.
— Pero, señor delegado, la tierra está deslavada[16], dura. No creemos que el arado[17] se entierre en esa como cantera[18] que es la tierra del Llano. Habría que hacer agujeros con el azadón[19] para sembrar la semilla y ni aun así es posible que nazca nada; ni maíz ni nada nacerá.
— Eso manifiéstenlo[20] por escrito. Y ahora váyanse. Es al latifundio al que tienen que atacar, no al Gobierno que les da la tierra.
— Espérenos usted, señor delegado. Nosotros no hemos dicho nada contra el Centro. Todo es contra el Llano... No se puede contra lo que no se puede. Eso es lo que hemos dicho... Espérenos usted para explicarle. Mire, vamos a comenzar por donde íbamos...
Pero él no quiso oír.

Así nos han dado esta tierra. Y en este comal[21] acalorado quieren que sembremos semillas de algo, para ver si algo retoña[22] y se levanta. Pero nada se levantará de aquí. Ni zopilotes[23].

Juan Rulfo, *El Llano en llamas,* 1953.

[1] tan grande.
[2] resbalar, *glisser.*
[3] *quelques lézards.*
[4] *leur trou.*
[5] en cuanto, *dès que.*
[6] la quemadura.
[7] *cette croûte pierre.*
[8] sembrar, *semer.*
[9] (pop.) abrimos la boca.
[10] cuero.
[11] el delegado del Gobierno encargado de la reforma agraria.
[12] el susto, el miedo.
[13] medida de superficie.
[14] *pas même de quoi se rincer la bouche.*
[15] (tiempo de lluvia persistente).
[16] *délavée.*
[17] *la charrue.*
[18] *cette espèce de carrière.*
[19] *la pioche.*
[20] pónganlo.
[21] *ce plateau à galettes.*
[22] retoñar, crecer.
[23] (ave de rapiña que se nutre de animales muertos).

Para empezar

1 *Tras el éxito de la revolución, el Gobierno Revolucionario emprendió una reforma agraria. ¿A qué fase de ésta se refiere el texto?*
2 *Resuma la página.*

Analicemos

1. *Líneas 1-8* : ¿qué impresión se desprende de la evocación del llano? ¿Por qué evoca el narrador las lagartijas? Vaya apuntando los detalles y metáforas que, a lo largo del texto, subrayan la esterilidad del llano.
2. *Líneas 9-18* : ¿qué tierras esperaban recibir los campesinos y por qué?
3. *Líneas 19-30* : ¿qué opina usted de la actitud del delegado y de los argumentos que aduce?
4. **Nos dijeron** (l. 9), **no nos dejaron** (l. 18), **nos han dado** (l. 43) : ¿qué revela de las relaciones campesinos-gobierno el empleo del indefinido plural?
5. *Línea 37* : **Es al latifundio al que tienen que atacar, no al Gobierno que les da la tierra,** comente usted el alcance de esta advertencia del delegado reflexionando en la difícil situación en que están los campesinos y el Gobierno Revolucionario.
6. *Líneas 38-45* : analice la reacción de los lugareños. ¿Qué opina usted de la acción gubernamental?

Para concluir

- Diga, para concluir, con qué limitaciones tropezó la revolución mejicana. ¿Le parecen éstas propias de México y de la época?

Practicando se aprende

1. Passez du dialogue au récit depuis « Eso manifiéstenlo por escrito... » jusqu'à « ... por donde íbamos » en commençant ainsi : **el delegado contestó que...** (gramm. p. 236).
2. Récrivez la phrase « nos dieron esta costra para que la sembráramos » en complétant l'amorce suivante : **nos han dado esta costra...** (gramm. p. 226).
3. « Se **le** resbalan **a uno** los ojos » : mettez-vous à la place du narrateur et utilisez cet indéfini pour exprimer vos sentiments (gramm. p. 208).
4. Complétez les amorces suivantes : **nada se levantará de aquí cuando...; los campesinos no creen que el Gobierno...** (gramm. p. 229).
5. Formulez les questions susceptibles de recevoir pour réponses : « ni maíz ni nada nacerá »; « nadie les dijo que se les iba a dotar con tierras de riego ».
Changez la place du mot négatif dans la phrase suivante : « nada se levantará de aquí » (gramm. p. 207).
6. Traduisez depuis « Pero, señor delegado... » jusqu'à « ... les da la tierra ».

Leopoldo Méndez, *Las Antorchas.*

- Destaque lo que sugiere dinamismo y violencia en este grabado. ¿Cómo se evidencia la determinación del revolucionario?

Juan-sin-Tierra *(corrido[1])*

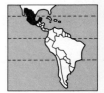
México

Voy a cantar el corrido
de un hombre que fue a la guerra,
que anduvo en la sierra herido
para conquistar la tierra.

5 Yo conocí en la batalla
y entre tanta balacera[2]
que el que es revolucionario
puede morir dondequiera[3].

Dios tiene que perdonarme
10 porque maté en la trinchera[4]
llevando siempre a la espalda
la muerte por compañera.

El general nos decía :
« Peleen con mucho valor,
15 les vamos a dar parcelas[5]
cuando haya repartición ».

Dijo Emiliano Zapata[6] :
« Quiero Tierra y Libertad. »
y el Gobierno[7] se reía
20 cuando lo iban a enterrar.

Si me vienen a buscar
para otra Revolución
les digo estoy ocupado
sembrando para el patrón.

25 Vuela, vuela palomita,
párate en aquella higuera[8].
Aquí se acaba el corrido
del mentado[9] Juan-sin-Tierra.

Anónimo.

Discografía

Chants de la révolution mexicaine
(« Le Chant du Monde », disque LDX-S. 4309).

[1] romance mejicano.
[2] la bala, *la balle (du fusil)*.
[3] en cualquier sitio.
[4] *la tranchée*.
[5] parcelas de tierra.
[6] jefe revolucionario (1877-1919).
[7] bajo la presidencia moderada de Carranza.
[8] *ce figuier*.
[9] famoso.

José Guadalupe Posada,
« *Calavera* » de Emiliano Zapata.

Para empezar

1 *Con ayuda del texto y de la cronología de la página 126 sitúe históricamente este corrido.*
2 *¿Por qué se fue Juan-sin-Tierra a la guerra? ¿Consiguió lo que quería?*

Analicemos

1 *¿Cómo se organiza este corrido (fíjese en los empleos de la primera persona) y cuál es su tonalidad?*
2 *¿Qué aspectos de la revolución se presentan en las cuatro primeras estrofas?*
3 *Analice la fuerza expresiva y el alcance de la estrofa quinta.*
4 *¿Qué sentimientos expresa la estrofa sexta y qué lección encierra? Subraye lo simbólico del nombre del protagonista.*
5 *¿Qué papel desempeña la última estrofa?*

Para concluir

• *Destaque los elementos populares y tradicionales de este corrido y busque refranes que podrían servirle de conclusión.*

Practicando se aprende

1 *Mettez la strophe 4 au style indirect : **el general nos decía que...** (gramm. p. 236).*
2 *Transformez la strophe 6 en commençant ainsi : **si me vinieran a buscar...** (gramm. p. 230).*
3 *Complétez cette amorce : **les diré que estoy ocupado cuando...** (gramm. p. 229).*

Hemos creado una clase media

— Pueden criticarnos mucho, Cienfuegos, y creer que el puñado de millonarios mexicanos — por lo menos la vieja guardia, que por entonces se formó — nos hemos hecho ricos con el sudor del pueblo. Pero cuando recuerda uno a México en aquellas épocas, se ven las cosas de manera distinta. Gavillas de bandoleros[1] que no podían renunciar a la bola[2]. Paralización de la vida económica del país. Generales con ejércitos privados. Desprestigio de México en el extranjero. Falta de confianza en la industria. Inseguridad en el campo. Ausencia de instituciones. Y a nosotros nos tocaba, al mismo tiempo, defender los postulados de la Revolución y hacerlos trabajar en beneficio del progreso y el orden del país. No es tarea sencilla conciliar las dos cosas. Lo que sí es muy fácil es proclamar ideales revolucionarios : reparto de tierras, protección a los obreros, lo que usted guste. Ahí nos tocó entrarle al torito[3] y darnos cuenta de la única verdad política, el compromiso. Aquello fue el momento de crisis de la Revolución. El momento de decidirse a construir, incluso manchándonos las conciencias. De sacrificar algunos ideales para que algo tangible se lograra.

De pie junto a la ventana, Robles señaló la extensión anárquica de la ciudad de México. Cienfuegos prolongaba sus columnas de humo, silencioso.

— Mire para afuera. Ahí quedan todavía millones de analfabetos, de indios descalzos, de harapientos[4] muertos de hambre, de ejidatarios[5] con una miserable parcela de tierras de temporal[6], sin maquinaria, sin refacciones[7], de desocupados que huyen a los Estados Unidos. Pero también hay millones que pudieron ir a las escuelas que nosotros, la Revolución, les construimos, millones para quienes se acabó la tienda de raya[8] y se abrió la industria urbana, millones que en 1910 hubieran sido peones[9] y ahora son obreros calificados, que hubieran sido criadas y ahora son mecanógrafas con buenos sueldos, millones que en treinta años han pasado del pueblo a la clase media, que tienen coches y usan pasta de dientes y pasan cinco días al año en Tecolutla o Acapulco[10]. A esos millones nuestras industrias les han dado trabajo, nuestro comercio los ha arraigado. Hemos creado, por primera vez en la historia de México, una clase media estable, con pequeños intereses económicos y personales, que son la mejor garantía contra las revueltas y el bochinche[11]. Gentes que no quieren perder la chamba[12], el cochecito, el ajuar en abonos[13], por nada del mundo. Esas gentes son la única obra concreta de la Revolución, y ésa fue nuestra obra, Cienfuegos. Sentamos las bases del capitalismo mexicano. Las sentó Calles[14]. Él acabó con los generales, construyó las carreteras y las presas[15], organizó las finanzas. ¿Que en cada carretera nos llevamos un pico?[16] ¿Que los comisarios ejidales se clavaron[17] la mitad de lo destinado a refacciones[18]? ¿Y qué? ¿Hubiera usted preferido que para evitar esos males no se hubiera hecho nada? ¿Hubiera usted preferido el ideal de una honradez angelical? Las revoluciones las hacen hombres de carne y hueso, no santos, y todas terminan por crear una nueva casta privilegiada. Yo le aseguro que si no hubiera sabido aprovechar las circunstancias y todavía estuviera labrando la tierra en Michoacán, igual que mi padre, no me quejaría. Pero el hecho es que aquí estoy, y le soy más útil a México como hombre de empresa que como campesino.

Carlos Fuentes, *La región más transparente*, 1958.

---

[1] *des bandes de brigands.*
[2] (arma campesina), *ici, renoncer au pillage.*
[3] *prendre le taureau par les cornes.*
[4] *loqueteux.*
[5] *el ejido, la terre communautaire.*
[6] *el temporal, l'orage. Las tierras de temporal, les terres arrosées naturellement.*
[7] *ici, sans aide financière.*
[8] *la pulpería, la tienda del terrateniente.*
[9] *des manœuvres.*
[10] *playas famosas.*
[11] *les rébellions et l'agitation.*
[12] (am.), *le boulot.*
[13] *le mobilier à crédit.*
[14] *Presidente de la República (1924-1928).*
[15] *les barrages.*
[16] *nous avons détourné beaucoup d'argent ?*
[17] (fam.), *ont empoché.*
[18] *des primes (pour les paysans).*

Para empezar

1 ¿A qué momento de la historia mejicana se refieren Cienfuegos y Robles? ¿A qué clase social pertenecen?
2 **¿Hubiera usted preferido que para evitar esos males no se hubiera hecho nada?** A partir de esta interrogación ponga de realce, brevemente, el interés del texto.

Analicemos

1 Líneas 1-4 : ¿por qué dice Cienfuegos que le pueden criticar mucho?
2 Líneas 4-18 : analice el cuadro que hace el narrador del Méjico postrevolucionario.
3 Explique y comente : **el compromiso, única verdad política** a la luz del párrafo.
4 Líneas 19-43 : comente el balance de la Revolución hecho por el protagonista. Trate usted de destacar la complejidad de los sentimientos expresados.
5 Líneas 43-53 : ¿qué filosofía saca Cienfuegos de su experiencia revolucionaria?

Para concluir

• Carlos Fuentes, partidario del desarrollo de Méjico sin intervención extranjera, se hace el portavoz de la «burguesía nacional». ¿Cómo asoma eso en el texto?

Practicando se aprende

1 Récrivez les phrases depuis « Paralización de la vida económica... » jusqu'à « ... Ausencia de instituciones », soit en rétablissant (à l'imparfait) le verbe qui manque, soit en transformant le substantif en verbe.
2 Complétez dans la logique du texte **el pueblo hubiera preferido que...**
3 Traduisez depuis « Y a nosotros nos tocaba... » jusqu'à « ... algo tangible se lograra ».

México

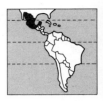

PRÁCTICAS

Charles Harbutt, Progreso, «La parada del mercado, Mérida», 1982.

LA PHOTOGRAPHIE

La photographie est un art dans lequel l'œil du photographe joue un rôle essentiel. C'est lui qui, par le cadrage **(el encuadre)**, choisit le motif, isole les éléments, compose la photo, lui donne un sens et crée l'émotion. C'est ce que l'analyse doit révéler.

L'étude d'une photographie peut être facilitée par la mise en évidence de certains paramètres techniques qui en ont permis la réalisation :

- un objectif **(un objetivo)** normal reproduit la vision de l'œil humain. Le téléobjectif **(el teleobjetivo)** permet de saisir un sujet éloigné. Un grand angle **(un gran angular)** offre un champ de vision supérieur à celui de l'œil.
- L'angle de prise de vue **(la angulación)**. En plongée **(en picado)**, le sujet est vu d'en haut. En contre-plongée **(en contrapicado)**, il est vu d'en bas.
- La profondeur de champ **(la profundidad de campo)** permet d'obtenir tout à la fois un premier plan et un arrière-fond nets **(un primer término y un trasfondo enfocados)**. La mise au point **(el enfoque)** permet de choisir ou d'éviter un motif flou **(desenfocado)**.
- En fonction de la lumière la photo présentera des clairs-obscurs **(claroscuros)**, des éléments à contre-jour **(a contraluz)** que le flash **(el flash)** permet de mettre en valeur.
- Alors que la photo noir et blanc **(en blanco y negro)** joue sur le contraste **(el contraste)**, la photo en couleurs **(en color, a todo color)** utilise le chromatisme.

Sebastião Salgado, *México 1980.*

Para el comentario

Una pita, un agave. - *las espinas,* les épines. - *la tierra labrada,* la terre labourée. - *los terrones,* les mottes de terre. - *los nubarrones,* les nuages noirs. - *mirar de reojo,* regarder du coin de l'œil.

Para empezar

1 *Señale los elementos que componen esta fotografía y diga dónde fue sacada.*
2 *¿Qué impresiones y sentimientos le sugiere?*

Analicemos

1. Indique el objetivo y la angulación elegidos por el fotógrafo. Comente el efecto producido.
2. Estudie la calidad y el papel de la luz. ¿Qué ambiente contribuye a crear?
3. Analice los elementos elegidos por el ojo del fotógrafo, la actitud de los personajes y la composición del conjunto.

Para concluir

- Sebastião Salgado tituló su libro de fotografías «Otras Américas». ¿Qué visión crea en «*México 1980*»?

México : vista aérea

Desde el avión
　　　　　　¿qué observas?
Sólo costras[1]　　　　　　　　　　　　　　　[1] *des croûtes.*
　　　　　　pesadas cicatrices
5　de un desastre.
　　　　　　Sólo montañas de aridez[2],　　　[2] de árido : estéril.
arrugas
　　　　　　de una tierra antiquísima,
volcanes.

10　　　　　　Muerta hoguera[3],　　　　　　[3] *brasier.*
tu tierra es de ceniza[4].　　　　　　　　　　[4] *cendre.*
Monumentos que el tiempo
erigió[5] al mundo.　　　　　　　　　　　　[5] erigir, levantar.
　　　　　　Mausoleos,
15　sepulcros[6] naturales.　　　　　　　　　[6] tumbas.

　　　　　　Cordilleras y sierras nos separan.
Somos una isla de aridez
　　　　　　　　y el polvo
reina copiosamente[7] entre su estrago[8].　　[7] abundantemente.
　　　　　　　　　　　　　　　　　　　　　　[8] aquí, su ruina.
20　Sin embargo, la tierra permanece
y todo lo demás
　　　　　　pasa,
se extingue[9].　　　　　　　　　　　　　　[9] extinguirse, apagarse, terminar.

Se vuelve arena para el gran desierto.

José Emilio Pacheco,
Islas a la deriva, 1973-1975.

Para empezar

1　¿Dónde se sitúa el poeta y qué mira?
2　¿Qué impresión se desprende de su visión?

Analicemos

1　¿Qué características de México evidencian los versos 1-9? ¿Cómo las recalcan sintaxis, metáforas y versificación?
2　¿Qué nueva dimensión añaden los versos 10-19? ¿Qué nota usted en la versificación?
3　¿Qué aporta la introducción de la primera persona del plural en el verso 16?
4　Versos 20-24 : ayudándose de la versificación, precise el significado del final del poema.

Para concluir

• ¿Qué aspecto de México se privilegia aquí?

Vista aérea de la carretera Panamericana entre Cuernavaca y Oaxaca.

Mi vida con la ola[1]

Cuando dejé aquel mar, una ola se adelantó entre todas. Era esbelta[2] y ligera. A pesar de los gritos de las otras, que la detenían por el vestido flotante, se colgó de mi brazo y se fue conmigo, saltando. No quise decirle nada, porque me daba pena avergonzarla[3] ante sus compañeras. Además, las miradas coléricas de las mayores me paralizaron. Cuando llegamos al pueblo, le expliqué que no podía ser, que la vida en la ciudad no era lo que ella pensaba en su ingenuidad de ola que nunca ha salido del mar. Me miró seria : « No, su decisión estaba tomada. No podía volver. » Intenté dulzura, dureza, ironía. Ella lloró, gritó, acarició, amenazó. Tuve que pedirle perdón.

Al día siguiente empezaron mis penas. ¿Cómo subir al tren sin que nos vieran el conductor, los pasajeros, la policía ? Es cierto que los reglamentos no dicen nada respecto al transporte de olas en los ferrocarriles, pero esa misma reserva era un indicio de la severidad con que se juzgaría nuestro acto. Tras mucho cavilar[4], me presenté a la Estación una hora antes de la salida, ocupé mi asiento y, cuando nadie me veía, vacié el depósito[5] de agua para los pasajeros. Luego vertí cuidadosamente a mi amiga.

[1] *la vague.*

[2] *svelte.*

[3] avergonzar, *faire honte.*

[4] reflexionar.

[5] *le réservoir.*

El primer incidente surgió cuando los niños de un matrimonio vecino declararon su ruidosa sed. Les salí al paso[6] y les prometí refresco y limonadas. Estaban a punto de aceptar cuando se acercó otra sedienta. Quise invitarla también, pero la mirada de su acompañante me detuvo. La señora tomó un vasito de papel, se acercó al depósito y abrió la llave[7]. Apenas estaba a medio llenar el vaso cuando me interpuse de un salto entre ella y mi amiga. La señora me miró con asombro. Mientras pedía disculpas[8], uno de los niños volvió a abrir el depósito. Lo cerré con violencia. La señora se llevó el vaso a los labios :

— Ay, el agua está salada.

El niño le hizo eco. Varios pasajeros se levantaron. El marido llamó al Conductor :

— Este individuo echó sal al agua.

El Conductor llamó al Inspector :

— ¿Conque[9] usted echó substancias en el agua?

El Inspector llamó al policía en turno[10] :

— ¿Conque usted echó veneno al agua?

El policía en turno llamó al Capitán :

— ¿Conque usted es el envenenador?

El Capitán llamó a tres agentes. Los agentes me llevaron a un vagón solitario, entre las miradas y los cuchicheos[11] de los pasajeros. En la primera estación me bajaron y a empujones me arrastraron[12] a la cárcel.

Octavio Paz, *Arenas movedizas*, 1951.

[6] *je m'interposai.*
[7] *le robinet.*
[8] *des excuses.*
[9] *Ainsi donc.*
[10] *de service.*
[11] *les murmures.*
[12] *ils me traînèrent de force.*

Para empezar
1 *Resuma la historia respetando el orden del texto.*
2 *Caracterice la tonalidad del fragmento.*

Analicemos
1 *Líneas 1-4 : muestre cómo se mezclan lo cotidiano y lo mágico.*
2 *Líneas 4-11 : analice los sentimientos del narrador y las relaciones que se crean entre él y la ola. ¿Con qué recursos se logra la personificación?*
3 *Líneas 12-19 : ¿qué efecto produce este párrafo? Comente las cavilaciones del narrador y su comportamiento.*
4 *Líneas 20-24 : ¿cómo reacciona el narrador al primer incidente? ¿Por qué no pudo invitar a la mujer?*
5 *Líneas 24-32 : ponga de manifiesto la teatralidad, la tensión dramática y lo gracioso de esta parte.*
6 *Líneas 33-42 : comente las repeticiones insistiendo en su progresión. Caracterice usted el final.*

Para concluir
- *Resumiendo las principales características del relato, diga en qué reside el arte de Octavio Paz en esta página.*

Practicando se aprende
1 *Mettez le 3ᵉ paragraphe au présent.*
2 **No quise decirle nada. Nunca ha salido del mar. Nadie me veía.** *Construisez autrement ces tournures négatives (gramm. p. 235).*
3 **Cuando llegamos al pueblo, le expliqué que no podía ser.** *Dans cette phrase l'auteur évoque des faits pasados, comment évoquerait-il ces mêmes actions au futur? (gramm. p. 229).*
4 *Traduisez le 1ᵉʳ paragraphe.*

El fuego de cada día

Como el aire
            hace y deshace
sobre las páginas de la geología,
sobre las mesas planetarias[1],
5 sus invisibles edificios :
              el hombre.
Su lenguaje es un grano apenas,
pero quemante[2],
          en la palma del espacio.

10 Sílabas son incandescencias.
También son plantas :
             sus raíces
fracturan el silencio,
            sus ramas
15 construyen casas de sonidos.
            Sílabas :
se enlazan[3] y se desenlazan,
          juegan
a las semejanzas y las desemejanzas.
20 Sílabas :
         maduran en las frentes,
florecen en las bocas.
          Sus raíces
beben noche, comen luz.
25   Lenguajes :
árboles incandescentes
de follajes de lluvias.

          Vegetaciones de relámpagos[4],
          geometrías de ecos :
30 sobre la hoja de papel
el poema se hace
         como el día
sobre la palma del espacio.

Octavio Paz, *Vuelta*, 1976.

[1] el planeta, *la planète*.
[2] quemar, *brûler*.
[3] enlazar, *unir*.
[4] *éclairs*.

México

Para empezar
1 ¿Cuál es el tema de este poema?
2 Señale las diferentes metáforas que aparecen a lo largo de esta poesía.

Analicemos
1 Analice el valor simbólico del título. ¿Qué oración recuerda?
2 Versos 1-9 : aclare el sentido de la comparación inicial y diga qué aporta la disposición de los versos.
3 Versos 10-27 : estudie cómo se desarrollan y mezclan las metáforas introducidas en los versos 7-8. Relaciónelas con el elemento citado en el primer verso.
4 Versos 28-33 : éstos vienen a ser una síntesis del poema. Muéstrelo fijándose en las sugerencias de las palabras, el ritmo, las repeticiones, los encabalgamientos.

Para concluir
1 ¿Qué reflexiones le inspira la organización general del poema? Relaciónela con la comparación de los versos 1-2.
2 ¿Qué visión ofrece Octavio Paz del lenguaje poético?

Viva la revolución *(corrido mexicano)*

Hasta México ha llegado
la noticia muy alegre
de que Cuba es diferente :
Ya no hay nada que la estorbe
5 ni tiranos engreídos[1]
que acababan con la gente,
y como somos hermanos,
la alegría compartimos
con toditos los cubanos.
10 ¡Viva la Revolución
viva la Reforma agraria
viva Fidel Castro Ruz!

En un tiempo se vivía
oprimido y sufriendo
15 sin poder decir verdades;
hasta el noble campesino
que sufría su pobreza
lleno de necesidades;
pero ahora todo es nuevo
20 en los campos y ciudades
todos gritan muy contentos :
Viva la revolución...

Viva Maceo[2] y Martí[3]
Viva Camilo[4] en la Historia
25 y Cuba llena de gloria
con su ejército mambí[5].

Perseguido por aviones
de un ejército engreído
subió Castro a la montaña,
30 y cerquita ya del cielo
junto con sus compañeros
pidió a Dios que le ayudara.
Ayudado por el pueblo
y con armas en la mano
35 dejó a Cuba libertada.
Viva la Revolución...

Dicen los americanos
que ni caro ni barato
nos venden sus aeroplanos;
40 pero es muy bien sabido
para defender al pueblo
aviones necesitamos.
Ya está bueno compañeros
como dice Raúl Castro[6] :
45 Hay que sacudir la mata[7]
juntaremos el dinero
trataremos de comprarlos
y si nadie nos los vende
nosotros los fabricamos.
50 Viva Maceo y Martí
Viva Camilo en la Historia
Y Cuba llena de gloria
con su ejército mambí.
1959

[1] *vaniteux.*
[2] revolucionario cubano (1848-1895) muy popular entre los negros.
[3] político y escritor cubano (1853-1895).
[4] Camilo Cienfuegos (1932-1959), compañero de Fidel Castro y Che Guevara.
[5] revolucionario.
[6] hermano de Fidel.
[7] *il faut que ça bouge.*

Para empezar

- En 1959, Fidel Castro (1927-) acabó con la dictadura de Fulgencio Batista (1933-1959), instaurando en La Habana un régimen revolucionario.
1 Aclare por qué pudo alegrar a los mejicanos la noticia de la revolución cubana.
2 ¿Qué aspiraciones ponen de relieve los estribillos?

Analicemos

1 Escuche la grabación : ¿qué comentarios le inspira a usted?
2 Versos 1-22 : ¿qué ideal cantan las dos primeras estrofas?
3 Versos 27-53 : ¿cómo se caracteriza a la revolución cubana?

Para concluir

- Destaque los rasgos populares y tradicionales de este corrido.

Practicando se aprende

1 Comment pourrait-on dire autrement : **Hay que** sacudir la mata? (gramm. p. 232).
2 Mettez au présent : **Pidió a Dios que le ayudara.**
3 **No hay nada** que estorbe. **Nadie** nos los vende. Posez les questions correspondant à ces réponses.
4 **Juntaremos el dinero. Trataremos de comprarlos.** Transformez la première phrase en subordonnée temporelle de la seconde en commençant par **cuando...** ou **en cuanto...**

Centroamérica y Cuba

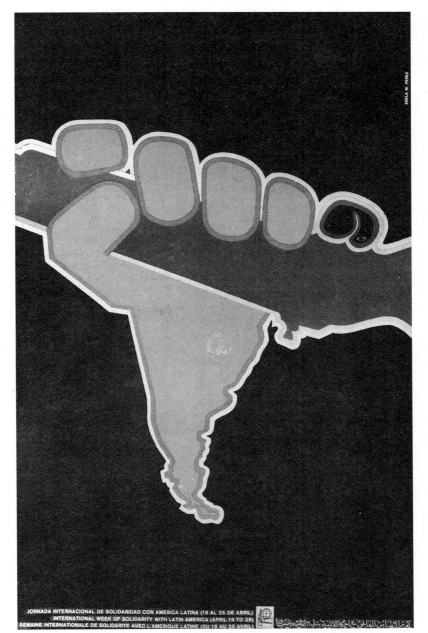

Cartel cubano (50 × 33 cm), 1970. Solidaridad con América latina.

- *Analice el alcance didáctico y político de este cartel. Destaque los procedimientos empleados.*

Brigadistas[1]

Después de la revolución cubana de 1959, se procedió en 1961 a una gran campaña de alfabetización para educar a más de un millón de analfabetos, casi todos campesinos.

Al atardecer, los brigadistas hormiguean[2] por el parque con las mochilas[3] cargadas a la espalda y los sombreros echados atrás. Algunos han entrado apenas en la adolescencia y el bozo[4] no mancha aún sus mejillas infantiles. Deben de haber cumplido escasamente[5] quince años y hablan como si fueran adultos. A mi lado un mulatico[6] se anuda en torno al cuello la bandera de « Territorio Libre de Analfabetismo ». Es inquieto y gracioso[7] y me sonríe mientras se acomoda en el cintillo de la acera[8].

— ¿Cómo te llamas? — le digo.
— Braulio Péres Hernándes.
— ¿Cuántos años tienes?
— Trese.
— ¿De dónde eres?
— De Puerto Padre.
— ¿Es la primera vez que vas a La Habana?
— No señó. El año pasao fui con mi eccuela al hotel Habana Libre.
— ¿Te gustó?
— Arriba de to hay un bar muy lindo... Mi hermanito y yo ettábamos siempre en loj asensore.
— ¿Dónde alfabetizabas ahora?
— En Niquero.
— ¿A cuántos enseñaste?
— A uno. Bueno, al principio alfabetisaba a do, pero el viejo se puso enfermo de lo sojo[9] y no podía leé.
— ¿Vivías con ellos?
— Sí, señó.
— ¿Dónde?
— En el bojío[10]. Macotejaron[11] una cama en la cosina.
— ¿En qué trabajan?
— Tien tre vaca y un güertico[12]... Antoliano menseñó a ordeñá[13].
— ¿Antoliano?
— El hombre de la casa... Su mujé se yama Nilda.
— ¿Lo alfabetizaste bien?
— Sí, señó — Braulio se expresa sin timidez ninguna —. La semana pasá eccribió la carta a Fidel y el maettro le regaló un libro.
— ¿Hay brigadistas más jóvenes que tú?
— Sí, señó — dice —. Erammito aún e ma chico. Mi padre no le quería dejá y él dijo : « Si no voy me cuelgo del caimito[14] y me tenéi quenterrá con lagüela[15]. »
— ¿Quién es Erasmito?
— Mi hermano.
— ¿Está aquí?
— No. Él fue con mi hermana mayó pa Guantánamo.

Los compañeros de Braulio vienen a buscarle y me despido de él.

Juan Goytisolo, *Pueblo en marcha,* 1962.

---

[1] los brigadistas, los alfabetizadores.
[2] hormiguear, *fourmiller.*
[3] *les sacs à dos.*
[4] *le duvet.*
[5] *à peine.*
[6] dim. de mulato, *mulâtre.*
[7] *agité et drôle.*
[8] *le bord du trottoir.*
[9] los ojos.
[10] el bohío, *la hutte.*
[11] me acotejaron, me instalaron.
[12] un huertico.
[13] ordeñar, *traire.*
[14] árbol americano.
[15] me tenéis que enterrar con la abuela.

Centroamérica y Cuba

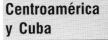

Para empezar
1. ¿Quién es el protagonista? ¿Qué particularidad tienen las réplicas del chico?
2. Escriba en castellano correcto las réplicas de Braulio.

Analicemos
1. Entre los muchos brigadistas encontrados ¿cómo se explica el interés del autor por Braulio?
2. ¿Qué nos enseña el diálogo sobre la vida del mulatico y de los campesinos cubanos de los años sesenta?
3. ¿Qué importancia le confiere Erasmito a su propia misión?

Para concluir
- Ponga de realce la visión que quiso dar Goytisolo de los años posrevolucionarios.

Practicando se aprende
- Reprenez les réponses de l'enfant en rétablissant les verbes à l'imparfait (jusqu'à «... un bar muy lindo») et en commençant ainsi : **Braulio le contestó que...** (gramm. p. 236).

Cartel de una película cubana.

- Describa este cartel y diga qué simbolismo encierra.
- ¿Qué revela el que se haya hecho una película sobre este tema?

Prácticas

Instrucciones para ingresar[1] en una nueva sociedad

Lo primero : optimista.
Lo segundo : atildado[2], comedido[3] obediente.
(Haber pasado todas las pruebas[4] deportivas.)
Y finalmente andar
5 como lo hace cada miembro :
un paso al frente, y
dos o tres atrás :
pero siempre aplaudiendo[5].

Heberto Padilla[6], *Final de juego*, 1968.

[1] *entrer, être admis.*
[2] *soigné.*
[3] *mesuré.*
[4] *les épreuves.*
[5] *aplaudir, applaudir.*
[6] poeta cubano, vive en el exilio desde 1980.

B. Chenez, *Le Monde de l'Éducation*, 1985.

• *Identifique a los personajes y aclare los símbolos.*

Un tribunal popular

El siguiente juicio era de una muchacha rubia, gordita, tosca[1], acusada de haber ocupado una pieza vacía en un edificio sin tener derecho a ella.
— ¿Sabía usted que estaba haciendo un acto ilegal al ocupar
5 esa pieza sin tener ninguna autorización para ello?
— Sabía que era ilegal.
— ¿Y nos puede decir por qué lo hizo?
— Porque no tenía casa.
— ¿Cómo? ¿No tenía usted casa? ¿Y dónde vivía antes?
10 — Vivía en la calle, no tenía casa.
— Dice usted que vivía ¡en la calle...! Explíquenos mejor. Por ejemplo : ¿dónde dormía usted?
— Donde me cogía la noche[2].
— Eso no nos explica mucho. Queremos saber concretamente
15 qué lugares eran ésos donde usted dormía cuando la cogía la noche. La noche antes de que usted ocupara ilegalmente esa pieza ¿dónde había dormido?

[1] *rustre.*
[2] *là où la nuit me surprenait.*

— Dormí dentro de un coche que estaba estacionado en la calle. Ya le dije que dormía donde me cogía la noche.

Siguen más preguntas. ¿Trabaja? No, ella no trabaja ahora; su marido trabaja. ¿Tiene marido? Sí, pero él vive aparte, ella cree que él ya no la quiere. Ellos vinieron hace poco a La Habana. Son de Las Villas. Ella vivía con su familia, en el campo. Etcétera... etcétera...

El jurado[3] sale a deliberar. Yo pienso : a ésta no la felicitarán como a los otros; no deseo que la condenen, pero si yo fuera jurado tendría que condenarla.

Regresan. Todos de pie. Leen la sentencia. Absolutoria[4]. El jurado no encuentra delito en el hecho de que ella hubiera entrado a una pieza que no era suya, porque consta que la habitación no estaba sellada[5]. « La reo[6] no rompió ningún sello al introducirse a esa habitación y por consiguiente no violó ninguna ley, aunque obviamente[7] está obligada a desocupar ahora que la autoridad correspondiente la ha conminado[8] a hacerlo. » El jurado, sin embargo, aunque absuelve a la reo, desea hacerle la siguiente exhortación : que regrese a la casa de sus padres en el campo de Las Villas, la cual sería una casa modesta y posiblemente de techo de guano[9], pero era casa al fin, y allí vivían felices, y también allí tenía asegurado su trabajo, el trabajo productivo del campo que es el que actualmente más se necesita en Cuba, en vez de estar innecesariamente aquí en La Habana contribuyendo a agravar aún más el problema de la vivienda que es de por sí muy agudo...

Ernesto Cardenal, *En Cuba*, 1972.

[3] *le jury.*
[4] absolver, *acquitter.*
[5] *scellée.*
[6] *l'accusée.*
[7] evidentemente.
[8] obligado.
[9] (Cuba), *feuilles de palmier.*

Centroamérica y Cuba

Para empezar

1 *Sin comentarlo, resuma usted el texto en unas diez líneas, respetando el orden del relato.*
2 *¿Sabía usted que estaba haciendo un acto ilegal? Leen la sentencia. Absolutoria. A partir de estas frases ponga de realce, brevemente, el interés del texto.*

Analicemos

1 *Líneas 1-24 : ¿de qué se acusa a la mujer? ¿Qué nos enseñan sus respuestas sobre su modo de vida? Analice el tono del interrogatorio y el estilo de la narración en las últimas líneas del párrafo.*
2 *Líneas 25-27 : ¿qué paradoja encierra la reflexión del autor? ¿Qué luz aporta a la sentencia que dictará el jurado?*
3 *Líneas 28-42 : ¿qué efecto produce la proclamación del dictamen? ¿Qué opina usted de ella?*
4 *Comente el consejo dado a la mujer por el jurado.*

Para concluir

1 *¿Qué visión se nos da de Cuba y de su régimen en esta página? Relaciónela con el poema de Armando Valladares de la página de al lado.*
2 *Entresaque del texto un elemento que le haya gustado y explique por qué.*

Practicando se aprende

1 *¿Tiene usted marido? Sí, pero él vive aparte, ella cree que él ya no la quiere. Récrivez ces deux phrases sous la forme d'un dialogue en utilisant un imparfait de l'indicatif dans l'interrogation.*
2 *Ella había entrado a una pieza que no era suya. Mettez cette phrase à la 2ᵉ pers. du singulier.*
3 *Si yo fuera jurado, tendría que condenarla. Donnez une structure équivalente à celle soulignée en gras (gramm. p. 228).*
4 *El jurado desea hacerle la siguiente exhortación : que regrese a la casa de sus padres. En vous inspirant du contexte et en utilisant d'autres verbes, imitez les structures en gras.*
5 *Traduisez depuis « El jurado, sin embargo... » jusqu'à la fin du texte.*

¡Oh, Atila[1]!, ¡Publicitario impar[2]...!

José Antonio adoptando un tono de trágico español : «¡Oh, Atila! ¡Publicitario impar que inventaste el primer gran *slogan* de la Historia, con aquello de que *donde pasaba tu caballo no volvía a crecer la yerba*[3]! ¡Cuántas buenas ideas nos hubieses dado para el lanzamiento de un detergente o de un insecticida! ¡Hombre genial que mandabas a tus hunos más tasajeados, apestosos[4] y carifeos[5], de embajadores[6] tuyos, recomendándoles que en público devoraran piltrafas[7] de carne cruda, para que se creyese que eras un Bárbaro Exterminador, cuando tú, en realidad, bien conocedor de la sofística[8] griega por tu esmerada[9] educación, habías descubierto, antes que nadie, las artes de encubrimiento[10], ilusionismo y engaño, de eso que llamamos, en buen lenguaje del oficio : *Relaciones Públicas*! ¡Atila, Doctor Honoris Causa of Public Relations, deposito[11] en nombre de todos los publicitarios del mundo un ramo de siemprevivas — o mejor : de alfalfa[12] — en el ubérrimo pesebre[13] de tu caballo, más productivo que Bucéfalo, Babieca y Rocinante[14]! ¡Tenías madera de[15] Director-Ejecutivo de la Procter & Gamble, de la Mc Cann-Eriksonn, de la Walter Thompson, agencias del norte, paradigmas[16], ejemplos, ideal, en una clase de negocio en que sólo se venden palabras, palabras, palabras, y, como hacían los malditos boticarios[17] de Quevedo[18], cobramos[19] hasta el papel en que damos el ungüento[20], para parir[21], al cabo de noches de insomnio, de lucubración[22], de angustia creadora, el *slogan* que se cita como logro[23] supremo del pensamiento publicitario en todos los Manuales que tratan de la materia : *"A cien kilómetros por hora lo que más suena en la nueva Rolls-Royce es su reloj eléctrico"»*. — «Me parece demasiado largo» — observé. José Antonio se echó a reír : «Tienes razón. Un buen *slogan* tiene que ser más breve, más percutiente. Yo daría más bien como ejemplo, el *slogan* publicado por todas las revistas norteamericanas en la década de los 30, junto a una linda foto de foxterrier, cuando había seis millones de desempleados[24] en los Estados Unidos : *"Perro mal alimentado, no es perro cariñoso"*.»

Alejo Carpentier, *La consagración de la primavera*, 1978.

[1] *roi des Huns (434-453). A l'origine des Grandes Invasions.*
[2] *sin par, sans pareil.*
[3] *la hierba, l'herbe.*
[4] *boucanés, puants.*
[5] *feos de cara.*
[6] *ambassadeurs.*
[7] *des lambeaux.*
[8] arte del sofisma (razonamiento falso con apariencia de verdad).
[9] *cuidada, soignée.*
[10] *la dissimulation.*
[11] *depositar, déposer.*
[12] *un rameau d'immortelles - mieux : de luzerne.*
[13] *l'abondantissime mangeoire.*
[14] *caballos de Alejandro el Magno, el Cid y don Quijote.*
[15] *tener madera de, avoir l'étoffe de.*
[16] *modelos.*
[17] *farmacéuticos.*
[18] *escritor satírico español (1580-1645).*
[19] *nous faisons payer.*
[20] *la pommade.*
[21] *accoucher du slogan.*
[22] *d'élucubrations.*
[23] *la réussite.*
[24] *de chômeurs.*

Para empezar

1 ¿Sobre qué tema versa esta conversación entre los personajes?
2 ***Una clase de negocio en que sólo se venden palabras, palabras, palabras.*** *¿En qué refleja esta frase el interés del texto?*

Analicemos

1 *Líneas 1-13 :* ¿qué significado tiene la relación entre Atila y la publicidad? Según José Antonio ¿por qué era el rey de los hunos **un publicitario impar**? Caracterice el tono empleado.
2 ***Habías descubierto las artes de encubrimiento, ilusionismo y engaño de eso que llamamos Relaciones Públicas.*** *Comente esta frase.*
3 *Líneas 13-26 :* ponga de relieve los procedimientos utilizados. ¿A qué fin apuntan? ¿Qué dimensiones cobra aquí el **parlamento** (la tirade)?
4 *Líneas 27-33 :* ¿en qué consiste el juego final y qué efectos surte?
5 ***Perro mal alimentado no es perro cariñoso.*** *¿Qué sentimientos les inspira a los personajes este eslogan dentro de su contexto histórico?*

Para concluir

1 *Caracterice la imagen de la publicidad que presenta Carpentier en este texto.*
2 *¿Comparte usted esta opinión? Justifíquese.*

La pulpería[1]

Centroamérica y Cuba

Rigoberta Menchú vive en Guatemala y cuenta su propia vida a una etnóloga, Elisabeth Burgos. En este texto evoca la situación de los peones empleados en los latifundios guatemaltecos.

En la cantina[2] que tiene el terrateniente allí venden alcohol, toda clase de guaro[3] pero al mismo tiempo, venden cosas para que los niños se antojen[4]. Por ejemplo, los tostaditos[5], dulces. Todas estas cosas están en la tienda. O refrescos. Entonces los niños, con
5 el tanto calor y tanto sudar y hambre y todo, exigen que se les compre un dulcito. Entonces, a los padres les da tristeza ver a un hijo que no le pueden dar y van y le compran. Pero lo sacan porque los de la cantina no reciben dinero en el momento sino que sólo apuntan[6] lo que se llevó, lo que se tomó. Lo apuntan. Enton-
10 ces después, cuando nos entregan el pago, nos dicen, esto es lo que debes en la tienda, esto es lo que debes en la comida, esto es lo que debes en la farmacia y esto es lo que debes de tal cosa. Entonces, por ejemplo, un niño, inconscientemente, arrancó[7] un árbol de café, por ejemplo, entonces, esto es lo que debes en el trabajo. Nos
15 descuentan de todo[8]. De modo que tenemos que entregar el dinero para pagar nuestra deuda.
  Y hay una situación que me recuerdo muy bien que mi padre, ante la desesperación, y mi madre, ante la desesperación que tenían, se iban a la cantina. En todas las fincas[9] de Guatemala,
20 existe una cantina. Cantina decimos nosotros donde venden guaro, donde venden alcohol. Se van a la misma cantina. Allí toman el alcohol o el guaro que quieran tomar y después, al final del mes les cobran, pues. Esa cantina es del mismo terrateniente que está establecida ahí para los trabajadores. Entonces casi la mayor parte
25 del sueldo se gasta. Ha habido casos muy duros donde yo, mis hermanos y mi madre teníamos que llevar todo el sueldo en casa después del mes porque a veces mi padre todo su sueldo tenía que dejarlo en la finca ya que tomaba[10] constantemente y casi la mayor parte de su sueldo se quedaba ahí. Él era un hombre muy sensi-
30 ble. Por cualquier cosa que él veía que no salía o cualquier cosa que hubiera que pasar duramente, entonces, ante esa situación, él se iba a tomar para olvidarse de todo. Pero, perjudicaba más[11] lo que hacía porque el mismo dinero se quedaba con el terrateniente. Por eso el mismo terrateniente ha puesto esa cantina.

Elisabeth Burgos,
Me llamo Rigoberta Menchú y así me nació la conciencia, 1982.

[1] tienda donde se vende de todo.
[2] la taberna.
[3] aguardiente de caña.
[4] *pour attirer les enfants.*
[5] *maïs grillé.*
[6] toman nota de.
[7] arrancar, *arracher.*
[8] nos descuentan de la paga por todo.
[9] aquí, los latifundios.
[10] aquí, bebía.
[11] *était encore pire.*

Para empezar

- Diga cuáles son las ideas claves y caracterice el tono general del relato.

Analicemos

1 *Párrafo 1* : explique lo que es la cantina y en qué se diferencia de una tienda corriente en una ciudad.
2 ¿Cómo se logra atraer a la clientela?
3 *Párrafo 2* : analice cómo el sistema de la cantina lleva a una esclavización de hecho de los peones.
4 A lo largo del texto, destaque lo que, en el modo de expresarse, muestra que se trata de un testimonio oral.

Para concluir

- ¿Qué denuncia Rigoberta Menchú y qué revela de algunos aspectos sociales y económicos de las sociedades latinoamericanas?

Practicando se aprende

1 *Los niños exigen que se les compre un dulcito* : mettez cette phrase au passé en remplaçant *los niños* par *nosotros*.
2 *Tenemos que* entregar. Remplacez par une autre tournure de l'obligation et indiquez les similitudes et les différences, (gramm. p. 232).
3 Complétez les amorces suivantes : *los terratenientes ponen una cantina para que...*; *los peones vivirán mejor cuando...*
4 Imitez les structures en gras dans des phrases se rapportant au texte :
 - *no reciben dinero en el momento* **sino** *que apuntan...*, (gramm. p. 235).
 - *toman el alcohol* **que quieran tomar**, (gramm. p. 228).
5 Traduisez : *la cantina es del mismo terrateniente.*

La prueba[1] del tigre

[1] *l'épreuve.*

El automóvil, aquel que a las cinco de la tarde cuidamos todos, que yo cuidé ese día odioso, detiene su marcha silenciosa en el jardín zoológico y, entre el chófer que abre la puerta, y algún ayudante galonado que corre, y el director de la Policía que se desvive[2] por llegar a tiempo y el público que vuelve la cabeza, suspenso[3] y admirado, desciende el «infinitamente jefe». Chorrea[4] de su labio inferior deformado por la cachimba[5] que arrinccona[6] y mastica, una sonrisa, presagio de buen humor. Sin detenerse, avanza orondo y petacón[7], anda como loro[8] con las puntas de los pies metidas hacia adentro, caminando hacia la jaula[9] del tigre, donde un grupo de oficiales y cadetes[10] se divierte con el ir y venir interminable de la fiera enjaulada. Darse cuenta éstos de quién está allí y cobrar rigidez militar, todo uno. Firmes[11], cuadrados[11], la pechuga de fuera[12], la mirada lejos, la mano vuelta, tres dedos en el kepis tocándoselo ligeramente a la altura de la sien derecha. Así permanecen hasta que el «infinitamente complaciente[13]» se acerca y les ordena bajar la guardia[14]. Con un solo movimiento, como los martillitos de un piano, caen las manos enguantadas de blanco, hasta los pantalones colorados. El tigre, mientras tanto, sigue su paseo vespertino[15], bosteza, se relame[16], ensaya una especie de bramido[17] quejoso. «¡Guardián!», se oye la voz del «infinitamente poderoso» en el silencio apenas quebrado por el andar de la fiera, «abra la jaula y que el cadete más valiente entre y acaricie[18] al tigre»... Ruido de llaves y candados[19] y el movimiento de repliegue[20] de los muchachos, pálidos, temblorosos. El tigre, como si hubiera comprendido la orden, se detiene, inmovilidad que lo hace más amenazante. ¿No hay un voluntario entre los cadetes?... ¿No hay un valiente?... ¿No hay un hombre?... ¿No hay un macho?..., pregunta aquel que es todo eso en grado sumo. ¡Pues entonces que entre uno de los jefes!... ¡Usted, coronel!... ¡Usted, capitán!... ¡La jaula está abierta!, ¿qué esperan?... El coronel era sólo una nariz larga, húmedo gotero[21] de sudor frío sobre el castañetear[22] de sus dientes, y el capitán un par de hombreras[23] gigantes que mantenían a flote una cabecita que se iba hundiendo a medida que se le doblaban[24] las piernas en un temblor que más era terremoto. ¡Ja..., ja..., ja...!, oyóse la carcajada de infinito desprecio[25] del «infinitamente grande» por los infinitamente pequeños y a los ojos del guardián, en cuyas manos de carcelero de fieras tintineaban[26] las llaves, lo sacudía el pánico, creció hasta agigantarse[27] la figura del omnipotente[28] que avanza hacia la

[2] *se met en quatre.*
[3] *ébahi.*
[4] *chorrear, dégouliner.*
[5] *la pipe.*
[6] *el rincón, le coin.*
[7] *rebondi et ventripotent.*
[8] *un perroquet.*
[9] *la cage.*
[10] *élèves-officiers.*
[11] *au garde-à-vous.*
[12] *bombant le torse.*
[13] *bienveillant.*
[14] *de se mettre au repos.*
[15] *vespéral.*
[16] *relamerse, se pourlécher.*
[17] *mugissement plaintif.*
[18] *acariciar, caresser.*
[19] *de cadenas.*
[20] *de repli.*

[21] *compte-gouttes.*
[22] *castañetear, claquer des dents.*
[23] *d'épaulettes.*
[24] *fléchissaient.*
[25] *mépris.*
[26] *tintinear, tinter.*
[27] *el gigante, le géant.*
[28] *du tout-puissant.*

jaula impertérrito[29], entraba y, mientras todos los demás temblaban de miedo, acariciaba al tigre, sin inmutarse[30], en la boca la cachimba de ámbar con el cigarrillo encendido sin perder la ceniza de la brasa...
— ¿Y el tigre qué hizo? — preguntó Malena...
45 — ¡También estaba temblando! — apresuróse a contestar Juan Pablo, riendo como un chico, porque la había hecho caer en la trampa del chascarrillo[31].

[29] *imperturbable.*
[30] *se troubler.*

[31] *la plaisanterie.*

Miguel Ángel Asturias, *Los ojos de los enterrados,* 1960.

Centroamérica y Cuba

Para empezar

1 ¿Quién será el «infinitamente jefe»?
2 **Desciende el «infinitamente jefe». ¿Y el tigre qué hizo? ¡También estaba temblando!** ¿En qué ilustran estas frases el tono del texto?

Analicemos

1 Líneas 1-6 : ¿qué realidad revela esta primera frase? ¿Qué impresión produce? ¿De dónde nace esta impresión?
2 Líneas 6-19 : analice la presentación del dictador y las reacciones que su aparición provoca entre los militares.
3 Líneas 19-35 : ¿en qué consiste «la prueba del tigre»? ¿Qué ambiente se va creando en estas líneas y cómo lo consigue el narrador?
4 Diga lo que revelan las preguntas del dictador y las reacciones de los asistentes? Comente en particular la descripción del capitán y del coronel.
5 Líneas 35-43 : ¿cómo logra Juan Pablo provocar la impaciente curiosidad de su interlocutora?
6 Líneas 44-47 : ¿qué efecto surte este final? Explíquelo.

Para concluir

1 ¿Cómo aparece a lo largo del texto la figura del dictador? Comente en particular las maneras de nombrarlo.
2 ¿De dónde procede la fuerza crítica de esta página?

Practicando se aprende

1 Mettez à l'imparfait depuis : « El tigre mientras tanto... » jusqu'à « ...bramido quejoso ».
2 **Abra la jaula y que el cadete más valiente entre y acaricie al tigre,** récrivez cet ordre au style indirect et au passé (gramm. p. 236).
3 **Riendo** como un chico. Remplacez le gérondif par la forme conjuguée qui convient.
4 Complétez l'amorce suivante : **El infinitamente jefe sonreía como si...** (gramm. p. 230).
5 El guardián **en cuyas** manos. Réutilisez ce relatif précédé d'une préposition dans des phrases se rapportant au texte (gramm. p. 209).
6 **Se le** doblaban **las** piernas. Remployez cette tournure pour présenter les différents personnages (gramm. p. 207).

Juan Acevedo, *Ciudad de los Reyes,* 1983.

El Ciclón

En tal época del año, el Ciclón — designado así, en singular, porque nunca se producía sino uno que fuese asolador[1] — era algo esperado por todos los habitantes de la urbe. Y si no se presentaba esta vez, torciendo[2] la trayectoria, sería el año próximo. Todo
5 estaba en saber si pegaría de lleno[3] sobre la población, llevándose las techumbres, rompiendo ventanales de iglesias, hundiendo barcos, o pasaría de lado, devastando los campos. Para quienes vivían en la isla, el Ciclón era aceptado como una tremebunda[4] realidad celeste, a la que, tarde o temprano, nadie escapaba. Cada comarca,
10 cada pueblo, cada aldea, conservaba el recuerdo de un ciclón que pareciera haberle sido destinado. Lo más que podía desearse es que fuese de corta duración y no resultara demasiado duro.
Un chubasco repentino[5], brutal, arremolinó[6] el aire. Caía el agua, vertical y densa, sobre las plantas del patio, con tal saña[7] que
15 arrojaba la tierra fuera de los canteros[8]. «Ya viene», dijo Víctor. Un vasto rumor cubría, envolvía, la casa, concertando las afinaciones[9] particulares del tejado, las persianas, las luceras[10], en sonidos[11] de agua espesa o de agua rota; de agua salpicada[12], caída de lo alto, escupida[13] por una gárgola[14], o sorbida por el tragante[15] de
20 una gotera. Luego hubo una tregua[16], más calurosa, más cargada de silencio que la calma de la prima noche.
Fue poco después de la medianoche cuando entró el grueso del huracán en la ciudad. Sonó un bramido[17] inmenso, arrastrando derrumbes y fragores[18]. Rodaban cosas por las calles. Volaban otras
25 por encima de los campanarios. Del cielo caían pedazos de vigas[19], muestras de tiendas, tejas, cristales, ramazones[20] rotas, linternas, toneles, arboladuras de buques[21]. Las puertas todas eran golpeadas por inimaginables aldabas[22]. Tiritaban las ventanas entre embate y embate[23]. Estremecíanse las casas de los basamentos a los techos,
30 gimiendo por sus maderas. Fue ése el momento en que un torrente de agua sucia, fangosa[24], salida de las cuadras[25], del traspatio, de la cocina, venida de la calle, se derramó en el patio, tupiendo sus tragantes[26] con un lodo de boñigas[27], cenizas, basuras y hojas muertas.

Alejo Carpentier, *El siglo de las luces,* 1962.

[1] asolar, *dévaster.*
[2] desviando.
[3] *s'il frapperait de plein fouet.*
[4] *effroyable.*
[5] *une averse soudaine.*
[6] arremolinar, *faire tourbillonner.*
[7] *fureur.*
[8] *les carrés (de jardin).*
[9] *harmonisant les arpèges.*
[10] *les clairevoies.*
[11] *en une musique.*
[12] salpicar, *éclabousser.*
[13] escupir, *cracher.*
[14] *une gargouille.*
[15] *la descente d'un chéneau.*
[16] *une trève.*
[17] *un mugissement.*
[18] *charriant éboulements et fracas.*
[19] *de poutres.*
[20] las ramas, *les branches.*
[21] *mâts de navires.*
[22] *des heurtoirs.*
[23] *un embate, un assaut.*
[24] *boueuse.*
[25] *les écuries.*
[26] *engorgeant les égouts.*
[27] *d'excréments d'animaux.*

Para empezar

1 Esta escena se sitúa en la zona caribe y en los meses de julio-agosto.
2 **Para quienes vivían en la isla, el Ciclón era aceptado como una tremebunda realidad celeste, a la que, tarde o temprano, nadie escapaba.** Apoyándose en esta frase, diga usted lo que caracteriza el ciclón.

Analicemos

1 Muestre cómo, en el primer párrafo, el autor recalca el carácter inexorable del ciclón. ¿Cómo lo vive la población?
2 Estudie cómo en el segundo párrafo el autor presenta la llegada de la tormenta.
3 Analice el tercer párrafo destacando los recursos literarios con los que se traduce la violencia del fenómeno.

Practicando se aprende

1 Récrivez le premier paragraphe en utilisant le présent de l'indicatif.
2 **Lo más que podía desearse es que** *fuese de corta duración.* Sur le modèle de cette phrase complétez l'amorce en gras par d'autres verbes que « ser » (gramm. p. 229).
3 **Fue** poco después de la medianoche **cuando** entró el grueso del huracán. Réutilisez la structure en gras pour évoquer les désastres du cyclone (gramm. p. 234).

Wifredo Lam, *La jungla*, 1943.
Aguada sobre papel montada sobre tela, 239,4 × 229,9 cm.
Collection, The Museum of Modern Art, New York, Inter-American Fund.

Analicemos el cuadro

1. *¿Qué impresiones le produce a usted esta obra?*
2. *Identifique los diferentes elementos que la integran.*
3. *Insistiendo en los procedimientos empleados analice la visión de la jungla y de los hombres plasmada por el pintor.*

Para concluir

1. *Como muchos de sus compatriotas Lam es «afrocubano». Diga cómo se evidencia esta herencia cultural.*
2. *¿Qué influencias pictóricas pudo conocer el artista?*

Juan Soriano, *Mujer con pájaros*, 1976.
Óleo sobre lienzo, 130 × 100 cm.

Analicemos

1. *Describa este cuadro y diga qué impresión se desprende de él.*
2. *¿Cómo se representan movimiento y transparencia y qué traducen?*
3. *¿Qué vínculos se establecen entre mujer y pájaros y que le sugiere a usted?*
4. *¿A qué elementos naturales remiten los colores? Comente la disposición de éstos.*
5. *Muestre lo que confiere a la mujer una dimensión cósmica.*

José Antonio Dávila, *Universo domesticado,* 1985.
Acrílico sobre tela, 100 × 120 cm.

Analicemos

1. Diga en qué técnicas y tradición pictórica se inspira esta obra.
2. Describa los elementos que componen este cuadro. Intente relacionarlos con lo que aparece en la pizarra y con el título «Universo domesticado».
3. Destaque la importancia dada a la luz, los colores, la traducción de las materias.
4. ¿Cómo enfoca Dávila lo cotidiano en su arte?
5. ¿Qué le aporta al cuadro la presencia del gato?

Fernando Botero, *La siesta,* 1982.
Óleo sobre lienzo, 135 × 172 cm.

Analicemos el cuadro
1. Haga una descripción pormenorizada de la obra (personajes, actitudes, objetos, paisaje...).
2. Diga qué ambiente se desprende de la composición analizando los recursos plásticos que contribuyen a crearlo.
3. El pintor es colombiano. Comente ciertos aspectos del cuadro a la luz de esta precisión.

Para concluir
- Destaque algunos rasgos específicos del arte de Botero.

Cruel destino para las mujeres colombianas

Colombia y Venezuela

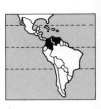

Bogotá. — Casi un tercio de la fuerza laboral del país está formado por mujeres que se dedican al servicio doméstico en las grandes ciudades colombianas, según los últimos estudios.

El proceso de urbanización, que en los últimos 30 años hizo que la población colombiana pasara de ser predominantemente rural a la urbana, trasladó también a sus mujeres del minifundio al tugurio[1], sin alterar notablemente su condición de sometimiento y sobreexplotación.

De acuerdo con el censo[2] poblacional efectuado en 1985, el 51 por ciento de los 27 millones de habitantes de este país son mujeres.

Si bien[3] es cierto que en la última década se han producido cambios evidentes en la participación femenina, la vida cotidiana de la mayoría de las colombianas sigue transcurriendo de la cocina al lavadero.

Entre las doce viceministras con que el presidente Belisario Betancur inauguró su gabinete hace cuatro años y las casi cien que aspiraron a ser miembros de corporaciones públicas en las elecciones del pasado 9 de marzo y el 27 por ciento de la población económicamente activa del país que está conformado por sirvientas, existe un abismo.

Además del alto índice de mujeres que tienen como única alternativa de sobrevivencia en las ciudades, emplearse de «muchachas de servicio doméstico», hay que recordar que la discriminación salarial contra la mujer en Colombia es un hecho.

En un momento de gran desempleo[4] y de crisis, la única parte donde hay oferta de trabajo es en el sector no calificado, lo que conduce a las mujeres a aceptar labores mal pagadas, pese a ser[5] conscientes de su situación de desventaja en materia de remuneración.

Junto con el servicio doméstico, en la franja más atrasada[6] de las manufacturas y de la industria, es donde las colombianas urbanas encuentran más posibilidades de empleo.

El proceso es contradictorio. Ciertamente, cada vez hay más mujeres que acceden a los frentes de trabajo en los centros urbanos, pero no logran equiparar[7] sus condiciones de seguridad social y de ingreso económico[8] al de los hombres.

Por supuesto[9], hay que mirar la situación de las mujeres del sector rural, a las que ni siquiera se les reconoce su condición de trabajadoras por no ser remuneradas, aunque producen la mayoría de los alimentos.

Recientemente, una revista dedicada a los temas del hogar, transcribía los requisitos[10] que un ama de casa consideraba que debería tener una «excelente muchacha del servicio».

«Humilde pero de iniciativa, honrada pero que no sea tan costosa, educada y hasta si quiere con derecho a estudiar pero discreta, aseada y arreglada[11] pero sin pintarrajearse[12], eso sí, que esté dispuesta a todo». Un formulario lleno de paradojas[13] al que se sigue sometiendo a las mujeres, producto del éxodo campesino en la suya o en anteriores generaciones.

Se trata de mujeres que llegaron un día a Bogotá, Cali, Barranquilla o Medellín[14] con un atado de ilusiones y otro de sinsabores[15], en busca de trabajo «en casa de familia o en fábrica, no importa, pero en la ciudad».

Summa, nº 45, 2/5/1986.

---

[1] *de la petite propriété au taudis.* — [2] *selon le recensement.* — [3] *aunque.* — [4] *paro.* — [5] *a pesar de ser.* — [6] *le secteur le plus archaïque.* — [7] *elles ne réussissent pas à mettre sur un pied d'égalité.* — [8] *aquí, salario.* — [9] *evidentemente.* — [10] *les conditions requises.* — [11] *discrète, soignée et bien arrangée.* — [12] *mais qui ne se peinturlure pas.* — [13] *paradoxes.* — [14] *capital y ciudades colombianas.* — [15] *avec leur baluchon plein de rêves mais aussi de malheurs.*

Para empezar

1 *Sitúe en el mapa Colombia y sus principales ciudades : Bogotá, Cali, Barranquilla y Medellín.*

2 *Resuma este artículo en unas diez líneas.*

Analicemos

1. *Párrafos 1-4 : ¿qué lugar ocupan las mujeres en la vida económica de Colombia? ¿Hasta qué punto evolucionó su vida en los últimos treinta años?*
2. *Párrafos 5-9 : ¿qué discriminaciones sufre la mujer colombiana y por qué las acepta?*
3. *Párrafos 10-11 : comente usted la relación patrona-sirvienta destacando las paradojas que encierran los requisitos.*
4. *Párrafos 12 : ¿cuál suele ser el origen social de las sirvientas? Explique* **un atado de ilusiones y otro de sinsabores.**

Para concluir

- *¿Es típicamente colombiana la discriminación contra la mujer? Destaque los aspectos que, sin embargo, no podrían darse en Europa.*

Practicando se aprende

1. *El proceso de urbanización* **hizo** *que la población pasara de ser... ; récrivez cette phrase en remplaçant le prétérit par un passé composé.*
2. *Mettez au passé : « en la franja más atrasada es donde las colombianas urbanas encuentran más posibilidades de empleo ».*
3. *Trouvez deux autres façons d'exprimer la concession dans la subordonnée suivante :* **aunque** *producen la mayoría de los alimentos (cf. párrafos 4 y 7).*
4. *Ni se les reconoce su condición de trabajadoras* **por** *no ser remuneradas ; en vous inspirant de cette structure, complétez l'amorce :* **las mujeres colombianas aceptan labores mal pagadas por...**

 ## Onésimo es distinto

EXTERIOR.-DÍA.

① Se oye una música de fiesta. El movimiento de una cortina blanca y borrosa descubre en primer plano los zapatos y el pantalón crema de un hombre, de pie en una tribuna. En primer término se ven banderitas[1] de color. Un trávelin vertical descubre en leve contrapicado a un criollo vestido de un traje elegantísimo de color crema, con un sombrero del mismo color y una rosa amarilla en la mano. En la tribuna lo acompañan dos hombres (plano medio corto). El hombre se quita el sombrero y agita blandamente la rosa. Gritos y vivas en off.

② Brevísimo primer plano de dos pancartas levantadas por la muchedumbre con el nombre y el retrato en blanco y negro del Senador Onésimo Sánchez.

③ (Como ①) el Senador saluda. Sonríen sus acompañantes. Siguen aplausos y vivas. Con una orden de la mano Onésimo los acalla[2] y empieza a hablar sin gestos con una voz monótona y cansada. Según va pronunciando su discurso un trávelin ininterrumpido hacia atrás va descubriendo la totalidad de la tribuna adornada de banderitas de color. Arriba y abajo se lee en grandes letras rojas «Onésimo es distinto».

ONÉSIMO (in). — Estamos aquí para derrotar[3] a la naturaleza. Ya no seremos más los expósitos[4] de la patria, los huérfanos[5] de Dios en el reino de la sed y la intemperie, los exilados en nuestra propia tierra. (*Una voz grita* «¡Aplausos!» *y se oyen redobles de tambores y vivas*). Seremos otros, señoras y señores, seremos grandes y felices.

[1] des petits drapeaux.

[2] acallar, *faire taire*.

[3] vaincre, mettre en déroute.

[4] les oubliés.

[5] les orphelins.

En plano general la muchedumbre agita pancartas y suelta globos[6] multicolores. Ambiente de festejo. Sigue el trávelin.

ONÉSIMO *(in)*. — Tendremos en nuestras casas máquinas de llover, destilaremos los aceites de la felicidad que hacen crecer legumbres en el caliche[7] y colgajos de trinitarias[8] en las ventanas. *(Después de unos aplausos sigue diciendo) :* ¡In hoc signo vinces!...[9] *(Una voz grita* «¡Aplausos!». *El gentío aplaude).*

El trávelin termina en un gran plano general que enseña la tribuna en medio de una plaza de pueblo con su iglesia colonial en el fondo y grandes bastidores[10] a derecha e izquierda : uno con rascacielos[11] y el otro con la Torre Eiffel.

④ *Plano medio corto ajustado del Senador hablando en el micrófono :*

ONÉSIMO *(in)*. — Así seremos, señoras y señores. Miren, así seremos.

En off, pitido[12] de una sirena. Onésimo enseña algo a la izquierda alzando el brazo. Breve panorámica. Primer plano de la mano abierta y enjoyada[13] del Senador. Arrecian[14] los pitidos de la sirena.

⑤ *Plano sobre dos columnas de humo negro que se alzan en lo azul del cielo. Trávelin vertical y zoom hacia atrás van descubriendo un trasatlántico de papel pintado, la plaza y la muchedumbre que de espaldas al espectador se dirige hacia el barco (plano general). Vuelan cantidad de globos de colores. Voces en off :* «¡Mira qué bonito!..., ¡Qué grande!..., ¡Viva!...» *Música.*

⑥ *Primer plano de manos que están echando al aire puñados de pajaritas de papel[15]. Un rápido trávelin acompaña este movimiento. Los falsos animales cobran vida[16] y se transforman en pájaros blancos que revolotean por el cielo.*

⑦ *Plano medio corto de la abuela de Eréndira que saca joyas de una cajita y corre una cortina.*

⑧ *Plano general del envés del decorado. Se descubren los puntales y andamios[17] que sostienen el trasatlántico de papel.*

[6] des ballons.
[7] le nitrate, le salpêtre.
[8] des grappes de bougainvillées.
[9] « C'est par ce signe que tu vaincras. »
[10] de grands chassis.
[11] des gratte-ciel.
[12] sifflement.
[13] couverte de bijoux.
[14] arreciar, *redoubler*.
[15] de cocottes en papier.
[16] prennent vie.
[17] les étais et les échafaudages.

Colombia y Venezuela

ABUELA *(off).* — El mismo discurso, los mismos trucos de circo.
(Siguen en off la orquesta y los vivas).

Un zoom rápido hacia adelante (contrapicado) hace pasar del plano general a un plano de conjunto que enseña a los hombres quienes, montados en los andamios, activan los fuegos de las chimeneas del barco.

INTERIOR DE UNA CASA. - DÍA.

⑩ *Primer plano en picado de la rosa amarilla del Senador y de sus manos en una mesa atiborrada[18] de papeles. Un trávelin hacia atrás va descubriendo a Onésimo (plano medio corto) y a cuatro hombres silenciosos sentados alrededor de la mesa. Mientras está hablando recorta unos papelitos de color.*

ONÉSIMO *(in).* — Nosotros, por supuesto, no comemos pajaritos de papel. Ustedes y yo sabemos que el día en que haya árboles y flores en este cagadero de chivos[19], el día en que haya sábalos[20] en vez de gusarapos en los pozos[21], ese día ni ustedes ni yo tenemos nada que hacer aquí. ¿Voy bien? Entonces, no tengo que repetirles lo que ya saben de sobra : que mi reelección es mejor negocio para ustedes que para mí, porque yo estoy hasta aquí[22] de aguas podridas y sudor de indios... *(Mientras tanto ha recortado una mariposa[23] de papel que pone luego en la corriente del ventilador que está detrás de él. La cámara sigue el vuelo de la mariposa roja por la sala azul. Onésimo y sus acompañantes desaparecen del campo. Sigue en off la voz del Senador)* : ... y en cambio ustedes viven de eso. *(La mariposa sale por la puerta abierta.)*

Ruy Guerra, *Eréndira,* 1984.
Guión : **Gabriel García Márquez.**

[18] *couverte.*
[19] *ce merdier à boucs.*
[20] *des aloses (variété de poissons).*
[21] *des larves de moustiques dans les puits.*
[22] *j'en ai par-dessus la tête.*
[23] *un papillon.*

Para empezar

1 *Diga quién es Onésimo Sánchez y qué hace en este pueblo.*
2 ***El mismo discurso. Los mismos trucos de circo.*** *Apoyándose en esta frase ponga de realce el interés de la secuencia.*

Analicemos

1 *Planos ① - ③ : ¿qué visión se nos da del candidato a la reelección? Comente su discurso y explique el papel de la voz en off.*
2 *Analice el papel del largo trávelin hacia atrás. ¿Qué ambiente se logra crear?*
3 *Planos ④ - ⑥ : precise lo que ocurre y el efecto producido. ¿Cómo se recalca fílmicamente?*
4 *¿Qué aporta el plano ⑥?*
5 *Planos ⑦ - ⑨ : destaque la importancia de estos planos en el relato. ¿Qué revelan?*
6 *Plano ⑩ : ¿en qué medida prolonga este plano los tres anteriores?*
7 *Analice el discurso del Senador. ¿Qué luz echa sobre los políticos y la sociedad latinoamericana?*

Para concluir

• *Muestre cómo en esta secuencia lo teatral, lo poético y lo mágico se mezclan para denunciar cierta realidad.*

Practicando se aprende

1 *Reprenez dans le discours du plan ③ les verbes au futur pour faire des phrases commençant par **El día en que...** (gramm. p. 227).*
2 ***No tengo que** repetirles lo que ya saben de sobra. Remplacez cette tournure personnelle par la tournure impersonnelle **ser necesario que** (gramm. p. 232).*
3 *Traduisez depuis « Nosotros por supuesto... » jusqu'à « ... y sudor de indios ».*

Colombia y Venezuela

Juan Acevedo, *Ciudad de los Reyes*, «El discurso en la plaza», 22/11/1979.

Mentira, mensonge. - *farsa*, farce. - *engaño*, *embuste*, tromperie. - *falsedad*, hypocrisie. - *timo*, escroquerie. - *fraude*, fraude. - *burla*, moquerie. - *pendejada*, crétinerie. - *he dicho*, j'ai fini. - *ayayero a sueldo*, (ceux qui sont payés pour acclamer et applaudir), la claque.

Analicemos el dibujo

1 ¿A qué categoría y a qué tipo de humor corresponde este dibujo?
2 Indique la situación y circunstancias evocadas.
3 Destaque los varios elementos caricaturescos.
4 Estudie los diferentes componentes del discurso y su organización. ¿Qué los diferencia? ¿Qué relación establece usted entre unos y otros?

Para concluir

1 Diga qué critica Acevedo con este dibujo.
2 Relaciónelo con el desglose (découpage après montage) de la secuencia sacada de la película Eréndira (*pp. 162 y siguientes*).

El corregidor[1]

Don Apolinar Moscote, el corregidor, había llegado a Macondo sin hacer ruido. Se bajó en el Hotel de Jacob — instalado por uno de los primeros árabes que llegaron haciendo cambalache de chucherías por guacamayas[2] — y al día siguiente alquiló un cuartito con puerta hacia la calle, a dos cuadras[3] de la casa de los Buendía. Puso una mesa y una silla que le compró a Jacob, clavó en la pared un escudo[4] de la república que había traído consigo, y pintó en la puerta el letrero : *Corregidor*. Su primera disposición fue ordenar que todas las casas se pintaran de azul para celebrar el aniversario de la independencia nacional. José Arcadio Buendía, con la copia de la orden en la mano, lo encontró durmiendo la siesta en una hamaca[5] que había colgado en el escueto[6] despacho. «¿Usted escribió este papel?», le preguntó. Don Apolinar Moscote, un hombre maduro[7], tímido, de complexión sanguínea[8], contestó que sí. «¿Con qué derecho?», volvió a preguntar José Arcadio Buendía. Don Apolinar Moscote buscó un papel en la gaveta[9] de la mesa y se lo mostró : «He sido nombrado corregidor de este pueblo.» José Arcadio Buendía ni siquiera miró el nombramiento.

— En este pueblo no mandamos con papeles — dijo sin perder la calma —. Y para que lo sepa de una vez, no necesitamos ningún corregidor porque aquí no hay nada que corregir.

Ante la impavidez[10] de don Apolinar Moscote, siempre sin levantar la voz, hizo un pormenorizado recuento[11] de cómo habían fundado la aldea, de cómo se habían repartido la tierra, abierto los caminos e introducido las mejoras que les había ido exigiendo la necesidad, sin haber molestado[12] a gobierno alguno y sin que nadie los molestara. «Somos tan pacíficos que ni siquiera nos hemos muerto de muerte natural», dijo. «Ya ve que todavía no tenemos cementerio.» No se dolió de que el gobierno no los hubiera ayudado. Al contrario, se alegraba de que hasta entonces los hubiera dejado crecer en paz, y esperaba que así los siguiera dejando, porque ellos no habían fundado un pueblo para que el primer advenedizo[13] les fuera a decir lo que debían hacer. Don Apolinar Moscote se había puesto un saco[14] de dril[15], blanco como sus pantalones, sin perder en ningún momento la pureza de sus ademanes.

— De modo que si usted se quiere quedar aquí, como otro ciudadano común y corriente, sea muy bienvenido — concluyó José Arcadio Buendía —. Pero si viene a implantar el desorden obligando a la gente que pinte su casa de azul, puede agarrar sus corotos y largarse[16] por donde vino. Porque mi casa ha de ser blanca como una paloma.

Gabriel García Márquez, *Cien años de soledad*, 1967.

[1] *le gouverneur.*
[2] *qui troquaient des colifichets contre des perroquets.*
[3] *à deux rues.*
[4] *il cloua au mur un blason.*
[5] *un hamac.*
[6] *sévère, dépouillé.*
[7] *entrado en años.*
[8] *au tempérament sanguin.*
[9] *le tiroir.*
[10] aquí, *la impasibilidad.*
[11] *il raconta en détails.*
[12] molestar, *gêner.*
[13] *le premier venu.*
[14] *une veste.*
[15] *(tela fuerte).*
[16] *vous pouvez prendre vos cliques et vos claques et ficher le camp.*

Para empezar
- Resuma usted la página y diga cuál es su tono.

Analicemos
1. Líneas 1-10 : comente la llegada del corregidor a Macondo; ¿por qué resulta divertido este principio?
2. Líneas 10-19 : ¿qué opina usted del comportamiento de don Apolinar en su despacho? ¿Qué actitud mantiene cada personaje durante el diálogo?

3 *Líneas 20-42 : ¿cuáles son las leyes que rigen Macondo y qué tipo de relaciones con el gobierno acepta Buendía? Caracterice a cada protagonista y explique los aspectos graciosos.*
4 *Analice a lo largo del texto de dónde procede el humorismo; explique en particular la gracia que encierra la frase que le dirige José Arcadio Buendía al corregidor : «si viene a implantar el desorden».*
5 *¿Qué efecto surten las líneas 28-30? ¿En qué refuerzan el alcance de la página?*

Para concluir

1 *¿Cómo se mezclan en esta página la fantasía y la cordura* (la sagesse)*?*
2 *¿Qué reflexiones le inspira a usted esta historieta?*

Practicando se aprende

1 *Récrivez la phrase suivante en commençant par un présent depuis « no se dolió... » jusqu'à «... lo que debían hacer ».*
2 *Passez du dialogue au récit :*
  a) *« ¿Usted escribió este papel ? - le preguntó » ;*
  b) *le dernier paragraphe (gramm. p. 236).*
3 *Construisez autrement l'indéfini dans les phrases suivantes : sin haber molestado a gobierno* **alguno;** *sin perder en* **ningún** *momento la pureza (gramm. p. 207).*
4 *Le compró* **a Jacob una mesa y una silla :** *remplacez tous les compléments par des pronoms personnels (gramm. p. 207).*
5 *Complétez l'amorce suivante :* **José Arcadio Buendía no aceptó...**
6 *Don Apolinar Moscote había traído* **consigo :** *réemployez ce pronom personnel réfléchi dans la logique du passage (gramm. p. 206).*
7 *Traduisez depuis « Ante la impavidez... » jusqu'à «... muerte natural, dijo ».*

Colombia y Venezuela

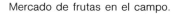
Mercado de frutas en el campo.

Prácticas

XEROX ® es marca registrada de XEROX Corporation.

Cuidar, prendre soin de. - *una copiadora*, une photocopieuse.

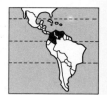

Colombia y Venezuela

Colombia no tiene copia.

XEROX.

PRÁCTICAS

Furia constructora

Los contratistas[1], inversionistas, compradores, vendedores, negociantes, especuladores, banqueros, arquitectos, ingenieros, maestros de obra, estaban poseídos por una furia de destruir, construir, volver a destruir para volver a construir, que iba acabando con todo lo que de abolengo[2] y con alguna gracia conservaba la cuatricentenaria urbe[3]. Los buldozers, furibundos en sus acometidas[4], concertados[5] en el ataque, gozosos de derribar, la emprendían[6] — ¡tanto más gustosos, porque allí se acababa pronto! — con las viejas mansiones mantuanas[7], hincando los garfios en los zaguanes[8], levantando tejados, arrancando los dragoncillos esquineros, metiendo sus orugas[9] metálicas en los patios.

Y ya entraban en la atronadora[10] sinfonía las percusiones de los martillos eléctricos, el bufido[11] de las aplanadoras, los silbatos de los capataces[12], las cargas de dinamita que, intermitentes, ponían la desazón[13], a todas horas, en los pechos desprevenidos. Y, sobre todo ello, pintada en el cielo como un azote[14] de Dios, viravolteando, alzada, soltada, expectante[15], presta siempre a largar el tremebundo latigazo[16], estaba la «Bola» famosa, recientemente traída que, lanzada como mangual[17] de batalla antigua, arrojaba su masa de hierro, de repente, sobre un edificio de cinco pisos, que al punto se desmoronaba[18], dejando restos de costillares[19] — vigas rotas[20] — adheridas a una pared medianera que hubiese resistido el embate[21]. — «Ahí viene la Bola» — decían las gentes, viéndola cambiar de barrio, pasando majestuosamente, como enorme alegoría de carnaval, colgante de su grúa, entre los últimos techos[22] rojos de la ciudad. Y donde se detenía la Bola se instalaba el cataclismo : volarían las techumbres, las romanillas[23], las rejas, las mamposterías[24], los árboles, las estatuas, las fuentes, como en ciudades antiguas condenadas a ser arrasadas por la ira[25] del vencedor. Y después se levantaban rascacielos[26], se ponían casquetes de cemento a las montañas circundantes, se inauguraban autopistas que ya se revelaban insuficientes al día siguiente de su estreno[27], obligando a los ingenieros — convencidos de la falsedad de cálculos que siempre quedaban por debajo del ritmo de la importación de vehículos — a inventar nuevas vías y obras canalizadoras y repartidoras del tránsito[28], que se llamaban «pulpos», «arañas», «ciempiés[29]».

Alejo Carpentier, *La consagración de la primavera*, 1978.

[1] *les entrepreneurs.*
[2] lo que era noble y antiguo.
[3] (Caracas).
[4] ataques.
[5] unidos.
[6] emprenderla con, *s'en prendre à.*
[7] (palacios coloniales de estilo italiano).
[8] *plantant leurs griffes dans les porches.*
[9] *leurs chenilles.*
[10] *assourdissante.*
[11] *le halètement.*
[12] *les coups de sifflet des contremaîtres.*
[13] *affolaient.*
[14] *un fléau.*
[15] *aux aguets.*
[16] *lancer le terrible coup de fouet.*
[17] *tel un fléau d'arme.*
[18] *s'écroulait.*
[19] *cages thoraciques.*
[20] *poutres brisées.*
[21] *l'assaut.*
[22] *les toits.*
[23] *les jalousies.*
[24] *les maçonneries.*
[25] *rasées par la colère.*
[26] *des gratte-ciel.*
[27] *leur inauguration.*
[28] *du trafic.*
[29] *poulpes, araignées, millepattes.*

Compréhension du texte

1 *Sin comentarlo, resuma usted el texto en unas diez líneas, respetando el orden del relato.*
2 *« Estaban poseídos por una furia de destruir, construir, volver a destruir para volver a construir ». « Pintada en el cielo como un azote de Dios, estaba « la Bola ». A partir de estas dos frases ponga de realce, brevemente, el interés del texto.*

Expression personnelle

1 a) ¿Cómo da cuenta Alejo Carpentier de la furia constructora que se apoderó de los venezolanos? Analice en particular los procedimientos estilísticos.
b) Estudie la presentación que se hace de «la Bola». ¿Qué efecto surte?
c) «Y después se levantaban rascacielos...» Comente estas últimas líneas.
2 Elija y discuta un aspecto del texto que le haya llamado la atención.

Compétence linguistique

1 a) Mettez au futur depuis : « Y después se levantaban rascacielos... » jusqu'à « ... su estreno. »
b) « Y donde se detenía la Bola se instalaba el cataclismo : volarían las techumbres. » Récrivez cette phrase en mettant le premier verbe au présent de l'indicatif et en faisant les transformations qui s'imposent.
2 Complétez l'amorce suivante : « Ya no quedará nada de la ciudad cuando... ».
3 *Se* levantaban rascacielos. Utilisez cette tournure indéfinie dans une ou deux phrases pour présenter « la Bola » et les gens qui la regardent.
4 Traduisez depuis « Estaban poseídos por una furia... » jusqu'à « ... cuatricentenaria urbe » et depuis « Ahí viene la Bola... » jusqu'à « ... el cataclismo. »

Colombia y Venezuela

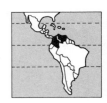

Bogotá.

Agricultura : retorno a los orígenes

Quito. — Huertos familiares de 10 metros cuadrados que no utilizan agroquímicos[1] y son capaces de proporcionar una extensa variedad de hortalizas[2] frescas durante todo el año a 25 personas, están siendo experimentados con éxito en varias chacras[3] de Otávalo[4].

Se trata de una tecnología dirigida a pequeños productores, que procura determinar junto a las organizaciones campesinas la factibilidad[5] de generar un modo de cultivo acorde con la realidad económica, social y cultural de las comunidades, sin atentar contra el sistema ecológico.

El experimento está a cargo del Centro de Tecnología Popular (Centep), creado por la Fundación Brethren Unida (FBU), entidad privada nacional.

En lugar de los agroquímicos, la fertilización se hace en base al[6] compost (materia orgánica en descomposición), mientras que los controles de plagas[7] y enfermedades se controlan con extractos de plantas tales como la ortiga[8], el tabaco, el guano, la ceniza[9] vegetal o la asociación de plantas oleráceas (perejil, culantro o cilantro, cebolla[10]).

El compost utiliza el principio del «cultivo asociado», que consiste en la reunión de seis cultivos diferentes al mismo tiempo en una parcela : maíz, frijol, haba, quinua, zapallos y chochos[11].

De ese modo, el suelo es cubierto con las plantas de cultivo, manteniendo la humedad, evitando la evaporación del agua y la proliferación de malezas[12]. Así, se establece un equilibrio entre el consumo de los nutrientes[13] del suelo, pues mientras los cereales extraen nitrógeno, las leguminosas los fijan a través de las raíces.

Los productos obtenidos con este tipo de cultivo se complementan nutricionalmente : los cereales proporcionan carbohidratos y las leguminosas aportan proteínas, lo cual científicamente balancea la dieta[14] campesina.

El objetivo del Centep es producir más eficientemente[15] y mejor al menor costo posible. En las comunidades, los técnicos discuten los problemas con los campesinos, realizan talleres[16] sobre dichos problemas y de esta convivencia acopian[17] sistemáticamente datos antiquísimos que luego se convierten en proyectos de investigación.

Lo innovador radica en la metodología de investigación[18], que trata de afrontar los inconvenientes tecnológicos a partir de las propias necesidades de los campesinos, comentando sus experiencias y respetando sus valores y cultura.

La tecnología popular supone participación campesina, el reconocimiento de un determinado concepto de avance científico del que aún quedan secuelas[19] refugiadas en las pequeñas parcelas (minifundios) y que constituyeron hace cientos de años una tecnología eficiente.

Summa, nº 45, 2/5/1986.

---

[1] *d'engrais chimiques*. - [2] *légumes*. - [3] *(Am.) des fermes*. - [4] en Ecuador. - [5] *la posibilidad*. - [6] *gracias al*. - [7] *daños o enfermedades*. - [8] *l'ortie*. - [9] *la cendre*. - [10] *persil, coriandre, oignon*. - [11] *haricot, fève, quinoa, calebasse, et lupin*. - [12] *broussailles*. - [13] *nutrir, nourrir*. - [14] *équilibre le régime alimentaire*. - [15] *eficazmente*. - [16] *des ateliers*. - [17] *acopiar, réunir*. - [18] *de recherche*. — [19] *des vestiges*.

Para empezar

- *Se trata de generar un modo de cultivo acorde con la realidad económica, social y cultural de las comunidades. ¿En qué condensa esta frase lo esencial del texto?*

Analicemos

1 *¿Qué ventajas económicas ofrece la tecnología descrita por el periodista? ¿Por qué aparece especialmente adecuada a las comunidades andinas?*

2 *Explicite el título y diga cómo vienen a reunirse ecología y cultura en esta experiencia.*

3 *En este tipo de cultivo colaboran campesinos y científicos. Muéstrelo insistiendo en las aportaciones mutuas.*

Practicando se aprende

1 *Comment pourrait-on dire autrement :* huertos familiares **están siendo experimentados en varias chacras** *(gramm. p. 210).*

2 *Présentez les activités du Centep en complétant les phrases suivantes :* **el Centep procura... ; su acción consiste... ; también trata... ; su eficacia radica...**

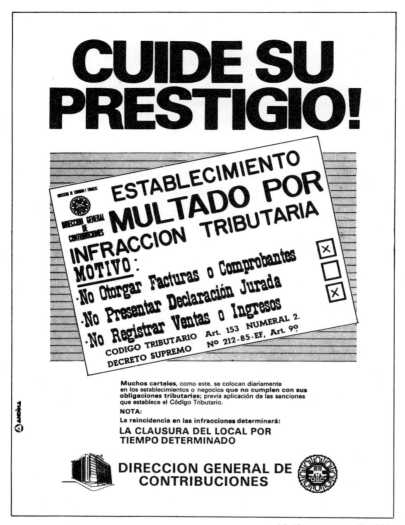

Visión peruana, 7/1986.

[1] cuidar, *soigner.* - [2] multar, *frapper d'une amende.* - [3] tributaria, *fiscale.* - [4] otorgar, *délivrer, remettre.* - [5] comprobantes, *des justificatifs.* - [6] declaración jurada, *une déclaration sur l'honneur.* - [7] no registrar ventas o ingresos, *ne pas tenir de registre de ventes et recettes.* - [8] carteles, *des panonceaux.* — [9] cumplir con su obligación, *accomplir son devoir.* - [10] previa aplicación, *après application.* - [11] la reincidencia, *la récidive.* - [12] la clausura, *la fermeture.*

Para empezar
- *¿Qué organismo promociona esta campaña?*

Analicemos
1 *Comente este anuncio insistiendo en su composición y poniendo de realce los procedimientos publicitarios de los que se vale.*
2 *¿Qué sentimientos quiere despertar en los ciudadanos la Dirección General de Contribuciones y con qué fin? ¿Qué revela este documento de algunos mecanismos económicos del Perú?*

Practicando se aprende
1 *Complétez les amorces suivantes :* **el Estado multará a quienes...; se clausurarían los locales de los que...** *(gramm. p. 228).*
2 **No otorgar. No presentar. No registrar.** *Transformez ces motifs d'infraction en ordres, en utilisant successivement le tutoiement et le vouvoiement, le singulier et le pluriel.*

El abogado¹ de los indios

— Los comuneros² necesitamos un abogado defensor. Usted es testigo de nuestros trabajos para conseguirlo. Aquí casi todos son sirvientes de la Compañía³. Necesitamos un abogado que nos represente en nuestras luchas. ¡Un abogado que no se venda, don Genaro!

— Todavía no soy abogado. He terminado mis estudios pero no he presentado mi tesis.

— Los aquí presentes venimos a decirle que nuestras comunidades desean sostenerlo económicamente todo el tiempo que usted necesite para graduarse⁴. Pero luego regresará para asesorarnos⁵ y defendernos.

«En el Perú un indio nunca ha ganado un juicio⁶», recordó Ledesma.

— Acepto. Con una condición : que el dinero que ustedes me darán sea considerado un préstamo⁷. Yo lo devolveré a su tiempo.

Días después partió con cuatro mil soles : producto de la primera colecta de los comuneros de Cerro de Pasco⁸ para su futuro abogado.

En Trujillo⁹ se dedicó a la tesis. Sabía lo que costaba (¿cuántas horas se inclina un comunero sobre el surco¹⁰ para ganar diez soles?) cada día de sus estudios. En seis meses concluyó. Cada 30 días, por intermedio de «Transportes Arellano», recibía mil soles y regalos : quesos, bolsas de papas y jabas¹¹ con gallinas que por favor no le manden más regalos, señor Ledesma, que nos dejan los ómnibus convertidos en una miseria. Por su parte, todos los meses, él informaba de sus progresos a Fidel Peña y a Fortunato Herrera. En noviembre supieron que la tesis estaba lista : la presentaría en diciembre. Esa vez le enviaron mil quinientos soles : mil para los gastos y quinientos para la champañada que tendría que ofrecer con motivo de su grado.

La tempestad bloqueaba los camiones y los ómnibus en la carretera. En el maletín traía el Diploma.

El ómnibus entró a la plaza Carrión. Mareado por la fatiga, por la emoción, por la altura, descendió : lo encerró el abrazo de Fortunato Herrera.

— ¡Viva el doctor Genaro Ledesma!

— ¡Viva el abogado defensor de los comuneros de Pasco! — lo aclamaron, se encargaron de la maleta, de las cajas de libros.

— Le tenemos una sorpresa, señor Alcalde — anunció Fortunato Herrera, feliz —. Sírvase¹² acompañarnos...

Se detuvieron ante una puerta : la iluminaron con docenas de linternas de pilas. Fortunato Herrera sacó una llave y la abrió teatralmente.

— Pase a su despacho¹³, señor Alcalde.

Entró a una salita amueblada con un sencillo sofá y varias sillas (después se percataría¹⁴ que en los respaldares de madera, los ebanistas habían grabado : «Genaro Ledesma, Abogado Defensor de los Comuneros de Cerro de Pasco») y luego a su despacho : un escritorio, un sillón, un armario y una bandera del Perú.

Se le anudó la garganta¹⁵.

Manuel Scorza, *La tumba del relámpago*, 1978.

¹ *l'avocat.*
² (miembros de una comunidad indígena).
³ (compañía norteamericana de explotación minera).
⁴ *obtenir votre titre.*
⁵ *nous conseiller.*
⁶ *un procès.*
⁷ *un prêt.*
⁸ nombre de la Compañía y del pueblo en que se instaló.
⁹ (ciudad del norte del Perú).
¹⁰ *le sillon.*
¹¹ (Am.), *des paniers.*
¹² *Veuillez.*
¹³ *Entrez dans votre bureau.*
¹⁴ percatarse, *se rendre compte.*
¹⁵ *sa gorge se serra.*

Para empezar

1. Resuma usted el texto respetando su cronología y los diferentes tiempos empleados en cada una de sus partes.
2. *Los comuneros necesitamos un abogado defensor.* Apoyándose en esta frase diga cuál es el interés del texto.

Analicemos

1. *Líneas 1-18* : entresaque y comente las frases que le parecen expresar mejor la situación de los comuneros. ¿En qué consiste la proposición de los indios? ¿Con qué motivo y condición la aceptó Genaro?
2. ¿Qué sentimientos mueven a Genaro y a los indios?
3. *Líneas 19-32* : **en seis meses concluyó.** ¿Qué revela esta frase de la personalidad de Genaro? Comente la actitud de los comuneros. ¿Quedaron defraudados?
4. *Líneas 33-50* : comente la acogida que recibió Genaro Ledesma a su regreso al pueblo. **Se le anudó la garganta.** ¿Por qué será?

Para concluir

1. ¿En qué estriba lo conmovedor de la página?
2. Haga usted un balance de los aspectos sociales y humanos evocados en este texto.

Practicando se aprende

1. *Luego regresará para asesorarnos y defendernos.* Récrivez cette phrase en remplaçant le verbe principal par une subordonnée temporelle introduite par **cuando...** (gramm. p. 227).
2. *Los comuneros necesitamos un abogado que nos represente en nuestras luchas.* Sur ce modèle et en changeant le verbe de la relative, Genaro s'adresse aux indiens en les tutoyant : **los comuneros...**
3. *No le manden más regalos.* Faites de cette défense un ordre adressé directement aux Indiens (à la 2ᵉ pers. du plur.) par Ledesma (gramm. p. 213).
4. Traduisez le texte depuis le début jusqu'à « ... recordó Ledesma ».

Bolivia
Ecuador
Perú

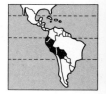

Christian Sarramon, *Indios Otávalos,* Ecuador, 1983.

«Reclame»

```
                    Hoy la Luna está de compras
                      Desde un tranvía
                   el sol como un pasajero
                        lee la ciudad
 5          las esquinas
            adelgazan a los viandantes¹              ¹ los peatones.
            y el viento empuja
              los coches de alquiler
               Se botan² programas de la luna        ² tirar.
10                (se dará la tierra)
            Película sportiva³ pasada dos veces     ³ (angl.),
                 L               s                    deportiva.
                  o               m
                   s               u
15                                  b
                     p               l
                      e               a
                       r               n
                        f               e
20                       u               r
                          m               b
                           e
                            sa
            de miradas internacionales
            El policeman domestica la brisa
25          y el ruido de los claksons ha puesto los vestidos azules.
          r  Novedad
          o  Todos los poetas han salido de la tecla U de la Underwood⁴   ⁴ máquina
          s                                                                 de escribir
          n                                                                 americana.
30        e
          c
          s
          a
          n  compró para la luna 5 metros de poemas
35        u
```

Carlos Oquendo de Amat, *5 metros de poemas*, 1927.

Para empezar

- *Fíjese en el título. ¿Qué aspectos de la vida ciudadana subraya? Destaque, en el poema, las palabras que los recalcan.*

Analicemos

1 *Versos 1-4 : ¿qué ambiente crean estos versos? Fíjese también en su disposición tipográfica.*
2 *Versos 5-10 : destaque el aspecto visual y dinámico de la evocación. ¿Qué impresión produce?*
3 *Versos 11-26 : analice los diferentes elementos que aparecen en estos versos así como el empleo de voces extranjeras y la disposición de las palabras. ¿Cómo presentan a la ciudad?*
4 *Caracterice el tono en el final del poema, en particular en el último verso.*

Herman Braun-Vega, *Goeden Dag Mynheer Vermeer (Buenos días, señor Vermeer)*, 1981.

Acrílico sobre lienzo, 89 × 114 cm.

Analicemos

1 *Estudie los elementos que componen esta pintura y su organización.*
2 *La inscripción «N-S 81» remite a la cumbre de Cancún en 1981 sobre el tema de las relaciones Norte-Sur. ¿Qué aporta al conjunto? Comente las miradas de los personajes.*
3 *El lienzo consta de varios cuadros. ¿A qué remite cada uno y qué provoca su yuxtaposición? ¿Cómo lo recalcan los recursos plásticos (colores, luz, composición)?*
4 *Diga qué alcance tiene la pintura de Braun-Vega y de qué manera se consigue.*

Anónimo, Escuela de Cuzco,
Arcángel Gabriel, siglo XVII.
Témpera, 120 × 150 cm.

Para empezar

- «*En el mes sexto fue enviado el ángel Gabriel de parte de Dios a una virgen desposada con un varón de nombre José (...) El ángel le dijo : No temas María, porque has hallado gracia delante de Dios y concebirás en tu seno y darás a luz un hijo a quien pondrás por nombre Jesús.*» Evangelio de San Lucas, I 26-31.

Analicemos

1 ¿Qué elementos permiten identificar al Arcángel Gabriel e ilustrar la misión que Dios le confió? ¿En qué se nota la influencia de la época del pintor?
2 Analice los recursos plásticos (colores, luz, composición...) utilizados por el artista para recalcar la solemnidad y el significado de la Anunciación?

José Gamarra, *San Jorge y el Gorila,* 1979.
Óleo sobre lienzo, 150 × 125 cm.

Para empezar
1 San Jorge se suele representar a pie o a caballo, en combate contra un dragón para salvar a una princesa.
2 Resuma la escena narrada por el lienzo y diga dónde pasa.

Analicemos
1 Asistimos a una lucha simbólica. Comente lo que representa cada combatiente y la nueva dimensión que cobra la leyenda sagrada.
2 La oposición entre ambos lidiadores se nota también en la manera de pintarlos. Muéstrelo.
3 El pueblo americano aparece en el grupo que presencia la escena. Identifique a los personajes y diga cómo ellos y el universo celebran la victoria sobre el Mal.

Para concluir
• ¿Qué significado tendrá el cuadro ya que la escena está ubicada en América latina?

Hernán Miranda Castillo, *Paisaje urbano,* 1985.
Óleo sobre lino, 260 × 170 cm.

Analicemos

1 *Examine la obra a la luz de su título y diga usted qué elementos la constituyen y cómo está organizada.*
2 *Muestre cómo y con qué medios establece el pintor un juego entre interiores y exteriores.*
3 *Comente el uso que se hace de los colores.*
4 *Analice el significado y el alcance de la presencia humana.*

Para concluir

- *¿Qué sentimientos experimenta usted frente a este cuadro y a la visión de la ciudad plasmada por el pintor?*

El secreto de la creación

**Bolivia
Ecuador
Perú**

— Tengo mis estrategias para que la jornada resulte variopinta[1] — nos confesó.

Bajando la voz, como para que no fueran a descubrir su secreto fantasmales competidores[2], nos dijo que nunca escribía más de sesenta minutos una misma historia y que pasar de un tema a otro era refrescante, pues cada hora tenía la sensación de estar principiando[3] a trabajar.

— En la variación se encuentra el gusto[4], señores — repetía, con ojos excitados y muecas[5] de gnomo maléfico.

Para eso era importante que las historias estuvieran ordenadas no por afinidad sino por contraste : el cambio total de clima, lugar, asunto y personajes reforzaba la sensación renovadora. De otro lado, los matecitos de yerbaluisa y menta[6] eran útiles, desatoraban[7] los conductos cerebrales y la imaginación lo agradecía. Y eso de, cada cierto tiempo, dejar la máquina para ir al estudio, ese pasar de escribir a dirigir e interpretar era también descanso, una transición que entonaba[8].

Nos quedó observando, en silencio, como el ilusionista que contempla, satisfecho, la atención que ha conseguido despertar. Luego, con lentitud sacerdotal, se levantó (estaba sentado en la ventana, junto al primus[9]), fue hasta la maleta, la abrió, y empezó a sacar de sus entrañas, como el prestidigitador saca palomas o banderas del sombrero de copa[10], una inesperada colección de objetos : una peluca de magistrado inglés, bigotes postizos[11] de distintos tamaños, un casco de bombero[12], una insignia de militar, caretas[13] de mujer gorda, de anciano, de niño estúpido, la varita del policía de tránsito, la gorra y la pipa del lobo de mar, el mandil[14] blanco del médico, narices falsas, orejas postizas, barbas de algodón... Como una figurita eléctrica, mostraba los artefactos[15] y, ¿para que los apreciáramos mejor, por una necesidad íntima?, se los iba enfundando[16], acomodando, quitando, con una agilidad que delataba una persistente costumbre, un asiduo manejo[17]. De este modo, ante la tía Julia y yo, que lo mirábamos embobados[18], Pedro Camacho, mediante cambio de atuendo, se transformaba en un médico, en un marino, en un juez, en una anciana, en un mendigo, en una beata[19], en un cardenal... Al mismo tiempo que operaba estas mudanzas, iba hablando, lleno de ardor :

— ¿Por qué no voy a tener derecho, para consubstanciarme[20] con personajes de mi propiedad, a parecerme a ellos? ¿Quién me prohíbe tener, mientras los escribo, sus narices, sus pelos y sus levitas[21]? ¿A quién le importa que aceite la imaginación con unos trapos? ¿Qué cosa es el realismo, señores, el tan mentado[22] realismo qué cosa es? ¿Qué mejor manera de hacer arte realista que identificándose materialmente con la realidad? ¿Y no resulta así la jornada más llevadera[23], más amena, más movida?

— ¿Esos disfraces se los consigue en función de los personajes o inventa los personajes a partir de disfraces que ya tiene? — le pregunté, por decir algo, todavía sin salir del asombro.

Me miró como a un recién nacido :

— Se nota que es usted muy joven — me reprendió con suavidad —. ¿No sabe acaso que lo primero es siempre el verbo?[24]

Mario Vargas Llosa, *La tía Julia y el escribidor,* 1977.

[1] *ne soit pas monotone.*
[2] *concurrents.*
[3] principiar, empezar.
[4] aquí, el placer.
[5] *des grimaces.*
[6] *les infusions de citronnelle et de menthe.*
[7] desatorar, *déboucher.*
[8] entonar, *ici, revigorer.*
[9] *près du réchaud.*
[10] *chapeau haut de forme.*
[11] *des fausses moustaches.*
[12] *pompier.*
[13] *des masques.*
[14] *la blouse.*
[15] *les accessoires.*
[16] enfundar, *enfiler.*
[17] *maniement.*
[18] *ébahis.*
[19] *une bigote.*
[20] penetrarme de la substancia.
[21] *leurs redingotes.*
[22] tan famoso.
[23] *plus supportable.*
[24] « Al principio era el Verbo », cita sacada de la Biblia.

Para empezar

1. *El narrador, Mario, un joven escritor, y la Tía Julia visitan a Pedro Camacho, extraño « escribidor » (écrivaillon) de radionovelas muy apreciadas por los oyentes de la radio limeña.*
2. **Tengo mis estrategias para que la jornada resulte variopinta.** *¿En qué ilustra esta frase el tema y el tono del texto?*

Analicemos

1. *Líneas 1-17 : ¿de qué manera Pedro Camacho vive su trabajo? ¿Qué asoma aquí de su personalidad?*
2. *Líneas 18-36 : ponga de relieve la teatralidad de esta escena. ¿Qué efectos surte? ¿Qué reflexiones le sugieren estas líneas sobre ficción y realidad?*
3. *Líneas 36-45 : analice la larga réplica de Camacho, sus consideraciones acerca de la literatura y el tono empleado.*
4. *Líneas 46-51 : ¿en qué estriba el humorismo del final?*

Para concluir

1. *¿Cómo aparece aquí el talento literario de Vargas Llosa?*
2. *¿De qué manera enfoca esta página el problema de la creación?*

Practicando se aprende

1. *Mettez au présent de l'indicatif depuis « Para eso era importante... » jusqu'à « ... una inesperada colección de objetos. »*
2. *Dans la logique du texte, complétez les amorces suivantes :* **Pedro Camacho quería pasar de una radionovela a otra para que... ; se disfrazaba los domingos para que... ; se los ponía y quitaba para que... ; para él importaba que...** *(gramm. p. 226).*
3. *Se los* **iba** *en***fundando,** *acomo***dando,** *qui***tando...** *Réutilisez ce semi-auxiliaire, ainsi que d'autres, en vous inspirant du contexte (gramm. p. 230).*
4. *Traduisez depuis « ¿Por qué no voy a tener... » jusqu'à « ... más movida ».*

EL PAÍS

El mercadillo eterno de La Paz

No sé si, como dicen, antes había en La Paz menos indios porque no los dejaban entrar en las grandes ciudades, pero hoy en día la capital boliviana hormiguea[1] de ellos.

Indios en todas partes, descubiertos o con fieltros[2], ellos, con su bombín[3] tradicional, ellas, ese bombín tan asombroso en latitudes lejanas de su origen británico y cuya adaptación se explica por varias teorías; un bombín que se lleva no encajado sino encaramado[4], coronando la cabeza de cabellos negrísimos. Más abajo, la « pollera », o falda de amplio vuelo, y en la espalda, el inevitable fardo[5], que

puede ser el niño dormido o las mercancías de procedencia[6] más o menos legal...

A ambos lados, hasta perderse de vista, hay tenderetes[7] o sencillamente unas mantas extendidas en el suelo sobre las cuales aparecen objetos de todas clases.

— Es un mercadillo... ¿Un día a la semana?

— Mercadillo eterno. Todos los días y todo el día están aquí. Los comerciantes con establecimiento abierto y pago de tasas[8] municipales se quejan con razón, pero no consiguen que el Gobierno haga nada para evitar esa competencia ilícita. Se les dejó en los primeros tiempos y ahora ya constituyen lo que en el capitalismo se llama grupos de presión. En cuanto se amenaza a sus actividades pueden movilizar, entre parientes y amigos, 30 000 personas que llenan las calles gritando, y acaban haciéndose oír. Ya es parte de la vida de La Paz.

He recorrido despaciosamente esos campamentos comerciales en los que madres e hijos — pocas veces se ve a un hombre — esperan pacientemente la llegada del comprador del trapo[9], de la baratija[10], de la fruta seca o del juguete.

Sí, es una vida social la del vendedor. Una señora argentina conocida mía vio en un puesto varios limones. Preguntó el precio, le parecieron baratos y sin discutirlo quiso quedarse con todos.

— Ah, no, dijo la vendedora.

— ¿Por qué no? Ni siquiera he regateado[11]. Me los llevo todos. ¿Por qué no quiere vendérmelos?

Contestó la india:

— ¿Y qué hago yo luego toda la tarde?

Necesidad vital, pretexto social, forma de vida. Ésta es la veta callejera[12] de La Paz, el 80 % de su venta y la impresión del viajero es de asombro. Aquí todo el mundo parece vender... Pero ¿a quién? Parece haber cinco puestos para cada cliente, un cliente además modesto, a juzgar por las apariencias. ¿Quién compra a todos esos vendedores?

Fernando Díaz-Plaja,
El País, 8/8/1979.

**Bolivia
Ecuador
Perú**

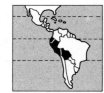

---

[1] hormiguear, *fourmiller.* - [2] (sombreros). - [3] *chapeau melon.* - [4] *non pas enfoncé mais juché.* - [5] *le ballot.* - [6] *de origen.* - [7] *des étals.* - [8] *taxes.* - [9] *du chiffon.* - [10] *de la babiole.* - [11] regatear, *marchander.* - [12] *la richesse des rues.*

Para empezar

1. *¿Cuál es el grupo étnico predominante en La Paz? Sitúe esta capital en el mapa.*
2. *Explique lo de* **mercadillo eterno.**

Analicemos

1. *Describa la vestimenta tradicional de los indios y señale las reacciones de Díaz-Plaja.*
2. *Vaya apuntando los detalles que denotan que los indios viven marginados.*
3. *Explique por qué llegan a constituir un* **grupo de presión** *y coméntelo, relacionándolo con la pregunta precedente.*
4. *¿Qué revela la anécdota de la vendedora que se negó a vender toda su mercancía de una sola vez?*

Para concluir

- *Fernando Díaz Plaja es madrileño. ¿En qué orienta eso su percepción de la realidad boliviana?*

Practicando se aprende

1. *« Me los llevo todos », « ¿Por qué no quiere vendérmelos? » : mettez à la 3ᵉ personne du singulier le verbe et les pronoms qui sont à la 1ʳᵉ (gramm. p. 207).*
2. *Mettez au pluriel : « se ve a un hombre » (gramm. p. 208).*
3. *Reformulez la phrase suivante en imaginant qu'elle concerne des faits à venir : « en cuanto se amenaza a sus actividades... » jusqu'à « ... y acaban haciéndose oír » (gramm. p. 227).*
4. **Los comerciantes se quejaron con razón, pero...** *: récrivez ce paragraphe jusqu'à « ... la vida de La Paz » en employant les temps du passé qui conviennent.*
5. *El bombín* **cuya** *adaptación, unas mantas sobre* **las cuales,** *esos campamentos* **en los que** *madres e hijos esperan : reprenez les pronoms relatifs en gras dans de nouvelles phrases se rapportant au texte.*
6. *Traduisez la première phrase jusqu'à « ... hormiguea de ellos ».*

Puro Chile es tu cielo azulado

Entonces, a plena luna llena, en una noche azul como he visto muy pocas, ronca[1] y ardiente, solemne y grave, se elevó el coro de nuestra Canción Nacional. Nunca la he oído más bella. La noche azul era infinitamente vasta y planetaria, como una bóveda[2] fija iluminada. La luna misma parecía haberse detenido sobre el pobre campamento.

Y en aquel silencio cientos de voces ásperas[3] y seguras, voces de pechos tan golpeados como los metales más nobles, voces de mujeres pampinas[4], voces como el viento indomable[5], voces puras salidas de corazones puros, cantaban en la noche celeste :

*Puro Chile es tu cielo azulado,
puras brisas te cruzan también,
y tu campo de flores bordado[6]
es la copia feliz del Edén.*

Hubiera querido llorar, llorar a gritos, llorar por años enteros. En aquel punto abandonado de la tierra, entre aquellas viviendas desoladas, rodeados[7] por el desierto cuya única voz es el crujido tétrico[8] de los salares[9] que resquebraja[10] la sombra o el sol, apartados de todo lo humano, apartados de todas las praderas[11] floridas, allí, con voz profunda.

y tu campo de flores bordado...

allí, rodeados de la inmensa noche solitaria que para otros seres de las ciudades es un río oscuro de placer, para otros hombres de los campos, un movimiento del viento entre los árboles y las estrellas, allí.

es la copia feliz del Edén...

allí donde la arena se tiñó[12] tantas veces de sangre, y los piques[13] se llenaron por toda la pampa de cadáveres, cuando en tantas veces pidieron tan poca cosa « otro pedazo no más de pan » como en los versos de Pezoa[14], allí donde el sol de fuego quema la extensión sin agua y el trabajo es tan violento y la vida tan miserable que nuestra raza se consume, allí.

*majestuosa es la blanca montaña
que te dio por baluarte[15] el Señor.*

Pensé una vez más que tenía que defenderlos. Defender, defender... ¡Qué extraña palabra! Defender al hombre, al pueblo, al número de la raza, a la célula de la patria, defenderlo de otros hombres.

Pablo Neruda, *Obras completas.*

[1] *rauque.*
[2] *une voûte.*
[3] *âpres, rudes.*
[4] *de la pampa.*
[5] *indomptable.*
[6] bordar, *broder.*
[7] el autor habla de los trabajadores del salitre.
[8] *le crissement lugubre.*
[9] *les salines,* (minas de salitre : de nitrate).
[10] resquebrajar, *craqueler.*
[11] *les prairies.*
[12] teñir, *teinter.*
[13] *les sentiers.*
[14] Francisco Pezoa, autor de dolorosas estrofas sobre la matanza de los trabajadores en Iquique.
[15] *rempart.*

Para empezar

1. ¿A qué asiste el poeta y qué despierta en él la escena?
2. ¿Cómo se construye el texto y qué efectos surte la vuelta regular del canto?
3. **Nunca la he oído más bella. Pensé una vez más que tenía que defenderlos.** A partir de estas dos frases diga cuál es el interés del texto.

Analicemos

1. Líneas 1-6 : describa la escena y explique de dónde procede la poesía.
2. Líneas 7-14 : analice cómo se evocan las voces y el ambiente que se crea. Caracterice el canto y su tonalidad.
3. Líneas 15-26 : ¿qué nuevas dimensiones cobran estas líneas? Defina los sentimientos que se apoderan del poeta y cómo los expresa.
4. Líneas 27-34 : ¿qué imagen de la tierra y de los hombres chilenos quiere comunicar el poeta y con qué tono? Destaque y comente los recursos poéticos.
5. Líneas 35-38 : ¿cuál es la misión que se asigna el autor y cómo lo recalca?
6. Analice el himno y diga qué relaciones se establecen entre éste y las evocaciones de Neruda.

Para concluir

1. ¿A qué se debe lo conmovedor de esta página?
2. ¿Qué mensaje querrá comunicar Neruda?

Practicando se aprende

1. **¡Qué extraña palabra!** Comment pourrait-on dire autrement? Utilisez ces tournures exclamatives pour commenter le texte (gramm. p. 235).
2. Pensé que **tenía que** defenderlos. En respectant le temps transformez cette obligation personnelle en une ou deux tournures impersonnelles (gramm. p. 232).
3. **Nunca** la he oído más bella. Comment peut-on construire autrement la tournure négative? (gramm. p. 207).
4. El trabajo es **tan** violento y la vida **tan** miserable **que** nuestra raza se consume allí. Utilisez cette structure pour évoquer les souffrances du peuple chilien et les réactions du poète.
5. Rodeados por el desierto **cuya** única voz es el crujido. Employez ce relatif dans des phrases se rapportant au passage (gramm. p. 209).

Fernando Orellana, Valparaíso, 1984.

PRÁCTICAS

El café vienés

Esteban podía recordar el momento exacto en que se dio cuenta que su hermana era una sombra fatídica. Fue cuando ganó su primer sueldo[1]. Decidió que se reservaría cincuenta centavos para cumplir un sueño que acariciaba[2] desde la infancia : tomar un café vienés. Había visto, a través de las ventanas del Hotel Francés, a los mozos[3] que pasaban con las bandejas[4] suspendidas sobre sus cabezas, llevando unos tesoros : altas copas de cristal coronadas por torres de crema batida y decoradas con una hermosa guinda glaceada[5]. El día de su primer sueldo pasó delante del establecimiento muchas veces antes de atreverse a[6] entrar. Por último cruzó con timidez el umbral[7], con la boina[8] en la mano, y avanzó hacia el lujoso comedor, entre lámparas de lágrimas[9] y muebles de estilo, con la sensación de que todo el mundo lo miraba, que mil ojos juzgaban su traje[10] demasiado estrecho y sus zapatos viejos. Se sentó en la punta de la silla, las orejas calientes, y le hizo el pedido al mozo con un hilo de voz. Esperó con impaciencia, espiando por los espejos el ir y venir de la gente, saboreando de antemano[11] aquel placer tantas veces imaginado. Y llegó su café vienés, mucho más impresionante de lo imaginado, soberbio[12], delicioso, acompañado por tres galletitas de miel. Lo contempló fascinado por un largo rato. Finalmente se atrevió a tomar la cucharilla de mango largo y con un suspiro de dicha[13], la hundió en la crema. Tenía la boca hecha agua. Estaba dispuesto a hacer durar ese instante lo más posible, estirarlo hasta el infinito. Comenzó a revolver viendo cómo se mezclaba el líquido oscuro del vaso con la espuma de la crema. Revolvió, revolvió, revolvió... Y, de pronto, la punta de la cucharilla golpeó el cristal, abriendo un orificio por donde saltó el café a presión. Le cayó en la ropa. Esteban, horrorizado, vio todo el contenido del vaso desparramarse[14] sobre su único traje, ante la mirada divertida de los ocupantes de otras mesas. Se paró, pálido de frustración, y salió del Hotel Francés con cincuenta centavos menos, dejando a su paso un reguero[15] de café vienés sobre las mullidas alfombras[16]. Llegó a su casa chorreado[17], furioso, descompuesto. Cuando Férula se enteró de lo que había sucedido, comentó ácidamente : « eso te pasa por gastar el dinero de las medicinas de mamá en tus caprichos. Dios te castigó[18] ». En ese momento Esteban vio con claridad los mecanismos que usaba su hermana para dominarlo, la forma en que conseguía hacerlo sentirse culpable y comprendió que debía ponerse a salvo[19].

Isabel Allende, *La casa de los espíritus*, 1982.

[1] *salaire.*
[2] *réaliser un rêve qu'il caressait.*
[3] *camareros.*
[4] *leurs plateaux.*
[5] *cerise confite.*
[6] *oser.*
[7] *le seuil.*
[8] *son béret.*
[9] *(pendeloques de cristal).*
[10] *son costume.*
[11] *savourant à l'avance.*
[12] *magnifique.*
[13] *de bonheur.*
[14] *se répandre.*
[15] *une traînée.*
[16] *les tapis moëlleux.*
[17] *trempé.*
[18] *castigar, punir.*
[19] *se mettre à l'abri.*

Compréhension du texte

1. Sin comentarlo, resuma usted el texto en unas diez líneas respetando el orden del relato.
2. « Cumplir un sueño que acariciaba desde la infancia ». « Se paró, pálido de frustración y salió del Hotel Francés ». A partir de estas dos frases ponga brevemente de relieve el interés de la página.

Expression personnel

1. a) Haga usted un retrato de Esteban. Diga lo que representaba para él el café vienés y cómo da cuenta de ello Isabel Allende.

b) El sueño se va transformando en una pesadilla. ¿Cómo se manifiesta esta progresión y cómo se difiere el desenlace?
c) Explique en qué consistían «los mecanismos que usaba» Férula para dominar a su hermano.
2 Elija y discuta un aspecto no comentado del texto que le haya llamado la atención.

Chile

Compétence linguistique

1 *a)* Passez au présent la phrase suivante : « se sentó en la punta de la silla y le hizo el pedido al mozo. »
b) Transcrivez cette même phrase à la première personne du passé simple.
2 « El momento exacto en que **se dio cuenta** ». En gardant l'expression en gras et en transformant le temps, complétez la question : « ¿Qué hará Esteban cuando...? »
3 *a)* « Llegó su café vienés, mucho **más** impresionante **de lo** imaginado ». Reprenez cette structure dans une phrase se rapportant au passage.
b) Utilisez la structure en gras dans d'autres phrases : **le** cayó en **la** ropa. ».
c) « Esto te pasa **por** gastar el dinero de las medicinas ». « Los mecanismos que usaba su hermana **para** dominarlo ». Reprenez ces deux prépositions dans une ou deux phrases.
4 Traduisez depuis « Llegó a su casa chorreando... » jusqu'à la fin du texte.

Valparaíso, se acabó

PRÁCTICAS

Languidecen[1] los puertos del mundo entero. En Nueva York, en Londres, en Sidney, las antiguas bodegas[2] se convierten en bodegones[3] para solaz[4] de los turistas ; se llenan de mesas, de comidas marineras, de anclas[5] y brindis[6], son pintadas de colores optimistas para ocultar el duelo[7].

Con la aparición de los contenedores[8], hasta los aromas exóticos de los puertos se desvanecen[9]. Los buques se quedan unas horas en vez de varios días ; el enjambre[10] de cargadores ha sido sustituido por grúas insaciables auxiliadas por computadoras[11]. Y a bordo no hay marineros alegres ; ahora hay técnicos habitualmente muy severos y expertos. Se mueven como fantasmas en sus buques enormes, casi deshabitados, pues no requieren de más hombres que un equipo de baby-fútbol.

Valparaíso ya sabe lo que es eso.

Y su crisis es más dramática que la de otros puertos.

La recesión económica y el terremoto[12] han hecho un trabajo de demolición con inobjetable eficiencia[13]. Pero eso no es todo. Hay muchas grandes-ciudades-que-tienen-puerto, en cambio Valparaíso es un puerto-que-tiene-una-pequeña-ciudad. O sea, es una ciudad a un puerto pegada.

«Por tal razón nuestra crisis es más completa», dice el dibujante Lukas. «Valparaíso nunca fue, en tamaño, una gran ciudad. Tuvo, eso sí, una enorme importancia nacional por mucho tiempo y fue pionera en numerosas actividades. Pero todo se debía, en último término, al puerto. Y a una época en que las comunicaciones se llamaban «puertos». Atrajo gentes, capitales, ideas, ñeque[14]. Y tuvo la suerte de estar «ahí» cuando el Pacífico era un hervidero[15], y pudo participar del festín con sólo levantar el dedo».

Eso se acabó.

Construido el canal de Panamá, perfeccionado el transporte por carreteras y vía aérea, robustecido el centralismo santiaguino, más otros fenómenos largamente discutidos en los últimos años, Valparaíso ha empezado a hablar más del ayer que del mañana, ha tomado el camino de la queja y la protesta. Nada hay para celebrar. Sus industrias se han reducido a una cuarta parte desde 1975 a la fecha, ya tiene menos habitantes que Viña del Mar[16] y se han multiplicado los comités de defensa, tan mal augurio como los buitres[17] para un moribundo solitario.

Revista del Domingo,
16/2/1986.

---

[1] Languidecer, *languir*. - [2] *les docks, les entrepôts*. - [3] *natures mortes*. - [4] el descanso, el placer. - [5] *d'ancres*. - [6] brindar, *porter un toast*. - [7] *le deuil*. - [8] *des containers*. - [9] desvanecerse, desaparecer. - [10] *l'essaim*. - [11] *par ordinateurs*. - [12] el terremoto de marzo de 1985. - [13] eficacia. - [14] *vigueur*. - [15] *une véritable ruche*. - [16] (famosa playa cerca de Valparaíso). - [17] *d'aussi mauvais augure que les vautours*.

Las colas[1]

Mientras el pueblo celebraba la victoria dejándose crecer los pelos y las barbas, tratándose unos a otros de compañeros, rescatando el folklore olvidado[2] y las artesanías populares y ejerciendo su nuevo poder en eternas e inútiles reuniones de trabajadores donde todos hablaban al mismo tiempo y nunca llegaban a ningún acuerdo, la derecha realizaba una serie de acciones estratégicas destinadas a hacer trizas[3] la economía y desprestigiar[4] al gobierno. Tenía en sus manos los medios de difusión más poderosos, contaba con recursos económicos casi ilimitados y con la ayuda de los gringos, que destinaron fondos secretos para el plan de sabotaje. A los pocos meses se pudieron apreciar los resultados. El pueblo se encontró por primera vez con suficiente dinero para cubrir[5] sus necesidades básicas y comprar algunas cosas que siempre deseó, pero no podía hacerlo, porque los almacenes estaban casi vacíos. Había comenzado el desabastecimiento[6], que llegó a ser una pesadilla colectiva. Las mujeres se levantaban al amanecer para pararse en las interminables colas donde podían adquirir un escuálido[7] pollo, media docena de pañales[8] o papel higiénico. El betún[9] para lustrar zapatos, las agujas[10] y el café pasaron a ser artículos de lujo que se regalaban envueltos en papel de fantasía para los cumpleaños. Se produjo la angustia de la escasez[11], el país estaba sacudido por oleadas[12] de rumores contradictorios que alertaban a la población sobre los productos que iban a faltar y la gente compraba lo que hubiera, sin medida, para prevenir el futuro. Se paraban en las colas sin saber lo que se estaba vendiendo, sólo para no dejar pasar la oportunidad de comprar algo, aunque no lo necesitaran. Surgieron profesionales de las colas, que por una suma razonable guardaban el puesto a otros, los vendedores de golosinas[13] que aprovechaban el tumulto para colocar sus chucherías[14] y los que alquilaban mantas para las colas nocturnas. Se desató[15] el mercado negro.

No había tiempo para tantas colas y los oficinistas tuvieron que desplazarse a pie o en bicicleta. Las calles se llenaron de ciclistas acezantes[16] y aquello parecía un delirio de holandeses. Así estaban las cosas cuando los camioneros se declararon en huelga. A la segunda semana fue evidente que no era un asunto laboral, sino político, y que no pensaban volver al trabajo. El ejército quiso hacerse cargo del problema, porque las hortalizas se estaban pudriendo en los campos y en los mercados no había nada que vender a las amas de casa, pero se encontró con que los choferes habían destripado[17] los motores y era imposible mover los millares[18] de camiones que ocupaban las carreteras como carcasas fosilizadas.

Isabel Allende, *La casa de los espíritus*, 1982.

---

[1] *Les files d'attente.* Hacer cola, *faire la queue.*
[2] *arrachant à l'oubli le folklore.*
[3] hacer trizas, *réduire en miettes.*
[4] *discréditer.*
[5] *subvenir à.*
[6] desabastecer, *désapprovisionner.*
[7] raquítico, flaco.
[8] *de couches pour bébés.*
[9] *le cirage.*
[10] *les aiguilles.*
[11] *la pénurie.*
[12] *des vagues.*
[13] *de friandises.*
[14] *leurs gourmandises.*
[15] *s'amplifia.*
[16] *haletants.*
[17] destripar, *éventrer, mettre en pièces.*
[18] *les milliers.*

Para empezar

1 ¿A qué período de la historia chilena y a qué circunstancias se refiere el texto?
2 *La derecha realizaba una serie de acciones estratégicas destinadas a hacer trizas la economía y desprestigiar al gobierno. — Se produjo la angustia de la escasez.*
¿En qué medida pueden estas dos frases resumir el fragmento?

Analicemos

1. *Líneas 1-10* : ¿qué visión se da de las fuerzas políticas? ¿Cuál es la posición del narrador?
2. *Líneas 11-24* : ¿en qué situación se encuentra el pueblo? ¿Cómo se puede explicar? Comente sus reacciones y el tono del relato.
3. *Líneas 24-33* : ponga de realce la dimensión que viene a cobrar la penuria y comente el ambiente que se va creando.
4. *Líneas 33-42* : la huelga de los camioneros tuvo una importancia primordial en el fracaso del Gobierno de Salvador Allende. ¿Qué pasó y de qué manera presenta la huelga el narrador?
5. **El desabastecimiento pasó a ser una pesadilla colectiva.** Analice lo que puede justificar este juicio.

Para concluir

- Insistiendo en los cambios de tono intente poner de relieve la posición de la narradora.

Practicando se aprende

1. **Los** *medios de difusión* **más** *poderosos.* Sur ce modèle utilisez les superlatifs pour indiquer les atouts et les faiblesses des deux camps (gramm. p. 236).
2. **Llegó a ser** *una pesadilla. Las agujas y el café* **pasaron a ser.** *Reprenez ces équivalents (ou d'autres) de « devenir » pour répondre, en particulier, aux questions 2 et 3. Attention à la valeur de chaque tournure (gramm. p. 231).*
3. *Comprar algo* **aunque no lo necesitaran.** *Au cours de votre commentaire du texte utilisez cette tournure restrictive avec le mode qui convient (gramm. p. 234).*

Chile

Santiago, Protesta de mineros, 1983.

La ausente *(tonada)*[1]

¿Por qué me vine de Chile,
tan bien que yo estaba allá[2]?
Ahora ando en tierras extrañas[3],
ay, cantando pero apenada.

5 Tengo en mi pecho una espina
que me clava sin cesar
en mi corazón que sufre
ay, por su tierra chilena.

10 Quiero bailar cueca[4],
quiero tomar chicha[5],
ir al mercado
y comprarme un pequén[6],
ir a Matucana[7]
y pasear por la quinta[8],
15 y al Santa Lucía[9]
contigo mi bien[10].

Antes de salir de Chile
yo no supe comprender
lo que vale ser chilena,
20 ay, ahora sí que lo sé.

Igual que lloran mis ojos
al cantar esta canción
así llora en mi guitarra,
ay, penosamente, el bordón[11].

25 Quiero bailar cueca,...

Violeta Parra.

[1] *chanson.*
[2] *quand j'étais si bien là-bas.*
[3] *extranjeras.*
[4] *baile chileno.*
[5] *bebida alcoholizada a base de maíz o frutas.*
[6] *un friand.*
[7] *la calle de Matucana.*
[8] *el parque de la quinta.*
[9] *tradicional paseo en una colina de Santiago.*
[10] *mon amour.*
[11] *le bourdon, la corde de basse.*

Discografía :
Letra y música de Violeta Parra.
© 1978 by NFC, 35, rue de Washington, Paris.

Para empezar

1 *Muestre que se resume en el título toda la canción.*
2 *¿Qué experimenta usted al escucharla?*

Analicemos

1 *Estrofas 1-2 : ¿cómo se evoca el exilio en estas dos estrofas?*
2 *Estribillo : ¿a qué se debe el cambio de ritmo y qué aporta? ¿Cómo manifiesta esta estrofa el amor de Violeta Parra por su tierra?*
3 *Estrofas 4-5 : ¿qué sentimientos se expresan en estos versos?*

Para concluir

• *Destaque el carácter popular de esta tonada. ¿Cómo lo refuerza la interpretación de Violeta Parra?*

Practicando se aprende

1 *Récrivez ce poème à la 3ᵉ personne du singulier.*
2 **Igual que** *lloran mis ojos : trouvez une expression équivalente.*
3 *Complétez la phrase suivante :* **comprenderá lo que vale ser chilena cuando...** *(gramm. p. 227).*
4 **Sí que** *lo sé : imitez cette tournure dans des phrases en rapport avec le poème.*

Se abrirán las alamedas[1]

Ya no quiero más canciones de lamentos
Porque en nada aliviarán[2] el sufrimiento
De mi amigo, de mi hermano tan lejano
Que soporta y resiste allá en Santiago.

5 Porque mañana se abrirán las alamedas
Porque mañana marchará la clase obrera
Porque mañana se oirá en toda la tierra
Que nuestro pueblo recuperó su bandera[3].

Sólo quiero que estos mis pobres cantares
10 Vuelen y crucen las montañas y los mares
Y el oído del patriota encarcelado[4]
Lo reciba como un canto esperanzado.

Porque mañana...

Yo quisiera compañeros de este exilio
15 Que buscáramos un sólido camino
Que llegara a las fronteras de la patria
A entregar[5] la unidad como destino.

Porque mañana...

Yo pretendo que este canto sea llama
20 Que mantenga encendida la mirada
De los hombres libres justos de la tierra
Y que hoy día nos entregan su confianza.

Ángel Parra.

[1] les allées bordées d'arbres.
[2] aliviar, soulager.
[3] son drapeau.
[4] la cárcel, la prison.
[5] dar.

Discografía :
Letra y música de Ángel Parra.
© 1977 by NFC, 35, rue de Washington, Paris.

Chile

Para empezar
1 ¿Dónde se encuentra el poeta y a quién se dirige?
2 ¿Cuál es la tonalidad de esta canción?

Analicemos
1 *Estrofas 1-2* : ¿qué rechaza el poeta y en nombre de qué? ¿Qué efectos surten la anáfora (repetición de la misma estructura al principio de los versos), el uso del futuro y del pretérito final?
2 *Estrofa 3* : ¿qué papel quiere darle el poeta a su propio canto y cómo lo expresa?
3 *Estrofas 4-5* : ¿a quiénes se dirige su llamamiento y cómo lo ensancha? ¿Qué valores se reivindican?

Para concluir
• ¿Cómo se unen música y letra para comunicar el mensaje del poeta cantante?

Practicando se aprende
1 Récrivez la troisième strophe en commençant ainsi : **el poeta quería que...**, et la cinquième par : **él pretendía que...**
2 Complétez en respectant l'idée du poème les phrases suivantes : **el poeta desea que..., quiere un país donde..., quisiera encontrar una solución que..., se abrirán las alamedas cuando...**
3 **Ya no** quiero más canciones : réutilisez cette structure dans la logique de cette chanson.
4 Traduisez le texte en essayant d'en respecter le rythme.

PRÁCTICAS

El puente que lo ha visto todo

> *En Santiago de Chile, por debajo de este puente, pasa el río Mapocho conocido «en el mundo entero por los cadáveres maltratados que arrastraban sus aguas en los meses siguientes al golpe militar. A principios de 1985, el director de cine chileno Miguel Littín estuvo en Chile por artes clandestinas durante seis semanas y filmó más de siete mil metros de película sobre la realidad de su país después de doce años de dictadura militar. Hace unos seis meses, cuando Miguel Littín me contó lo que había hecho, y cómo lo había hecho, pensé que detrás de su película había otra película sin hacer que corría el riesgo de quedarse inédita.»* (Gabriel García Márquez).

Lo que más me llamó la atención aquel viernes, después de tantos años sin ver esos santos lugares, fue la cantidad de jóvenes enamorados que se paseaban tomados por la cintura[1] por las terrazas sobre el río, besándose entre los puestos de flores[2] luminosas para los muertos de las tumbas cercanas, amándose despacio, sin preocuparse del tiempo incesante que se iba sin piedad por debajo de los puentes.

Desde antes de la Unidad Popular, los chilenos de trajes oscuros y paraguas, las mujeres pendientes de las novedades y las novelerías[3] de Europa, los bebés vestidos de conejos en sus cochecitos habían sido arrasados[4] por el viento renovador de los Beatles. Había una tendencia definida de la moda hacia la confusión de los sexos : el unisex. Las mujeres se cortaron el pelo casi a ras y les disputaron a los hombres los pantalones de caderas estrechas[5] y patas de elefante, y los hombres se dejaron crecer el cabello. Pero todo eso fue arrasado a su vez por el fanatismo gazmoño[6] de la dictadura. Toda una generación se cortó el cabello antes de que las patrullas militares se lo cortaran con bayonetas, como tantas veces lo hicieron en los primeros días del golpe de cuartel[7].

Hasta aquel viernes en los puentes del Mapocho yo no había caído en la cuenta[8] de que la juventud había vuelto a cambiar. La ciudad estaba tomada por una generación posterior a la mía. Los niños que tenían diez años cuando yo salí, capaces apenas de apreciar nuestra catástrofe en toda su magnitud[9], andaban ahora por los veintidós. Más tarde habíamos de encontrar nuevas evidencias de la forma en que esa generación que se ama a la luz pública había sabido preservarse de los silbos[10] constantes de seducción. Son ellos los que están imponiendo sus gustos, su modo de vivir, sus concepciones originales del amor, de las artes, de la política, en medio de la exasperación senil de la dictadura. No hay represión que los detenga. La música que se oye a todo volumen por todas partes — hasta en los autobuses blindados de los carabineros, que la oyen sin saber lo que oyen — son las canciones de los cubanos Silvio Rodríguez y Pablo Milanés[11]. Los niños que estaban en la escuela primaria en los años de Salvador Allende[12] son ahora los comandantes de la resistencia. Esto fue para mí una comprobación[13] reveladora, y al mismo tiempo inquietante, y por primera vez me pregunté si en realidad serviría para algo mi cosecha[14] de nostalgias.

Gabriel García Márquez,
La aventura de Miguel Littín clandestino en Chile, 1986.

[1] *en se tenant par la taille.*
[2] *entre les étals de fleurs.*
[3] *les dernières modes venues.*
[4] *emportés.*
[5] *serrés aux hanches.*
[6] *faussement dévot.*
[7] *le coup d'état militaire du général Pinochet le 11 septembre 1973.*
[8] *no me había dado cuenta.*
[9] *ampleur.*
[10] silbar, *siffler. Ici les appels.*
[11] *cantantes comprometidos.*
[12] *Presidente de la República de 1970 a 1973.*
[13] *une constatation.*
[14] *ma moisson.*

Compréhension du texte

1. Resuma el texto en una diez líneas.
2. « La ciudad estaba tomada por una generación posterior a la mía. » — « No hay represión que los detenga ».
   A partir de estas dos frases diga en qué estriba el interés del texto.

Expression personnelle

1. a) ¿Cómo da cuenta el narrador de la persistencia de una fuerza renovadora en los 25 últimos años en Chile? ¿Qué formas tomó esta renovación y por qué etapas y obstáculos tuvo que pasar?
   b) Caracterice y analice los sentimientos del narrador a lo largo de la página. Apunte y comente algunas expresiones o detalles que revelan la posición de Littín frente al Chile de hoy.
2. Elija otro aspecto del texto que le haya interesado y coméntelo libremente.

Compétence linguistique

1. a) Mettez au présent depuis « Las mujeres... » jusqu'à « ... del golpe de cuartel. »
   b) Que dirait l'auteur s'il évoquait l'avenir dans les phrases suivantes : « Los niños que tenían... seducción »?
2. Complétez les amorces : **No hay obstáculos que... No había quién... El director de cine se fue antes de que...**
3. **Son ellos los que** están imponiendo sus gustos. Utilisez des tournures emphatiques dans deux phrases se rapportant au texte.
4. Los jóvenes que se paseaban tomados **por** la cintura **por** las terrazas sobre el río, entre los puestos de flores **para** los muertos. Habían sido arrasados **por** el viento. Andaban **por** los veintidós. Los chilenos **de** trajes oscuros. Réutilisez ces prépositions dans des phrases respectant le contexte.
5. Traduisez depuis « La ciudad estaba tomada... » jusqu'à « ... seducción ».

Chile

Fernando Orellana,
Santiago, cerro de Santa Lucía, 1984.

Cazador[1] de crepúsculos

Creo que si fuera cineasta me las arreglaría[2] para cazar crepúsculos, en realidad un solo crepúsculo, pero para llegar al crepúsculo definitivo tendría que filmar cuarenta o cincuenta, porque si fuera cineasta tendría las mismas exigencias que con la palabra, las mujeres o la geopolítica.

No es así y me consuelo imaginando el crepúsculo ya cazado, durmiendo en su larguísima espiral enlatada[3]. Mi plan : no solamente la caza, sino la restitución del crepúsculo a mis semejantes que poco saben de ellos, quiero decir la gente de la ciudad que ve ponerse el sol, si lo ve, detrás del edificio de correos, de los departamentos[4] de enfrente o en un subhorizonte de antenas de televisión y faroles de alumbrado. La película sería muda, o con una banda sonora que registrara solamente los sonidos contemporáneos del crepúsculo filmado, problamente algún ladrido de perro o zumbidos[5] de moscardones[6], con suerte una campanita de oveja[7] o un golpe de ola si el crepúsculo fuera marino.

Por experiencia y reloj pulsera[8] sé que un buen crepúsculo no va más allá de veinte minutos entre el clímax y el anticlímax[9], dos cosas que eliminaría para dejar tan sólo su lento juego interno, su calidoscopio de imperceptibles mutaciones[10] ; se tendría así una película de esas que llaman documentales y que se pasan antes de Brigitte Bardot mientras la gente se va acomodando[11] y mira la pantalla como si todavía estuviera en el ómnibus o en el subte[12]. Mi película tendría una leyenda impresa (acaso una voz *off*) dentro de estas líneas : « Lo que va a verse es el crepúsculo del 7 de junio de 1976, filmado en X con película M y con cámara fija, sin interrupción durante Z minutos. El público queda informado de que fuera del crepúsculo no sucede absolutamente nada, por lo cual se le aconseja proceder como si estuviera en su casa y hacer lo que se le dé la santa gana ; por ejemplo, mirar el crepúsculo, darle la espalda[13], hablar con los demás, pasearse, etc. Lamentamos no poder sugerirle que fume, cosa siempre tan hermosa a la hora del crepúsculo, pero las condiciones medievales de las salas cinematográficas requieren, como se sabe, la prohibición de este excelente hábito. En cambio no está vedado[14] tomarse un buen trago[15] del frasquito[16] de bolsillo que el distribuidor de la película vende en el *foyer*. »

Imposible predecir el destino de mi película ; la gente va al cine para olvidarse de sí misma, y un crepúsculo tiende precisamente a lo contrario, es la hora en que acaso nos vemos un poco más al desnudo, a mí en todo caso me pasa, y es penoso y útil ; tal vez que otros también aprovechen, nunca se sabe.

Julio Cortázar, *Un tal Lucas,* 1979.

[1] cazar, *chasser.*
[2] arreglárselas para, *s'arranger pour.*
[3] la lata, *la boîte.*
[4] (am.), los pisos.
[5] zumbar, *bourdonner.*
[6] de bourdons.
[7] de brebis.
[8] bracelet-montre.
[9] el paroxismo y su caída.
[10] cambios.
[11] instalando.
[12] el metro.
[13] *lui tourner le dos.*
[14] prohibido.
[15] *une bonne gorgée.*
[16] *du petit flacon.*

Para empezar

1 *Sin comentarlo, resuma usted el texto en unas diez líneas, respetando el orden del relato.*
2 *Entresaque del texto la frase o la expresión que le parezca representarlo mejor y justifique su elección.*

Analicemos

1 *Párrafo 1 : ¿cómo interpreta usted las* **exigencias** *que tendría el autor? ¿Con qué tono las evoca?*
2 *Párrafo 2 : ¿qué justifica la elección del crepúsculo como objeto de « caza »? ¿Qué opina usted de las ideas de Cortázar director?*

3 *Líneas 17-23 : **Clímax y anticlímax, dos cosas que eliminaría.** Comente esta afirmación.* **La gente mira la pantalla como si todavía estuviera en el ómnibus o en el subte.** *¿Qué revela esta frase?*
4 *Líneas 24-37 : ¿qué efecto produce la leyenda y sus consejos? Coméntelos y analice el tono empleado por el autor.*
5 *¿Qué luz aporta el último párrafo al texto?*

Para concluir

- *Caracterice el humor de esta página de Cortázar.*

Practicando se aprende

1 ***Si fuera** cineasta **tendría**...* Dans des phrases se rapportant au texte, imitez les structures soulignées en employant d'autres verbes (gramm. p. 229).
2 ***Lamentamos no poder sugerirle que**...* Complétez cette amorce dans la logique de l'extrait (gramm. p. 229).

Países del Plata

PRÁCTICAS

Cima del Aconcagua, 26/2/1986.

Para el comentario

La cumbre, le sommet. - el montañismo, el alpinismo, el andinismo, l'alpinisme. - el montañero, el alpinista, el escalador, l'alpiniste. - un gorro de piel, une toque de fourrure. - un anorak. - una proeza, un exploit. - el eslogan de la publicidad, el logo de la compañía, los puntos suspensivos, el superlativo...

La lluvia

    Bruscamente la tarde se ha aclarado
Porque ya cae la lluvia minuciosa.
Cae o cayó. La lluvia es una cosa
Que sin duda sucede en el pasado.

5   Quien la oye caer ha recobrado[1]
El tiempo en que la suerte venturosa[2]
Le reveló una flor llamada *rosa*
Y el curioso color del colorado[3].

    Esta lluvia que ciega[4] los cristales
10 Alegrará en perdidos arrabales[5]
Las negras uvas de una parra[6] en cierto

    Patio que ya no existe. La mojada
Tarde me trae la voz, la voz deseada,
De mi padre que vuelve y que no ha muerto.

Jorge Luis Borges, *El otro, el mismo*, 1969.

[1] recuperado.
[2] *l'heureuse fortune.*
[3] del rojo.
[4] cegar, *aveugler.*
[5] *faubourgs.*
[6] *d'une treille.*

Para empezar

1 *¿Cómo se llama este tipo de poema? ¿Cuáles son las rimas y cómo se organizan?*
2 *Defina la tonalidad de estos versos.*

Analicemos

1 *Primer cuarteto. Versos 1-2 : ¿qué efecto producen el adverbio inicial y el primer verso? ¿Qué piensa usted de la explicación del segundo verso?* **Lluvia minuciosa** *: coméntelo.*
2 *Versos 3-4 :* **Cae o cayó.** *¿Cuál es el tema que el poeta introduce ahora? ¿Cómo lo consigue? ¿Qué aporta el último verso?*
3 *Segundo cuarteto : comente la virtud de la lluvia según el poeta. Intente definir ese tiempo del que habla Borges. Analice el último verso y sus sonoridades.*
4 *Versos 9-11 : ¿cómo se evoca ahora el poder de la lluvia? ¿Qué valores puede tener el futuro* **Alegrará** *? Caracterice la tonalidad de la estrofa. Comente el encabalgamiento y el efecto que produce.*
5 *Segundo terceto : analizando sentido y forma, muestre de qué manera evoca Borges a su padre. ¿Qué piensa usted del final?*

Para concluir

- *Ponga de realce el papel particular de la lluvia y los sentimientos del poeta. ¿En qué los subraya la forma poética escogida?*

Practicando se aprende

1 *Comment dire autrement :* **Quien** *la oye caer ha recobrado el tiempo? (gramm. p. 209).*
2 *Una cosa que* **sin duda** *sucede en el pasado : transformez la phrase après avoir remplacé* **sin duda** *par* **quizás** *(gramm. p. 229).*

José Gamarra, *Paisaje,* 1983.
Óleo sobre lienzo, 150 × 150 cm.

Para empezar
1 La anaconda es una boa americana que vive a orillas de los ríos. San Jorge, generalmente representado matando a un dragón, fue el santo patrono de muchas órdenes de caballería.
2 Resuma la historia que narra el lienzo.

Analicemos
1 Analice la impresión sugerida por el paisaje selvático indicando de dónde procede.
2 ¿Cómo aparece la anaconda y qué valor cobra?
3 Comente la reunión, en la selva, de los tres personajes y del jaguar. ¿Cómo lo interpreta usted?
4 ¿En qué fuentes se ha inspirado el pintor?

Para concluir
1 Este cuadro es una reflexión sobre el Bien y el Mal. ¿Qué tratamiento particular le confirió José Gamarra?
2 Compare este lienzo con otro del mismo artista, HT 21.

Prácticas

Pablo Suárez, *Visión argentina*, 1979.
Acrílico sobre madera, 70 × 50 cm.

Para el comentario

El mate, planta con la que se hace infusión y vasija usada para prepararla, le maté. - *la maceta de geranios,* le pot de géraniums. - *dar a,* donner sur. - *la pampa.*

Continuidad de los parques

Había empezado a leer la novela unos días antes. La abandonó por negocios urgentes, volvió a abrirla cuando regresaba en tren a la finca; se dejaba interesar lentamente por la trama, por el dibujo de los personajes. Esa tarde, después de escribir una carta a su apoderado[1] y discutir con el mayordomo[2] una cuestión de aparcerías[3], volvió al libro en la tranquilidad del estudio que miraba hacia el parque de los robles[4]. Arrellanado[5] en su sillón favorito, de espaldas[6] a la puerta que lo hubiera molestado como una irritante posibilidad de intrusiones, dejó que su mano izquierda acariciara una y otra vez el terciopelo[7] verde y se puso a leer los últimos capítulos. Su memoria retenía sin esfuerzo los nombres y las imágenes de los protagonistas; la ilusión novelesca lo ganó casi en seguida. Gozaba del placer casi perverso de irse desgajando[8] línea a línea de lo que lo rodeaba, y sentir a la vez que su cabeza descansaba cómodamente en el terciopelo del alto respaldo[9], que los cigarrillos seguían al alcance de la mano, que más allá de los ventanales[10] danzaba el aire del atardecer bajo los robles. Palabra a palabra, absorbido por la sórdida disyuntiva[11] de los héroes, dejándose ir hacia las imágenes que se concertaban[12] y adquirían color y movimiento, fue testigo del último encuentro en la cabaña del monte. Primero entraba la mujer, recelosa[13]; ahora llegaba el amante, lastimada[14] la cara por el chicotazo[15] de una rama. Admirablemente restañaba[16] ella la sangre con sus besos, pero él rechazaba las caricias, no había venido para repetir las ceremonias de una pasión secreta, protegida por un mundo de hojas secas y senderos furtivos[17]. El puñal se entibiaba[18] contra su pecho, y debajo latía la libertad agazapada[19]. Un diálogo anhelante[20] corría por las páginas como un arroyo de serpientes, y se sentía que todo estaba decidido desde siempre. Hasta esas caricias que enredaban[21] el cuerpo del amante como queriendo retenerlo y disuadirlo, dibujaban abominablemente la figura[22] de otro cuerpo que era necesario destruir. Nada había sido olvidado : coartadas, azares[23], posibles errores. A partir de esa hora cada instante tenía su empleo minuciosamente atribuido. El doble repaso despiadado[24] se interrumpía apenas para que una mano acariciara una mejilla. Empezaba a anochecer.

Sin mirarse ya, atados rígidamente a la tarea que los esperaba, se separaron en la puerta de la cabaña. Ella debía seguir por la senda[25] que iba al norte. Desde la senda opuesta él se volvió un instante para verla correr con el pelo suelto. Corrió a su vez, parapetándose[26] en los árboles y los setos[27], hasta distinguir en la bruma malva del crepúsculo la alameda[28] que llevaba a la casa. Los perros no debían ladrar, y no ladraron. El mayordomo no estaría a esa hora, y no estaba. Subió los tres peldaños[29] del porche y entró. Desde la sangre galopando en sus oídos le llegaban las palabras de la mujer : primero una sala azul, después una galería, una escalera alfombrada[30]. En lo alto, dos puertas. Nadie en la primera habitación, nadie en la segunda. La puerta del salón, y entonces el puñal en la mano, la luz de los ventanales, el alto respaldo de un sillón de terciopelo verde, la cabeza del hombre en el sillón leyendo una novela.

Julio Cortázar, *Final de juego*, 1956.

Países del Plata

1 *son fondé de pouvoir.*
2 *le majordome.*
3 *de métayages.*
4 *de chênes.*
5 *confortablement installé.*
6 *tournant le dos.*
7 *le velours.*
8 *desgajarse, se détacher.*
9 *du haut dossier.*
10 *les baies vitrées.*
11 *le choix (que les héros avaient fait).*
12 *se combinaient.*
13 *craintive.*
14 *lastimar, blesser.*
15 *(am.) el chicote, le fouet.*
16 *restañar, étancher.*
17 *sentiers secrets.*
18 *le poignard tiédissait.*
19 *tapie.*
20 *haletant, plein de désir.*
21 *una red, un filet.*
22 *la silhouette.*
23 *les alibis, le hasard.*
24 *la récapitulation impitoyable.*

25 *el sendero.*
26 *parapetarse, se cacher.*
27 *les haies.*
28 *l'allée.*
29 *les trois marches.*

30 *una alfombra, un tapis.*

Para empezar

1. Distinga las diferentes partes del cuento.
2. Resuma la historia.

Analicemos

1. **Líneas 1-7** : caracterice este principio y señale la importancia que ya tiene el libro.
2. **Líneas 7-17** : comente de qué manera se instala el personaje-lector y analice lo que convierte la lectura en sumo placer. ¿Qué opina usted de la advertencia : **la ilusión novelesca lo ganó casi en seguida ?**
3. **Palabra a palabra... la cabaña en el monte.** ¿Qué papel desempeña esta frase en la progresión del cuento ?
4. **Líneas 21-35** : comente el encuentro de los amantes y muestre que en estas líneas se condensan todos los elementos de una novela pasional. Analice cómo las reacciones que provoca este relato son a la vez las del personaje lector y las nuestras.
5. Estudie el último párrafo insistiendo en la progresión y suspensión dramáticas. Comente las líneas finales y la ausencia de verbos. Según usted, ¿qué pasó?
6. Desde « Primero entraba la mujer... » hasta « ... que iba al norte. » todos los verbos están en imperfecto. Antes y después aparece el pretérito. Estudie lo que aportan estos tiempos al relato (gramm. p. 227).
7. Fíjese en el papel del parque y comente el título. ¿A la luz del cuento qué sentido cobra la palabra « parque »?

Para concluir

1. ¿Qué papel se le confiere al lector y qué dimensión alcanza la literatura con este cuento?
2. ¿Cómo juega Cortázar con la noción de narrador? Caracterice el humorismo del autor argentino.

Practicando se aprende

1. **Nada había sido olvidado... Empezaba a anochecer** : récrivez ce paragraphe en commençant par un passé composé et en faisant les transformations qui s'imposent.
2. **La puerta que lo hubiera molestado** (l. 8) : quel autre mode aurait-on pu employer?
3. Rétablissez le verbe sous-entendu dans la phrase : **nadie en la primera habitación.**
4. Complétez les amorces suivantes : **se puso de espaldas a la puerta para que... ; los amantes decidieron... ; ella aconsejó...**
5. **Lastimada la cara.** Réemployez des propositions participes dans des phrases se rapportant au texte.
6. Traduisez depuis « Arrellenado en su sillón... » jusqu'à « ... los últimos capítulos. »

Países del Plata

Quino, *Déjenme inventar*, 1983.

Para el comentario

una lupa, une loupe. - *las huellas*, les empreintes. - *un aljibe*, une réserve d'eau. - *ahogarse*, se noyer. - *una manguera*, un tuyau d'arrosage. - *un grifo*, un robinet. - *un bocadillo, un globo*, une bulle.

Comentemos

1. *Viñeta tras viñeta cuente la anécdota. Explique el papel particular de la manguera.*
2. *Comente la utilización del bocadillo (la bulle). ¿Cómo contribuye a mezclar realidad y ficción?*
3. *Analice el humor y explique de dónde procede.*
4. *¿Qué interpretación hace usted de este dibujo?*
5. *Compare con el cuento de Julio Cortázar «Continuidad de los parques» y comente las semejanzas y diferencias. Ponga de realce las posibilidades de cada género : el cuento y el dibujo humorístico.*

Querrán que se entere

La historia pasa en marzo de 1983, Alicia y Benítez son profesores en un Instituto de Buenos Aires. Ella enseña historia y él, literatura. Benítez ha confesado que quería hablarle y se ha impuesto para que su colega le llevara en coche hasta el centro. Alicia conduce y Benítez está a su derecha, en el asiento delantero[1]. Roberto, el marido de Alicia, es militar y forma parte del Estado Mayor[2]; hace tres o cuatro años regresó a casa con una nena «abandonada» a quien adoptaron.

CENTRO CIUDAD Y COCHE. EXT./INT. DÍA.

① *Plano general de una avenida bordeada, a ambos lados, de grandes árboles. Hay mucho ruido y tráfico : coches, camiones, autobuses. El coche de Alicia avanza hacia nosotros.*

BENITEZ *(en off)*. — ¿Vamos a tomar un café?

ALICIA *(en off)*. — Mire Benítez, no estoy de humor. Realmente, ¿qué quiere?

② *Otro plano de calle. El coche llega por la izquierda, gira a la derecha pasando por detrás de un árbol. La cámara lo sigue en panorámica.*

BENITEZ *(en off)*. — ¿Un pequeño romance[3] tal vez?

ALICIA *(en off)*. — ¿Usted está loco?

③ *Primer plano de Benítez desde el interior del coche. Mira fuera de campo a su derecha.*

BENITEZ *(fingiendo formalidad[4])*. — Por favor, ¡qué carácter! (④ *Plano medio corto de ambos, a través del parabrisas.*) Si le hubiera invitado directamente a la cama *(Frenazo brutal[5].* ⑤ *Primer plano de Alicia desde el interior del coche. Le mira ofendida.)* ¡qué escándalo armaría!

ALICIA. — ¿Qué?

BENITEZ *(en off. Sus gafas aparecen un momento en vista parcial[6])*. — No, no, no, nada de eso, no se *(⑥ primer plano de Benítez)* haga ilusiones. Quiero devolverle el expediente[7] que se olvidó *(⑦ primer plano de las manos de Benítez que busca en su cartera[8] y saca el expediente)* en el despacho del Director... *(⑧ Primer plano de su rostro)* Es de un alumno... Costa... que *(⑨ primer plano de Alicia, molesta. Benítez asoma levemente en vista parcial a la izquierda)* anda diciendo boludeces[9] en clase.

HORACIO. — ¡La historia la escriben los asesinos! Mi nombre es Horacio Costa profesora.

[1] le siège avant.
[2] l'État Major.
[3] un petit flirt.
[4] seriedad.
[5] Coup de frein.
[6] en amorce (en partie au premier plan).
[7] le dossier.
[8] sa sacoche.
[9] tonterías (Cosa dijo en clase que la historia la escribían los asesinos).

ALICIA *(lo mira con enfado).* — Y usted ¿cómo tiene eso?

⑩ *Vuelta a Benítez en primer plano frontal.*

BENITEZ. — Soy amigo de la secretaria.

ALICIA *(en off).* — Pero ¿por qué lo tiene? (⑪ *plano de ella*) Pero ¡cómo se atreve!... ¿Con qué derecho?...

BENITEZ (⑫ *en primer plano, contesta con firmeza*). — ¡Con ningún derecho!... eso que quede claro. Saqué ese expediente porque sé perfectamente dónde vivo. Porque a ese pendejo[10], su apasionamiento le puede costar mucho más caro que algunas amonestaciones... Y porque hasta usted (⑬ *plano medio corto de Alicia que le está mirando. Detrás los coches tocan el claxon y ella arranca*) merece otra oportunidad.

⑭ *Plano del coche que arranca, avanza, gira y se aleja por la avenida. La cámara lo sigue primero en panorámica izquierda : luego un plano general permite ver, desde atrás, el coche que se va.*

ALICIA *(primero en off).* — Esa división[11] está llena de insolentes... Hoy me llenaron el pizarrón de solicitadas[12], de recortes[13]... (⑮ *plano medio corto de ambos, filmados desde fuera, a través del parabrisas. Voz in :*) Francamente ¡no sé qué es lo que quieren! *(Volviéndose brevemente hacía él, le entrega una carpeta[14])* Ahí los tiene.

⑯ *Primerísimo plano de Benítez de perfil. Mira las solicitadas y los artículos.*

Países del Plata

[10] *ce crétin.*

[11] *cette classe.*
[12] *d'avis de recherche.*
[13] *de coupures de journaux.*
[14] *une chemise.*

ALICIA. — Me llenaron el pizarrón de solicitadas, de recortes.

BENITEZ. — Querrán que se entere.

⑰ *Inserto¹⁵ de los documentos que está hojeando : recortes de prensa, fotografías de nenes desaparecidos.*

ALICIA *(en off)*. — Y ¿por qué le echaron (⑱ *primer plano de ella. Mira a Benítez que aparece de perfil, a la izquierda. Voz in.*) de la Universidad de Cuyo?

BENITEZ (⑲ *en plano medio corto*). — Porque soy muy peligroso... *(se ajusta las gafas.* ⑳ *Vuelta al primer plano anterior de Alicia que le contempla con amabilidad)* No me echaron *(*㉑ *plano de Benítez)*, vinieron a casa cuando no estaba. No dejaron ni un solo papel entero... Así que entendí el mensaje *(la mira)*, yo solito...

㉒ *Plano de Alicia que le devuelve su mirada, luego se fija en la carretera y por fin observa los documentos.*

ALICIA. — ¿Y esas listas?... Con todos esos desaparecidos... hasta bebés (㉓ *plano de Benítez que se la queda mirando atónito y ajusta de nuevo sus gafas. Voz en off :)* ¿será verdad? (㉔ *plano de Alicia que para el coche y se vuelve hacia Benítez)* No, digo, porque habrá gente como usted que cambió de empleo, está en otro lugar, ¿no?

BENITEZ (㉕ *plano de Benítez que encara ahora a su colega y le habla en tono tajante)*. — Y a usted ¡qué le importa que pueda ser cierto! ¿Qué problema se hace?¹⁶

㉖ *Plano de Alicia que no para de considerar a su colega.*
㉗ *Benítez, filmado a través del parabrisas, sale y se pone la chaqueta. La cámara le sigue en panorámica vertical luego izquierda. Un zoom hacia atrás amplía el encuadre. Dos hombres pasan en el fondo con dos banderolas arrolladas¹⁷. Se oyen las claxones de los coches y el barullo¹⁸ de una manifestación.*

MANIFESTANTES *(en off)*. — Se va a acabar...

㉘ *Plano de conjunto de la manifestación. Unas personas andan hacia la derecha; unas levantan banderas argentinas, otra lleva una pancarta con la foto de una mujer joven. La cámara los sigue en leve panorámica. En primer término, a la sombra de un árbol, tres policías contemplan pasivamente la manifestación. Los manifestantes gritan protestas.*

MANIFESTANTES. — Se va a acabar, se va a acabar, esa costumbre de matar. Se va a acabar, se va a acabar...

㉙ *Como el* ㉗. *Benítez vuelve a subir al coche. Panorámica lateral y luego hacia abajo, a la derecha. Ambos personajes aparecen en plano medio corto ajustado. La cámara permanece fuera del vehículo y filma la escena desde el lado de Alicia.*

BENITEZ. — Siempre es más fácil creer que no es posible ¿no? Sobre todo porque para que sea posible, se necesitaría mucha complicidad... Mucha gente que no lo pueda creer *(está manifiestamente exasperado. Por la puerta que ha quedado abierta, los dos se miran fijamente)* aunque lo tenga delante ¿no? *(Pasa la mano delante de los ojos de Alicia)*. Tome el expediente de Costa, por si quiere volver¹⁹ a presentarlo...
(Sale mientras la cámara sigue encuadrando a Alicia que le mira marcharse.)

¹⁵ *très gros plan.*

¹⁶ *En quoi cela vous concerne-t-il?*

¹⁷ *enroulées.*
¹⁸ *le vacarme.*

¹⁹ *au cas où vous souhaiteriez.*

Países del Plata

MANIFESTANTES. — Se va a acabar esa costumbre de matar.

㉚ *Plano general de la manifestación. Una larga banderola ocupa casi toda la pantalla, en ella se lee* : FAMILIARES DE DESAPARECIDOS Y DETENIDOS POR RAZONES POLÍTICAS.

Luis Puenzo, *Historia oficial,* 1985.

La democracia volvió a Argentina el 30 de octubre de 1983 tras la victoria de Raúl Alfonsín en las elecciones impuestas por el pueblo a la Junta Militar.

Para empezar

1 La película se refiere a hechos reales. Recuerde el trasfondo histórico de la secuencia.
2 Resuma el fragmento respetando su organización.

Analicemos

1 *Líneas 1-20* : caracterice este principio y analice los procedimientos. ¿Cómo aparece cada personaje?
2 *Líneas 21-40* : explique las motivaciones de Benítez. ¿Qué revela la complicidad de la secretaria? Comente en particular desde « a ese pendejo... » hasta « ... otra oportunidad. »
3 *Líneas 41-54* : ¿qué opinión tiene cada profesor de sus alumnos? Explique la advertencia de Benítez : **querrán que se entere.**
4 *Líneas 55-73* : ¿qué aportan las confesiones de Benítez. ¿Cómo reacciona Alicia y de qué se percata el profesor de literatura?
5 *Líneas 74-104* : a la luz de la última réplica de Benítez, explique este final recordando la situación de Alicia.

Para concluir

1 ¿Qué problema plantea esta secuencia y de qué manera lo ilustra el personaje de Alicia? ¿Cómo permite el cine agudizar los contrastes?
2 ¿Cuánto tiempo le queda a la Junta Militar y qué signos anuncian su fin?

Practicando se aprende

1 *No se haga ilusiones. Quiero devolverle el expediente que se olvidó en el despacho del Director.* Reprenez ces phrases en utilisant le tutoiement singulier et pluriel.
2 *Querrán que se entere. Habrá gente como usted.* Comment pourrait-on dire autrement ?
3 *Mucha gente que no lo* **pueda** *creer.* Sur ce modèle formulez des phrases se rapportant à la séquence.
4 *Si le* **hubiera** *invitado directamente, ¡qué escándalo* **armaría***!* En reprenant cette construction dites ce que représenterait pour Alicia l'acceptation de la réalité.
5 *Por si quiere volver a presentarlo.* Utilisez cette tournure dans vos commentaires.
6 Traduire la dernière réplique de Benítez (sans les indications filmiques).

Sommaire

1. MORPHOLOGIE DE BASE

L'alphabet — 201
Les règles d'accentuation — 201
Quelques règles d'orthographe — 202
La numération — 202
Le genre et le nombre — 203
Les suffixes — 203
L'apocope — 204

2. LE GROUPE NOMINAL

Les articles — 204
Les démonstratifs — 205
Les possessifs — 206
Les pronoms personnels — 206
Les indéfinis — 207
Les équivalents de « on » — 208
Les pronoms relatifs — 208

3. LE GROUPE VERBAL

Les emplois obligatoires de « ser » — 209
Les emplois obligatoires de « estar » — 210
« ser » ou « estar » ? — 211
Les substituts du verbe « être » — 212
L'auxiliaire « haber » — 212
La formation des temps — 212
— 1. Les temps simples — 212
— 2. Les temps composés — 214
Les trois conjugaisons et leur modèle — 214
Les verbes à diphtongue et à fermeture de voyelle — 216
Quelques groupes de verbes irréguliers — 217
Les verbes usuels à irrégularités diverses — 218
La valeur des modes — 226
La concordance des temps — 226
La valeur des temps — 227
Les emplois du subjonctif — 229
Les semi-auxiliaires et les différents aspects de l'action — 230
La réitération et l'habitude — 231
Les équivalents de « devenir » — 231
Les équivalents de « depuis » — 231
Les adverbes — 232
L'obligation — 232
Les prépositions — 232

4. LA PHRASE ET SES NUANCES

La traduction de « c'est » — 234
La concession et la restriction — 234
Quelques nuances de la phrase affirmative — 235
La négation — 235
Phrases interrogatives et exclamatives — 235
Superlatif et comparatif — 236

5. DISCOURS DIRECT DISCOURS INDIRECT — 236

1. MORPHOLOGIE DE BASE

L'alphabet

- Les lettres sont du genre féminin :
  a b c ch d e f g h i j k l ll m n ñ o p q r s t u v x y z
- Trois lettres n'existent pas en français : **ch, ll, ñ.** Repérez leur place dans l'alphabet et pensez-y lorsque vous cherchez dans le dictionnaire des mots comprenant ces lettres.

Les règles d'accentuation

1. L'ACCENT TONIQUE

1º Les mots terminés par une **voyelle, *n*** ou ***s*** se prononcent en appuyant sur **l'avant-dernière syllabe :** *la chica can*ta — *las chicas can*tan.

2º Les mots terminés par une **consonne autre que *n* et *s*** se prononcent en appuyant sur la **dernière syllabe :** *el profe*sor — *el pa*pel.

3º Les mots n'obéissant pas à ces deux règles portent un **accent écrit** qui indique la voyelle tonique : *el á*rbol — *la can*ción — *sá*bado.

- Un mot est toujours accentué sur la voyelle (ou la diphtongue) de la même syllabe :
  — un nom au pluriel : *la can*ción — *las can*ciones.
    Exceptions : *el ré*gimen — *los re*gímenes — *el ca*rácter — *los ca*racteres.
  — une forme verbale avec pronom enclitique : *oi*ga — *ói*game — *hab*lando — *hab*lándoles.

4º Les voyelles groupées.
Les voyelles sont appelées fermées (i, u), moyennes (e, o), ouverte (a), selon l'ouverture de la bouche au moment de leur articulation.

Les voyelles fermées (i, u) associées entre elles ou avec l'une des trois autres (a, e, o) forment **une diphtongue.** Prononcée d'une seule émission de voix, la diphtongue compte pour **une syllabe :** *bai-le, pue-do.* En application des règles énoncées aux § 1, 2, 3, il convient dans certains cas de rajouter un accent écrit ; il porte alors sur la voyelle **la plus ouverte** car, dans une diphtongue, c'est la plus tonique : *se-réis, vi-nié-ra-mos.*
Lorsque **i** et **u** sont associées, l'accent (non écrit) tombe sur la deuxième voyelle : *buitre, instruido, viuda.*
Les voyelles moyennes et ouvertes associées entre elles forment **un hiatus,** c'est-à-dire qu'elles sont prononcées séparément mais sans pause, **chacune d'elle compte alors pour une syllabe :** *tra-er, cre-a-do, so-ez, ca-ca-o.* Un accent écrit est parfois nécessaire pour respecter les lois énoncées ci-dessus : *área (á-re-a), héroe, poético, línea.*
Lorsque deux voyelles qui, normalement forment diphtongue, sont prononcées séparément (hiatus), la voyelle **fermée** porte un accent écrit : *o-ír, serí-a, ca-ída.* S'il y a deux voyelles fermées, c'est la seconde qui porte l'accent : *hu-í.*

2. L'ACCENT GRAMMATICAL

- Ne confondez pas **l'accent tonique** avec **l'accent grammatical** qui sert à distinguer deux mots différents écrits de la même façon : *El libro es para* **él** — **te** *sirvo el* **té** — **mi** *colega viene hacia* **mí.**
- Les mots **interrogatifs** ou **exclamatifs** portent toujours un accent écrit même dans l'interrogation indirecte : *dime* **quién** *eres* — *¿***Quién** *eres ?*

Quelques règles d'orthographe

Pour garder sa prononciation, un mot transformé par un suffixe ou une désinence doit modifier son orthographe :

se**c**ar	→ se**qu**é	me**c**er	→ me**z**o
pa**g**ar	→ pa**gu**é	el lápi**z**	→ los lápi**c**es
empe**z**ar	→ empe**c**é	la vo**z**	→ las vo**c**es
averi**gu**ar	→ averi**gü**é	el ami**g**o	→ el ami**gu**ito
co**g**er	→ co**j**o	anti**gu**o	→ anti**gü**edad

La numération

LES ADJECTIFS NUMÉRAUX CARDINAUX

cero		
uno	once	veintiuno
dos	doce	veintidós
tres	trece	veintitrés
cuatro	catorce	veinticuatro
cinco	quince	veinticinco
seis	dieciséis o diez y seis	veintiséis
siete	diecisiete o diez y siete	veintisiete
ocho	dieciocho o diez y ocho	veintiocho
nueve	diecinueve o diez y nueve	veintinueve
diez	veinte	treinta, treinta y uno...
cuarenta...	doscientos, -as	mil
cincuenta...	trescientos, -as	dos mil
sesenta...	cuatrocientos, -as	cien mil
setenta...	quinientos, -as	un millón
ochenta...	seiscientos, -as	mil millones
noventa...	setecientos, -as	
ciento, cien...	ochocientos, -as	
	novecientos, -as	

- La conjonction **y** s'emploie obligatoirement entre les dizaines et les unités : *ciento diez — ciento noventa y cinco*.
- **Uno** devient **una** devant un nom féminin : *veintiuna alumnas — cuarenta y una chicas*. Mais on dit **página noventa y uno** dans la numération.
- **Ciento** s'apocope en **cien** devant un nom ou un nombre qu'il multiplie : **cien** niños — **cien mil** niños — **cien** injertos (p. 26).
- A partir de **doscientos** inclus, les centaines s'accordent obligatoirement avec le nom qu'elles déterminent : *Dos mil doscien**tas** pesetas*.
- **Lire une date :** *Miércoles, primero de enero de **mil novecientos ochenta y seis** (1 de enero de 1986)*. Remarquez l'accord des centaines qui sous-entendent **años**.

LES ADJECTIFS NUMÉRAUX ORDINAUX

primero	quinto	noveno
segundo	sexto	décimo
tercero	séptimo	undécimo
cuarto	octavo	duodécimo

- Pour désigner des personnages historiques, on emploie les ordinaux jusqu'à dix, puis les cardinaux : *Carlos V (Quinto) — Felipe II (Segundo) — Alfonso XIII (Trece)*.
- Attention **primero** et **tercero** s'apocopent devant un nom masculin : *— en el **primer** plano... — el **tercer** capítulo — los países más endeudados del **Tercer** Mundo* (p. 116).

Le genre et le nombre

1. LE MASCULIN ET LE FÉMININ

- Les **adjectifs** et les **participes** qui font leur féminin en *-a* sont :
  - ceux qui sont terminés par *-o au masculin* : *negro, negra* ;
  - les adjectifs de **nationalité** : *alemán, alemana* ;
  - les adjectifs en *-ín, -án, -ón, -or* : *seductor, seductora — llorón, llorona*.

  Exceptions : *mayor — menor — mejor — peor — superior — inferior — exterior — interior — anterior — ulterior* **qui ont une forme unique.**

- Tous les autres adjectifs et participes ont une forme commune au masculin et au féminin : *el cielo azul, la manta azul*.

- Les noms en *-or* sont tous masculins sauf : *la flor — la coliflor — la labor — la sor*.

- Les noms de **lieux géographiques** (fleuves, montagnes et mers) sont du genre masculin : *el Mediterráneo — los Andes — el Sena — el Duero — el Mapocho* (p. 188).

2. LA MARQUE DU NOMBRE

- Les mots terminés par une **voyelle** prennent un *s* au pluriel : *el caballo, los caballos*.

- Les mots terminés par une **consonne** prennent *es* : *la ley, las leyes — el señor, los señores*.
  Attention aux mots terminés par *s* au singulier : si la dernière syllabe est atone, le mot reste invariable *(la crisis, las crisis)*, si elle est tonique ou dans un monosyllabe, le mot se modifie *(un mes, los meses — el autobús, los autobuses)*.

- Les mots terminés par *í* accentué forment leur pluriel en *íes* : *el jabalí, los jabalíes*.
  Attention aux modifications orthographiques éventuelles : *el lápiz, los lápices*.

Les suffixes

- La suffixation est, en espagnol, d'une grande richesse ; elle est très souple et varie selon les pays et les régions. Il est prudent de n'utiliser que les formes attestées ou consacrées par l'usage. La plus grande créativité s'observe cependant dans la langue parlée pour exprimer diverses nuances.

1. LES DIMINUTIFS

- *-ito, -illo,* pour les mots polysyllabes terminés par *-a, -o,* ou une **consonne** (sauf *-n* et *-r*) : *una cotorrita* (p. 14) — *un tufillo* (p. 112) — *el mercadillo eterno* (p. 178).

- *-cito, -cillo,* pour les mots polysyllabes terminés par *-e, -n, -r* : *un olor, un olorcillo — el botón, el botoncito*.

- *-ecito, -ecillo,* pour les monosyllabes et les mots comprenant une diphtongue tonique : *la flor, la florecita — la puerta, la puertecita / la puertecilla*.

- **Quelques valeurs du diminutif :**
  - diminutive : *la taza — la tacita — un cuartito* (p. 166) ;
  - affective : *papaíto — papito — su abuelita — un niño acomodadito — Adelita* ;
  - d'intensification : *cerquita — cansadito — yo, solito* (p. 198) ;
  - péjorative : *este reyezuelo* ;
  - diverses : *la lágrima cayó, toc, solita — toma tu sopita*.

2. AUTRES SUFFIXES

- *-ón, -ona* (augmentatifs) : *los noticiones — el señorón — el pizarrón* (p. 197).

- *-azo* : *unos ojazos* ; a aussi le sens de « un coup de » : *un puñetazo*.

- *-ada* : « un coup de » : *a lanzadas* ; « une quantité de » : *la champañada que tendría que ofrecer* (p. 174).

- *-ucho, -acho* : nuance péjorative : *la casucha — el populacho*.

- *-ote* (a parfois une nuance péjorative) : *un lugarote — un hidalgote*.

- *-al, -ar* : « un terrain planté de » : *un cafetal — un maizal — un pinar*.

L'apocope

Certains adjectifs perdent une voyelle ou une syllabe finale devant un nom masculin singulier :
- chute du *-o* : c'est le cas de **uno** — **alguno** — **ninguno** — **veintiuno** — **primero** — **tercero** — **postrero** — **bueno** — **malo** : *no necesitamos* **ningún** *corregidor* (p. 166) — *el* **buen** *don Guido* (p. 73).
- chute de *-to* : **ciento** devient **cien** devant un nom qu'il multiplie : *unas* **cien** *mil toneladas*.
- chute de *-de* : **grande** → *un señor, de viejo* **gran** *rezador* (p. 72).
- chute de *-a* : **cualquiera** → **cualquier** *otra cosa* (p. 14).

Devant un nom féminin singulier l'apocope est facultative.

Remarque : l'adverbe **recientemente** devient **recién** devant un participe passé : *el niño* **recién** *nacido*.

2. LE GROUPE NOMINAL

Les articles

1. LES ARTICLES DÉFINIS

el, la → **los, las**	*a* + **el** → **al**
article neutre : **lo**	*de* + **el** → **del**

- Devant tout substantif commençant par *a- (ha-)* tonique, l'article **la** est remplacé par **el** : *el agua* — *el ave más antigua* — *el hada*, mais *la harina*.
  En revanche, **la** reste devant l'adjectif et le nom de lettre : *la alta cumbre* — *la a* — *la hache*.

- En espagnol vous **emploierez** l'article défini pour :
  — **citer une personne** : *el señor López*, mais non pour vous adresser à elle : *Buenos días, señor López ;*
  — **indiquer l'heure** : *a eso de las ocho* (p. 29) ;
          l'âge : *se fue a los diez años ;*
          l'année ou le **jour précis** : *nos veremos el lunes, las largas vacaciones del 36 ;*
          la périodicité : *solía pasar los domingos ;*
          le pourcentage : *el 80 % de su venta* (p. 179) ;
  — **substantiver un infinitif** : *el despertar de la vida* (p. 76).

- En revanche, vous **n'emploierez pas** l'article défini :
  — devant **casa** lorsqu'il sert d'équivalent au français « chez » ou « à la maison » : *mi padre no está en casa* — devant **misa, clase** ;
  — devant un **superlatif** suivant un substantif déjà déterminé : *el pensamiento más original de su raza* — *los sectores más desasistidos de la economía* (p. 104) ;
  — devant un **nom de pays** non déterminé : *Antes de salir de Chile* (p. 186) mais : *la España recién nacida* (p. 110).

- L'article neutre « **lo** » : il ne peut s'employer devant un nom :
  — **lo** + **adjectif ou participe passé** = « ce qui est... ce qu'il y a de... » : *lo importante es ganar* (p. 31) — *esto es lo grande* (p. 130) ;
  — **lo** + **adjectif ou participe passé** = « combien, comme » *no puedes figurarte lo guapa que es* — *no te imaginas lo difícil que era ;*

- **lo que** = « ce que, ce qui » : *lo que dices* — *lo que sí es muy fácil* (p. 142) — *lo más que podía desearse* (p. 160).
- **lo de** = « ce qui a trait à, ce qui concerne » : *lo de la televisión...* ;
- **lo... todo** (lorsque **todo** est **complément d'objet direct,** il est, le plus souvent, accompagné de **lo** : *yo lo sabía todo* (p. 62) — *electrizándolo todo* (p. 36).

2. LES ARTICLES INDÉFINIS
    un, una, unos, unas

- Le pluriel indéfini « des » ne s'emploie généralement pas en espagnol : *veo una casa → veo casas* — *conocer monumentos históricos* (p. 25).
- De même le **partitif** s'exprime par l'absence de déterminant : « je mange **du** pain avec **de la** confiture » → *como pan con mermelada* — *quiero tomar chicha* (p. 186).
- **Cependant vous emploierez un indéfini lorsqu'il s'agit :**
  — d'un nom sujet en début de phrase : **unos** *hombres vinieron ;*
  — d'un substantif ne s'employant qu'au pluriel : **unas** *tijeras ;*
  — d'un mot indéfini mais explicité par un adjectif ou une subordonnée : **un** *señor de mozo muy jaranero* (p. 72) — **una** *pieza que no era suya* (p. 155) ;
  — d'exprimer une approximation (= environ) : *tendrá* **unos** *cuarenta años ;*
  — de donner un équivalent de **algunos** : **unas** *mantas sobre las cuales* (p. 179).
- **L'omission de l'article indéfini est obligatoire :**
  — dans les phrases négatives du type *« no tengo cama » ;*
  — devant **tal** — **igual** — **semejante** — **otro** — **tanto** — **cierto** — **cualquiera** — **medio** — **tamaño** — **distinto ;**
  — dans les compléments de manière : *Mujer, con fuerza y con valor ya estás aquí* (p. 129).

Les démonstratifs

- **Adjectifs et pronoms** (ces derniers portant un accent écrit grammatical) **délimitent des zones** qui correspondent à celles énoncées par les pronoms personnels et les **adverbes de lieu.** Le tableau récapitule ces situations qui sont à la fois spatiales et temporelles.

		Personne	Espace discours	Temps
este, estos esta, estas	proximité	yo nosotros	aquí	temps présent
ese, esos esa, esas	situation intermédiaire	tú vosotros	ahí	passé ou futur peu éloignés
aquel, aquellos, aquella, as	éloignement	él, ellos ella, as	allí allá	passé ou futur lointains

- **Différenciation spatiale :** *se desplazará a* **aquel** *país* (p. 32) — *nos dieron* **esta** *costra de tepetate* (p. 139) — *cuando dejé* **aquel** *mar* (p. 147).
- **Différenciation temporelle :** *¿Cómo hicieron para labrar* **estas** *piedras o para elevarlas hasta aquí* **aquellos** *hombres antiguos que no conocieron ni el buey, ni el caballo... ?* (en Machu picchu, el autor evoca los tiempos incaicos) — *cuando recuerda uno a México en* **aquellos** *épocas* (p. 142).
- **Différenciation dans la phrase :** **aquel** reprend l'élément le plus éloigné, **este** le plus proche : *Para él la tierra y su madre eran lo único en el mundo.* **Aquélla** *era su amante y* **ésta** *su amada* — *Y* **éstas** *sólo se remozan zambulléndose en* **aquél** (p. 76). **Ese** introduit alors un mot exprimé auparavant ou renvoie à quelque chose connu de l'interlocuteur ou de tout le monde : **ese** *fluir adamantino* (p. 49) — *la noche antes de que usted ocupara ilegalmente* **esa** *pieza* (p. 154).

- **Des nuances subjectives** sont attachées aux personnes :
  ese (2ᵉ personne) entraîne parfois une **nuance péjorative** : *tu vida peligra al lado de **ese** hombre celoso* (p. 56) ;
  aquel (3ᵉ personne) une **nuance laudative**, emphatique : ***aquellas** golondrinas que aprendieron nuestros nombres* (p. 60) — *a **aquel** país se lo venían diciendo* (p. 82).
  Attention : **«esto», «eso», «aquello»** ne sont pas les formes masculines de ces adjectifs et pronoms, mais des formes neutres qui correspondent à **ceci, cela, cela là-bas**.
  Exemples : ***esto** es lo grande* (p. 130).
- L'accent sur le démonstratif masculin et féminin indique qu'il est pronom et non pas adjectif : *fue **ése** el momento en que un torrente...* (p. 160).

Les possessifs

| formes atones | mi, mis | tu, tus | su, sus | nuestro, a, os, as |
| formes toniques | mío, a, os, as | tuyo, a, os, as | suyo, a, os, as | vuestro, a, os, as |

- **Les formes atones** sont placées avant le nom : ***sus** zapatos de tacón* (p. 8) — *otra vez llamarán a **tus** cristales* (p. 60) — *que aprendieron **nuestros** nombres* (p. 60) — ***sus** cartas hubieran alimentado **mi** ilusión* (p. 62).
- **Les formes toniques** se placent :
  — après le nom : *para salir volando en busca **tuya*** — *Padre **nuestro** que estás en el cielo*.
  N.B. : Le possessif peut dans ce cas correspondre au français : **«un de»** + **possessif**, *ministro nuevo y **amigo suyo*** — *una señora conocida **mía*** (p. 179) ;
  — comme attribut du verbe **ser** : *soy **tuya*** (p. 56) — *una pieza que no era **suya*** (p. 155).
- Bien souvent, l'espagnol **remplace l'adjectif possessif par l'article accompagné d'un pronom personnel** : *hoy **nos** han matado a **los** pájaros* (p. 16) — ***se le** crispó **el** rostro* (p. 90) — ***se le** anudó **la** garganta* (p. 174).
  Attention : la possession s'exprime toujours avec la préposition **de** : *¿De quién es esta cartera ? ¿es **de usted** (= es suya) o **de** Pedro ? — es **de** un alumno* (p. 196).
- Le pronom possessif est constitué par la forme tonique précédée de l'article défini : *Es **el mío***, c'est le mien — *una generación posterior a **la mía*** (p. 188).

Les pronoms personnels

Sujets	Sans préposition			Avec préposition		Formes spéciales
	Compléments			Compléments		
	directs	indirects	réfléchis	réfléchis	non réfléchis	
yo	me	me	me	mí	mí	conmigo
tú	te	te	te	ti	ti	contigo
Vd, él, ella	le, lo, la	le	se	sí	Vd, él, ella	consigo (réfléchi)
nosotros, as	nos	nos	nos	nosotros, as	nosotros, as	—
vosotros, as	os	os	os	vosotros, as	vosotros, as	—
Ustedes, ellos, ellas	los, las	les	se	sí	Ustedes, ellos, ellas	consigo (réfléchi)

- Les **pronoms sujets** ne s'emploient qu'avec une valeur **d'insistance** :
  *aquí mando **yo*** : ici, c'est moi qui commande.
- Les **formes réfléchies** renvoient au sujet du verbe :
  *Mi mamá me lleva **consigo*** (réfléchi) — *yo voy **con ella*** (non réfléchi).

- **Il se place avant le verbe sauf à l'infinitif, à l'impératif et au gérondif,** où le pronom personnel se soude **obligatoirement** à la fin du verbe **(enclise)** : *entregándole cuanto poseía* (p. 110).
  Attention : l'enclise peut entraîner la présence d'un accent écrit (cf. les règles de l'accentuation p. 201) : *juntémoslas, casémoslas* (p. 113).
- A l'impératif et aux formes réfléchies des première et deuxième personnes du pluriel, l'enclise entraîne la chute de la consonne finale de la forme verbale :
  sentemos → *sentémonos, sentad* → *sentaos* mais *decidnos*
- Alors qu'en français le pronom complément d'objet direct précède le pronom complément d'objet indirect *(exemple : demande-le lui),* en espagnol, le **pronom indirect précède obligatoirement le pronom direct** : *ya te lo dije — pregúntamelo.*
  Attention : quand deux pronoms de la troisième personne se suivent, **le, les** (indirects) se transforment en **se** : *se lo mostró* (p. 166) — *se les dejó en los primeros tiempos* (p. 179). De même dans l'enclise : *pregúntaselo a tu madre.*
- L'espagnol aime à utiliser un **pronom de rappel** visant à annoncer ou à renforcer le complément d'objet construit avec la préposition **a** : *le escribo a mi amiga — quiere darle una sorpresa al marido — le compró a Jacob* (p. 166).
  Souvent ce pronom permet d'éviter le recours à l'adjectif possessif : *se le crispó el rostro* (p. 90) = *su rostro se crispó.*
  Remarquez la **construction idiomatique** : *los comuneros necesitamos un abogado defensor* (p. 174) : nous autres Indiens nous avons besoin d'un avocat qui nous défende.
- **EL VOSEO.** Dans la plupart des pays d'Amérique latine et à des degrés divers, on emploie populairement la forme **VOS.** Elle remplace le tutoiement et se conjugue avec la forme archaïque de la deuxième personne du pluriel : *¿No podés hablar de otra cosa vos? — ¿Cómo sabés tanto del norte? — para que lo sepás* (p. 120).

Les indéfinis

algo, quelque chose ⟷	**nada,** rien
alguien, quelqu'un ⟷	**nadie,** personne
alguno, a, os, as, quelque, s ⟷	**ninguno, a, os, as,** aucun, e

Para ver si algo retoña (p. 139) — *nadie se sorprende de nada* (p. 30) — *nada se levantará de aquí* (p. 139) — *no necesitamos ningún corregidor* (p. 166) — *sin haber molestado a gobierno alguno* (p. 166).

- **Alguno et ninguno s'apocopent** devant un nom masculin et devant **otro** : *no había ningún niño — en ningún momento* (p. 166).
  N.B. : Remarquez que **alguno** postposé au nom dans une phrase négative est équivalent à **ningún** : *sin encontrarlo en parte alguna* (p. 38) = *en ninguna parte.*
- **Nada, nadie, ninguno** (de même que **nunca, jamás, tampoco** cf. § sur la négation p. 235) se construisent de deux façons différentes suivant leur place par rapport au verbe : *no hay nada que hacer* (p. 90) = *nada hay que hacer — la memoria ningún recuerdo omite* (p. 115) = *la memoria no omite ningún recuerdo.*
  Attention : **algo** et **nada** ont parfois valeur d'adverbe (un peu ; pas du tout) : *sentí un olorcillo algo hombruno — no se conservaba nada bien.*

AUTRES PARTITIFS

- ***Cualquiera, cualesquiera*** : placé devant un nom, il a la valeur de « n'importe quel » : *puede suceder cualquier cosa.*
  N.B. : N'oubliez pas l'apocope de cet adjectif devant un nom singulier masculin et féminin. Avec cette même valeur d'adjectif, **cualquiera, placé après le nom,** se traduit en français par **quelconque.**
  Lorsqu'il est pronom, il signifie « n'importe qui » ou « n'importe lequel » : *no es un pueblo castellano como otro cualquiera.*
- ***Varios, as, diversos, as*** = plusieurs, divers : *volvió varias veces.*
- ***Unos, as*** = quelques, quelque, environ, *unas cien mil toneladas.*

QUANTITATIFS

- **poco, a, os, as** = peu de ; **bastante, s** = assez de ; **demasiado, a, os, as** = trop de ; **mucho, a, os, as** = beaucoup de ; **tanto, a, os, as, cuanto, a, os, as** = autant de ; **otro, a, os, as** = d'autres : **muchas** cosas se van a ver sacudidas (p. 104) — a los **pocos** meses (p. 18) — para **tantas** colas (p. 184) — hace ya **bastantes** años — **muchos** se sorprenden (p. 97).

  La plupart de ces quantitatifs peuvent aussi être employés comme **adverbe** et sont alors invariables : tuvo **tanto** que hacer — todos aquellos que **tanto** hubiesen cantado (p. 130). Attention : **tanto** et **cuanto** s'apocopent devant un adjectif : en vuelo **tan** vertiginoso (p. 90) — el trabajo es **tan** violento (p. 180).

DISTRIBUTIFS

- **todo, a, os, as :** tout, tous, toute, toutes.
  Remarque : lorsque **todo** est complément d'objet direct, il est le plus souvent accompagné de **lo** : electrizándo**lo** todo (p. 36) — yo **lo** sabía todo (p. 62).

- **cuanto, a, os, as :** tout ce que, tous ceux qui, toutes celles qui... : no cesaban de comprar **cuantos** objetos les ofrecían unos empleados — entregándole **cuanto** poseía (p. 110).

- **cada uno, cada cual :** chacun, une : **cada cual** realizaba el psicodrama de sus deseos.

- **ambos, as :** tous deux, toutes deux : **ambos** querían que sus gallos ganaran — a **ambos** lados (p. 179) = de chaque côté.

Les équivalents de « on »

- En français, le pronom personnel indéfini **on** est employé avec des sens différents « Les hommes en général, l'homme, les gens, l'opinion, un plus ou moins grand nombre de personnes ; une personne quelconque, il ou elle, tu, toi, vous, nous » (cf. Le Petit Robert). **En espagnol, « on » n'a pas d'équivalent strict,** mais chacun de ces sens correspond à une tournure particulière. Il y en a plusieurs, qui vont du général au particulier.

- **3ᵉ personne du pluriel** si l'indéfini se réfère à un sujet totalement indéterminé, collectif ou individuel : **llaman** a la puerta — le **están** achicharrando la sangre (p. 82).
  N'employez pas cette tournure si une confusion est possible avec un autre sujet de la phrase.

- **Se** + **troisième personne** dans une phrase d'ordre général : **se ignora** el paisaje (p. 76) — **se habían** introducido las mejoras (p. 166) — **se ve** muy rebién cómo es la vida allá (p. 120).
  Remarques : **cet emploi est impossible avec un verbe réfléchi.** De plus, dans cette tournure, il faut **accorder le verbe** obligatoirement avec le substantif dont il dépend si celui-ci ne représente pas une personne : **se ven** las cosas de manera distinta (p. 142) — **se venden, se compran** y **se permutan** pájaros (p. 16).
  Si le substantif dont dépend le verbe est une personne, le verbe reste à la 3ᵉ personne du singulier et le substantif est précédé de la préposition **a** : en este cuadro, **se ve a** dos personajes — como **se adora a** Dios ante su altar (p. 61).

- **1ʳᵉ personne du pluriel.** Le français emploie souvent on à la place de nous ; l'espagnol se sert toujours dans ce cas de la 1ʳᵉ personne du pluriel : on va à la plage, **vamos** a la playa.

- **Uno, una :** lorsque celui ou celle qui parle s'implique dans la généralité qu'il énonce : cuando recuerda **uno** a Méjico en aquellas épocas (p. 142) — se siente **uno** más a gusto (p. 40) — se le resbalan **a uno** los ojos (p. 139) — **uno** echa el agua y todo desaparece (p. 120).

Les pronoms relatifs

- **quien, quienes :** ne peut avoir pour antécédent que des personnes, ou des pronoms personnels : tú no eres [a] **quien** yo espero (p. 8) — Argentina, Brasil, Chile, **quienes** también cedieron (p. 116) — **quien** compra a todos esos vendedores (p. 179).
  Il s'emploie après une préposition : casarme **con quien** quise y **con quien** quiero (p. 62) — millones **para quienes** se acabó la tienda de raya (p. 142).

- ***quien*** a parfois le sens d'un indéfini, sans antécédent formulé : ***quien*** *va a Sevilla pierde su silla* : qui va à la chasse, perd sa place — *no hay **quien** me desmienta* (p. 34) — *hay **quienes** se desmueren y hay **quienes** se desviven* (p. 115).
- ***que*** : il a pour antécédent des personnes ou des choses ; il est sujet ou complément : ***los niños que*** *acaban de nacer son recién nacidos* — ***la casa que*** *construyeron el año pasado...* — *cosas **que** estaban muy lejos* (p. 62) — *la vida **que** vendrá* (p. 129).
- ***el que, el cual*** — ***la, los, las que*** — ***la cual, los, las cuales.*** Ce sont les équivalents de ***quien,*** mais ils sont valables pour les personnes et pour les choses. Ils se traduisent par qui, que, lequel... selon les cas : *es nuestra ciudad **la que** mejor lo ha hecho* (p. 31) — ***la cual*** *sería una casa modesta* (p. 155) — *unas mantas sobre **las cuales...*** (p. 179) — *esos campamentos en **los que...*** (p. 179).

TRADUCTION DE « DONT »

- **« dont » est complément de nom :** ***cuyo.***
  Ce pronom relatif établit une relation d'appartenance entre deux substantifs, l'un étant complément de l'autre. Il traduit **dont le, la, les.**
  Il précède immédiatement (sans article ni autre déterminant) le nom auquel il s'accorde en genre et en nombre : *una mansión **cuyo** lujo* (p. 26) — *el bombín de origen inglés **cuya** adaptación...* (p. 178).
  Cuyo peut être précédé d'une préposition et remplacé par ***del cual*** (*de la cual,* etc.) : *el diccionario **en cuyas** definiciones* = *en las definiciones **del cual.***
- **« dont » est complément d'un verbe,** d'un adjectif ou d'un adverbe, il se traduit par ***de quien*** — ***de quienes*** — ***de que*** — ***del que*** — ***del cual...*** : *el hombre **de quien** (**del que, del cual**) te hablé...* — *el trabajo **del que** se siente orgulloso...* — *problemas coyunturales **de los que** se saldría en un breve lapso* (p. 116).

TRADUCTION DE « OÙ »

- En français, le pronom relatif « où » peut être soit **spatial,** soit **temporel.** En espagnol, l'emploi de ***donde*** est impossible lorsqu'il s'agit d'une notion de temps (on doit employer dans ce cas ***cuando*** ou ***en que***) ; il est réservé à une notion de lieu : *el castillo **donde** se ha instalado el parador* — *la época **en que...*** — *el único país **en el que** ou **donde** el turismo* (p. 32) — *el ambiente **en que** se desarrolla* (p. 118).

3. LE GROUPE VERBAL

Les emplois obligatoires de « ser »

Le verbe « ser » s'emploie
1° **pour introduire un mot qui définit le sujet,** c'est-à-dire :
— **un nom :** *puede **ser** « Gillette »* (p. 29) — *yo **soy** el Teniente Coronel* (p. 34).
— **un pronom** (personnel, possessif, démonstratif, indéfini) : *era algo esperado por todos* (p. 160) — *no **soy** nada para tí* (p. 56) — ***soy** tuya* (p. 56).
— **un infinitif :** *lo normal **es** aburrirse* (p. 25) — *lo que sí **es** muy fácil **es** proclamar* (p. 142).
— **un adjectif numéral,** un adverbe de quantité (tous les cas exprimant l'idée de nombre) : *eran las cinco en punto de la tarde* — ***es** poco (mucho, bastante...).*

2° **devant un complément de cause ou de but.**
(Ils expliquent les raisons de l'existence du sujet) : *si lo afirmas,* **será porque** *lo sabes* — *si lo repito varias veces* **es para que** *lo sepas.*

3° **dans certaines tournures spécifiques :**
— pour signaler l'**origine** : **soy** *de Valladolid ;*
— pour indiquer l'**appartenance** : **es de** *un alumno* (p. 196) ;
— pour définir la **matière** : *la mesa* **es** *de madera ;*
— dans les **tournures emphatiques** ou les autres **tournures impersonnelles** : *el norte* **es quien** *ordena* (p. 115) — *aquí abajo* **es donde** *la memoria* (p. 115) — **fue** *poco después de la medianoche* **cuando** *entró...* (p. 160).

4° **dans la tournure passive, il désigne une action envisagée dans son déroulement.**
Remarque : l'espagnol préfère souvent la voix active et un équivalent de « on ».

Había sido izada la nueva bandera (p. 74) — *el pueblo unido, jamás* **será vencido** (p. 129) — **fue asesinado por** *uno de los conjurados* (p. 130).

Infinitif	Gérondif	Participe passé	Indicatif présent	Impératif	Subjonctif présent
SER	siendo	sido	soy		sea
			eres	sé	seas
			es	sea ←	sea
			somos	seamos ←	seamos
			sois	sed	seáis
			son	sean ←	sean

Indicatif futur	Conditionnel présent	Indicatif imparfait	Indicatif passé simple	Subjonctif imparfait en -ra	en -se
seré	sería	era	fui	fuera	fuese
serás	serías	eras	fuiste	fueras	fueses
será	sería	era	fue	fuera	fuese
seremos	seríamos	éramos	fuimos	fuéramos	fuésemos
seréis	seríais	erais	fuisteis	fuerais	fueseis
serán	serían	eran	fueron	fueran	fuesen

Les emplois obligatoires de « estar »

Le verbe **estar** exprime l'idée de **se trouver,** dans un **lieu,** dans un **temps,** dans une **situation** particulière, **circonstancielle.** Il s'emploiera donc devant :

- **un adverbe de lieu ou de temps** : *ahí* **está** *la soltera* (p. 62) — *ya* **estás** *aquí* (p. 129) — *cosas que* **estaban** *muy lejos* (p. 62).

- **un complément circonstanciel** de lieu ou de temps : *todo* **está** *en la palabra* — *los niños que* **estaban** *en la escuela* (p. 188).

- **un gérondif** : avec le gérondif, on emploie toujours **estar.**

Infinitif	Gérondif	Participe passé	Indicatif présent	Impératif	Subjonctif présent
ESTAR	estando	estado	estoy		esté
			estás →	está	estés
			está	esté ←	esté
			estamos	estemos ←	estemos
			estáis	estad	estéis
			están	estén ←	estén

Indicatif futur	Conditionnel présent	Indicatif imparfait	Indicatif passé simple	Subjonctif imparfait en -ra	en -se
estaré	estaría	estaba	estuve	estuviera	estuviese
estarás	estarías	estabas	estuviste	estuvieras	estuvieses
estará	estaría	estaba	estuvo	estuviera	estuviese
estaremos	estaríamos	estábamos	estuvimos	estuviéramos	estuviésemos
estaréis	estaríais	estabais	estuvisteis	estuvierais	estuvieseis
estarán	estarían	estaban	estuvieron	estuvieran	estuviesen

« ser » ou « estar » ?

La question ne doit être posée que pour les *adjectifs* et les *participes passés* à valeur d'adjectifs :

1º Êtes-vous sûr de ne pas avoir affaire à un temps composé ? *je suis allé, j'étais arrivé...* Dans ce cas, ni **« ser »** ni **« estar »** mais **« haber »** (cf. p. 212).

2º La qualité introduite est-elle circonstancielle, accidentelle ? Est-ce une **attitude**, le **résultat d'une action** antérieure ? Employez le verbe **« estar »**. Par exemple :
— un sentiment, un état d'âme : *no estoy de humor* (p. 196) — *usted está loco* (p. 196) — *el mar no está para bromas* (p. 25).
— une attitude : *estar sentado, tendido* — *estaban muy callados* (p. 45) — *hemos de estar unidos* p. 88).
— un caractère accidentel : *el agua está salada* (p. 148) — *mi madre está enferma* — *para que veas que estás libre.*
— le résultat d'une action antérieure, le participe passé ayant valeur d'adjectif : *un coche que estaba estacionado en la calle* (p. 155) — *el suelo de Hispania estaba l echo un asco* — *su decisión estaba tomada* (p. 147).

3º La qualité introduite est-elle essentielle ? Définit-elle le sujet en dehors de toute circonstance ? Employez le verbe **« ser »**. Par exemple :
— pour un individu, sa nationalité, la couleur de ses yeux, de ses cheveux, sa taille, sa profession : *soy como soy* (p. 62) — *ya soy vieja* (p. 62) — *millones que hubieran sido criadas y que ahora son mecanógrafas* (p. 142) — *de España vengo, soy española* — *mis ojos no son azules sino amarillos.*
— Les particularités morales ou autres qui caractérisent un individu : *porque soy noble* — *el negro Manuel Antonio fue loco desde pequeño* — *el 76 por ciento de los hispanos estadounidenses son bilingües.*
— pour une chose, ce qui la caractérise (forme, taille, etc.) : *eran flacos y musculosos* (p. 45) — *era esbelta y ligera* (p. 147).

4º Remarque : l'emploi de l'un ou l'autre modifie le sens de certains adjectifs :
ser listo : être intelligent — **estar listo** : être prêt.
ser malo : être méchant — **estar malo** : être malade.
ser verde : de couleur verte — **estar verde** : ne pas être mûr.

Les substituts du verbe « être »

- **RESULTAR,** quand l'attribut est envisagé comme la conséquence des faits que l'on vient d'énoncer : *después de muchas tentativas,* **resultó** *un fracaso esta empresa.*
- **IR, ANDAR, VENIR, LLEGAR** s'emploient quand le sujet est présenté sous un aspect dynamique : *aunque el vagón* **iba** *lleno* — **andaban** *por los veintidós* (p. 188) — **anda** *diciendo* (p. 196).
- **SEGUIR, PERMANECER** indique la persistance d'un état ou d'une qualité (être encore, être toujours) : *¿qué tal está?* **Sigue** *muy mal.*
- **QUEDAR** envisage un état final consécutif à un fait antérieur : *todo el equilibrio de la región* **quedará** *modificado.*

L'auxiliaire « haber »

- *Haber* est un **auxiliaire qui ne peut être employé seul.** Il ne signifie pas « avoir » au sens de « posséder ». **Il ne sert qu'à la formation des temps composés.**
  — il est inséparable du participe passé qui est toujours invariable lorsqu'il est conjugué avec **haber.**
- **Emplois particuliers :**
  — *Haber* **impersonnel,** au sens de **il y a, il y avait,** etc. : **hay** *mucha gente* — **había** *mucha gente* — *cuando* **haya** *trabajo, todo irá mejor.*
  — *Haber de* exprime l'obligation personnelle, et possède une nuance de futur : cf. l'obligation (p. 232).
  — *Hay que* + infinitif exprime une obligation impersonnelle (cf. *ibid.*).

Infinitif	Gérondif	Participe passé	Indicatif présent	Impératif	Subjonctif présent
HABER	habiendo	habido	he has ha hemos habéis han	[inusité]	haya hayas haya hayamos hayáis hayan

Indicatif futur	Conditionnel présent	Indicatif imparfait	Indicatif passé simple	Subjonctif imparfait en -ra	en -se
habré	habría	había	hube	hubiera	hubiese
habrás	habrías	habías	hubiste	hubieras	hubieses
habrá	habría	había	hubo	hubiera	hubiese
habremos	habríamos	habíamos	hubimos	hubiéramos	hubiésemos
habréis	habríais	habíais	hubisteis	hubierais	hubieseis
habrán	habrían	habían	hubieron	hubieran	hubiesen

La formation des temps

1. Les temps simples
PRÉSENT DE L'INDICATIF ET PRÉSENT DU SUBJONCTIF

1° A la 1re personne du présent de l'indicatif la terminaison est **o** pour les trois conjugaisons : *canto — como — vivo.*

2º Aux autres personnes du présent de l'indicatif on retrouve :
— **a** dans la terminaison pour les verbes en **-ar** (1ʳᵉ conjugaison) ;
— **e** dans la terminaison pour les verbes en **-er** (2ᵉ conjugaison), **-ir** (3ᵉ conjugaison sauf 1ʳᵉ et 2ᵉ personnes du pluriel).

3º pour former le présent du subjonctif on remplace :
— Pour les verbes en **-ar,** le **a** de la terminaison du présent de l'indicatif par **e** :

c*ant*as → c*ant*es
c*ant*a → c*ant*e
c*ant*amos → c*ant*emos
... ...

— Pour les verbes en **-er** et en **-ir**, le **e** de la terminaison du présent de l'indicatif (ou le **i** de la 1ʳᵉ et de la 2ᵉ personnes du pluriel) par **a** :

com*e*mos → com*a*mos   viv*i*mos → viv*a*mos
com*é*is → com*á*is   viv*í*s → viv*á*is
com*e*n → com*a*n   viv*e*n → viv*a*n

IMPÉRATIF

En espagnol il compte **cinq personnes** car il faut ajouter **Usted** et **Ustedes** qui correspondent au **vous de politesse** :

TRAER	Indicatif		Impératif	Subjonctif
	traigo			traiga
	traes →	chute du s →	trae	traigas
	trae		**traiga**	← traiga
	traemos		traigamos	← traigamos
	traéis	inf. TRAER →	traed	traigáis
	traen		**traigan**	← traigan

FUTUR ET CONDITIONNEL

La formation est la même qu'en français.
— **Futur** : infinitif + terminaisons de **haber** au présent de l'indicatif : *cantar* + *é — ás — á — emos — éis — án.*
Attention : il faut mettre un accent écrit à cinq personnes.
— **Conditionnel** : infinitif + terminaisons de **haber** à l'imparfait de l'indicatif : *cantar* + *ía — ías — ía — íamos — íais — ían.*

L'IMPARFAIT DE L'INDICATIF

Il est formé à partir du **radical** + les terminaisons propres à chaque groupe de conjugaison.
— **verbes en -ar,** 1ʳᵉ conjugaison : *-aba, -abas, -aba, -ábamos, -abais, -aban.*
— **verbes en -er et en -ir,** 2ᵉ et 3ᵉ conjugaisons : *-ía, -ías, -ía, -íamos, -íais, -ían.* Remarquez **l'accent écrit** sur toutes les personnes.

LE PASSÉ SIMPLE DE L'INDICATIF

Il est formé à partir du **radical** + les terminaisons propres à chaque groupe de conjugaison.
— **verbes en -ar,** 1ʳᵉ conjugaison : *-é, -aste, -ó, -amos, -asteis, -aron.*
— **verbes en -er et en -ir,** 2ᵉ et 3ᵉ conjugaisons : *-í, -iste, -ió, -imos, -isteis, -ieron.* Remarquez **l'accent écrit sur la 1ʳᵉ et la 3ᵉ personne du singulier** pour les trois conjugaisons.
Attention : certains verbes irréguliers **changent de radical** au passé simple. Ils sont **accentués sur le radical** aux 1ʳᵉ et 3ᵉ personnes du singulier et ne portent **pas d'accent écrit** (on les appelle **prétérits forts**).

IMPARFAITS DU SUBJONCTIF

Pour tous les verbes, réguliers ou non, ils se forment à partir de la 3ᵉ personne du pluriel du passé simple ; on y remplace *-ron* par *-ra* ou par *-se* :

cantar*on* / *-ra* : cantar*a* — cantar*as* — cantar*a*...
         / *-se* : cantas*e* — cantas*es* — cantas*e*...

2. Les temps composés

On les forme avec l'auxiliaire **haber** conjugué au temps voulu, auquel on ajoute le participe passé du verbe **qui reste toujours invariable**.

Infinitif	Indicatif			Conditionnel	Subjonctif	
passé	passé composé	plus-que-parfait	futur antérieur	passé	passé	plus-que-parfait
haber cantado	he cantado	había cantado	habré cantado	habría cantado	haya cantado	hubiera hubiese cantado

Remarque importante : en français les verbes pronominaux et certains verbes intransitifs forment leurs temps composés avec l'auxiliaire être, **je me suis lavé, je suis venu**, etc. **Jamais en espagnol.** Quel que soit le verbe, **seul haber** sert à former les temps composés : **me he lavado, he venido**, etc.

Les trois conjugaisons et leur modèle

1re CONJUGAISON

	Infinitif	Gérondif	Participe passé	Indicatif présent	Impératif	Subjonctif présent
CANTAR	CANTAR	cantando	cantado	canto cantas canta cantamos cantáis cantan	→ canta cante cantemos cantad canten	cante cantes ← cante ← cantemos ← cantéis canten ←

2e CONJUGAISON

	Infinitif	Gérondif	Participe passé	Indicatif présent	Impératif	Subjonctif présent
COMER	COMER	comiendo	comido	como comes come comemos coméis comen	→ come coma comamos comed coman	coma comas ← coma ← comamos ← comáis coman ←

3e CONJUGAISON

	Infinitif	Gérondif	Participe passé	Indicatif présent	Impératif	Subjonctif présent
VIVIR	VIVIR	viviendo	vivido	vivo vives vive vivimos vivís viven	→ vive viva vivamos vivid vivan	viva vivas ← viva ← vivamos ← viváis vivan ←

1re CONJUGAISON

Indicatif futur	Conditionnel présent	Indicatif imparfait	Indicatif passé simple	Subjonctif imparfait en -ra	en -se	CANTAR
cantaré	cantaría	cantaba	canté	cantara	cantase	
cantarás	cantarías	cantabas	cantaste	cantaras	cantases	
cantará	cantaría	cantaba	cantó	cantara	cantase	
cantaremos	cantaríamos	cantábamos	cantamos	cantáramos	cantásemos	
cantaréis	cantaríais	cantabais	cantasteis	cantarais	cantaseis	
cantarán	cantarían	cantaban	cantaron	cantaran	cantasen	

2e CONJUGAISON

Indicatif futur	Conditionnel présent	Indicatif imparfait	Indicatif passé simple	Subjonctif imparfait en -ra	en -se	COMER
comeré	comería	comía	comí	comiera	comiese	
comerás	comerías	comías	comiste	comieras	comieses	
comerá	comería	comía	comió	comiera	comiese	
comeremos	comeríamos	comíamos	comimos	comiéramos	comiésemos	
comeréis	comeríais	comíais	comisteis	comierais	comieseis	
comerán	comerían	comían	comieron	comieran	comiesen	

3e CONJUGAISON

Indicatif futur	Conditionnel présent	Indicatif imparfait	Indicatif passé simple	Subjonctif imparfait en -ra	en -se	VIVIR
viviré	viviría	vivía	viví	viviera	viviese	
vivirás	vivirías	vivías	viviste	vivieras	vivieses	
vivirá	viviría	vivía	vivió	viviera	viviese	
viviremos	viviríamos	vivíamos	vivimos	viviéramos	viviésemos	
viviréis	viviríais	vivíais	vivisteis	vivierais	vivieseis	
vivirán	vivirían	vivían	vivieron	vivieran	viviesen	

Les verbes à diphtongue et à fermeture de voyelle

Les modifications de ces verbes ne portent que sur le radical et elles se font selon des lois précises :

LA DIPHTONGUE

Elle n'apparaît que lorsque **la dernière voyelle du radical est placée sous l'accent tonique** (cf. lois de l'accentuation, p. 201).

Les verbes ne diphtonguent **jamais** :
— à la 1ʳᵉ et à la 2ᵉ personne du pluriel car l'accent tombe sur la terminaison.
— **aux temps autres que les trois présents.**

e → ie
Exemple : **Perder**

	Indicatif présent	Impératif	Subjonctif présent
	pierdo		pierda
	pierdes →	pierde	pierdas
	pierde	pierda ←	pierda
	perdemos	perdamos ←	perdamos
	perdéis	perded	perdáis
	pierden	pierdan	pierdan

o → ue
Exemple : **Contar**

	Indicatif présent	Impératif	Subjonctif présent
	cuento		cuente
	cuentas →	cuenta	cuentes
	cuenta	cuente ←	cuente
	contamos	contemos ←	contemos
	contáis	contad	contéis
	cuentan	cuenten ←	cuenten

LA FERMETURE

Cette irrégularité affecte les verbes de la **3ᵉ conjugaison** ayant un **e** au **radical,** type **pedir.**
Le **e** du radical se ferme en **i** lorsqu'il n'y a pas de i accentué à la terminaison.
Cette irrégularité intervient **aux seuls temps suivants :**

	Indicatif présent	Impératif	Subjonctif présent	Indicatif passé simple	Subjonctif imparfait	
Gérondif	pido		pida	pedí	pidiera	pidiese
pidiendo	pides →	pide	pidas	pediste	pidieras	pidieses
	pide	pida ←	pida	pidió	pidiera	pidiese
Participe	pedimos	pidamos ←	pidamos	pedimos	pidiéramos	pidiésemos
passé	pedís	pedid	pidáis	pedisteis	pidierais	pidieseis
pedido	piden	pidan ←	pidan	pidieron	pidieran	pidiesen

L'ALTERNANCE

Ils combinent les deux modifications antérieures :
— ils diphtonguent comme **perder (e > ie)** lorsque **e** est placé sous l'accent tonique ;
— le **e** se ferme en **i** comme **pedir** quand l'accent tonique tombe sur une voyelle de la terminaison autre que **i** : *exemple* : **Sentir.**

	Indicatif présent	Impératif	Subjonctif présent	Indicatif passé simple	Subjonctif imparfait	
Gérondif	siento		sienta	sentí	sintiera	sintiese
sintiendo	sientes →	siente	sientas	sentiste	sintieras	sintieses
	siente	sienta ←	sienta	sintió	sintiera	sintiese
Participe	sentimos	sintamos ←	sintamos	sentimos	sintiéramos	sintiésemos
passé	sentís	sentid	sintáis	sentisteis	sintierais	sintieseis
sentido	sienten	sientan ←	sientan	sintieron	sintieran	sintiesen

Dans les mêmes conditions le **o** de **dormir** et **morir** donnera tantôt **ue** tantôt **u**.
Exemple : subjonctif présent : duerma - duermas - duerma - durmamos - durmáis - duerman ;
indicatif passé simple : dormí - dormiste - durmió - dormimos - dormisteis - durmieron.

Quelques groupes de verbes irréguliers

LES VERBES EN -ACER, -ECER, -OCER, -UCIR

Les verbes qui à l'infinitif se terminent ainsi intercalent un **Z** devant le **C** lorsqu'il est suivi d'un **o** ou d'un **a** :

Exemple : **Nacer**

	Indicatif présent	Impératif	Subjonctif présent
	nazco		nazca
	naces →	nace	nazcas
	nace	nazca ←	nazca
	nacemos	nazcamos ←	nazcamos
	nacéis	naced	nazcáis
	nacen	nazcan ←	nazcan

Remarque :
Hacer donne indicatif présent : hago, haces, etc.
  subjonctif présent : haga, hagas, etc.
Mecer donne indicatif présent : mezo, meces, etc.
  subjonctif présent : meza, mezas, etc.
Cocer donne indicatif présent : cuezo, cueces, etc.
  subjonctif présent : cueza, cuezas, etc.

LES VERBES EN -UIR

1° Un **y** s'intercale entre le radical et les voyelles autres que **i** de la terminaison : aux trois présents.
2° A certains temps le **i** s'écrit **y,** en raison de règles orthographiques, parce qu'il se retrouve placé entre deux voyelles : contruyó, construyeron, construyera, etc.

	Indicatif présent	Impératif	Subjonctif présent	Indicatif passé-simple	Subjonctif imparfait	
Gérondif	construyo		construya	construí	construyera	construyese
construyendo	construyes →	construye	construyas	construiste	construyeras	construyeses
	construye	construya ←	construya	construyó	construyera	construyese
	construimos	construyamos ←	construyamos	construimos	construyéramos	construyésemos
Participe						
passé	construís	construid	construyáis	construisteis	construyerais	construyeseis
construido	construyen	construyan ←	construyan	construyeron	construyeran	construyesen

Les verbes usuels à irrégularités diverses

Les verbes qui figurent dans les tableaux suivants n'ont pas les mêmes irrégularités :
- Certains diphtonguent (cf. § 1, p. 216).
- La 1re personne du présent de l'indicatif est en -go (*exemple* : CAER → caigo) ou en -zco (*exemple* : CONDUCIR → conduzco). L'irrégularité se retrouve à toutes les personnes du présent du subjonctif.
- Les prétérits forts : au passé simple le radical de certains verbes est différent de celui de l'indicatif et il est accentué à la 1re et à la 3e personne du singulier.
Comparez : tener : tuve — tuviste — tuvo..., cantar : canté — cantaste — cantó...
Ce radical sera le même à l'imparfait du subjonctif (tuviera, tuviese).

ANDAR

Infinitif	Gérondif	Participe passé	Indicatif présent	Impératif	Subjonctif présent
ANDAR	andando	andado	ando		ande
			andas	→ anda	andes
			anda	ande	← ande
			andamos	andemos	← andemos
			andáis	andad	andéis
			andan	anden	← anden

CABER

Infinitif	Gérondif	Participe passé	Indicatif présent	Impératif	Subjonctif présent
CABER	cabiendo	cabido	quepo		quepa
			cabes	→ cabe	quepas
			cabe	quepa	← quepa
			cabemos	quepamos	← quepamos
			cabéis	cabed	quepáis
			caben	quepan	← quepan

CAER

Infinitif	Gérondif	Participe passé	Indicatif présent	Impératif	Subjonctif présent
CAER	cayendo	caído	caigo		caiga
			caes	→ cae	caigas
			cae	caiga	← caiga
			caemos	caigamos	← caigamos
			caéis	caed	caigáis
			caen	caigan	← caigan

CONDUCIR

Infinitif	Gérondif	Participe passé	Indicatif présent	Impératif	Subjonctif présent
CONDUCIR[1]	conduciendo	conducido	conduzco		conduzca
			conduces	→ conduce	conduzcas
			conduce	conduzca	← conduzca
			conducimos	conduzcamos	← conduzcamos
			conducís	conducid	conduzcáis
			conducen	conduzcan	← conduzcan

1. Verbes en -DUCIR : deducir — introducir — producir — reducir — seducir — traducir.

- La 2ᵉ personne du singulier de l'impératif est irrégulière : decir → di ; hacer → haz ; ir → ve ; poner → pon ; salir → sal ; ser → sé ; tener → ten ; venir → ven.
- La voyelle de l'infinitif tombe au futur et au conditionnel (caber → cabré ; cabría) ou est remplacée par un d (salir → saldré ; saldría).
- Le *i* non accentué s'écrit *y* entre deux voyelles à la 3ᵉ personne du singulier et du pluriel du passé simple et aux imparfaits du subjonctif qui en sont dérivés : OÍR → oyeron.
- Il faut rajouter un accent écrit pour respecter les règles de l'accent tonique CAER : caído — caíste — caímos, etc.
- dar (1ʳᵉ conjugaison) forme le passé-simple comme les verbes de la 2ᵉ conjugaison (di — diste — dio...).
- ir et ser très irréguliers changent de radical : (IR : voy — iba — fui — iré ; SER : soy — eres — fui — seré).

Indicatif futur	Conditionnel présent	Indicatif imparfait	Indicatif passé simple	Subjonctif imparfait en -ra	en -se	ANDAR
andaré	andaría	andaba	anduve	anduviera	anduviese	
andarás	andarías	andabas	anduviste	anduvieras	anduvieses	
andará	andaría	andaba	anduvo	anduviera	anduviese	
andaremos	andaríamos	andábamos	anduvimos	anduviéramos	anduviésemos	
andaréis	andaríais	andabais	anduvisteis	anduvierais	anduvieseis	
andarán	andarían	andaban	anduvieron	anduvieran	anduviesen	

Indicatif futur	Conditionnel présent	Indicatif imparfait	Indicatif passé simple	Subjonctif imparfait en -ra	en -se	CABER
cabré	cabría	cabía	cupe	cupiera	cupiese	
cabrás	cabrías	cabías	cupiste	cupieras	cupieses	
cabrá	cabría	cabía	cupo	cupiera	cupiese	
cabremos	cabríamos	cabíamos	cupimos	cupiéramos	cupiésemos	
cabréis	cabríais	cabíais	cupisteis	cupierais	cupieseis	
cabrán	cabrían	cabían	cupieron	cupieran	cupiesen	

Indicatif futur	Conditionnel présent	Indicatif imparfait	Indicatif passé simple	Subjonctif imparfait en -ra	en -se	CAER
caeré	caería	caía	caí	cayera	cayese	
caerás	caerías	caías	caíste	cayeras	cayeses	
caerá	caería	caía	cayó	cayera	cayese	
caeremos	caeríamos	caíamos	caímos	cayéramos	cayésemos	
caeréis	caeríais	caíais	caísteis	cayerais	cayeseis	
caerán	caerían	caían	cayeron	cayeran	cayesen	

Indicatif futur	Conditionnel présent	Indicatif imparfait	Indicatif passé simple	Subjonctif Imparfait en -ra	en -se	CONDUCIR
conduciré	conduciría	conducía	conduje	condujera	condujese	
conducirás	conducirías	conducías	condujiste	condujeras	condujeses	
conducirá	conduciría	conducía	condujo	condujera	condujese	
conduciremos	conduciríamos	conducíamos	condujimos	condujéramos	condujésemos	
conduciréis	conduciríais	conducíais	condujisteis	condujerais	condujeseis	
conducirán	conducirían	conducían	condujeron	condujeran	condujesen	

	Infinitif	Gérondif	Participe passé	Indicatif présent	Impératif	Subjonctif présent
DAR	DAR	dando	dado	doy das da damos dais dan	→ da dé demos dad den	dé des ← dé ← demos deis ← den

	Infinitif	Gérondif	Participe passé	Indicatif présent	Impératif	Subjonctif présent
DECIR	DECIR	diciendo	dicho	digo dices dice decimos decís dicen	 di[1] diga digamos decid digan	diga digas ← diga ← digamos digáis ← digan

1. maldice — bendice — *de* maldecir *et de* bendecir.

	Infinitif	Gérondif	Participe passé	Indicatif présent	Impératif	Subjonctif présent
HACER	HACER	haciendo	hecho	hago haces hace hacemos hacéis hacen	 haz[1] haga hagamos haced hagan	haga hagas ← haga ← hagamos hagáis ← hagan

1. satisface (*de* satisfacer).

	Infinitif	Gérondif	Participe passé	Indicatif présent	Impératif	Subjonctif présent
IR	IR	yendo	ido	voy vas va vamos vais van	 ve vaya vayamos[1] id vayan	vaya vayas ← vaya ← vayamos vayáis ← vayan

1. On utilise plutôt **vamos** (indicatif présent).

	Infinitif	Gérondif	Participe passé	Indicatif présent	Impératif	Subjonctif présent
OÍR	OÍR	oyendo	oído	oigo oyes oye oímos oís oyen	→ oye oiga oigamos oíd oigan	oiga oigas ← oiga ← oigamos oigáis ← oigan

Indicatif futur	Conditionnel présent	Indicatif imparfait	Indicatif passé simple	Subjonctif imparfait en -ra	en -se	
daré	daría	daba	di	diera	diese	**DAR**
darás	darías	dabas	diste	dieras	dieses	
dará	daría	daba	dio	diera	diese	
daremos	daríamos	dábamos	dimos	diéramos	diésemos	
daréis	daríais	dabais	disteis	dierais	dieseis	
darán	darían	daban	dieron	dieran	diesen	

Indicatif futur	Conditionnel présent	Indicatif imparfait	Indicatif passé simple	Subjonctif Imparfait en -ra	en -se	
diré[2]	diría[2]	decía	dije	dijera	dijese	**DECIR**
dirás	dirías	decías	dijiste	dijeras	dijeses	
dirá	diría	decía	dijo	dijera	dijese	
diremos	diríamos	decíamos	dijimos	dijéramos	dijésemos	
diréis	diríais	decíais	dijisteis	dijerais	dijeseis	
dirán	dirían	decían	dijeron	dijeran	dijesen	

2. maldeciré — maldeciría — bendeciré — bendeciría.

Indicatif futur	Conditionnel présent	Indicatif imparfait	Indicatif passé simple	Subjonctif imparfait en -ra	en -se	
haré	haría	hacía	hice	hiciera	hiciese	**HACER**
harás	harías	hacías	hiciste	hicieras	hicieses	
hará	haría	hacía	hizo	hiciera	hiciese	
haremos	haríamos	hacíamos	hicimos	hiciéramos	hiciésemos	
haréis	haríais	hacíais	hicisteis	hicierais	hicieseis	
harán	harían	hacían	hicieron	hicieran	hiciesen	

Indicatif futur	Conditionnel présent	Indicatif imparfait	Indicatif passé simple	Subjonctif imparfait en -ra	en -se	
iré	iría	iba	fui	fuera	fuese	**IR**
irás	irías	ibas	fuiste	fueras	fueses	
irá	iría	iba	fue	fuera	fuese	
iremos	iríamos	íbamos	fuimos	fuéramos	fuésemos	
iréis	iríais	ibais	fuisteis	fuerais	fueseis	
irán	irían	iban	fueron	fueran	fuesen	

Indicatif futur	Conditionnel présent	Indicatif imparfait	Indicatif passé simple	Subjonctif imparfait en -ra	en -se	
oiré	oiría	oía	oí	oyera	oyese	**OÍR**
oirás	oirías	oías	oíste	oyeras	oyeses	
oirá	oiría	oía	oyó	oyera	oyese	
oiremos	oiríamos	oíamos	oímos	oyéramos	oyésemos	
oiréis	oiríais	oíais	oísteis	oyerais	oyeseis	
oirán	oirían	oían	oyeron	oyeran	oyesen	

	Infinitif	Gérondif	Participe passé	Indicatif présent	Impératif	Subjonctif présent
PODER	PODER	pudiendo	podido	puedo puedes → puede podemos podéis pueden	puede pueda ← podamos ← poded puedan ←	pueda puedas pueda podamos podáis puedan

	Infinitif	Gérondif	Participe passé	Indicatif présent	Impératif	Subjonctif présent
PONER	PONER	poniendo	puesto	pongo pones pone ponemos ponéis ponen	pon ponga ← pongamos ← poned pongan ←	ponga pongas ponga pongamos pongáis pongan

	Infinitif	Gérondif	Participe passé	Indicatif présent	Impératif	Subjonctif présent
QUERER	QUERER	queriendo	querido	quiero quieres → quiere queremos queréis quieren	quiere quiera ← queramos ← quered quieran ←	quiera quieras quiera queramos queráis quieran

	Infinitif	Gérondif	Participe passé	Indicatif présent	Impératif	Subjonctif présent
SABER	SABER	sabiendo	sabido	sé sabes → sabe sabemos sabéis saben	sabe sepa ← sepamos ← sabed sepan ←	sepa sepas sepa sepamos sepáis sepan

	Infinitif	Gérondif	Participe passé	Indicatif présent	Impératif	Subjonctif présent
SALIR	SALIR	saliendo	salido	salgo sales sale salimos salís salen	sal salga salgamos salid salgan	salga salgas salga salgamos salgáis salgan

PODER

Indicatif futur	Conditionnel présent	Indicatif imparfait	Indicatif passé simple	Subjonctif imparfait en -ra	Subjonctif imparfait en -se
podré	podría	podía	pude	pudiera	pudiese
podrás	podrías	podías	pudiste	pudieras	pudieses
podrá	podría	podía	pudo	pudiera	pudiese
podremos	podríamos	podíamos	pudimos	pudiéramos	pudiésemos
podréis	podríais	podíais	pudisteis	pudierais	pudieseis
podrán	podrían	podían	pudieron	pudieran	pudiesen

PONER

Indicatif futur	Conditionnel présent	Indicatif imparfait	Indicatif passé simple	Subjonctif imparfait en -ra	Subjonctif imparfait en -se
pondré	pondría	ponía	puse	pusiera	pusiese
pondrás	pondrías	ponías	pusiste	pusieras	pusieses
pondrá	pondría	ponía	puso	pusiera	pusiese
pondremos	pondríamos	poníamos	pusimos	pusiéramos	pusiésemos
pondréis	pondríais	poníais	pusisteis	pusierais	pusieseis
pondrán	pondrían	ponían	pusieron	pusieran	pusiesen

QUERER

Indicatif futur	Conditionnel présent[1]	Indicatif imparfait	Indicatif passé simple	Subjonctif imparfait en -ra	Subjonctif imparfait en -se
querré	querría	quería	quise	quisiera	quisiese
querrás	querrías	querías	quisiste	quisieras	quisieses
querrá	querría	quería	quiso	quisiera	quisiese
querremos	querríamos	queríamos	quisimos	quisiéramos	quisiésemos
querréis	querríais	queríais	quisisteis	quisierais	quisieseis
querrán	querrían	querían	quisieron	quisieran	quisiesen

1. Peu utilisé, généralement remplacé par l'imparfait du subjonctif.

SABER

Indicatif futur	Conditionnel présent	Indicatif imparfait	Indicatif passé simple	Subjonctif imparfait en -ra	Subjonctif imparfait en -se
sabré	sabría	sabía	supe	supiera	supiese
sabrás	sabrías	sabías	supiste	supieras	supieses
sabrá	sabría	sabía	supo	supiera	supiese
sabremos	sabríamos	sabíamos	supimos	supiéramos	supiésemos
sabréis	sabríais	sabíais	supisteis	supierais	supieseis
sabrán	sabrían	sabían	supieron	supieran	supiesen

SALIR

Indicatif futur	Conditionnel présent	Indicatif imparfait	Indicatif passé simple	Subjonctif imparfait en -ra	Subjonctif imparfait en -se
saldré	saldría	salía	salí	saliera	saliese
saldrás	saldrías	salías	saliste	salieras	salieses
saldrá	saldría	salía	salió	saliera	saliese
saldremos	saldríamos	salíamos	salimos	saliéramos	saliésemos
saldréis	saldríais	salíais	salisteis	salierais	salieseis
saldrán	saldrían	salían	salieron	salieran	saliesen

TENER

Infinitif	Gérondif	Participe passé	Indicatif présent	Impératif	Subjonctif présent
TENER	teniendo	tenido	tengo		tenga
			tienes	ten	tengas
			tiene	tenga ←	tenga
			tenemos	tengamos ←	tengamos
			tenéis	tened	tengáis
			tienen	tengan ←	tengan

TRAER

Infinitif	Gérondif	Participe passé	Indicatif présent	Impératif	Subjonctif présent
TRAER	trayendo	traído	traigo		traiga
			traes	→ trae	traigas
			trae	traiga ←	traiga
			traemos	traigamos ←	traigamos
			traéis	traed	traigáis
			traen	traigan ←	traigan

VALER

Infinitif	Gérondif	Participe passé	Indicatif présent	Impératif	Subjonctif présent
VALER	valiendo	valido	valgo		valga
			vales	→ vale[1]	valgas
			vale	valga ←	valga
			valemos	valgamos ←	valgamos
			valéis	valed	valgáis
			valen	valgan ←	valgan

1. ou val.

VENIR

Infinitif	Gérondif	Participe passé	Indicatif présent	Impératif	Subjonctif présent
VENIR	viniendo	venido	vengo		venga
			vienes	ven	vengas
			viene	venga ←	venga
			venimos	vengamos ←	vengamos
			venís	venid	vengáis
			vienen	vengan ←	vengan

VER

Infinitif	Gérondif	Participe passé	Indicatif présent	Impératif	Subjonctif présent
VER	viendo	visto	veo		vea
			ves	→ ve	veas
			ve	vea ←	vea
			vemos	veamos ←	veamos
			veis	ved	veáis
			ven	vean ←	vean

Indicatif futur	Conditionnel présent	Indicatif imparfait	Indicatif passé simple	Subjonctif imparfait en -ra	en -se	
tendré	tendría	tenía	tuve	tuviera	tuviese	**TENER**
tendrás	tendrías	tenías	tuviste	tuvieras	tuvieses	
tendrá	tendría	tenía	tuvo	tuviera	tuviese	
tendremos	tendríamos	teníamos	tuvimos	tuviéramos	tuviésemos	
tendréis	tendríais	teníais	tuvisteis	tuvierais	tuvieseis	
tendrán	tendrían	tenían	tuvieron	tuvieran	tuviesen	

Indicatif futur	Conditionnel présent	Indicatif imparfait	Indicatif passé simple	Subjonctif imparfait en -ra	en -se	
traeré	traería	traía	traje	trajera	trajese	**TRAER**
traerás	traerías	traías	trajiste	trajeras	trajeses	
traerá	traería	traía	trajo	trajera	trajese	
traeremos	traeríamos	traíamos	trajimos	trajéramos	trajésemos	
traeréis	traeríais	traíais	trajisteis	trajerais	trajeseis	
traerán	traerían	traían	trajeron	trajeran	trajesen	

Indicatif futur	Conditionnel présent	Indicatif imparfait	Indicatif passé simple	Subjonctif imparfait en -ra	en -se	
valdré	valdría	valía	valí	valiera	valiese	**VALER**
valdrás	valdrías	valías	valiste	valieras	valieses	
valdrá	valdría	valía	valió	valiera	valiese	
valdremos	valdríamos	valíamos	valimos	valiéramos	valiésemos	
valdréis	valdríais	valíais	valisteis	valierais	valieseis	
valdrán	valdrían	valían	valieron	valieran	valiesen	

Indicatif futur	Conditionnel présent	Indicatif imparfait	Indicatif passé simple	Subjonctif imparfait en -ra	en -se	
vendré	vendría	venía	vine	viniera	viniese	**VENIR**
vendrás	vendrías	venías	viniste	vinieras	vinieses	
vendrá	vendría	venía	vino	viniera	viniese	
vendremos	vendríamos	veníamos	vinimos	viniéramos	viniésemos	
vendréis	vendríais	veníais	vinisteis	vinierais	vinieseis	
vendrán	vendrían	venían	vinieron	vinieran	viniesen	

Indicatif futur	Conditionnel présent	Indicatif imparfait	Indicatif passé simple	Subjonctif imparfait en -ra	en -se	
veré	vería	veía	vi	viera	viese	**VER**
verás	verías	veías	viste	vieras	vieses	
verá	vería	veía	vio	viera	viese	
veremos	veríamos	veíamos	vimos	viéramos	viésemos	
veréis	veríais	veíais	visteis	vierais	vieseis	
verán	verían	veían	vieron	vieran	viesen	

La valeur des modes

- Il existe deux modes majeurs en espagnol : l'indicatif et le subjonctif :
    1. **l'indicatif est le mode de la réalité, du certain ;**
    2. **le subjonctif est le mode de l'éventualité, de l'hypothétique, du subjectif.**

- Dans certains cas, il faudra employer impérativement l'un ou l'autre de ces deux modes. Dans d'autres, c'est le locuteur qui utilisera l'un ou l'autre selon qu'il jugera que la chose dont il parle est réelle ou éventuelle. Prenons quelques exemples :

    1º *por favor señor, busco una casa que* **tiene** *un jardín,* cette maison EXISTE, on la CONNAIT, on essaie de la RETROUVER. Par contre :
    Quiero alquilar una casa y busco una que **tenga** *jardín,* cette maison existe sans doute, on NE LA CONNAIT PAS, on veut LA TROUVER ;

    2º *cuando* **viene** *el invierno,* **voy** *a esquiar.* Les faits sont considérés comme CERTAINS, ils sont attestés par l'habitude, d'où l'emploi de l'indicatif.
    Par contre :
    cuando **venga** *el invierno, iré a esquiar ;* en espagnol **dans la subordonnée** la perspective d'un futur suffit à rendre le fait ÉVENTUEL, d'où l'emploi du **subjonctif**.
    Remarque : **l'éventualité ne porte que sur la subordonnée ;** la principale exprime une **certitude**.

    3º *aunque no* **tenía** *trabajo, estaba decidido a casarse,* il n'avait pas de travail, ce fait est CERTAIN, d'où l'emploi de l'indicatif. Par contre : *aunque no* **tuviera** *trabajo, estaba decidido a casarse,* il se peut qu'à l'avenir il AIT du travail ou qu'il N'EN AIT PAS, ce fait est INCERTAIN, d'où l'emploi du subjonctif.

- Exemple illustrant l'opposition éventualité/certitude : *nuestros hijos* **puede que sean** *distintos, pero nuestros sueños* **seguro que han sido** *semejantes.*

La concordance des temps

- Elle est rigoureusement appliquée en espagnol, qu'il s'agisse de la langue écrite ou parlée, lorsque la phrase répond au schéma suivant :

    proposition principale + **subordonnée au subjonctif** (de temps, de condition, relative, etc.).

- D'un mode à l'autre, la concordance des temps s'établit ainsi :

Temps de la principale	Temps de la subordonnée
présent de l'indicatif impératif futur de l'indicatif passé composé	présent du subjonctif ou passé composé du subjonctif
imparfait de l'indicatif passé simple conditionnel plus-que-parfait de l'indicatif	imparfait du subjonctif ou plus-que-parfait du subjonctif

- Quelques exemples illustrant cette règle :
    No **quiero** *que te* **pongas** *la blusa verde* → *No* **quise** *que te* **pusieras** *la blusa verde.*
    Le **decimos** *que* **baje** *a danzar* → *Le* **dijimos** *que* **bajara** *a danzar.*
    Me **ha aconsejado** *que* **venga** → *Me* **había aconsejado** *que* **viniera.**
    Me **interesará** *que lo* **hagas** → *Me* **interesaría** *que lo* **hicieras.**
    Me **temo** *que* **haya venido** → *me* **temía** *que* **hubiera venido.** Dans ce cas, au présent comme au passé, le temps composé exprime l'antériorité de la subordonnée par rapport à la principale.

La valeur des temps

1. LES TEMPS DU PRÉSENT

- **Les temps du présent** sont : le présent et le passé composé de l'indicatif, l'impératif, le présent du subjonctif.
- **Le passé composé** s'emploie quand l'action commence dans le passé et a une incidence, des répercussions sur le présent. Le cas échéant, il entrera en **concordance avec un subjonctif présent,** mais en aucun cas avec un imparfait du subjonctif. Quand le verbe de la subordonnée exprime une antériorité par rapport à celui de la principale (à un temps du présent), on emploie le passé composé.
  Hemos sido víctimas de las mismas modas — un aislamiento que ha padecido este país desde hace cinco siglos (p. 104).

2. LES TEMPS DU PASSÉ

- **Le prétérit** (le passé simple) est en principe le temps du récit évoquant des faits ponctuels ou totalement achevés et révolus. C'est un temps très usuel en espagnol même dans le langage parlé contrairement au français qui lui préfère le passé composé : *perdí la esperanza de casarme con quien quise* (p. 62).
  Il a quelquefois la valeur d'un conditionnel passé et renforce ainsi une certitude : *olvidas que una misma bala pudo matarnos* (p. 56) = aurait pu nous tuer.
- **L'imparfait** évoque la durée d'une action passée ou sa répétition tout comme en français : *sino por un avecilla / que me cantaba al albor / matómela un ballestero — eras jardín de naranjas / fuiste toro de fuego* (p. 82).
- **L'imparfait du subjonctif en -ra** a parfois sa valeur étymologique latine de plus-que-parfait de l'indicatif : *una librería que fuera una de mis favoritas.*
- Le prétérit et l'imparfait, et leurs composés, entrent en **concordance** obligatoirement **avec l'imparfait du subjonctif** mais en aucun cas avec le présent du subjonctif. Quand le verbe de la subordonnée exprime une antériorité par rapport à celui de la principale au passé, on emploie le plus-que-parfait du subjonctif : *se alegraba de que hasta entonces los hubiera dejado crecer en paz* (p. 166).

3. L'EXPRESSION DU FUTUR (FUTUR, CONDITIONNEL, SUBJONCTIF PRÉSENT)

1º On emploie toujours **le futur de l'indicatif** dans une **proposition indépendante ou principale** pour évoquer un fait à venir **certain**.
   Llegaré a las dos de la tarde. ¿Quién irá a buscarme?

2º Le **futur** et le **conditionnel** peuvent exprimer une forte **probabilité.**

Avec le futur, elle porte sur des faits présents : *habrá gente como usted que cambió de empleo* (p. 198).

Avec le conditionnel, elle porte sur des faits passés : *la cual sería una casa modesta, pero era casa al fin* (p. 155).

Dans ce cas, sa valeur est comparable à celle de **DEBER DE** + infinitif : *debe de haber gente como usted — la cual debía de ser una casa modesta.*

3º Dans une proposition **subordonnée (circonstancielle de temps ou relative), la perspective d'un futur** suffit à rendre le fait **éventuel** : le futur de l'indicatif (mode du **certain**) est impossible, on utilise alors le **subjonctif** (mode de l'**éventualité**) — cf. La valeur des modes, p. 226).

En conséquence, on emploiera le subjonctif :
— **dans les circonstancielles de temps** généralement introduites par : *cuando, en cuanto* (dès que), *mientras* (pendant que, tant que), *tan pronto como* (aussitôt que), *conforme* (à mesure que)... : *cuando tengamos que trabajar aquí, ¿qué haremos?* (p. 139) — *mientras no se acabe con ellos, no se acabará la guerra* — *en cuanto termines, ven a casa.*

— **dans les relatives** : *no hay **quien me desmienta*** (p. 34) — *un tipo de belleza **que sugiera** naturalidad* (p. 19) — *para los extranjeros **que deseen** conocer las maravillas* (p. 40) — *a merced **de quien se lo quiera** llevar* (p. 38).

Attention : Évidemment, quand la subordonnée ne se réfère pas à un fait futur, il n'y a aucune raison d'employer le subjonctif :
Cuando trabajaban, *nada podía distraerles. Me gusta la casa **donde vivimos.***

- Sachez distinguer une circonstancielle d'une **interrogative indirecte** dans laquelle on emploie le futur car on reprend simplement la question au style indirect :
*¿Cuándo **vendrá** ? — No sé cuándo **vendrá**.*

4° N'oubliez pas de respecter la **concordance des temps** :
futur / présent du subjonctif : **le diré que venga.**
conditionnel / imparfait du subjonctif : **me agradaría que hablaran** *fuerte y* **se insultaran.**

- Outre sa valeur conditionnelle, le conditionnel est un futur dans le passé :
Dices que irás al cine (présent / futur).
Decías que irías al cine (passé / conditionnel).

4. QUELQUES EMPLOIS PARTICULIERS

A. DE L'INFINITIF

- **L'infinitif** peut être **substantivé** : il est alors précédé d'un ou plusieurs déterminants comme n'importe quel substantif : *la importancia que adquiere **el subrayar** los beneficios* (p. 104) — ***ese pasar** de escribir a dirigir e interpretar* (p. 177).
- **Valeur impérative** : *cantar, luchar* (p. 129) = *cantemos, luchemos*.
- **De** + **infinitif** : valeur de subordonnée **conditionnelle** : *un bandolero que, **de no ser** ficticio...* (p. 30) = ***si no hubiera sido** ficticio.*
- **Sin** + **infinitif** : indique qu'une action n'a pas été effectuée : *la tierra **sin domesticar** ni depredar.*
- **Por** + **infinitif** : indique que l'action reste à accomplir et qu'elle le sera prochainement : *la casa **por construir**.*
- **Con** + **infinitif** : peut avoir le sens de ***aunque*** + **indicatif** : ***con tener dinero,*** *no gasta mucho,* ou bien le sens de « il suffit de + **infinitif** ».
- **Con (sólo)** + **infinitif**, « rien que » : ***con sólo pensarlo,** se me escalofría el alma.*

B. DU PARTICIPE PASSÉ

- Alors que le **participe passé** est toujours **invariable avec *haber*,** il **s'accorde** lorsqu'il est employé **avec *ser, estar*,** ou des **semi-auxiliaires** (*llevar, tener*, etc.). **Il est toujours placé en tête dans la proposition participe** : ***rotos** los lazos con sus antiguas culturas..., **muertos** sus dioses...*

C. DU GÉRONDIF

- C'est une **forme invariable du verbe.**
- Il a essentiellement deux valeurs :
  — celle du gérondif français. Il joue alors le rôle de complément de manière et répond à la question *¿cómo ?* : *lo normal es aburrirse **haciendo** windsurfing* (p. 25) — *alguien nos llamó **gritándonos**...* (p. 74).
  — celle de l'expression française « en train de » : *le **están achicharrando** la sangre* (p. 82).
- **Il ne peut,** comme le participe présent français jouer le rôle de **déterminatif** vis-à-vis d'un nom. Il est obligatoirement remplacé dans ce cas par une proposition relative :
*Vio a una mujer **que llevaba** a un niño en brazos* (... portant un enfant).
- Il signale des actions simultanées : ***cerrando** las avenidas avanzan ahora **largando** una descarga de fusil* (p. 130). Il équivaut alors à des indépendantes : *cierran..., largan...*

Les emplois du subjonctif

Ils sont très nombreux comme en français. Cependant, l'imparfait du subjonctif, très peu utilisé en français, est d'un emploi courant et obligatoire en espagnol en vertu de la concordance des temps (p. 226).

- **La défense :** à toutes les personnes : ***no*** + **subjonctif présent :** *¡señorito, por sus muertos, **no tire**!* (p. 90) — ***no te dejes*** *engañar* (p. 38).

- **Le doute et la possibilité :** après les expressions suivantes lorsqu'elles signalent une éventualité, ***quizás*** — ***tal vez*** — ***acaso*** — ***puede ser que*** : *nuestros hijos **puede** [ser] que sean distintos*.

- **Le but *(para que)* :** *nos pasaba los jarros **para que** probáramos la leche* — ***para que se oree** la patria* (p. 76) — *tengo mis estrategias **para que** la jornada **resulte** variopinta* (p. 177).

- ***No creer que, no pensar que, no imaginarse que*** + **subjonctif,** car la réalité du fait exprimé est niée ou mise en doute : ***no creo*** *que el señor Redondo ni nadie **se atreva** a dudar de la palabra de usted* (mais : *creo que **se atreve***) — ***no creemos*** *que el arado **se entierre*** (p. 139).

- **La concession et la restriction :** cf. p. 234.

- **L'avenir et l'éventualité à venir :** cf. § 3 p. 227.
  - **dans la circonstancielle de temps** exprimant un futur : ***cuando*** — ***mientras*** — ***en cuanto*** — ***tan pronto como*** — ***conforme*** + **subjonctif.**
  - **dans la relative :** ***que*** (pron. relatif) — ***el que*** — ***quien*** — ***donde*** + **subjonctif.**

- **Les verbes et tournures qui se construisent avec une complétive :**
  - **verbes de volonté *(querer)*, de désir *(desear)*, de crainte *(temer)* :**
    Attention : je souhaite sortir, *deseo salir*.
  - **verbes d'ordre *(ordenar, decir)*, de demande *(pedir)*, de prière *(rogar)*, de conseil *(aconsejar)*, de recommandation *(recomendar)*, d'interdiction *(prohibir)*,** etc.
    Attention : en français, ces verbes se construisent avec **de** + infinitif *(je te demande de venir)*, alors qu'en espagnol ils sont suivis de **que** + **subjonctif présent ou imparfait selon le temps du verbe principal** : *su primera disposición fue **ordenar** que todas las casas **se pintaran** de azul* (p. 166).
  - **tournures exprimant une opinion, un sentiment :** ***es normal, es indispensable, es necesario, me gusta, prefiero, etc.,*** + ***que*** + **subjonctif :** *muchos **se sorprenden de que pueda** restaurarse la monarquía* (p. 97).
    Attention à la concordance des temps : ***parecía imposible que*** *España **fuera** capaz* (p. 112).

- **Le désir et le regret (constructions particulières) :**
  - le **subjonctif** seul comme optatif *(souhait)* : ***venga*** *la inundación de fuera, la ducha* (p. 76).
  - ***que*** + **subjonctif présent :** ***que te pierdas*** *tú y el reino y **que se acabe** Granada*.
  - ***ojalá*** + **subjonctif** *(pourvu que)* : ***ojalá fuese*** *pronto por mi dicha*.
  - ***quién*** + **subjonctif** imparfait ou plus-que-parfait : ***quién huviera*** *tal ventura...* (p. 65).

- **Les subordonnées de condition :** par le jeu sur le mode et le temps on augmente le degré d'hypothèse ; on distingue :
  - **L'action pouvant se réaliser** (potentiel) : **indicatif dans les deux propositions :** *si tengo dinero, te compro una bicicleta*, si j'ai de l'argent je t'achète une bicyclette (il est possible que j'aie de l'argent).
  - **L'action difficilement réalisable** (irréel du présent) : **conditionnel dans la principale, imparfait du subjonctif dans la subordonnée** : *si tuviera dinero te compraría una bicicleta*, si j'avais de l'argent je t'achèterais une bicyclette (il est très peu probable que j'aie de l'argent).

— **L'action non réalisée** (irréel du passé) : **conditionnel passé dans la principale, plus-que-parfait du subjonctif dans la subordonnée** : *si hubiera tenido dinero, te hubiera comprado una bicicleta,* si j'avais eu de l'argent, je t'aurais acheté une bicyclette (je n'en ai pas eu, je n'ai pas acheté de bicyclette).

Remarque : la subordonnée de condition peut aussi être rendue par : ***de*** + **infinitif** (cf. p. 233).

— **COMO SI** + **imparfait du subjonctif ou plus-que-parfait du subjonctif.**
Attention, tout autre temps est impossible : *mirando el televisor **como si fuera** una bola de cristal — se levantará el maíz **como si lo estiraran*** (p. 139).

Les semi-auxiliaires et les différents aspects de l'action

L'espagnol compte un certain nombre de verbes appelés semi-auxiliaires : **tener, llevar, andar, quedar, resultar, venir, ir, seguir.** Quand ils sont **suivis du gérondif** certains d'entre eux envisagent différents moments du **déroulement de l'action**. Ceux qui se construisent avec le **participe passé** insistent, en le nuançant, sur le **résultat de l'action**.

1. LE DÉROULEMENT DE L'ACTION

a) **Semi-auxiliaire + gérondif**

- ***ESTAR* + gérondif** : signale l'action en cours et exprime la durée (être en train de) : *le **están achicharrando** la sangre* (p. 82).

- ***IR* + gérondif, *VENIR* + gérondif** : soulignent le caractère progressif de l'action ou la succession d'actions identiques. En français il conviendra parfois d'ajouter au verbe **peu à peu, de plus en plus, progressivement**, etc. : *a aquel país se lo **venían diciendo*** (p. 82) — *se los **iba enfundando, acomodando...*** (p. 177).

- ***ANDAR* + gérondif, *VENIR* + gérondif** : introduisent souvent l'idée d'un déplacement du sujet : *el general Bolívar **viene invadiendo**.*

- ***SEGUIR* + gérondif** : évoque la prolongation de l'action déjà commencée : ***sigo dando** vueltas* (p. 62) — *allí **seguimos trabajando, recorriendo** descalzos...* (p. 74).

- ***LLEVAR* + gérondif + complément de temps** : sert à exprimer le temps passé à faire quelque chose : ***lleva** horas **leyendo*** — ***llevo** tantos años **buscándolo*** (p. 39).

b) ***Al* + infinitif**
Indique le moment précis et souvent ponctuel où une première action en engendre une seconde : *tenía miedo de que, **al doblar** una esquina, el viento me arrebatase* (p. 36).

2. LE RÉSULTAT DE L'ACTION : SEMI-AUXILIAIRE + PARTICIPE PASSÉ

Attention : dans ce cas le participe passé est attribut du complément d'objet et s'accorde avec lui.
TENER* + participe passé, *LLEVAR* + participe passé** marquent la persistance ou les effets d'une action déjà exécutée : ***tenía asegurado** su trabajo* (p. 155) — *defender la libertad a los que la **tienen amenazada (p. 113).

3. L'ACTION A EXÉCUTER

***ESTAR POR* + infinitif, *QUEDAR POR* + infinitif.** Ces tournures servent à constater qu'une chose est à faire ou reste à faire : ***quedaban** dos cartas **por** escribir cuando llegaron* — *España **está por** descubrir* (p. 76).

La réitération et l'habitude

LA RÉITÉRATION

Elle s'exprime par :
- le préfixe **RE-** pour certains verbes : *venía a contar y **recontar** las crías*.
- **OTRA VEZ** ou **DE NUEVO** : ***otra vez** llamarán a tus cristales* (p. 60).
- **VOLVER** + infinitif : ***volverán a colgar*** *sus nidos* (p. 60) — ***volvía a reñirles*** *el señor* (p. 68) — *que no **vuelvan a divorciarse** nunca* (p. 113).

L'HABITUDE

- D'un usage courant en espagnol **SOLER** + **infinitif** marque la fréquence d'une action. Il sera rendu en français par les adverbes : **généralement, d'habitude, d'ordinaire...** : *Solían venir los domingos a pasar un rato con nosotros*.

Les équivalents de « devenir »

Le verbe « devenir » français indique le passage d'un état à un autre, mais il peut être employé indifféremment selon que la période de transformation est longue ou brève, que le changement est senti comme irréversible ou non :
En vingt ans sa famille devint la plus influente de la région. — A sa seule vue, il devint blême.
Pour exprimer toutes ces nuances et d'autres encore, il existe en espagnol plusieurs équivalents qui ne se construisent pas toujours de la même manière :

1° **devant un nom ou un adjectif**, la transformation est sentie comme étant :
- progressive ou soudaine : **volverse** : *todas las paredes **se vuelven lisas**.*
- progressive avec souvent une nuance de changement voulu ou de participation du sujet : **hacerse** : *gran pagano **se hizo hermano** de una santa cofradía* (p. 73) — ***nos hemos hecho ricos*** *con el sudor del pueblo* (p. 142).
Hecho + **nom** insiste sur le résultat (attention à l'accord) : *tenía la boca **hecha agua*** (p. 182).
- elle s'étend sur une longue période : **venir a ser** : *esto **viene a ser** interesante* ; **pasar a ser** : *las agujas y el café **pasaron a ser** artículos de lujo* (p. 184) ; **llegar a ser** : *llegó a ser una pesadilla* (p. 184). (Il s'ajoute parfois une nuance d'effort dans cette dernière expression.)

2° **devant un nom**, c'est le résultat de la transformation qui est mis en évidence :
- **convertirse en** (plus rarement *transformarse en, cambiarse en*) : ***me convertiré en*** *un penado hostil* (p. 12).

3° **devant un adjectif, un adverbe ou un complément de manière**, le changement est occasionnel et passager :
- **ponerse** : *mi abuelo **se puso triste** / mi padre **se puso serio*** (p. 137).

Les équivalents de « depuis »

- **Desde.** Quand « depuis » est suivi d'une précision ponctuelle, une date du passé, une heure, etc. : *yo no hago vacaciones **desde 1948** — **desde** finales de **1981*** (p. 116).
- **Desde hace.** Quand « depuis » précède une indication de durée qui se prolonge au moment où on parle. *Un aislamiento que ha padecido este país **desde hace cinco siglos*** (p. 104). Dans cette expression *hace* peut se mettre à l'imparfait.
- **Lorsqu'en français « il y a » est suivi d'un mot exprimant le temps** (un jour, un mois, etc.), il se traduit obligatoirement par *hace* : ***no hacía*** *ni una hora que...* (p. 75).

Les adverbes

1. LES ADVERBES DE LIEU
Trois adverbes **aquí, ahí, allí (allá)** délimitent en espagnol trois zones qui correspondent à celles énoncées d'une part par les personnes **(yo, tú, él)**, d'autre part par les démonstratifs **(este, ese, aquel)** [cf. p. 205].

2. LES ADVERBES DE MANIÈRE
- Pour les former on ajoute **-mente** à l'adjectif au féminin : *tranquilo* → *tranquil***a** → *tranquila***mente** — *tradicional* → *tradicional***mente**.
- Quand plusieurs adverbes se suivent, seul le dernier est en **-mente**, les autres conserveront soit la forme unique de l'adjectif, soit la forme féminine : **real y tranquilamente** — *modelarse* **delicada y astutamente** *el rostro con afeites*.
- **Recientemente** s'apocope et devient **recién** devant un participe passé : *la España* **recién** *nacida* (p. 110).
- **Parfois l'adjectif a une valeur d'adverbe** : *planea* **majestuoso** *el gavilán*.

L'obligation

1. L'OBLIGATION IMPERSONNELLE

> *hay que*
> *es preciso*
> *es menester* } + infinitif
> *es necesario*
> *hace falta*

- Ces tournures s'emploient lorsque l'obligation ne concerne pas directement une ou des personnes définies : **hay que** *sacudir la mata* (p. 150).
- Remarquez la construction **QUE** + **infinitif** qui signale l'action à exécuter (cf. prép. A p. 233) en introduisant une nuance d'obligation : *aquí* **no hay** *nada* **que corregir** (p. 166).
  En français cette construction sera traduite par **à** : *ici il n'y a rien* **à** *corriger*.

2. L'OBLIGATION PERSONNELLE

> **tener que** + **infinitif** (où **tener** se conjugue) : *cuando* **tengamos que** *trabajar aquí* (p. 139) — *tuvieron que desplazarse* (p. 184).

> *es preciso que*
> *es menester que* } + **subjonctif** (le verbe conjugué au subjonctif indique
> *es necesario que*   la personne sur laquelle porte l'obligation).
> *hace falta que*

deber + **infinitif** (**deber** se conjugue) est utilisé de préférence pour exprimer une obligation morale : **debemos** *serlo cada vez más* (p. 110).

haber de + **infinitif** (**haber** se conjugue). Dans cette construction l'idée de futur l'emporte souvent sur celle d'obligation, laquelle se trouve atténuée : *mi casa* **ha de** *ser blanca como una paloma* (p. 166) — *una constante que* **ha de** *dominar nuestro pensamiento* (p. 110).

Les prépositions

A
- Devant le complément d'objet direct de personne (substantif, pronom personnel, relatif *quien*) : *se ve* **a un hombre** (p. 179) — *el Primer Magistrado se asesinó* **a sí mismo** (p. 130) — *sin haber molestado* **a gobierno** *alguno* (p. 166).

- **Après un verbe de mouvement** : *para que las masas **se echaran a** las calles* (p. 131).
  Attention : « une chose » **à** faire, *una cosa **que** hacer* (cf. Obligation § 1 p. 232).
- L'idée de mouvement peut se confondre avec celle de but : *si viene **a** implantar el desorden, puede largarse* (p. 166).

DE

- **L'origine** : *llegaban **de** medio mundo en el tren* (p. 125).
- **La matière** : *una mesa **de** plástico*.
- **La caractérisation** : *un hecho **de** consecuencias apenas sospechadas* (p. 104) — *son alimentos **de** consumo inmemorial* (p. 118) — *que todas las casas se pintaran **de** azul* (p. 166).
- **L'appartenance** : *este libro **es de** Pedro* — ***es de** un alumno* (p. 196).
- **En qualité de** : *un señor **de** mozo muy jaranero, **de** viejo gran rezador* (p. 72).
- ***De** + infinitif* : valeur de subordonnée conditionnelle (p. 230).
- **Dans les expressions** : *de pesca — de caza — de vacaciones — de viaje — de paseo*.
  Attention : les tournures impersonnelles du type « **il est** (possible...) **de** » ne le sont pas en espagnol où la proposition, complément de l'adjectif, est sujet du verbe : la préposition **de** n'a donc aucune raison d'apparaître : *será fácil encontrarlo* (p. 38) = *encontrarlo* (sujet) *será fácil* — *era **imposible mover** los millares de camiones* (p. 184).

CON

- S'emploie de la même façon qu'en français. Il sert à caractériser : *unidades comunales **con** usos y costumbres..., **con** creencias y prácticas* (p. 118).
- ***Con** introduisant **le complément d'attitude*** est fréquent en espagnol et ne se traduit généralement pas en français : ***con** voz profunda* (p. 180) = d'une voix profonde — *lo cerré **con** violencia* (p. 148) = violemment.
- **Conmigo, contigo, consigo** (réfléchi) : *ven **conmigo***.
- ***Con** + infinitif* a la valeur de ***aunque** + indicatif* ou de « il suffit de » + inf. (cf. p. 234).

EN

- Exprime comme le français : **dans, sur, en, le lieu et le temps où l'on est**.
  Remarquez cependant : *se vende **en** la cantidad de 500 pesos*.

PARA

- S'emploie pour exprimer **le but, la direction, la destination, le point de vue** :
  ***para** ver al tren mágico* (p. 41) — *estoy en el mundo **para** mirar por ella* (p. 56) — *un carácter desconocido **para** el europeo* — ***para** quienes vivían en la isla* (p. 160).

POR

- **le moyen** (= par) : *los jóvenes que se paseaban tomados **por** la cintura* (p. 188).
- **Le passage à travers** un lieu ou le déplacement dans un lieu : ***por** ahí **pasó** Colón* (p. 111) — *el diálogo **corría** anhelante **por** las páginas* (p. 193).
- **La cause** : *por* + nom, pronom, adjectif ou infinitif : *culpaba a los pastores **por** negligentes* (p. 68) — *la única **causa por** la cual* (p. 116).
- « **En faveur de** » : *la voluntad de luchar **por** preservar la libertad conseguida* (p. 113).
- Exprime une notion d'échange, de prix : *paga lo mismo **por** el mío* (p. 38) — ***por** una **suma** razonable* (p. 184).
- **Introduit le complément d'agent** : *fue asesinado **por** uno de los conjurados* (p. 130).

4. LA PHRASE ET SES NUANCES

La traduction de « c'est »

1. **C'est moi,** c'est toi, lui, nous, vous, ce sont eux : en espagnol, **« c'est »** impersonnel, n'existe pas. **On fait l'accord avec la personne :** *soy yo — son ellos los que están imponiendo sus gustos* (p. 188).

2. **C'est... qui** (considérée comme très lourde, cette construction est beaucoup moins utilisée en espagnol qu'en français) :
   ser... quien, quienes dans le cas d'une ou plusieurs personnes — **el que, la que...** pour les personnes et les choses.
   L'emploi de **que** seul est incorrect.
   Le temps, le mode et la personne du verbe *ser* doivent correspondre avec ceux de la relative : *son los industriales los que no **se fían*** — *el norte **es** quién ordena* (p. 115) — ***fue** ése el momento en que un torrente **se derramó*** (p. 160).

3. **C'est... que** renforce un complément circonstanciel de **lieu**, de **temps**, de **manière**, de **cause**. L'espagnol utilise **obligatoirement** le schéma suivant :

   verbe **ser**   ⎧ **donde** (pour un compl. de lieu)
   (au temps voulu)   +   ⎨ **cuando** (pour un compl. de temps)
                          ⎪ **como** (pour un compl. de manière)
                          ⎩ **por lo que** (pour un compl. de cause)

   Exemples : *aquí abajo **es donde** la memoria* (p. 115) — ***fue** poco después de la medianoche **cuando** entró el grueso del huracán* (p. 160) — ***fue como** si hubieran abierto una válvula* (p. 133).

La concession et la restriction

1. LA CONCESSION

- La conjonction **aunque** peut être suivie de l'indicatif ou du subjonctif selon que les faits qu'elle introduit sont réels ou éventuels.
  — **Aunque + indicatif** (bien que, quoique) : *aunque producen la mayoría de los alimentos* (p. 161) — *aunque no necesito alas, porque vuelo sin ellas* (p. 34).
  — **Aunque + subjonctif** (même si) : *aunque cueste el doble* (p. 6) — *aunque no lo necesitaran* (p. 184).

- Les conjonctions **si bien, y eso que, a pesar de que** (bien que, quoique) sont suivies de l'indicatif car elles se réfèrent à des faits réels : *si bien es cierto que se han producido cambios evidentes* (p. 161).

- Les conjonctions **cuando, aun cuando, así** (alors même que, même si) sont suivies du subjonctif car elles se réfèrent à des faits supposés ou douteux : *aun cuando algunos de sus territorios albergaran civilizaciones* (p. 110).

- **Por más... que, por mucho que, por muy... que** + ind. ou subj., selon que l'on considère l'action réelle ou éventuelle. Ces conjonctions correspondent à « avoir beau, tout... que » : *por más que diga y haga nadie le hace caso* — *por muy importante que es, tiene que conformarse*.

- **Con** + infinitif — **A pesar de** + infinitif — **y todo** (après un gérondif, un participe, un adjectif ou complément de manière). Ces tournures ont le sens de « bien que » : *el rostro que, devastado y todo, era el de ella — con tener dinero, gasta muy poco*.

2. LA RESTRICTION

A no ser que		à moins que
Con tal que		pourvu que
Siempre que	+ subj.	si toutefois
Sin que		sans que

A no ser que lo haga con hoja (p. 29) — **sin que** sus facultades **se alteren** en algo (p. 37) — *a condición de que no hagas* (p. 38).

Quelques nuances de la phrase affirmative

si + **affirmation** (je t'assure que, du moment que) : *pero mamá,* **si es una película para niños** — *Hombre,* **si ya he quedado** *con Enrique.*

sí que + **affirmation** (renforce l'affirmation) : **sí que** *lo pasé bien* : je me suis vraiment bien amusé.

que explétif = sens de **car** ou cheville de l'expression : *mamá,* **que** *tengo veinte años* : mais maman, j'ai vingt ans.

La négation

1. **nada, nadie, nunca, tampoco :** deux constructions sont possibles (p. 207) : **nadie** ha venido — **no** ha venido **nadie** — **tampoco** lo pudo soportar (p. 42) = **no** lo pudo soportar **tampoco** — **nunca** se producía sino uno que fuese asolador (p. 160) = **no** se producía **nunca** sino uno...

2. **ya no,** ne plus — **ya no** te quiero.

3. **no ... sino; no sólo... sino también :** non seulement... mais aussi.
   Après une phrase négative, l'espagnol emploie **sino** pour marquer une **opposition** : **nunca** se producía **sino** uno que fuese asolador (p. 160).
   Attention : quand c'est toute une proposition qui constitue la deuxième partie de la phrase, elle est introduite par **sino que** : *el ambiente* **no** *actúa sólo en el campo ecológico* **sino que** *comprende lo psíquico* (p. 118).

4. **sólo** = **no... más que** = **no... sino** : seulement, ne... que : *una clase de negocio en que* **sólo** *se venden palabras* (p. 156) — **sólo** *quiero que estos mis pobres cantares* (p. 187).
   Attention : n'oubliez pas l'accent grammatical sur l'adverbe **sólo** qui le différencie de l'adjectif.

5. **ni; ni siquiera** (pas même) : *José Arcadio* **ni siquiera** *miró el nombramiento* (p. 166) — **ni siquiera** *se les reconoce su condición* (p. 161) — *no hacía* **ni** *una hora que...* (p. 75).

6. **no (ni)... ni** : *no me habló* **ni** *me saludó* — **ni** *me habló* **ni** *me saludó* — **no** *han tenido eco* **ni** *futuro real* (p. 123).

Phrases interrogatives et exclamatives

- **Interrogatives**
  Le sujet se trouve normalement après le verbe. La phrase est toujours précédée d'un point d'interrogation à l'envers et s'achève par un point d'interrogation à l'endroit.
  Les mots interrogatifs sont : **qué, quién, cuál, cómo, cuánto (a, os, as), por qué, para qué, dónde,** etc. Ils portent toujours un accent écrit même dans l'interrogation indirecte : *nadie sabía aún* **qué** *era lo que buscaban* (p. 125).

- **Exclamatives**
  Elles s'ouvrent par un point d'exclamation à l'envers et se terminent par un point d'exclamation à l'endroit.
  Les mots exclamatifs sont : **qué, cuánto, cómo,** etc. Ils portent toujours un accent écrit même dans l'exclamative indirecte : *ay, ¡qué mal estamos de dinero! — ¡qué extraña palabra!* (p. 180). Il est possible de construire cette dernière exclamation ainsi : *¡qué palabra* **más** *extraña!* ou *¡qué palabra* **tan** *extraña!*

Superlatif et comparatif

LE SUPERLATIF

- **absolu : très :** *muy* + **adjectif** ou *-ísimo* substitué à la voyelle finale de l'adjectif ou ajouté à ce dernier lorsqu'il se termine par une consonne.
  Exemples : *muy elegante,* **elegantísimo** — *muy fácil,* **facilísimo** — *muy rico,* **riquísimo**.
  Mais : *muy pobre,* **paupérrimo** — *muy amable,* **amabilísimo**.
- **relatif :** *el más, el menos* — *de los tres es* **el más** *amable.*
  Attention : lorsque le substantif est déjà précédé de l'article, **l'article défini ne se répète pas :** *los medios de difusión* **más** *poderosos* (p. 184).

LE COMPARATIF

- **de supériorité et d'infériorité :** *más... que, menos... que :* *tu caballo* **más** *productivo* **que** *Rocinante* (p. 156).
  Attention : quand un verbe suit le comparatif, il est introduit par **de lo que :** *es menos inteligente* **de lo que** *me dijiste* — *no pagues* **más de lo que** *vale* (p. 38).
  Certains adjectifs ont un comparatif particulier : **grande** → **mayor**, **pequeño** → **menor**, **bueno** → **mejor**, **malo** → **peor**.
- **d'égalité :** *tanto... como :* *le respetan* **tanto** *los viejos militares* **como** *la oficialidad joven* — *viven las montañas* **tanto como** *el agua* (p. 118).
  tanto, a, os, as + **substantif... como :** *he hecho* **tantos** *progresos* **como** *esperabas.*
  tan + **adjectif ou adverbe... como :** *el amor a la tierra es* **tan** *poderoso* **como** *el que tiene para sus familiares* (p. 118).
  Remarquez : **cada vez más, cada vez menos :** de plus en plus, de moins en moins : *somos el Nuevo Mundo, debemos serlo* **cada vez más** (p. 110).

5. DISCOURS DIRECT DISCOURS INDIRECT

- **Le discours (ou style) direct** reproduit textuellement les paroles dites : c'est le discours *cité* par le narrateur, qui présente comme sortant directement de la bouche de celui qui parle les paroles prononcées.
  Exemple : *don Ramón decía : « Está dormido »* (p. 14).
- **Le discours (ou style) indirect** rapporte les paroles prononcées, non plus en les faisant sortir de la bouche même de celui qui les a dites, mais *indirectement,* par le truchement du narrateur, qui en donne au lecteur ou à l'auditeur, non le texte, mais la substance ; c'est le discours **raconté.**
  Exemple : *don Ramón decía que estaba dormido.*
- Il arrive que pour plus de rapidité et de légèreté, les propositions du discours indirect se présentent comme indépendantes, sans **que** de subordination, le verbe **dire** étant implicitement contenu dans ce qui précède : c'est le **style indirect libre,** qui présente les **formes** du style indirect, mais garde le **ton** du style direct.
  Exemple : *« ¿Crees que eres el único... ? »* (p. 12) → *¿Creía que era el único... ?*

LE PASSAGE DU DISCOURS DIRECT AU DISCOURS INDIRECT

Il entraîne des modifications de la phrase réellement prononcée :

1. La ponctuation : disparition des deux points, des guillemets (ou du tiret) et éventuellement des signes d'exclamation ou d'interrogation
Exemple : *decía : « Está dormido »* (p. 14) — *decía que estaba dormido.*

2. Le mot de subordination

que : *decía* : «*Está dormido*» (p. 14) → *decía que estaba dormido.*
qué / *lo que* : «*¿Qué pasa?*» (p. 14) → *preguntó qué pasaba; preguntó lo que pasaba.*
si : «*¿Crees que eres el único...?*» (p. 12) → *preguntó si creía que era el único...*
Dans le style indirect libre, les mots de subordination disparaissent.

3. Le mode

Attention, faites bien la différence :
- *decir* (**dire que** en français), introduisant une affirmation, le mode reste identique ;
- *decir que* (**dire de** + **infinitif** en français), introduisant un ordre, oblige à employer un subjonctif dans la subordonnée (pensez alors à respecter la concordance des temps).

Discours direct	→ Discours indirect
Indicatif	→ Indicatif
Impératif	→ Subjonctif
Subjonctif	→ Subjonctif

Exemples : *don Ramón decía* : «**Está dormido** (indicatif présent), *no le* **moleste** (subjonctif présent)» (p. 14) — *don Ramón decía que* **estaba dormido** (indicatif imparfait), *que no le* **molestara** (subjonctif imparfait). — *Un caminante le dijo* : «*no me* **llores** (subjonctif présent), **piensa** (impératif présent) *en mí*» (p. 8) — *Un caminante le dijo que no le* **llorara** (subjonctif imparfait), *que* **pensara** (subjonctif imparfait) *en él.*

4. Le temps

Il dépend de celui du verbe annonçant le discours indirect :
- Si **le verbe qui annonce** est au **présent, au futur ou au passé composé**, les **temps de la subordonnée** sont les **mêmes que ceux de la phrase au style direct.**
  Exemples : *don Ramón dice* : «*Está dormido*» → *don Ramón dirá que está dormido.*
- Si **le verbe qui annonce** est au **passé**, les modifications sont les suivantes :

Discours direct	→ Discours indirect
Présent	→ Imparfait
Futur	→ Conditionnel présent
Imparfait	→ Imparfait
Passé composé	→ Plus-que-parfait
Passé simple	→ Plus-que-parfait
Futur antérieur	→ Conditionnel passé

Exemples : **graznó** *la señora* : «*¡He estado hablando* (passé composé), *con un loro muerto!*» (p. 14) — **graznó** *la señora que* **había estado hablando** (plus-que-parfait), *con un loro muerto* — «*le* **prometo** (présent) *que me* **convertiré** (futur) *en un penado hostil*», *dijo Gasparito* (p. 12) — *dijo Gasparito que le* **prometía** (imparfait) *que se* **convertiría** (conditionnel présent) *en un penado hostil.*

5. Les personnes

- Les personnes verbales, les pronoms personnels et les possessifs sont en général modifiés puisque l'on passe du dialogue au récit et que c'est donc le narrateur qui rend compte du discours.
  Exemples : «*le prometo que me convertiré en un penado hostil*», *dijo Gasparito* (p. 12) — *dijo Gasparito que le prometía que se convertiría en un penado hostil.*
  Attention à analyser correctement les pronoms personnels (bien distinguer le réfléchi du pronom complément, leur transcription étant différente à la 3e personne).
  me convertiré → *se convertirá* : pronom réfléchi (*convertirse* : verbe pronominal).
  le prometo → *le prometía* : pronom complément (*prometer algo* **a** *alguien*).

6. Les démonstratifs, les adverbes de temps et de lieu

Ils changent si le verbe qui introduit le discours indirect est au passé :

  aquí → *allí*
  ahora → *entonces*
  este → *ese* / *aquel*   (attention à l'accent qui différencie l'adjectif du pronom)

LÉXICO

Ce lexique ne saurait se substituer à un dictionnaire et n'en exclut pas l'usage.

Il complète les notes fournies pour chaque texte ou document iconographique et reprend la totalité du lexique des livres de Seconde et de Première.

Il comporte 2 400 entrées accompagnées d'environ 700 exemples d'emploi, tournures idiomatiques, constructions particulières qui devraient aider les élèves dans leur recherche d'une expression authentique.

ABRÉVIATIONS

adj. = adjectif
adj. indéf./pron. = adjectif indéfini ou pronom
adj./n. = adjectif ou nom
adj./pron. relat. = adjectif ou pronom relatif
adv. = adverbe
conj. = conjonction
exclam. = exclamation
fam. = familier
fig. = figuré
gramm. = grammaire
[ie], ou [ue], = indique un verbe à diphtongue
interj. = interjection
interr. = interrogation
inv. = invariable
irrég. = verbe irrégulier
loc. adv. = locution adverbiale
n. f. = nom féminin
n. m. = nom masculin
n. p. c. = ne pas confondre
n. pl. = nom au pluriel
part. pass. irr. = participe passé irrégulier
prép. = préposition
pron. déf. = pronom défini
pron. indéf. = pronom indéfini
pron. relat. = pronom relatif
qqch. = quelque chose
qqn = quelqu'un
syn. = synonyme
v. i. = verbe intransitif
v. imp. = verbe impersonnel
v. pr. = verbe pronominal
v. t. = verbe transitif

abajo - aclarar

abajo, adv., en bas. ¡Abajo el tirano!, à bas le tyran.
abanico, n. m. éventail.
abarcar, v. t., embrasser du regard ou par la pensée, **quien mucho abarca poco aprieta,** qui trop embrasse mal étreint.
abarrotar, v. t., bonder un navire; (par ext.) bourrer, remplir.
abertura, n. f., ouverture; fig. largeur d'esprit, franchise.
abierto, a, adj. ouvert, e.
abogar, v. i., plaider, défendre, intercéder en faveur de quelqu'un. **Abogar por la paz,** plaider pour la paix.
abonar, v. t., verser, payer; fumer, engraisser la terre.
aborrecer, v. t., détester.
abrazar, v. t., prendre dans ses bras; étreindre; donner l'accolade.
abrazo, n. m., accolade, étreinte; **Abrazos** (à la fin d'une lettre) affectueusement. **Dar un abrazo,** embrasser, donner l'accolade.
abrelatas, n. m. inv., ouvre-boîtes.
abrigar, v. t., abriter, défendre du froid.
abrigo, n. m., manteau; abri.
abril, n. m., avril. **En abril, aguas mil.**

abrir, v. t., part. pass. irr., **abierto,** ouvrir.
absoluto, a, adj., absolu, e; illimité, e. **En absoluto,** sans restriction; pas du tout (**de ningún modo**).
absorto, a, adj., absorbé, e; plongé, e dans ses pensées.
abstracto, a, adj., abstrait, e.
absurdo, a, adj., absurde.
abuelo, a, n. m., grand-père; n. f., grand-mère. **Los abuelos,** grands-parents; aïeux.
abundancia, n. f., abondance.
aburrido, a, adj. ennuyeux, euse, **la película es aburrida,** le film est ennuyeux; qui s'ennuie, **estoy aburrida,** je m'ennuie, je suis lasse, je suis dégoûtée.
aburrimiento, n. m., ennui; lassitude; dégoût.
aburrir, v. t., ennuyer; lasser; dégoûter, rebuter.
acá, adv., ici, là, tout près; **más acá,** plus près. (Moins précis que **aquí**.)
acabado, a, adj., fini, e **(producto)**; fig. parfait, e; accompli, e, **un cocinero acabado,** un cuisinier accompli.
acabar, v. t., achever, finir. **Acabar de** + inf. : venir de, **acaba de salir,** il vient de sortir.

academia, n. f., Académie; école privée, **academia para secretarias.**
acariciar, v. t., caresser.
acarrear, v. t., transporter; entraîner, occasionner.
acaso, n. m., hasard; adv., peut-être, **acaso venga,** peut-être viendra-t-il. **Por si acaso,** à tout hasard, au cas où.
acechar, v. t., guetter, épier.
aceite, n. m., huile.
aceituna, n. f., olive.
acelerar, v. t., accélérer; presser, hâter.
acentuar, v. t., accentuer.
aceptar, v. t., accepter.
acequia, n. f., canal d'irrigation.
acera, n. f., trottoir.
acerca de, adv., sur, au sujet de.
acercarse, v. pr., s'approcher. **Acercarse a,** s'approcher de.
acertar [ie], v. t., atteindre; donner dans le mille (**dar en el blanco**); trouver, deviner; viser juste; réussir.
acierto, n. m., réussite; trouvaille; habileté, savoir-faire.
aclarar, v. t., éclaircir; expliquer; rincer le linge (**la ropa**).

acoger, v. t., accueillir, recevoir.
acogida, n. f., accueil.
acomodado, a, adj., accommodant, e; approprié, e; aisé, e; riche.
acomodar, v. t., adapter, placer, ranger, caser, trouver un emploi.
acomodarse, v. pr., s'installer; se placer, se caser.
acondicionador, n. m., climatiseur.
aconsejar, v. t., conseiller.
acontecer, v. i., arriver, survenir, avoir lieu, cf. **ocurrir, pasar.**
acontecimiento, n. m., événement.
acordar [ue], v. t., se mettre d'accord; décider.
acordarse [ue] de, v. pr., se rappeler, se souvenir de. Attention! **Acordarse de algo, recordar algo.**
acostar [ue], v. t., coucher.
acostumbrado, a, adj., habitué, e; habituel, elle.
acostumbrar, v. t., avoir l'habitude de (cf. **soler**).
acotación, n. f., annotation; indication scénique.
acto, n. m., acte, action. **En el acto,** sur-le-champ.
actor, actriz, n., acteur, actrice.
actuación, n. f., conduite, comportement; rôle (cf. **papel**); le jeu d'un acteur.
actualidad, n. f., actualité. **En la actualidad,** actuellement.
actuar, v. i., agir.
acudir, arriver, venir. **Acudir a una cita,** aller à un rendez-vous.
acuerdo, n. m., décision, résolution; accord. **Estar de acuerdo,** être d'accord.
achacar, v. t., imputer, attribuer, **le achacaron el robo de la manzana,** on lui imputa le vol de la pomme.
adecuado, a, adj., approprié, e.
adelantar, v. t., avancer; devancer; dépasser, doubler un véhicule. **Un adelantamiento,** un dépassement.
adelante, interj., entrez!, en avant!, continuez!; **Más adelante,** plus loin... **De hoy en adelante,** dorénavant, désormais.
adelgazar, v. i., maigrir.
ademán, n. m., geste.
además, adv., de plus, en outre. **Además de,** en plus de, outre.
adentrarse en, v. pr., pénétrer profondément, aller à l'intérieur de.
adentro, adv., dedans, à l'intérieur; interj., entrez!
admiración, n. f., admiration; étonnement (**asombro**). **Punto de admiración,** point d'exclamation.
admirar, v. t., admirer; étonner.
admirarse, v. pr., s'étonner; être en admiration devant.
adobe, n. m., brique crue.
adornar, v. t., orner, décorer.
adorno, n. m., ornement, parure.
adquirir [ie], v. t., acquérir. **El poder adquisitivo,** le pouvoir d'achat.
adrede, adv., exprès, à dessein.
aduana, n. f., douane.
adueñarse de, v. pr., s'approprier, s'emparer.
advertencia, n. f., avertissement; remarque; avant-propos.
advertir [ie], v. t., remarquer, constater (**darse cuenta, percatarse**); signaler (**indicar**); avertir, prévenir (**avisar**).
aeropuerto, n. m., aéroport.
afán, n. m., effort, peine; désir ardent.
afanarse, v. pr., travailler avec ardeur ou acharnement.
afectar, v. t., affecter, faire du tort, porter préjudice, **el paro afecta al 20 % de la población :** le chômage touche 20 % de la population.
afeitar, v. t., raser.

afición, n. f., penchant, inclination, goût, **la afición a la lectura,** le goût pour la lecture.
aficionado, a, adj./n., amateur, passionné, e, **aficionado a los toros,** passionné des courses de taureaux.
afortunado, a, adj., heureux, euse; chanceux, euse; fortuné, e.
afrenta, n. f., affront.
afuera, adv., dehors. **Las afueras,** les environs, la banlieue.
agacharse, v. pr., se baisser.
agarrar, v. t., saisir, prendre, attraper.
agobiar, v. t., épuiser, accabler.
agosto, n. m., août.
agotar, v. t., épuiser.
agradecer, v. t., remercier, être reconnaissant, **le agradecemos su carta,** nous vous remercions pour votre lettre.
agrio, a, adj./n., aigre, amer, ère. **Los agrios,** les agrumes.
agua, n. f., eau.
aguantar, v. t., supporter, résister, endurer.
aguardar, v. t., attendre.
agudeza, n. f., finesse, acuité; perspicacité; trait d'esprit.
águila, n. f., aigle.
agujero, n. m., trou.
ahí, adv., là, cf. gramm. p. 205.
ahora, adv., maintenant, à présent; tout de suite. **De ahora en adelante,** désormais. **Por ahora,** pour l'instant. **Ahora mismo,** tout de suite.
ahorrar, v. t., économiser, épargner.
ahorro, n. m., économie. **Caja de Ahorros,** Caisse d'Épargne.
aire, n. m., air; vent, **me da el aire,** je sens le vent.
aislar, v. t., isoler.
ajeno, a, adj., étranger, ère; d'autrui, **el bien ajeno,** le bien d'autrui.
alabar, v. t., louer, faire des éloges, vanter.
alacrán, n. m., scorpion.
álamo, n. m., peuplier.
alarde, n. m., **hacer alarde de,** se vanter, faire montre de, afficher.
alardear, v. i., parader, tirer vanité de.
alargar, v. t., allonger, étirer, étendre.
alba, n. f., aube, **al rayar el alba,** au point du jour.
alborotar, v. i., faire du tapage, s'agiter, troubler.
alcalde, n. m., maire.
alcaldía, n. f., mairie, cf. **ayuntamiento.**
alcance, n. m., portée, dimension; **al alcance de la mano,** à portée de main.
alcanzar, v. t., atteindre, rattraper; saisir, comprendre.
alcázar, n. m., Alcazar, palais royal.
aldea, n. f., village.
aldeano, a, adj., n. m., villageois, e.
alegoría, n. f., allégorie (figure de rhétorique qui consiste à représenter une idée abstraite sous les traits d'une personne, allégorie de la Justice).
alegrar, v. t., réjouir.
alegre, adj., joyeux, euse.
alegría, n. f., joie, gaieté.
alejar, v. t., éloigner.
algo, pron. indéf., quelque chose.
alguien, pron. indéf., quelqu'un.
algún (apocope de **alguno**), quelque.
alguno, a, adj., quelque; pron. indéf., quelqu'un, une personne.
alimentarse, v. pr., se nourrir.
alimenticio, a, adj., alimentaire.
aliviar, v. t., alléger, soulager, calmer, réconforter.
alivio, n. m., allégement (d'un poids); soulagement (d'une peine); réconfort.
alma, n. f., âme.
almacén, n. m., magasin (**tienda**); entrepôt.
almendra, n. f., amande.
almorzar [ue], v. i., déjeuner.
almuerzo, n. m., déjeuner (attention, **desayuno,** petit déjeuner).
alojamiento, n. m., logement.
alojar, v. t., loger.

alquilar, v. t., louer.
alquiler, n. m., location; loyer.
alrededor, adv., autour, alentour. **Los alrededores,** les alentours, la banlieue.
alto, a, adj., grand, e.
altivo, a, adj., hautain, e.
aludir, v. i., faire allusion à; se référer à; renvoyer à.
alumbrado, a, adj., éclairé, e; n. m., éclairage public.
alumbrar, v. t., éclairer, illuminer.
alumno, a, n., élève.
alza, n. f., hausse, **el alza de los precios,** la hausse des prix.
alzar, v. t., lever, dresser, hausser.
alzarse, v. pr., se lever; se soulever; se rebeller.
allá, adv., là-bas.
allí, adv., là-bas, cf. gramm., p. 205.
ama, n. f., maîtresse de maison; propriétaire; nourrice (**de niños**).
amanecer, v. imp., faire jour, **amanece,** le jour se lève; n. m., l'aube, le lever du jour.
amargo, a, adj., amer, ère.
amargura, n. f., amertume.
amarillo, a, adj., jaune.
ambiente, n. m., ambiance.
ambigüedad, n. f., ambiguïté.
ambiguo, a, adj., ambigu, ë.
ambos, as, adj., les deux.
amenaza, n. f., menace.
amenazar, v. i., menacer. **Le amenazó con contarlo todo,** il le menaça de tout raconter.
ameno, a, adj., agréable.
americana, n. f., veste, veston.
amigo, a, adj./n., ami, e.
amistoso, a, adj., amical, e.
amo, n. m., maître; propriétaire; patron.
amontonar, v. t., entasser, accumuler.
amparar, v. t., protéger.
amparo, n. m., protection; abri (**refugio**); appui (**apoyo**).
amplio, a, adj., ample, étendu, e, vaste.
análisis, n. m., analyse.
analizar, v. t., analyser.
anciano, a, adj., vieux, vieille; n. vieillard, femme âgée.
ancho, a, adj., large; épais, épaisse. **A sus anchas,** à son aise.
andar, v. i., marcher; se déplacer. **¡Anda!,** interj., allons!
andén, n. m., quai (de gare); promenoir.
anécdota, n. f., anecdote.
ángel, n. m., ange.
angustia, n. f., angoisse.
anhelar, v. t., aspirer à; souhaiter; désirer.
anhelo, n. m., désir ardent.
animar, v. t., animer; encourager; égayer.
animarse, v. pr., s'animer; se décider.
ánimo, n. m., esprit; âme. **Estado de ánimo,** état d'esprit, d'âme; fig., courage. **¡Ánimo!** interj., courage!
ansia, n. f., anxiété, angoisse; désir ardent, avidité.
ante, prép., devant. **Anteayer,** adv., avant-hier. **Anteanoche,** adv., avant-hier soir.
antepasado, n. m., ancêtre.
anterior, adj., antérieur, e; précédent, e. **Con anterioridad,** à l'avance.
antes, adv., avant. **Antes que nada,** avant tout. **Cuanto antes,** dès que possible.
antiguo, a, adj., ancien, enne.
antojársele a uno, v. pr. (se construit comme **gustar**), avoir envie de; avoir l'idée de (cf. **ocurrirsele a uno**); s'obstiner.
antojo, n. m., caprice, envie. **Vivir a su antojo,** vivre à sa guise.
anunciar, v. t., annoncer; afficher; faire de la publicité.
anuncio, n. m., annonce, affiche, pancarte.
añadir, v. t., ajouter.
año, n. m., an, année.

añoranza, n. f., regret, nostalgie.
apacible, adj., doux, douce, aimable, paisible.
apaciguar, v. t., apaiser, calmer; pacifier.
apagar, v. t., éteindre; faner, ternir (couleurs); étouffer (son); étancher (soif).
aparato, n. m., appareil, machine.
aparcamiento, n. m., stationnement, parking.
aparcar, v. t., garer, se garer.
aparecer, v. i., apparaître.
apariencia, n. f., apparence.
apartar, v. t., écarter; détourner (le regard); v. pr., se pousser.
apegarse, v. pr., s'attacher.
apego, n. m., attachement, intérêt.
apellido, n. m., nom de famille.
apenas, adv., à peine, presque pas; péniblement; dès que, **apenas le vio,** dès qu'il le vit.
apestar, v. i., puer, empester. **Apestar a tabaco.**
apetecerle a uno, v. i., désirer, avoir envie de **(tener ganas de).**
apetitoso, a, adj., appétissant, e.
aplastar, v. t., aplatir, écraser; fam. réduire à néant, écraser.
aplauso, n. m., applaudissement.
apoderarse de, v. pr., s'emparer de.
apodo, n. m., surnom.
aportación, n. f., apport.
apoyar, v. t., appuyer.
apoyo, n. m., appui.
aprecio, n. m., estimation; estime.
apremiante, adj., urgent, e; pressant, e; contraignant, e.
apremiar, v. t., contraindre, forcer.
aprendiz, n., apprenti. **Un aprendiz de peluquero,** un apprenti coiffeur.
apresurar, v. t., presser, hâter. **Apresurarse a,** se hâter de.
apretar [ie], v. t., serrer; comprimer.
aprobado, a, adj., approuvé, e; reçu, e (à un examen).
aprobar [ue], v. t., approuver; réussir un examen.
aprovechar, v. t., profiter de, **aprovechar la ocasión,** profiter de l'occasion. V. i., profiter à; servir; en profiter; interj., **¡Que aproveche!** Bon appétit!
aprovecharse de, v. pr., profiter de, utiliser. **Se aprovecharon de él,** ils profitèrent de lui.
aproximarse a, v. pr., s'approcher de.
apuntar, v. t., pointer une arme; viser; montrer **(señalar);** noter, prendre note **(anotar);** v. i., poindre (le jour).
apunte, n. m., annotation, note. **Sacar apuntes,** prendre des notes.
aquí, adv., ici, cf. gramm. p. 205. **De aquí en adelante,** dorénavant. **He aquí,** voici.
arder, v. i., brûler, **arde la casa,** la maison brûle.
arena, n. f., sable.
argentino, a, adj./n., argentin, e.
argumentar, v. i., argumenter, discuter.
argumento, n. m., argument; sujet d'une œuvre **(asunto, tema);** scénario **(guión).**
arma, n. f., arme.
armada, n. f., flotte, armée de mer; escadre.
armar, v. t., armer; monter, assembler, **arman el andamio,** ils assemblent l'échafaudage. **Armar una trampa,** tendre un piège. **Armar un escándalo,** faire un scandale.
armario, n. m., armoire.
armonía, n. f., harmonie.
arrabal, n. m., faubourg.
arrancar, v. t., arracher; mettre en marche, faire démarrer (véhicule); v. i., démarrer.
arrastrar, v. t., traîner.
arrastrarse, v. pr., ramper.
arrebatar, v. t., arracher, enlever; ravir, enthousiasmer, transporter.
arreglar, v. t., régler; arranger, réparer; organiser, aménager.
arreglo, n. m., arrangement, accord. **Con arreglo a,** conformément à.

arrepentirse [ie], v. pr., se repentir, regretter. Cf. **sentir.**
arriba, adv., en haut, là-haut, dessus; interj., **¡arriba!** debout! Vive!
arrojar, v. t., lancer, projeter; exhaler, répandre. **Arrojar un déficit de,** présenter un déficit de. V. pr., se précipiter, se jeter.
arroyo, n. m., ruisseau.
arroz, n. m., riz.
arrugar, v. t., rider; froisser, chiffonner.
arte, n. m., art. **Las Bellas Artes,** les Beaux-Arts.
artesano, a, adj./n., artisan, e.
artículo, n. m., article.
articulista, n. m., journaliste **(periodista),** chroniqueur.
asar, v. t., rôtir.
asarse, v. pr., fam. se rôtir, étouffer de chaleur.
asear, v. t., laver, nettoyer; parer, orner.
aseo, n. m., propreté; toilette. **El cuarto de aseo,** le cabinet de toilette.
asesinar, v. t., assassiner.
así, adv., ainsi. **Así, así,** comme ci, comme ça. **Así como,** dès que. **Así y todo,** malgré tout.
asiento, n. m., siège. **Tomar asiento,** s'asseoir.
asimismo, adv. aussi, de même.
asir, v. t., saisir.
asistir, v. t., soigner, assister. **Asistir a clase,** aller en cours.
asomar, v. i., apparaître, sortir, **asomarse a la ventana,** sortir à la fenêtre.
asombrar, v. t. fig. étonner, effrayer.
asombro, n. m., étonnement, frayeur.
asombroso, a, adj., étonnant, e.
asquear, v. t. i., dégoûter.
asqueroso, a, adj./n., dégoûtant, e.
astuto, a, adj., astucieux, euse; rusé, e.
asunto, n. m., sujet **(tema);** question, affaire. **Asuntos exteriores,** Affaires étrangères.
asustar, v. t., faire peur, effrayer.
atañer, v. i., concerner. **En lo que atañe a,** en ce qui concerne.
atar, v. t., attacher. **Loco de atar,** fou à lier.
atardecer, v. imp., décliner (le jour); n. m., soir, tombée du jour.
atareado, a, adj., occupé, e; affairé, e.
atasco, n. m., embouteillage.
atención, n. f., attention. **Llamar la atención,** attirer l'attention.
atender [ie], v. t., s'occuper; accueillir.
atento, a, adj., attentif, ive; attentionné, e.
atestar, v. t., remplir, bourrer; témoigner.
atiborrar, v. t., remplir avec de la bourre; (par ext.) bourrer, gaver.
atinar, v. i., trouver; tomber juste, réussir, viser juste.
atónito, a, adj., abasourdi, e; stupéfait, e.
atornillar, v. t., visser.
atornillador, n. m., tournevis.
atraer, v. t. irr., se conjugue comme **traer,** attirer.
atrás, adv., derrière, en arrière. **Unos días atrás,** il y a quelques jours.
atraso, n. m., retard.
atravesar [ie], v. t., traverser **(cruzar);** percer, franchir.
atreverse, v. pr., oser. **No se atreve a cantar.**
atrevido, a, adj., audacieux, euse; insolent, e.
atrevimiento, n. m., audace, insolence.
atropellar, v. t., renverser, **le atropelló un coche,** il fut renversé par une voiture.
aula, n. f., salle de classe.
aumentar, v. t., augmenter.
aumento, n. m., augmentation; grossissement.
aun, adv., même, cependant. **Aun cuando,** même si.
aún, adv., encore, toujours, **aún no ha venido,** il n'est toujours pas venu. Cf. **todavía.**
aunque, conj., quoique, bien que. Cf. **a pesar de que, pese a, si bien.**
ausencia, n. f., absence.
ave, n. f., oiseau. **Ave de corral,** volaille. **Ave de rapiña,** oiseau de proie.

avería, n. f., avarie, panne.
averiado, a, adj., en panne.
averiguar, v. t., vérifier, rechercher.
avezar, v. t., habituer, accoutumer.
avisar, v. t., aviser, avertir, prévenir.
aviso, n. m., avis, avertissement.
ayer, adv., hier. **Ayer por la tarde,** hier après-midi.
ayuda, n. f., aide; secours.
ayunar, v. i., jeûner. **En ayunas,** loc. adv., à jeun. **Desayunar,** prendre le petit déjeuner.
ayuno, n. m., jeûne. Cf. **desayuno.**
ayuntamiento, n. m., conseil municipal; mairie, cf. **alcaldía.**
azar, n. m., hasard.
azotea, n. f., terrasse, toit en terrasse.
azúcar, n. m., sucre.
azul, adj., bleu, e.
azulejo, n. m., carreau de faïence.

bachiller, a, n., bachelier, ère.
bachillerato, n. m., baccalauréat.
bailar, v. t. i., danser. **Sacar a bailar,** inviter à danser, faire danser.
baile, n. m., danse, bal, ballet.
bajar, v. i., descendre, **bajó del árbol,** il descendit de l'arbre; v. t., baisser, **bajó los brazos,** il baissa les bras.
bajo, a, adj., bas, basse. Prép. sous.
balance, n. m., bilan.
balanza, n. f., balance.
baloncesto, n. m., basket-ball.
balonmano, n. m., handball.
banco, n. m., banc; banque.
bandera, n. f., drapeau. **Alzar la bandera,** lever le drapeau.
bañar, v. t., baigner.
baño, n. m., bain, baignade, baignoire **(bañera). El cuarto de baño,** la salle de bains.
barato, a, adj., bon marché.
barba, n. f., barbe; menton.
barco, n. m., bateau.
barra, n. f., barre, bâton; comptoir de bar; **Una barra de pan,** une baguette de pain.
barrer, v. t., balayer.
barrio, n. m., quartier.
barro, n. m., boue **(lodo),** argile, **un jarro de barro,** un vase en argile.
bastante, adv., assez; **¡basta!,** interj., assez, cela suffit.
basura, n. f., ordures.
bautizo, n. m., baptême.
bebida, n. f., boisson.
beca, n. f., bourse d'étude. **Un becario,** un boursier.
beneficio, n. m., bénéfice, avantage. **Sacar un beneficio,** tirer profit.
besar, v. t., embrasser.
beso, n. m., baiser.
bicho, n. m., animal; (péj.) bestiole, **es un mal bicho,** c'est une sale bête.
bien, n. m., bien; adv., bien, bon; **oler bien,** sentir bon. **Este vestido te sienta bien,** cette robe te va bien.
bigote, n. m., moustache.
billete, n. m., billet, ticket; **billete de ida y vuelta,** billet aller et retour.
blanco, a, adj./n., blanc, blanche; **el blanco,** le but, la cible. **Dar en el blanco,** faire mouche, donner dans le mille. **Ser el blanco de las miradas,** être le point de mire.
blando, a, adj., mou, molle; tendre.
bloqueo, n. m., blocus (économico); blouquage (des prix).
boca, n. f., bouche. **Caer boca abajo,** tomber sur le ventre, **boca arriba,** sur le dos.
bocadillo, n. m., sandwich; bulle (de B. D.).
bodegón, n. m., nature morte.

bolsillo, n. m., poche.
bolso, n. m., sac à main.
bombilla, n. f., ampoule (pour éclairer).
bondad, n. f., bonté.
bondadoso, a, adj., bon, bonne.
bonito, a, adj./n. m., joli, e. **El bonito,** le thon.
bordar, v. t., broder.
borracho, a, adj. et n., ivre, soûl, soûle; ivrogne.
borrar, v. t., effacer.
borrador, n. m., brouillon.
bosque, n. m., bois, forêt.
bostezar, v. i., bâiller.
botella, n. f., bouteille.
botijo, n. m., cruche.
bravo, a, adj., brave; sauvage, **un toro bravo.**
brazo, n. m., bras. **A brazo partido,** à bras raccourcis. **Tomados del brazo,** se donnant le bras, bras dessus bras dessous.
breve, adj., bref, brève. **En breve,** bientôt.
brillo, n. m., éclat; gloire. **Sacar el brillo a,** faire reluire.
brincar, v. i., sauter, bondir.
brindar por, v. i., porter un toast, boire à la santé de.
brindis, n. m., toast. **Echar un brindis,** porter un toast.
broma, n. f., plaisanterie. **Una broma pesada,** une mauvaise plaisanterie. **Tomar a broma,** tourner en dérison.
bromear, v. i., plaisanter.
buque, n. m., bateau, vaisseau. Cf. **nave.**
burla, n. f., moquerie, raillerie, dérision; **una burla pesada,** une mauvaise plaisanterie.
burlar, v. t., plaisanter, railler; tromper, abuser, burlar a una mujer, déshonorer une femme. Cf. **don Juan, el burlador de Sevilla,** l'abuseur de Séville.
burlarse, v. pr. i., se moquer.
burro, a, n., âne, ânesse.
buscar, v. t., chercher.
búsqueda, n. f., recherche.
butaca, n. f., fauteuil.
buzón, n. m., boîte aux lettres. **Echar una carta al buzón,** poster une lettre.

caballero, n. m., monsieur; chevalier; homme. N. p. c. avec **el jinete.**
caballo, n. m., cheval. **Caballo de carrera,** cheval de course. **A caballo,** à cheval.
caber, v. i., tenir, entrer, **este libro no cabe en mi cartapacio,** ce livre ne tient pas dans mon cartable. Incomber, **no me cabe decirlo,** ce n'est pas à moi de le dire.
cabeza, n. f., tête; sommet. **Cabeza de partido,** chef-lieu de canton, d'arrondissement.
cabo, n. m., bout, extrémité; cap; **al fin y al cabo,** en fin de compte, **Llevar a cabo,** mener à bien.
cacerola, n. f., casserole, faitout.
cacharro, n. m., pot en terre, ustensile en faïence; (fam.) tacot.
cada, adj., chaque. **Cada cual o cada uno, a,** chacun, e.
cadáver, n. m., cadavre.
cadena, n. f., chaîne.
caer, irrég. v. i., tomber. **Caer al suelo,** tomber par terre. **Caerse de sueño,** tomber de sommeil. **¡Ya caigo!,** j'y suis, j'ai compris.
café, n. m., café. **Café solo,** café noir.
caída, n. f., chute, retombée. **Caída del telón,** baisser de rideau.
caja, n. f., caisse, boîte. **Caja de Ahorros,** Caisse d'Épargne. **Caja de marchas o de cambio de velocidades,** boîte de vitesses.
cajón, n. m., tiroir.
calavera, n. f., tête de mort.
calculadora, n. f., calculatrice.
calentar [ie], v. t., chauffer.

calidad, n. f., qualité.
calor, n. m., chaleur. **Hace calor,** il fait chaud. **Tener calor,** avoir chaud.
calzada, n. f., chaussée, route.
calzado, n. m., chaussures, cf. **zapatos.**
calzar, v. t., chausser. **Calzar el 40,** chausser du 40.
callar, v. i./t., se taire. **Quien calla otorga,** qui ne dit mot consent.
calle, n. f., rue. **Echar a la calle,** mettre dehors.
cama, n. f., lit.
cámara, n. f., chambre, salle; caméra. **Cámara de Comercio,** Chambre de Commerce.
camarero, a, n., garçon de café, serveuse.
cambiar, v. t., changer; v. i., faire de la monnaie.
cambio, n. m., change; monnaie; changement.
caminar, v. i., marcher.
camisa, n. f., chemise.
camino, n. m., chemin; route. **Abrirse camino,** se frayer un chemin. **Camino de Madrid,** en direction de Madrid.
campana, n. f., cloche. **Tocar las campanas,** sonner les cloches.
campeonato, n. m., championnat; fam., **de campeonato,** formidable, **se armó una pelea de campeonato,** il y a eu une sacrée bagarre.
campesino, a, adj./n., paysan, anne.
campo, n. m., champ; campagne. **A campo traviesa,** à travers champs.
camposanto, n. m., cimetière **(cementerio).**
canción, n. f., chanson. **Una canción de cuna,** une berceuse.
cándido, a, adj., candide.
cansado, a, adj., fatigué, e.
cansar, v. t., fatiguer; fig., ennuyer, lasser.
cantante, n., chanteur, euse.
cantar, v. t., chanter. **¡Ése es otro cantar!,** c'est une autre histoire.
cante (hondo o) jondo : n. m., chant gitan d'Andalousie.
canto, n. m., chant; angle, coin, **dio con la rodilla en el canto de la piedra,** son genou a heurté le coin de la pierre; tranche d'un livre.
capaz, adj., capable, habile **(diestro).**
capítulo, n. m., chapitre.
capricho, n. m., caprice, coup de tête.
cara, n. f., visage, figure. **Dar la cara,** faire face. **Poner cara a,** faire une tête de. **Poner mala cara,** faire grise mine. **¡Qué cara dura!,** quel toupet!
carácter, n. m., caractère, au pluriel, **caracteres.**
caramelo, n. m., bonbon.
carca, adj./n. m., fam., carliste, réactionnaire.
carcajada, n. f., éclat de rire. **Reír a carcajadas,** rire aux éclats.
cárcel, n. f., prison.
carecer, v. irr. i., manquer, être dépourvu, être privé de.
cargar, v. t., charger; fig., mettre sur le dos.
caridad, n. f., charité,.
cariño, n. m., affection, tendresse, amour. **¡Cariño mío!,** mon amour.
carne, n. f., chair, viande.
caro, a, adj., cher, chère.
carpeta, n. f., chemise; classeur.
carrera, n. f., course; carrière. **Hacer carrera,** faire carrière.
carrete, n. m., bobine, rouleau de photo.
carretera, n. f., route.
carro, n. m., chariot; voiture (Mexique).
carrocería, n. f., carrosserie.
carta, n. f., lettre. **Echar una carta,** poster une lettre. **Una carta certificada,** une lettre recommandée.
cartel, n. m., affiche. **Se prohibe fijar carteles,** défense d'afficher.
cartera, n. f., portefeuille; cartable, porte-documents.
cartero, n. m., facteur.
casa, n. f., maison. **En casa de,** chez. **Tirar la casa por la ventana,** jeter l'argent par les fenêtres.
casar, v. t., marier.

casco, n. m., casque. **Romperse los cascos,** se casser la tête.
casi, adv., presque. **Casi casi,** pas loin de.
caso, n. m., cas; histoire; affaire. **En el peor de los casos,** en mettant les choses au pire. **No hacerle caso a uno,** ne pas prêter attention à qqn.
castaño, a, adj., marron; châtain.
castellano, a, adj./n., castillan, e.
castigar, v. t., châtier, punir.
castillo, n. m., château.
casualidad, n. f., hasard. **Por casualidad,** par hasard.
caudal, n. m., fortune, capital; débit d'un cours d'eau, **un río caudaloso,** un fleuve à grand débit.
cautivar, v. t., capturer; captiver.
caza, n. f., chasse. **Ir de caza,** aller à la chasse.
celebración, n. f., le déroulement (d'une cérémonie).
celebrar, v. t., vanter, rendre hommage; se féliciter de, **lo celebro,** je m'en réjouis.
celebrarse, v. pr., avoir lieu. Cf. **ocurrir, verificarse.**
célebre, adj., célèbre.
celo, n. m., zèle. **Los celos,** la jalousie, **tener celos,** être jaloux, se.
cena, n. f., dîner.
ceniza, n. f., cendre.
cerca, n. f., clôture; adv., près. **Cerca de,** près de.
cercanía, n. f., proximité. **Las cercanías,** les environs.
cerebro, n. m., cerveau.
cerrar [ie], v. t., fermer.
cerro, n. m., échine d'un animal; colline, butte. **Irse por los cerros de Úbeda,** divaguer.
cerveza, n. f., bière.
ciego, a, adj., aveugle. **A ciegas,** à l'aveuglette. **En tierra de ciegos el tuerto es rey,** au royaume des aveugles, le borgne est roi.
cielo, n. m., ciel. **¡Cielito mío!,** mon ange, mon cœur.
ciencia, n. f., science. **A ciencia cierta,** en connaissance de cause, de bonne source.
cierre, n. m., fermeture.
cierto, a, adj., certain, e. **Por cierto,** certes, pour sûr.
cifra, n. f., chiffre, abréviation.
cine, n. m., cinéma.
cinta, n. f., ruban. **Cinta magnetofónica,** bande magnétique.
cinturón, n. m., ceinture. **Apretarse el cinturón,** se serrer la ceinture.
circundante, adj., environnant, e.
cita, n. f., rendez-vous; citation.
citar, v. t., donner, fixer rendez-vous; citer.
ciudad, n. f., ville.
claro, a, adj., clair, e; clairsemé, e.
clase, n. f., cours; sorte, espèce. **Dar clase,** faire cours. **Ir a clase,** aller en cours.
clavar, v. t., clouer. **Clavar la mirada,** fixer du regard.
clavel, n. m., œillet.
cobarde, adj. et n., lâche, poltron, -ne.
cobrar, v. t., être payé; encaisser.
cocer [ue], v. t./i., cuire (att. **cuezo, cueces,** etc. cf. gramm., p. 217).
cocina, n. f., cuisine.
coche, n. m., voiture. **Coche de línea,** autocar.
código, n. m., code.
codicia, n. f., cupidité; convoitise.
codo, n. m., coude. **Empinar el codo,** (fam.) lever le coude, boire beaucoup. **Hablar por los codos,** (fam.) bavarder comme une pie.
cofradía, n. f., confrérie (religieuse).
coger, v. t., prendre, saisir; cueillir **(recolectar).**
colarse [ue], v. pr., se faufiler, se glisser.
colgar [ue], v. t., pendre, suspendre, étendre. **Colgar de la pared,** pendre, suspendre au mur. **Colgar el teléfono,** raccrocher.
colmena, n. f., ruche.
colocar, v. t., placer, mettre, poser. **Estar colocado,** avoir une situation.

colorado, a, adj., rouge.
columbrar, v. t., apercevoir.
coma, n. f., virgule.
comarca, n. f., région.
combatir, v. t., combattre.
comedido, a, adj., mesuré, e ; posé, e ; courtois, e.
comedor, n. m., salle à manger ; réfectoire.
comenzar [ie], v. t./i., commencer.
comer, v. t., manger.
comicidad, n. f., comique (lo cómico).
cómico, a, adj./n., comique ; lo cómico de la situación ; comédien, ienne.
comida, n. f., nourriture, repas. **Comido y bebido,** nourri.
cómodo, a, adj., confortable. **Estar, ponerse cómodo,** être, se mettre à l'aise.
comoquiera, adv., n'importe comment.
compadecer, v. t., compatir, plaindre, avoir pitié.
compañero, a, n., compagnon, compagne.
comparación, n. f., comparaison. **Ni punto de comparación,** aucune comparaison.
comparar con, v. t., comparer à.
competencia, n. f., concurrence.
competir, v. i., concourir ; rivaliser, concurrencer.
competitivo, a, adj., compétitif, ive.
complejo, n. et adj. (**complejo, a**), complexe.
compra, n. f., achat. **Hacer la compra,** faire le marché. **Ir de compras,** faire des courses.
comprar, v. t., acheter. **Comprar a plazos,** acheter à crédit.
comprobar [ue], v. t., vérifier, constater.
comprometer, v. t., compromettre, engager. **Comprometerse a defender una causa,** s'engager à défendre une cause.
comprometido, a, adj., engagé, e, **un autor comprometido,** un auteur engagé.
computador, a, n., calculateur, ordinateur.
con, prép., avec, cf. gramm., p. 233.
concejal, n. m., conseiller municipal.
concluir, v. t., conclure, terminer. **Sacar una conclusión,** tirer une conclusion.
concurrencia, n. f., assistance, public.
concurrido, a, adj., fréquenté, e.
concha, n. f., coquille ; coquille Saint-Jacques.
condena, n. f., condamnation.
condenado, a, adj./n., condamné, e. **Trabajar como un condenado,** travailler comme un galérien.
conducir, v. t., conduire.
confiar, v. t., confier ; v. i., avoir confiance. **Confiar en / de alguien.**
conformarse con, se conformer à, se résigner à.
conforme, adj., conforme. **Estamos conformes,** nous sommes d'accord. Adv., **conforme vamos avanzando,** à mesure que nous avançons. Cf. **mientras.**
confundir, v. t., confondre. **Me he confundido,** je me suis trompé.
congoja, n. f., angoisse.
conjunto, n. m., ensemble.
conmovedor, a, adj., émouvant, e.
conmover [ue], v. t., émouvoir, toucher.
conocer, v. t., connaître. **Dar a conocer,** faire connaître.
conquistar, v. t., conquérir.
consecuencia, n. f., conséquence.
conseguir, v. t., obtenir ; remporter (une victoire).
consejo, n. m., conseil.
consentir [ie], v. t./i., consentir, tolérer, permettre.
consonante, n. f., consonne.
constar, v. i., comporter, comprendre, **el texto consta de dos partes,** le texte se compose de deux parties.
constipado, a, adj./n. m., enrhumé, e ; rhume.
consuelo, n. m., consolation, soulagement.
consumición, n. f., consommation (boisson).

consumidor, a, n., consommateur, trice.
consumo, n. m., consommation, **sociedad de consumo.**
contaminación, n. f., pollution.
contaminar, v. t., polluer.
contar [ue], v. t., compter ; raconter.
contener [ie], v. t., contenir ; retenir.
contento, a, adj., content, e.
contestar, v. t., répondre.
continuación, n. f., suite. **A continuación,** plus loin, ensuite.
contrapicado, n. m., contre-plongée (cinéma, photo).
contrario, a, adj., contraire, opposé, e. **Al contrario,** au contraire. **Es lo contrario,** c'est l'inverse.
contratar, v. t., passer un contrat ; engager, embaucher.
convencer, v. t., convaincre.
convertirse, [ie] en, v. pr., se convertir ; devenir.
convidar, v. t., inviter.
convivencia, n. f., vie en commun, cohabitation, coexistence.
copa, n. f., coupe. **Tomar una copa,** prendre un verre.
copla, n. f., couplet, chanson.
coraje, n. m., courage. Cf. **valor, ánimo.**
corazón, n. m., cœur. **De todo corazón,** de grand cœur. **Partir el corazón,** fendre le cœur.
cordero, n. m., agneau.
cordura, n. f., sagesse, bon sens.
corona, n. f., couronne. **Estar hasta la coronilla,** en avoir par-dessus la tête.
corral, n. m., basse-cour.
correa, n. f., courroie, ceinture.
corredor, n. m., couloir.
correo, n. m., courrier ; **correos,** poste ; bureau de poste.
correr, v. i., courir, couler (eau), passer (temps). **A todo correr,** à toute vitesse. **¡Corre!,** vite, dépêche-toi.
correrse, v. pr., se pousser, s'écarter.
corresponder, v. i., correspondre, communiquer, incomber, **te corresponde hacerlo,** c'est à toi de le faire. **Como corresponde,** comme de juste.
corrida, n. f., course de taureaux.
corriente, n. f., courant.
cortés, adj., courtois, e.
cortesía, n. f., courtoisie, politesse.
cortina, n. f., rideau.
corto, a, adj. court, e. **Como si tal cosa,** comme si de rien n'était. **Cosa de,** environ. **Es cosa de ver,** c'est à voir.
cosecha, n. f., récolte, cueillette.
cosechar, v. t., récolter, moissonner.
coser, v. t., coudre.
costa, n. f., côte, **la costa mediterránea. A toda costa,** à tout prix, coûte que coûte. **A costa de,** au prix de ; aux dépens de.
costar [ue], v. i., coûter. **Cuesta mucho trabajo,** cela demande beaucoup de travail.
costumbre, n. f., coutume, habitude. Cf., **soler,** avoir l'habitude de.
cotizar, v. t., coter (en Bourse).
crear, v. t., créer.
crecer, v. i., croître, grandir, se développer.
crédito, n. m., crédit ; garantie, foi (en qqn).
creencia, n. f., croyance.
creer, v. t., croire. **Ya lo creo,** je pense bien.
cría, n. f., élevage. Cf. **la ganadería** ; nourrisson ; petit.
criar, v. t., élever, éduquer. **Criarse,** v. pr., grandir, se développer.
criatura, n. f., enfant.
criollo, a, adj./n., créole.
cristiano, a, adj./n., chrétien, ienne.
crítica, n. f., critique.
cruce, n. m., carrefour, croisement.
crudo, a, adj., cru, e (aliment).
cruz, n. f., croix. **Cara y cruz,** pile ou face.

cruzar, v. t., traverser, **cruzar la calle.**
cuaderno, n. m., cahier.
cuadrado, a, adj./n., carré. **Estar cuadrado,** être au garde à vous.
cuadro, n. m., tableau, cf. **lienzo.**
cual, adj./pr. rel., interr., exclam., quel, lequel. Cf. gramm., p. 208.
cualidad, n. f., qualité.
cualquier, cualquiera, adj. indéf./pron., n'importe quel, n'importe qui. Cf. gramm., p. 207.
cuando, conj./adv., quand. Attention à l'emploi des modes dans les subordonnées de temps. Cf. gramm., p. 227.
cuanto, a, adj./pr., ind./adv., généralement corrélatif de **tanto, a,** autant de ; tant ; combien. Cf. gramm., p. 236. **Cuanto más,** à plus forte raison. **Cuanto antes,** le plus tôt possible. **En cuanto,** dès que (Cf. gramm., p. 227). **En cuanto a,** en ce qui concerne.
cuartel, n. m., caserne.
cuarto, a, adj./n., quatrième ; quart, **son las nueve y cuarto.**
cuarto, n. m., pièce (d'appartement), **el cuarto de dormir,** la chambre à coucher.
cubrir, v. t., part. pass. irr., **cubierto,** ouvrir.
cuchara, n. f., cuillère.
cuchillo, n. m., couteau.
cuello, n. m., cou.
cuenta, n. f., compte, addition. **La cuenta por favor,** l'addition s'il-vous-plaît. **Darse cuenta de algo,** se rendre compte de qqch.
cuento, n. m., conte, récit, histoire. **No me vengas con cuentos,** ne me raconte pas d'histoires.
cuero, n. m., peau, cuir des animaux.
cuerno, n. m., corne ; cor de chasse.
cuerpo, n. m., corps. **De cuerpo entero,** en pied (se dit d'un portrait, peinture, photo).
cuesta, n. f., côte, pente. **Llevar a cuestas,** porter sur son dos.
cuidado, n. m., soin, attention ; interj., attention ! Cf. **ojo, ¡ojo pintura!,** attention à la peinture. Esp. class., souci, préoccupation.
cuidar, v. t., soigner, s'occuper de ; /v. i., veiller à, **cuida de que estén todos,** veille à ce que tous soient présents.
culpa, n. f., faute (morale). **No es culpa mía,** ça n'est pas ma faute. N. p. c. avec **la falta.**
cultivar, v. t., cultiver.
cultivo, n. m., culture, **el cultivo del arroz,** la culture du riz.
culto, a, adj., cultivé, **un chico muy culto,** un garçon très cultivé.
cultura, n. f., culture (au sens culturel).
cumbre, n. f., sommet.
cumpleaños, n. m., anniversaire. **¡Feliz cumpleaños!,** joyeux anniversaire.
cumplir, v. t., accomplir ; tenir un engagement. **¿Cuántos años cumples?,** quel âge as-tu ? ; /v. i., **cumplir con su deber,** faire son devoir.
cuñado, a, n. m./f., beau-frère, belle-sœur.
cursillo, n. m., stage.
curso, n. m., cours. **Tener clase a las nueve,** avoir cours à 9 heures.
cuyo, a, pr. rel., dont le, dont la, dont les. Cf. gramm., p. 208.

chaqueta, n. f., veste. Cf. **americana.**
charlar (con), v. i., bavarder, discuter.
chico, a, adj./n., petit, e. Cf. **pequeño.** Garçon, fille, **un buen chico,** un brave garçon.
chiflado, a, adj., toqué, e, sonné, e.
chillar, v. i., crier, piailler.
chimenea, n. f., cheminée.
chocolate, n. m., chocolat.
chocho, a, adj., gâteux, se, radoteur, euse.
chófer, n. m., chauffeur, conducteur.
cholo, a, adj., métis, sse d'Européen et d'Indienne.
chopo, n. m., peuplier.

chorro, n. m., jet, flot. **A chorros,** à torrents.
chupar, v. t., sucer. ¡**Chúpate ésa**! (fam.), attrape celle-là!

daño, n. m., mal; dommage. **Hacerse daño,** se faire mal.
dar, irrég., v. t./i., donner. Utilisé dans de très nombreuses expressions dans lesquelles il n'a pas toujours ce sens. Ex. **darse por vencido,** s'avouer vaincu. **Dar con,** trouver, rencontrer.
de, prép., nombreux sens, cf. gramm., p. 233.
debajo, adv., dessous, au-dessous. **Debajo de la mesa,** sous la table.
deber, v. t./i., devoir. **Deber de** marque la probabilité, cf. gramm., p. 227.
débil, adj., faible.
decepcionar, v. t., décevoir.
decidir, v. t., décider. **Decidió irse,** il décida de s'en aller.
decir, irrég., v. t./i., part. pass. irr., **dicho,** dire. **Le dijo que se fuera,** il lui demanda de partir, cf. gramm., pp. 226, 229 et 237.
decorado, n. m., décor (théâtre).
dedicar, v. t., dédier; consacrer.
deducir, v. t., déduire.
dedo, n. m., doigt. **Saber al dedillo,** savoir sur le bout des doigts.
defecto, n. m., défaut, imperfection.
defender [ie], v. t., défendre, soutenir (une opinion). Attention! **prohibir** au sens d'interdire.
defraudar, v. t., décevoir. **Su reacción me defraudó mucho.**
dejar, v. t., laisser, abandonner. **Dejar de hacer algo,** cesser de faire qqch.
delante, adv./loc. prép., devant. **Delante de la tienda,** devant la boutique.
demás, pron., indéf., autre. **Los demás,** les autres. **Por lo demás,** pour le reste, à part cela.
demasiado, a, adj./adv., trop de, trop. Cf. gramm., p. 208 pour l'accord de l'adjectif.
demostrar [ue], v. t., démontrer.
dentista, n. m., dentiste.
dentro, adv., dedans, à l'intérieur. **Dentro de un mes,** dans un mois.
departamento, n. m., département; compartiment (dans un train).
depender, v. i., dépendre.
dependiente, n. m., vendeur; employé.
deporte, n. m., sport. **Practicar deporte,** faire du sport.
derecho, a, adj./n., droit, e. **No tienes derecho a hacerlo,** tu n'as pas le droit de le faire.
derramar, v. t., répandre, renverser. **El agua se derramó por el suelo,** l'eau se répandit par terre.
derribar, v. t., renverser, démolir, abattre.
derrotar, v. t., mettre en déroute, vaincre.
derrumbar, v. t., abattre.
desaparecer, v. i., disparaître.
desarrollar, v. t., développer (une idée). /V. pr., se situer, se passer. Cf. **suceder, pasar.**
desarrollo, n. m., développement. **En vía de desarrollo,** en voie de développement.
desayunar, v. i., déjeuner. **Desayunar con café,** prendre du café au petit-déjeuner.
desayuno, n. m., petit-déjeuner.
descalzo, a, adj., nu-pieds.
descansar, v. i., se reposer. **Que en paz descanse,** qu'il repose en paix; s'appuyer sur.
desconocer, v. t., ignorer; ne pas reconnaître.
describir, v. t., part. pass. irr., **descrito,** décrire.
descripción, n. f., description.
descubrimiento, n. m., découverte.
descubrir, v. t., part. pass. irr., **descubierto,** découvrir; déceler.
desdeñar, v. t., dédaigner.
desde, prép., dès, depuis. **Desde hace dos años,** depuis deux ans, cf. gramm., p. 231. **Desde luego,** évidemment.

desear, v. t., désirer, souhaiter. **Le deseo un feliz Año Nuevo,** je vous souhaite une Bonne Année.
desempeñar, v. t., jouer un rôle, **desempeñar un papel.** Syn. **hacer de.**
desenlace, n. m., dénouement.
deseo, n. m., désir.
desglose, n. m., découpage (cinéma).
desgracia, n. f., malchance, malheur.
desnudez, n. f., nudité.
desnudo, a, adj. nu, e.
despacio, adv., lentement, doucement.
despachar, v. t., expédier; conclure une affaire.
despacho, n. m., comptoir; bureau (cabinet de travail).
despedir, irrég., v. t., renvoyer, licencier. /V. pr. **despedirse de alguien,** prendre congé de qqn.
despertar [ie], v. t., éveiller, réveiller.
despojar, v. t., dépouiller.
desprecio, n. m., mépris.
desprender, v. t., détacher, défaire.
desprenderse, v. pr., se dégager, ressortir; découler.
después, adv., puis, ensuite. **Después de comer,** après avoir mangé.
destacar, v. t., faire ressortir, souligner.
desterrar [ie], v. t., exiler, bannir.
destino, n. m., destin; destination. **Con destino a Madrid,** à destination de Madrid.
destrozar, v. t., briser, mettre en pièces; abîmer.
destruir, v. t., irrég., détruire, dévaster.
detalle, n. m., détail. **Tener detalles con alguien,** avoir des attentions envers qqn.
detener [ie], v. t., arrêter.
determinar, v. t., déterminer, prendre une résolution.
detrás, adv., derrière. **Detrás de la puerta,** derrière la porte.
deuda, n. f., dette.
devolver [ue], v. t., part. pass. irrég., **devuelto,** rendre, rembourser.
día, n. m., jour, journée. **Hoy en día,** de nos jours.
diario, n. m., journal, quotidien. **A diario,** tous les jours.
dibujar, v. t., dessiner.
diciembre, n. m., décembre.
dicha, n. f., bonheur, chance.
dicho, part. pass. irr., de **decir. Lo dicho, dicho,** ce qui est dit est dit.
dichoso, a, adj., heureux, euse.
diente, n. m., dent (**la muela**).
diestro, a, adj., habile.
diferencia, n. f., différence.
diferente, adj., différent, e.
dificultad, n. f., difficulté.
difícil, adj., difficile.
diga, interj., allô!, au téléphone, quand on reçoit la communication. Cf. **oiga** lorsqu'on appelle qqn.
dinero, n. m., argent, **tener dinero.** Ne pas confondre avec **plata,** métal.
dios, n. m., dieu. **A la buena de Dios,** au petit bonheur. **Como Dios manda,** comme il convient, comme il faut.
diputado, n. m., député.
dirección, n. f., direction; adresse, cf. **señas;** mise en scène.
director, a, n., directeur, trice; metteur en scène.
dirigir, v. t., diriger, guider. /V. pr., **dirigirse a alguien,** s'adresser à qqn.
disculparse, v. pr., s'excuser.
discurso, n. m., discours.
disfrutar, v. t./i., jouir de, profiter de.
disgusto, n. m., contrariété, chagrin; ennui.
disparar, v. t., tirer un coup de feu; décocher (une flèche); claquer (une porte). **Los precios se disparan,** les prix montent en flèche.
dispensar, v. t., excuser. **Dispense usted,** excusez-moi.

disponer, v. t. irrég., part. pass. irr., **dispuesto,** disposer.
distinguir, v. t., distinguer.
distinto, a, adj., différent, e.
diverso, a, adj., varié, e, divers, se, différent, e.
divertirse [ie], v. pr. irrég., se distraire, s'amuser.
dividir, v. t., diviser, partager.
divisar, v. t., apercevoir.
doble, adj., double.
doblegar, v. t., plier, soumettre.
doctor, a, n., docteur, doctoresse. Cf. **médico.**
documentación, n. f., documentation; papiers d'identité.
doler [ue], v. i., avoir mal, **me duelen las muelas,** j'ai mal aux dents.
domingo, n. m., dimanche.
dominio, n. m., domination, **bajo el dominio,** sous la domination, l'emprise; maîtrise, **el dominio del español.**
don, doña, n., anciennement réservé aux nobles, aujourd'hui marque de respect. S'emploie devant un prénom, **Don Eduardo, Doña Sofía.**
donde, adv., où.
dormir [ue], v. t./i., dormir, endormir.
drama, n. m., drame.
duda, n. f., doute, hésitation. **Me entran dudas,** j'ai des doutes.
dudar, v. i., douter, hésiter.
dueño, a, n., maître, maîtresse; propriétaire, **el dueño de la pensión.** Cf. **amo.**
dulce, n. m., gourmandise. /Pl., bonbons, sucreries.
dulce, adj., doux (au goût). Cf. **suave** (au toucher).
dulzura, n. f., douceur.
duración, n. f., durée. **Una película de dos horas de duración,** un film qui dure deux heures.
durante, prép., pendant. **Durante la guerra (cuando la guerra).**
durar, v. i., durer.
duro, n. m., pièce de monnaie de cinq pesetas.
duro, a, adj., dur, e. Souvent valeur adverbiale, **pegar duro,** frapper fort.

echar, v. t., jeter, lancer, expulser. **Te echo de menos,** je m'ennuie de toi.
echarse, v. pr., se mettre à, **se echó a correr,** il se mit à courir.
edad, n. f., âge; temps, époque. **La Edad Media,** le Moyen Age.
edificio, n. m., édifice, construction.
efecto, n. m., effet. **En efecto,** en effet.
eficacia, n. f., efficacité.
eficaz, adj., efficace.
egoísta, n. m./adj., égoïste.
ejecutar, v. i., exécuter.
ejecutivo, n. m., cadre d'entreprise.
ejemplar, adj., exemplaire.
ejemplo, n. m., exemple. **Poner un ejemplo,** donner un exemple.
ejercer, v. t., exercer.
ejército, n. m., armée.
elección, n. f., élection, **ganar las elecciones;** choix, **una elección difícil.**
electricidad, n. f., électricité. Cf. **luz.**
elegante, adj., élégant, e.
elegir, v. t., élire; choisir, cf. **escoger.**
elemental, adj., élémentaire.
elogio, n. m., éloge.
embargo (sin embargo), loc. adv., cependant, toutefois.
embarque, n. m., embarquement.
embustero, a, adj., trompeur, euse, menteur, euse.
empeño, n. m., obstination, persévérance.
empeñarse (en algo), v. pr., s'entêter, s'obstiner.

empezar [ie], v. t., commencer. **Empezar de nuevo**, recommencer.
emplear, v. t., employer.
emprender, v. t., entreprendre.
empresa, n. f., entreprise.
empujar, v. t., pousser, **empujar la puerta**.
en, prép., nombreux emplois, cf. gramm. p. 233.
encaminarse a, v. pr., se diriger vers.
encantado, a, adj., enchanté, e ; très heureux (en saluant qqn).
encantar, v. t., enchanter, ravir. **Me encanta leer**, j'adore lire.
encanto, n. m., charme.
encarcelar, v. t., emprisonner, incarcérer.
encargar, v. t., confier qqch. à qqn ; recommander à qqn de faire qqch. **Encargar libros**, faire une commande de livres.
encender [ie], v. t., allumer.
encerrar [ie], v. t., enfermer.
encima, adv., au-dessus, en haut. **Encima de la mesa**, sur la table.
encogerse, v. pr., rétrécir, **la ropa se encoge**. **Encogerse de hombros**, hausser les épaules.
encontrar [ue], v. t., trouver. **Encontrarse con alguien**, rencontrer qqn.
encuentro, n. m., rencontre ; découverte.
enchufar, v. t., brancher, **enchufar la tele** ; fam., pistonner (qqn).
enemigo, a, adj./n., ennemi, e.
enero, n. m., janvier.
enfadar, v. t., fâcher, ennuyer.
enfermedad, n. f., maladie.
enfermo, a, adj./n., malade.
enfocar, v. t., mettre au point (photo, ciné) ; envisager (une question).
enfoque, n. m., mise au point ; point de vue.
enfrentar, v. t., affronter, braver. **Enfrentarse con alguien**.
enfrente, adv., en face, **la casa de enfrente**.
engañar, v. t., tromper (au sens moral). N. p. c. avec **equivocarse**, faire une erreur.
engordar, v. t., grossir ; engraisser (un animal). **Las pastas engordan**, les pâtes font grossir.
enhorabuena, n. f., félicitation, **dar la enhorabuena**. /Adv., à la bonne heure.
enlace, n. m., liaison ; correspondance (trains) ; bretelle (autoroute).
enlazar, v. t., enlacer, lier ; relier (deux villes entres elles).
enredar, v. t., prendre au filet, embrouiller, emmêler, enchevêtrer ; mettre la discorde.
enredo, n. m., enchevêtrement, confusion ; mensonge ; intrigue.
ensalada, n. f., salade (hors-d'œuvre). Cf. **lechuga**.
ensanchar, v. t., élargir, agrandir.
enseguida, adv., immédiatement (peut s'écrire en deux mots).
enseñanza, n. f., enseignement, **enseñanza media**, enseignement secondaire.
enseñar, v. t., apprendre (qqch. à qqn) ; montrer. **¿Qué nos enseña el texto de...?**, que nous apprend le texte sur...?
ensuciar, v. t., salir.
entablar, v. t., engager, entamer (débat, discussion).
entender [ie], comprendre (différent de **oír**, entendre). **Entender de matemáticas**, avoir des connaissances en mathématiques.
enterarse (de algo), v. pr., apprendre qqch., **enterarse de la noticia**, apprendre la nouvelle.
entonces, adv., alors, dans ces conditions.
entrada, n. f., entrée. **Prohibida la entrada**, entrée interdite. **Sacar entradas**, prendre des billets (spectacle).
entraña, n. f., fond, essence d'une chose ; f. plur., entrailles.
entre, prép., entre ; parmi. **Entre mí**, en moi-même.
envidioso, a, adj., envieux, se, jaloux, se.

entregar, v. t., livrer, remettre.
entresacar, v. t., choisir, extraire (une idée d'un texte par ex.). **Entresaque Usted del texto...**
entretanto, adv., en attendant, pendant ce temps.
entretener [ie], v. t., amuser, distraire ; faire prendre patience ; occuper, passer le temps.
entretenerse [ie], v. pr., s'attarder, se distraire.
entrevista, n. f., entrevue, interview.
envejecer, v. i., vieillir.
envolver, [ue], v. t., part. pass. irr., **envuelto**, envelopper.
equipaje, n. m., les bagages.
equipo, n. m., équipe (sport) ; équipement.
equivocación, n. f., erreur ; quiproquo (théâtre).
equivocarse, v. pr., se tromper, faire une erreur.
esbozar, v. t., ébaucher, esquisser.
escapar, v. i., échapper, **escapar de un peligro**.
escapatoria, n. f., fuite ; moyen d'échapper ; échappatoire.
escaso, a, adj., rare, peu abondant.
escena, n. f., scène.
escenario, n. m., scène (de théâtre). **En el escenario**, sur scène.
escoger, v. t., choisir. Cf. **elegir**.
esconder, v. t., cacher, dissimuler.
escribir, v. t., part. pass. irr., **escrito**, écrire.
escuchar, v. t., écouter, **escuchar música**.
escuela, n. f., école.
escueto, a, adj., dégagé, ée, débarrassé, ée ; net, nette ; sec, sèche ; strict, e.
escurrir, v. t./i., égoutter ; couler goutte à goutte.
escurrirse, v. pr., s'échapper, s'éclipser, disparaître.
esfuerzo, n. m., effort.
espacio, n. m., espace. **Ocupar espacio**, prendre de la place. **Por espacio de una hora**, en l'espace d'une heure.
espalda, n. f., dos. **A espaldas**, par derrière, traîtreusement.
espantar, v. t., faire peur, effrayer.
espantoso, a, adj., épouvantable, effrayant, e.
especial, adj., spécial, e.
espectáculo, n. m., spectacle.
espejo, n. m., miroir.
espera, n. f., attente, **sala de espera**, salle d'attente. **En espera de**, dans l'attente de.
esperar, v. t., attendre.
espeso, a, adj., épais, sse.
espíritu, n. m., esprit.
espléndido, a, adj., splendide, magnifique.
esposo, a, n., époux, se.
espuma, n. f., écume ; mousse.
esquiar, v. i., skier.
esquina, n. f., coin (d'une maison, d'une rue). **Doblar la esquina**, tourner le coin de la rue.
establecer, v. t., établir, fonder.
estación, n. f., saison ; gare.
estado, n. m., état. **Estar en mal estado**, être en mauvais état. **El jefe de Estado**, le chef d'État.
estancia, n. f., séjour (qqpart) ; mais **sala de estar**, **salón**, salle de séjour.
estanco, n. m., bureau de tabac.
estaño, n. m., étain.
estar, v. i., irr., cf. gramm. p. 210 pour les principaux emplois. **Estar para salir**, être sur le point de sortir. **No estar para bromas**, ne pas avoir envie de plaisanter. **Estar por hacer**, être encore à faire.
estatuto, n. m., statut.
estilo, n. m., style.
estío, n. m., été.
estorbar, v. t., gêner, empêcher.
estrecho, a, adj., étroit, e.
estremecer, v. t., faire trembler, faire frémir.
estrella, n. f., étoile ; star (cinéma).
estribar (en), v. i., s'appuyer sur, reposer sur.
estrofa, n. f., strophe.
estropear, v. t., abîmer, détériorer.

estudiar, v. t., étudier.
europeo, a, adj., européen, enne.
exagerar, v. t., exagérer.
examen, n. m., examen.
examinarse, v. pr., passer un examen.
exigir, v. t., exiger.
existir, v. i., exister.
éxito, n. m., succès. **Una película de mucho éxito**, un film à succès.
expediente, n. m., dossier.
explicar, v. t., expliquer.
explotar, v. t., exploiter.
explotación, n. f., exploitation.
exponer [ue], v. t., part. pass. irr., **expuesto**, exposer.
expresar, v. t., exprimer une idée. N. p. c. avec **exprimir**.
expresión, n. f., expression.
exprimir, v. t., presser (un fruit). N. p. c. avec **expresar**.
extensión, n. f., extension ; étendue (espace, temps).
exterior, adj./n., extérieur, e.
extranjero, a, adj./n., étranger, ère (à un pays). N. p. c. avec **extraño**.
extrañar, v. t., étonner, surprendre, **me extraña verte aquí**, cela me surprend de te voir ici ; regretter (**echar de menos**) ; envier.
extraño, a, adj., étrange, surprenant, e.
extraviar, v. t., égarer.

fábrica, n. f., usine.
fácil, adj., facile. **Fácil de comprender**, facile à comprendre.
faena, n. f., travail ; **las faenas del campo**, les travaux des champs.
falda, n. f., jupe.
falso, a, adj., faux, fausse.
falta, n. f., manque ; faute (n. p. c., avec **culpa**). **Hacer falta**, falloir ; être nécessaire, cf. gramm., p. 232.
faltar, v. i., manquer, faire défaut. **No faltaba más**, il ne manquait plus que cela. **Falta un mes para Navidad**, il reste un mois avant Noël.
fama, n. f., renommée, réputation.
familia, n. f., famille.
famoso, a, adj., célèbre, renommé, e.
farmacia, n. f., pharmacie.
fastidiar, v. t., ennuyer, embêter.
favor, n. m., faveur. **Hacer el favor de**, avoir l'obligeance de. **Por favor**, s'il vous plaît.
fe, n. f., foi ; promesse, serment.
febrero, n. m., février.
fecha, n. f., date. **Hasta la fecha**, jusqu'à ce jour.
felicidad, n. f., bonheur. Pl., **¡Felicidades!**, Meilleurs Vœux ! (Bonne Année, heureux événement).
feliz, adj., heureux, se (généralement employé avec le verbe **ser**).
feo, a, adj., laid, de ; désagréable.
ferrocarril, n. m., chemin de fer (RENFE, Red Nacional de los Ferrocarriles Españoles).
ficticio, a, adj., fictif, ve.
fiel, adj., fidèle, loyal, e.
fiera, n. f., fauve, bête féroce.
fiesta, n. f., fête, réjouissance. **Día festivo**, jour férié.
fijar, v. t., fixer, **fijar la atención**.
fijarse, v. pr., remarquer, considérer. **Fijarse en un detalle**.
fila, n. f., file, rangée, rang. **Una obra de segunda fila**, une œuvre médiocre.
filete, n. m., filet (boucherie) ; escalope ou beefsteack.
fin, n. f., fin, **fin de semana**. **A fines del mes**, à la fin du mois. **Por fin**, enfin. **Al fin y al cabo**, au bout du compte.

final, n. m., fin. **Quedarse hasta el final,** rester jusqu'à la fin; **a finales de junio,** à la fin juin.
finca, n. f., propriété (en général à la campagne).
fingir, v. t., feindre.
firmar, v. t., signer.
flaco, a, adj., maigre, mince.
flor, n. f., fleur.
fluir, irr., v. i., couler, s'écouler; passer.
fomentar, v. t., favoriser, encourager; développer.
fonda, n. f., auberge; buffet (de la gare).
fondo, n. m., fond. **En el fondo,** au fond.
forastero, a, adj./n., étranger, ère (d'une ville à l'autre).
fotografía, n. f., photographie.
fotógrafo, n. m., photographe.
fósforo, n. m., allumette (syn. **cerilla,** n. f.).
fracasar, v. i., échouer.
franco, a, adj., franc, che.
franquear, v. t., affranchir; franchir.
frase, n. f., phrase.
frecuente, adj., fréquent, te.
freno, n. m., frein.
frente, n. f., front (visage).
frente, n. m., front (combat, guerre).
frente a, prép., face à.
frijol, n. m., haricot.
frío, a, adj./n., froid, e; froid.
fruta, n. f., fruit. **la naranja es una fruta.**
fruto, n. m., fruit, **el fruto del trabajo.**
fuego, n. m., feu.
fuente, n. f., source, fontaine; plat (pour y disposer des aliments).
fuera, adv., dehors. **Fuera de peligro,** hors de danger. **Fuera de aquí,** hors d'ici. **Estar fuera de sí,** être hors de soi.
fuerte, adj., fort, e.
fuerza, n. f., force; violence.
función, n. f. fonction; spectacle.
fundar, v. t., fonder. **Fundarse en,** s'appuyer sur.

gafas, n. f. pl., lunettes.
galleta, n. f., biscuit.
gallina, n. f., poule.
gallo, n. m., coq.
gana, n. f., envie. **Me entran ganas de bañarme,** j'ai envie de me baigner. **No me da la gana,** je n'ai pas envie. **De buena gana, de mala gana,** de bon gré, de mauvais gré.
ganado, n. m., bétail.
ganancia, n. f., gain; bénéfice.
ganar, v. t., gagner. **Ganarse la vida escribiendo,** gagner sa vie en écrivant.
garganta, n. f., gorge.
gastar, v. t., dépenser; user.
gasto, n. m., dépense. Pl., **gastos,** frais, **gastos de viaje.**
gasolina, n. f., essence.
gato, n. m., chat; cric (pour lever une voiture).
gavilán, n. m., épervier.
género, n. m., genre, sorte; marchandise (dans un magasin).
genio, n. m., génie; caractère, **tener buen o mal genio.**
gente, n. f., les gens. **Lo cuenta la gente de aquí,** c'est ce que racontent les gens d'ici.
gimnasia, n. f., gymnastique.
girar, v. t., tourner.
giro, n. m., tournure (idiomatique); virement, **un giro postal.**
gloria, n. f., gloire; ciel, paradis. **Estar en la gloria,** être aux anges. **Saber a gloria,** avoir un goût exquis.
gobernar [ie], v. t., gouverner.
gobierno, n. m., gouvernement.
golosina, n. f., gourmandise.
golpe, n. m., coup; putsch. **De golpe,** soudain, tout à coup.

golpear, v. t., frapper, donner des coups.
gordo, a, adj./n. m., gros, grosse. **Me tocó el gordo,** j'ai touché le gros lot.
gótico, a, adj., gothique.
gozar, v. t./i., jouir de, posséder.
gracia, n. f., grâce. **Tener gracia,** être drôle, charmant.
gracias, n. f. pl., merci.
gracioso, a, adj., divertissant, e, amusant, e.
gradación, n. f., gradation, progression.
grado, n. m., degré. **Cinco grados bajo cero,** cinq degrés en dessous de zéro. Volonté, gré, **de buen o de mal grado.**
grande, adj., grand, e. S'apocope en **gran** cf. gramm., p. 204.
granizo, n. m., grêle.
granja, n. f., ferme.
grano, n. m., grain, graine; bouton (sur la peau). **Ir al grano,** aller droit au but.
grato, a, adj., agréable, aimable.
gringo, n. m., péj., yankee (nord-américain).
gritar, v. t., crier.
guapo, a, adj., beau, belle; élégant, e; bien mis, e.
guarda, n. m., garde, vigile. f. **el Ángel de la Guarda,** l'ange gardien.
guardar, v. t., garder; ranger (dans un meuble).
guardia, n. m., garde, agent de police.
guardia, n. f., garde (armée).
guía, n. m., guide (d'un musée).
guía, n. f., guide, indicateur, plan d'une ville par exemple. **La guía telefónica,** l'annuaire téléphonique.
guisar, v. t., cuisiner, préparer un plat.
gustar, v. t./i., goûter, plaire. **Me gusta el chocolate,** j'aime le chocolat.
gusto, n. m., goût. **Estar a gusto,** être à l'aise. **Dar gusto,** faire plaisir.

haber, irrég., auxiliaire, cf. gramm., pp. 212-214. **Haber de, haber que,** cf. gramm., p. 232. L'idée de possession se rend par **tener.**
hábil, adj., habile. **Día hábil,** jour ouvrable.
habitación, n. f., pièce (d'appartement).
hablar, v. t., parler. **¡Ni hablar!,** pas question !
hacer, irrég., v. t., part. pass. irr., **hecho,** faire. V. impers., **hace un mes,** il y a un mois.
hacerse, v. pr., devenir, **el niño se hizo mozo. Hacerse el sordo,** faire le sourd.
hacia, prép., vers, en direction de. N. p. c. avec **hasta.**
hacienda, n. f., ferme, propriété; fortune. **Ministerio de Hacienda,** ministère des Finances.
hallar, v. t., trouver, rencontrer (par hasard ou non).
hambre, n. f., faim; famine.
harina, n. f., farine.
hasta, prép., jusqu'à. N. p. c. avec **hacia.**
hazaña, n. f., exploit.
hecho, n. m., fait. **De hecho,** en fait. **El que, el hecho de que** (généralement suivi du subjonctif), le fait que.
helado, n. m., glace (à manger), **un helado de vainilla.**
helar [ie], v. t., glacer.
hembra, n. f., femelle.
heredar, v. t./i., hériter, **heredar una casa.**
herencia, n. f., héritage; hérédité.
herida, n. f., blessure.
herir [ie], v. t., blesser.
hermano, a, n., frère, sœur.
hermoso, a, adj., beau, belle.
hermosura, n. f., beauté.
herramienta, n. f., outil. Pl., outillage.
hervir [ie], v. i./t., bouillir, **está hirviendo el agua;** grouiller, **la calle hierve de gente.** Faire bouillir.

hielo, n. m., glace, glaçon.
hierro, n. m., fer.
hijo, n. m., fils; enfant. **Una familia de tres hijos.**
hilar, v. t., filer. **Hilar la lana.**
hilo, n. m., fil; filet (pour un liquide), **un hilo de agua.**
hincapié, n. m., **hacer hincapié en,** insister sur.
hinchar, v. t., gonfler, enfler.
hispanoamérica, n. f., Amérique de langue espagnole.
hispanoamericano, a, adj., hispano-américaine, caine.
hogar, n. m., foyer.
hoja, n. f., feuille; lame (d'un couteau).
hola, interj., manière courante et familière de saluer qqn, salut !
hombre, n. m., homme. Interj., tiens, allons-donc, voyons...
hombro, n. m., épaule. **Llevar a hombros,** porter sur les épaules.
hondo, a, adj., profond, de.
honra, n. f., honneur.
hora, n. f., heure. **Son las tres,** il est trois heures.
horno, n. m., four.
hortaliza, n. f., légume. Cf. **verdura.**
hoy, adv., aujourd'hui. **Hoy en día,** de nos jours. **Desde hoy en adelante,** à partir d'aujourd'hui.
hueco, a, adj./n., creux, euse. Creux, vide, cavité; ouverture, **el hueco de la ventana.**
huelga, n. f., grève. **Estar en huelga.**
huerta, n. f., plaine fertile irriguée. **La huerta de Valencia.**
huerto, n. m., jardin potager.
hueso, n. m., os; noyau (d'un fruit).
huésped, da, n. m./f., hôte, esse; invité, e.
huevo, n. m., œuf. **Poner un huevo,** pondre un œuf.
huir, v. i., fuir. **Huir del peligro,** fuir le danger.
humear, v. i., fumer, **el hogar donde la leña humea,** le foyer où fume le bois; exhaler une vapeur.
húmedo, a, adj., humide.
humilde, adj., humble.
humo, n. m., fumée.
hundir, v. t., enfoncer. Pr., s'affaisser, couler (un navire).

ida, n. f., aller. **Ida y vuelta,** aller et retour.
idea, n. f., idée; intention. **Llevar idea de,** avoir l'intention de.
idioma, n. m., langue (parlée ou non).
iglesia, n. f., église.
igual, adj., égal, e; identique. **Me da igual,** ça m'est égal.
imagen, n. f., image; statue (religieuse).
imaginar, v. t., imaginer.
impedir, irrég., v. t., empêcher, cf. gramm., p. 216.
ímpetu, n. m., impétuosité, élan.
imponer, irrég., v. t., part. pass. irr., **impuesto,** imposer.
importar, v. i., importer. **Ne me importa,** peu m'importe, ça m'est égal.
impreso, n. m., imprimé.
improviso (de), loc. adv., à l'improviste; inopinément. **Llegar de improviso.**
impulso, n. m., impulsion, élan.
incluir, v. t., inclure.
incluso, a, adj./adv., inclus, e; y compris.
incorporarse, v. pr., se redresser, s'asseoir; rejoindre, **incorporarse a su regimiento.**
indiano, a, n., qui revient riche d'Amérique.
indicar, v. t., indiquer.
índice, n. m., index.
individuo, n. m., individu.
individuo, a, adj., individuel, elle.
industria, n. f., industrie.
industrial, adj., industriel, elle.

inesperado, a, adj., inespéré, ée.
infeliz, adj., malheureux, euse.
inferior, ora, adj./n., inférieur, eure.
infiel, adj./n., infidèle.
infierno, n. m., enfer.
inflación, n. f., inflation; gonflement.
influencia, n. f., influence.
influir (en), v. i., influencer.
información, n. f., information.
informar, v. t., informer.
informe, n. m., renseignement, information; rapport.
ingeniero, n. m., ingénieur.
ingenio, n. m., génie; esprit; sucrerie.
ingenuidad, n. f., ingénuité, naïveté; sincérité.
ingenuo, a, adj., ingénu, e, naïf, ive; sincère.
ingresar, v. t./i., entrer, rentrer (en parlant des choses et surtout de l'argent); entrer (dans une école, un régiment).
ingreso, n. m., entrée; rentrée de fonds.
inicial, adj., initial, e.
iniciar, v. t., commencer; initier.
injusticia, n. f., injustice.
injusto, a, adj., injuste.
inmenso, a, adj., immense.
inmigración, n. f., immigration.
inmigrante, n./adj., immigrant, e.
innumerable, adj., innombrable.
inocencia, n. f., innocence.
inocente, n./adj., innocent, e; ignorant, e; naïf, ve.
inquietar, v. t., inquiéter.
inquisición, n. f., enquête, recherche; **la Inquisición,** le tribunal de l'Inquisition.
inscribir, v. t., part. pass. irr., **inscrito,** inscrire.
inscripción, n. f., inscription.
insecto, n. f., insecte.
inservible, adj., inutilisable.
insignificante, adj., insignifiant.
insistencia, n. f., insistance.
insistir, v. i., insister.
instante, n. m., instant.
instinto, n. m., instinct.
instituto, n. m., lycée.
insulto, n. m., insulte.
insuperable, adj., qu'on ne peut surpasser; incomparable.
insurrección, n. f., insurrection.
inteligencia, n. f., intelligence.
inteligente, adj., intelligent.
intención, n. f., intention.
intensidad, n. f., intensité.
intenso, a, adj., intense.
intentar, v. t., avoir l'intention; tenter; essayer, cf. **tratar de.**
intento, n. m., intention; dessein.
intercambio, n. m., échange mutuel.
interés, n. m., intérêt.
interesante, adj., intéressant, e.
interesar, v. t., intéresser.
interesarse por, v. pr., s'intéresser à.
interior, n./adj., intérieur, eure.
intermedio, a, adj., intermédiaire.
interpretar, v. t., interpréter.
interrumpir, v. t., interrompre.
intranquilo, a, adj., inquiet, ète.
intrincado, a, adj., enchevêtré, e, embrouillé, e.
introducción, n. f., introduction.
intuir, v. t., connaître par intuition; pressentir.
inútil, adj., inutile.
invadir, v. t., envahir.
invasor, ora, n./adj., envahisseur, euse.
inventar, v. t., inventer.
invernadero, n. m., serre; résidence d'hiver.
inverosímil, adj., invraisemblable.
inversión, n. f., inversion; investissement.
invertir [ie], v. t., inverser; investir.
investigación, n. f., investigation, enquête, recherche.
invierno, n. m., hiver.

ir, v. i., aller. **Ir a España** : aller en Espagne. **Ir por agua** : aller chercher de l'eau.
ira, n. f., colère, courroux.
ironía, n. f., ironie.
irónico, a, adj., ironique.
irreal, adj., irréel, elle.
irregular, adj., irrégulier, ère.
irrisión, n. f., dérision.
irrisorio, a, adj., dérisoire.
isla, n. f., île.
izquierda, n. f., gauche. **A la izquierda** : à gauche.

jabón, n. m., savon.
jactarse (de), v. pr., se vanter, se targuer.
jadeante, adj. verb., haletant, e.
jaleo, n. m., tapage, raffut.
jamás, adj., jamais, cf. **nunca.**
jamón, n. m., jambon. **Un bocadillo de jamón,** un sandwich au jambon.
jarro, n. m., broc; pot; pichet.
jaula, n. f., cage.
jazmín, n. m., jasmin.
jefe, n. m., chef.
jerarquía, n. f., hiérarchie.
jinete, n. m., cavalier.
jocoso, a, adj., plaisant; bouffon.
jornada, n. f., distance parcourue en une journée; voyage; acte (théâtre).
jornal, n. m., travail d'un jour; salaire journalier.
joroba, n. f., bosse.
jota, n. f., nom de la lettre j; danse régionale.
joven, n./adj., jeune homme, jeune fille; jeune.
joya, n. f., bijou, joyau.
jubilado, a, adj., retraité, e.
jubilarse, v. pr., prendre sa retraite.
judío, a, n./adj., juif, ve.
juego, n. m., jeu.
jueves, n. m., jeudi.
juez, n. m., juge; arbitre.
jugar [ue], v. i., jouer; fonctionner.
jugo, n. m., jus; suc.
juguete, n. m., jouet, joujou.
juicio, n. m., jugement; raison; avis, opinion; bon sens. **A mi juicio,** à mon avis.
julio, n. m., juillet.
junio, n. m., juin.
junta, n. f., assemblée, conseil; réunion; junte.
juntar, v. t., joindre, unir, assembler. **Juntarse con,** v. pr., rejoindre (quelqu'un).
junto a, adv., près de.
justicia, n. f., justice.
justificar, v. t., justifier.
justo, a, adj., juste.
juventud, n. f., jeunesse.
juzgar, v. t., juger.

kilómetro, n. m., kilomètre.

labio, n. m., lèvre. **La barra de labios,** le rouge à lèvres.
labor, n. f., travail, labeur; labour; ouvrage.
laboral, adj., relatif au travail. **Un conflicto laboral.**
labrador, a, n./adj., cultivateur, trice; paysan, anne; laboureur.
labrar, v. t., travailler (la pierre, etc.); labourer; faire des ouvrages.
ladera, n. f., pente; versant.
lado, n. m., côté. **Al lado de,** à côté de.
ladrar, v. i., aboyer.
ladrillo, n. m., brique.

ladrón, ona, n./adj., voleur, euse.
lágrima, n. f., larme. **Llorar a lágrima viva,** pleurer à chaudes larmes.
lamentar, v. t., regretter; déplorer.
lámpara, n. f., lampe.
lana, n. f., laine.
lance, n. m., incident; situation critique; coup de théâtre.
lápiz, n. m., crayon.
largo, a, adj., long, longue; généreux, euse. **Tres metros de largo.**
lástima, n. f., pitié, compassion. **Dar lástima,** faire pitié; plainte; dommage. **Es una lástima que** + subj., il est dommage que.
lastimar, v. t., blesser, faire du mal.
lata, n. f., boîte de conserve; fer blanc. **Dar la lata,** ennuyer, raser (fam.).
latido, n. m., battement du cœur.
latifundio, n. m., vaste propriété rurale.
latifundista, n., grand, e, propriétaire terrien, enne.
látigo, n. m., fouet.
latinoamericano, adj., latino-américain, e.
latir, v. i., battre (cœurs, artères...).
lavar, v. t., laver. **Lavarse las manos,** se laver les mains.
lazo, n. m., nœud; lien. **Los lazos de familia.**
lección, n. f., leçon.
lectura, n. f., lecture.
leche, n. f., lait.
lechuga, n. f., laitue; salade verte.
leer, v. t., lire; enseigner.
legendario, a, adj., légendaire.
legible, adj., lisible.
legislativo, a, adj., législatif, ve.
legítimo, a, adj., légitime.
legumbre, n. f., légume.
lejanía, n. f., lointain.
lejano, a, adj., lointain, e.
lejos, adj., loin. **A lo lejos,** au loin.
lengua, n. f., langue (organe); langue, idiome; langage.
lentitud, n. f., lenteur.
lento, a, adj., lent, e.
leña, n. f., bois de chauffage.
leñador, ora, n., bûcheron, onne.
león, n. m., lion.
letra, n. f., lettre; écriture. **La letra de una canción,** les paroles d'une chanson.
letrero, n. m., écriteau, pancarte.
levantamiento, n. m., levée; élévation; soulèvement.
levantar, v. t., lever, élever; soulever. **Levantarse,** v. pr., se lever, se soulever. Cf. **rebelarse.**
levante, n. m., levant, l'orient; vent d'est; Levant (région d'Espagne).
leve, adj., léger, ère.
ley, n. m., loi; titre d'un alliage. **Oro de ley,** or contrôlé.
leyenda, n. f., légende.
liar, v. t., lier, attacher. **Liar un cigarrillo,** rouler une cigarette.
libertad, n. f., liberté.
libertar, v. t., délivrer; mettre en liberté.
libre, adj., libre. **Libre de tasas,** exempt de taxes.
librero, a, n., libraire.
libro, n. m., livre.
licencia, n. f., permission; licence (liberté abusive).
lienzo, n. m., tableau, toile.
ligereza, n. f., légèreté.
ligero, a, adj., léger, ère.
límite, n. m., limite.
limosna, n. f., aumône. **Dar o pedir limosna.**
limpiabotas, n. m., cireur de chaussures.
limpiar, v. t., nettoyer.
limpieza, n. f., propreté; nettoyage. **Hacer la limpieza,** faire le ménage.
limpio, a, adj., propre; net, ette; nettoyé, e.
lindo, a, adj., joli, e; gentil, ille; gracieux, euse.
línea, n. f., ligne.

lío, n. m., paquet; imbroglio; situation inextricable. **Estar en un lío**, être dans de beaux draps.
lírico, a, adj., lyrique.
lirismo, n. m., lyrisme.
lisonja, n. f., flatterie.
lisonjear, v. t., flatter.
listo, a, adj., **ser listo, a**, être intelligent, e; **estar listo, a**, être prêt, e.
loco, a, adj., fou, folle.
locura, n. f., folie.
lodo, n. m., boue.
lógico, a, adj., logique.
lograr, v. t., réussir; obtenir. Cf. **conseguir**.
loro, n. m., perroquet.
lotería, n. f., loterie.
lozano, a, adj., vigoureux, euse; luxuriant, e.
lucidez, n. f., lucidité.
lúcido, a, adj., lucide; brillant, e.
lucir, lucirse, v. i./pr., briller, se distinguer.
lucha, n. f., lutte.
luchar (con), v. i., lutter.
luego, adv., immédiatement; ensuite. **Desde luego**, évidemment.
lugar, n. m., lieu; agglomération; place (occupée par qqch. ou qqn). **En lugar de**, au lieu de.
lujo, n. m., luxe.
lumbre, n. f., feu, éclat, lumière.
luna, n. f., lune; miroir, glace. **Armario de luna**.
lunes, n. m., lundi.
luto, n. m., deuil; douleur. **Estar de luto**, être en deuil.
luz, n. f., lumière; électricité. **Cortar la luz**, couper le courant.

llama, n. f., flamme.
llama, n. m. ou f., lama.
llamada, n. f., appel.
llamar, v. t., appeler; nommer; invoquer.
llano, a, adj., plat, e; simple; naturel. N. m., plaine.
llanto, n. m., pleurs, larmes. Chant funèbre, complainte.
llanura, n. f., plaine.
llave, n. f., clé; robinet.
llegada, n. f., arrivée.
llegar, v. i., arriver; parvenir; atteindre.
llenar, v. t., emplir, remplir.
lleno, a, adj., plein, e; rempli, e.
llevar, v. t., porter; emporter. **Llevar al cine**, emmener au cinéma. **Llevarse bien o mal**, bien ou mal s'entendre. **Llevar la contraria**, apporter la contradiction.
llorar, v. t./i., pleurer. **Llorar a lágrima viva**, pleurer à chaudes larmes.
llover [ue], v. imp., pleuvoir. **Llueve a cántaros**, il pleut à verse.
lluvia, n. f., pluie.

macho, n. m., mâle.
madera, n. f., bois (matière). **Tener madera de**, avoir l'étoffe de.
madre, n. f., mère.
madrileño, a, adj., madrilène.
madrugada, n. f., aube, point du jour. **De madrugada**, de bon matin.
madrugar, v. i., se lever tôt.
madurar, v. t./i., mûrir; faire mûrir.
maestro, a, n., maître, maîtresse.
magia, n. f., magie.
mágico, a, adj., magique.
magnífico, a, adj., magnifique.
maíz, n. m., maïs.
mal, n. m., mal. **El bien y el mal**.
mal, adv., mal. **No está mal**.
maldad, n. f., méchanceté; mauvaise action.
maldición, n. f., malédiction.

maleta, n. f., valise.
malgastar, v. t., gaspiller, dissiper.
malo, a, adj., mauvais, e; malade. **Ser malo**, être méchant. **Estar malo**, être malade.
mamá, n. f., maman.
manantial, n. m., source.
mancha, n. f., tache; déshonneur.
manchar, v. t., tacher, salir.
mandar, v. t., ordonner; commander; envoyer. **Le manda que salga**, il lui ordonne de sortir.
manejar, v. t., manier.
manera, n. f., manière, façon.
manifestar [ie], v. t., manifester; déclarer.
manifiesto, a, adj., manifeste, évident, e. **Poner de manifiesto**, mettre en évidence.
mansedumbre, n. f., mansuétude.
manta, n. f., couverture.
mantel, n. m., nappe.
mantener, v. t., maintenir; subvenir aux besoins; nourrir.
mantequilla, n. f., beurre.
manzana, n. f., pomme.
mañana, n. f., matin. **De mañana**, très tôt. **Por la mañana**, au cours de la matinée.
mañana, n. f., avenir, futur.
mañana, adv., demain. **Mañana por la mañana**, demain matin. **Hasta mañana**, à demain. **Pasado mañana**, après demain.
mapa, n. m., carte géographique.
máquina, n. f., machine.
mar, n. m./f., mer. **La mar de**, beaucoup de.
maravilla, n. f., merveille; émerveillement.
maravillar, n. t., émerveiller; étonner.
maravilloso, a, adj., merveilleux, euse.
marcar, v. t., marquer. **Marcar un número**, composer un numéro par téléphone.
marco, n. m., cadre.
marcha, n. f., marche; allure.
marchitar, v. t., flétrir, faner.
marear, v. t./i., faire tourner la tête, donner mal au cœur. **Marearse**, v. pr., avoir le mal de mer, le vertige.
mareo, n. m., mal de mer; étourdissement; vertige.
margen, n. m. ou f., bord, rive; marge. **Al margen de**, en marge de.
marido, n. m., mari, époux.
marinero, n. m., marin; matelot.
mariposa, n. f., papillon.
marisco, n. m., fruit de mer.
mármol, n. m., marbre.
martes, n. m., mardi.
martillo, n. m., marteau. **Un martillazo**, un coup de marteau.
marzo, n. m., mars.
mas, conj., mais. Cf. **pero**.
más, adv., plus, davantage.
masa, n. f., masse; pâte (du pain). **En masa**, en masse.
máscara, n. f., masque.
matanza, n. f., meurtre; tuerie; abattage.
matar, v. t., tuer; abattre; éteindre.
materia, n. f., matière. **Materia prima**, matière première.
matiz, n. m., nuance.
matrimonio, n. m., couple; mariage.
mayo, n. m., mai.
mayor, adj., plus grand, plus âgé; majeur; important. **Mi hermana mayor**, ma sœur aînée. **Mayor de edad**, majeur, e (âge).
mayoría, n. f., majorité. **Mayoría de edad**, majorité (âge).
mecánico, n. m., mécanicien.
mecer, v. t., bercer; balancer.
mechero, n. m., briquet.
media, n. f., bas de femme. **Las medias de seda**, les bas de soie; moyenne. **La media horaria**.
mediados (a), adv., a mediados de Julio, à la mi-juillet.
mediano, a, moyen, enne; médiocre.
mediante, prép., moyennant, au moyen de.

medicina, n. f., médecine.
médico, n. m., médecin.
medida, n. f., mesure. **A medida que**, au fur et à mesure que.
medio, a, adj., demi, e. **Media hora**, demi-heure; moyen, enne. **La clase media**, la classe moyenne. **A medias**, à moitié.
medio, n. m., milieu; moyen; compromis; adv., à demi. **Medio muerto**, à demi-mort.
mediodía, n. m., midi.
medir, irrég., v. t., mesurer.
mediterráneo, a, adj., méditerranéen, enne. **El Mediterráneo**, la Méditerranée.
mejilla, n. f., joue.
mejor, adj., meilleur, e; plus beau, belle; de plus de valeur. **Es mejor que sigamos**, il vaut mieux que nous continuions. **A lo mejor**, peut-être; adv., mieux; plutôt; tant mieux.
mejorar, v. t., améliorer; rendre meilleur. **Mejorarse**, se rétablir.
mejora, n. f., amélioration.
mencionar, v. t., mentionner.
menester, n. m., besoin; nécessité. **Es menester**, il faut. Cf. **es necesario**, **hace falta**.
menor, adj., plus petit, e; moindre; plus jeune. **Mi hermana menor**, ma petite sœur. **Menor de edad**, mineur, e (âge).
menos, adv., moins. **Menos libros**. **Menos que tú**. **Mucho menos**. **Al menos**, **por lo menos**, au moins. **Menos mal**, heureusement. Prép., sauf, excepté. **Todos menos eso**.
mente, n. f., esprit; entendement.
mentir [ie], v. i., mentir.
mentira, n. f., mensonge. **Parece mentira**, c'est incroyable.
menudo, a, adj., menu, petit. **¡Menuda paliza me dio!**, quelle raclée il m'a donnée! (fam. iron.). **A menudo**, souvent.
mercado, n. m., marché.
mercancía, n. f., marchandise.
merecer, v. t., mériter.
merendar [ie], v. i., prendre son goûter.
merienda, n. f., goûter (le repas).
mes, n. m., mois.
mesa, n. f., table; bureau.
mestizo, a, n./adj., métis, isse.
meta, n. f., but, objectif, fin.
metáfora, n. f., métaphore.
meter, v. t., introduire; enfoncer; mêler. **Meterse en los asuntos ajenos**, se mêler des affaires des autres.
método, n. m., méthode.
mezcla, n. f., mélange.
mezclar, v. t., mélanger, mêler.
miedo, n. m., peur, crainte. **Dar miedo**, faire peur.
mientras, conj., pendant que; tant que.
mientras que, conj., alors que.
miércoles, n. m., mercredi.
milagro, n. m., miracle.
militar, n./adj., militaire.
mimar, v. t., gâter; câliner, choyer. **Un niño mimado**, un enfant gâté.
minero, n. m., mineur.
minifundio, n. m., petite propriété rurale.
minifundista, n., propriétaire d'un minifundio.
minoría, n. f., minorité. **Minoría de edad**, minorité (âge).
minuto, n. m., minute.
mirada, n. f., regard.
mirar, v. t., regarder.
misa, n. f., messe. **Ir a misa**, aller à la messe.
mismo, a, adj./pr. ind., même; pareil, semblable. **El mismo rey**, le roi lui-même.
misterio, n. m., mystère.
mitad, n. f., moitié.
mito, n. m., mythe.
mitología, n. f., mythologie.
mocedad, n. f., jeunesse, adolescence.
moda, n. f., mode. **Estar de moda**, être à la mode.
modales, n. m. pl., manières. **Tener buenos modales**, avoir de bonnes manières.

modo, n. m., mode ; manière, façon. **De ningún modo,** absolument pas.
mojar, n. f., mouiller.
moler [ue], v. t., moudre, broyer ; éreinter, fatiguer.
molestar, v. t., molester, gêner, ennuyer. **No molestar,** ne pas déranger.
molestia, n. f., ennui, tracas ; gêne, malaise ; **tomarse la molestia de,** se donner la peine de.
molesto, a, adj., gênant, e. **Estar molesto,** être mal à l'aise.
molino, n. m., moulin. **Molino de viento,** moulin à vent.
momento, n. m., moment. **De momento,** pour le moment.
monarca, n. m., monarque.
monarquía, n. f., monarchie.
moneda, n. f., pièce de monnaie ; monnaie.
monja, n. f., religieuse, nonne.
monje, n. m., moine. **El hábito no hace al monje.**
mono, a, adj., joli, e ; mignon, onne (fam.).
mono, n. m., singe.
monstruo, n. m., monstre.
montar, v. i., **montar a caballo, montar en bicicleta,** monter à cheval, à bicyclette.
monte, n. m., mont, montagne ; forêt, bois.
montón, n. m., tas, amas. **A montones,** à foison.
morada, n. f., maison, demeure.
moreno, a, adj., brun, e. **Ser moreno,** être brun. **Estar moreno,** être bronzé.
morir, morirse [ue], v. t./p., part. pass. irr., **muerto,** mourir. **Morirse de risa,** mourir de rire.
moro, a, adj./n., maure, arabe.
mosca, n. f., mouche.
mostrador, n. m., comptoir.
mostrar [ue], v. t., montrer.
motivación, n. f., raison, motif.
motivo, n. m., motif, cause.
mover [ue], v. t., mouvoir, remuer (qqch., qqn). **Mover a risa,** faire rire. **Moverse,** bouger, se mouvoir.
movimiento, n. m., mouvement.
mozárabe, n./adj., mozarabe (chrétien soumis à la domination musulmane).
mozo, a, n./adj., jeune homme ; jeune fille ; jeune.
muchacho, a, n./adj., enfant ; petit garçon ; petite fille.
muchedumbre, n. f., foule, multitude.
mucho, adv., beaucoup. **Mucho, a,** adj., nombreux, beaucoup de.
mudanza, n. f., changement, déménagement.
mudar, v. t./i., changer ; déménager.
mudéjar, n./adj., mudéjar (musulman soumis à la domination chrétienne).
mudo, a, n./adj., muet, ette.
mueble, n. m., meuble.
muelle, n. m., quai d'un port ; ressort.
muerte, n. f., mort (la).
muerto, a, n./adj., mort, e.
muestra, n. f., échantillon, modèle, exemple.
mujer, n. f., femme.
mulato, a, n./adj., mulâtre, esse.
muleta, n. f., béquille (pour marcher) ; tauromachie : muleta, morceau d'étoffe écarlate dont se sert le matador pour achever de fatiguer le taureau avant de lui donner l'estocade.
multa, n. f., amende.
mundo, n. m., monde, terre. **Dar la vuelta al mundo,** faire le tour du monde.
municipio, n. m., municipalité.
música, n. f., musique.
músico, a, n./adj., musicien, enne.
mutuo, a, adj., mutuel, elle.
muy, adv., très. **Muy Señor mío,** cher Monsieur.

nacer, v. i., naître. **Un recién nacido,** un nouveau-né. Mettre au monde, **dar a luz.**
nacimiento, n. m., naissance ; nativité ; crèche. **La fecha de nacimiento,** la date de naissance.
nada, n. f., néant ; pron. indéf., rien ; adv., pas du tout. **No es nada fácil,** ce n'est pas facile du tout.
nadie, pron. indéf., personne.
naranja, n. f., orange. **Pelarse una naranja,** éplucher une orange.
nariz, n. f., nez.
narración, n. f., narration. Cf. **relato.**
narrador, ora, n., narrateur, trice.
nativo, adj./n., **los nativos de Madrid,** les Madrilènes de naissance.
naturaleza, n. f., nature.
navaja, n. f., couteau, canif.
nave, n. f., navire, vaisseau. Cf. **buque.**
navegar, v. t., naviguer.
navidad, n. f., Nativité, Noël.
necesario, a, adj., nécessaire.
necesidad, n. f., nécessité ; besoin.
necesitar, v. t., avoir besoin de. **Te necesito,** j'ai besoin de toi.
necio, a, adj., sot, sotte ; ignorant, e.
negar [ie], v. t./i., nier ; refuser. **Negarse a,** se refuser à.
negocio, n. m., négoce, commerce.
negro, a, n./adj., noir, e.
nene, n. m., bébé.
nervioso, a, adj., nerveux, euse. **Ponerse nervioso,** s'énerver.
nevar [ie], v. imp., neiger. **Nieva,** il neige.
niebla, n. f., brume, brouillard.
nieto, a, n., petit-fils, petite-fille.
nieve, n. f., neige.
ninguno, a, adj. pron. indéf., aucun, une.
niñez, n. f., enfance.
niño, a, n., enfant.
nivel, n. m., niveau. **El nivel de vida,** le niveau de vie.
nobleza, n. f., noblesse.
noche, n. f., nuit. **Es de noche,** il fait nuit.
nombre, n. m., nom ; prénom. Attention ! le nom de famille, **el apellido** ; le nombre, **el número.**
norte, n. m., nord.
norteamericano, a, adj./n., habitant, e des États-Unis **(Estados Unidos).**
notable, adj., notable ; remarquable ; considérable.
notar, v. t., noter ; remarquer, cf. **advertir.**
noticia, n. f., nouvelle (actualité). Attention ! une nouvelle (littéraire), **una novela corta.** Nouveau, nouvelle, **nuevo, a (apellido).** **Una novela,** un roman.
novedad, n. f., nouveauté.
novela, n. f., roman. **Una novela corta,** une nouvelle.
novelista, n., romancier, ère.
noviembre, n. m., novembre.
nube, n. f., nuage. **Estar en las nubes,** être dans la lune.
nuevo, a, adj., nouveau, elle ; neuf, ve. **De nuevo, otra vez,** à nouveau.
número, n. m., nombre.
numeroso, a, adj., nombreux, euse.
nunca, adv., jamais. Cf. **jamás.** Cf. gramm., p. 235.

ñandú, n. m., nandou (autruche d'Amérique).
ñoño, a, adj., niais, se ; mièvre ; radoteur, euse.

o, conj., ou. Devient **u** devant un mot commençant par **o** ou **ho, Septiembre u Octubre.** Porte un accent placé entre deux chiffres : **20 ó 30.**
obedecer, v. t., obéir. **Obedecer una orden,** obéir à un ordre.
obediencia, n. f., obéissance.
obediente, adj., obéissant, e.
objetivo, a adj./n., objectif, ve ; impartial, e. Objectif.
objeto, n. m., objet.
obligar, v. t., obliger.
obra, n. f., œuvre ; ouvrage ; travail. **Las obras públicas,** les travaux publics.
obrero, a, n., ouvrier, ère.
observar, v. t., observer.
obsesionar, v. t., obséder.
obstáculo, n. m., obstacle.
obstante, adj., **no obstante,** cependant, néanmoins ; malgré.
obtener, v. t., obtenir. Cf. **conseguir, lograr.**
ocaso, n. m., couchant, crépuscule.
ocio, n. m., loisir. Souvent au pluriel, **los ocios.** Attention ! **la ociosidad,** l'oisiveté.
octubre, n. m., octobre.
ocultar, v. t., cacher.
ocurrencia, n. f., idée. **¡Vaya ocurrencia!,** quelle idée !
ocurrir, v. i., se produire, survenir, avoir lieu. Cf. **acontecer, pasar, verificarse. Ocurrírsele a uno,** venir à l'esprit (de qqn). **Se me ocurre una cosa,** j'ai une idée.
odiar, v. t., haïr.
odio, n. m., haine.
ofender, v. t., offenser ; vexer ; choquer.
oferta, n. f., offre. **La oferta y la demanda,** l'offre et la demande.
oficina, n. f., bureau (à l'extérieur de chez soi). **Ir a la oficina,** aller au bureau. Ne pas confondre avec **despacho.**
oficio, n. m., métier, profession ; emploi.
ofrecer, v. t., offrir.
oído, n. m., ouïe ; oreille. **Decir al oído,** dire à l'oreille. **De, por oídos,** par ouï-dire.
oír, irrég., v. t., entendre. Attention ! **entender,** comprendre.
ojal, n. m., boutonnière.
ojo, n. m., œil. **¡Ojo!,** attention ! Cf. **cuidado.**
ola, n. f., vague. **Ola inflacionista,** poussée inflationniste.
oler [ue], v. t./i., sentir ; flairer. **Huele a rosa,** ça sent la rose. **Huele bien, mal,** ça sent bon, mauvais.
olivar, n. m., champ d'oliviers.
olor, n. m., odeur. **Un olor a gasolina.**
olvidar, olvidarse de, v. t./pr., oublier.
olvido, n. m., oubli.
opinar, v. t., opiner, penser ; juger.
opinión, n. f., opinion.
oponer, irrég., v. t., part. pass. irr., **opuesto,** opposer.
oportunidad, n. f., opportunité, occasion.
oprimir, v. t., opprimer.
oración, n. f., prière ; phrase.
orden, n. m., ordre, disposition. **El orden público.**
orden, n. f., ordre, commandement. **Dar una orden.**
ordenar, v. t., ordonner ; mettre en ordre.
organizar, v. t., organiser.
orgullo, n. m., orgueil ; fierté.
orgulloso, a, adj., orgueilleux, euse ; fier, ère.
origen, n. m., origine.
original, adj., original, e.
originar, v. t., être la cause de, donner lieu à. **Originarse (en),** v. pr., tirer son origine de.
orilla, n. f., bord, lisière, limite. **A orillas del mar,** au bord de la mer.
oro, n. m., or.
orquesta, n. f., orchestre.
ortografía, n. f., orthographe.
oscurecer, v. i., obscurcir.
oscuro, a, adj., obscur, e.
otoño, n. m., automne.
otro, a, adj., pron. indéf., autre. Il n'est jamais précédé de l'article indéfini. **Canta otra canción,** il chante une autre chanson.

paciencia, n. f., patience.
paciente, n./adj., patient, e.

padecer, v. t./i., souffrir, endurer.
padre, n. m., père. **Los padres,** les parents (père et mère). Attention! les parents (la famille), **los parientes, los allegados.**
pagar, v. t., payer. Se faire payer, **cobrar.**
página, n. f., page.
pago, n. m., paiement; récompense.
país, n. m., pays.
paisaje, n. m., paysage.
paja, n. f., paille.
pájaro, n. m., oiseau. Cf. **ave,** n. f.
palabra, n. f., parole; mot. Les paroles d'une chanson, **la letra de una canción.**
palacio, n. m., palais.
pálido, a, adj., pâle. **Ponerse muy pálido.**
palma, n. f., palmier (arbre); palme (feuille); paume (de la main). **Llevarse la palma,** remporter la palme.
palmera, n. f., palmier (arbre); palme (feuille). **Palmera datilera,** palmier dattier.
palo, n. m., bâton; bois. **Moler a palos,** rouer de coups.
paloma, n. f., colombe.
pan, n. m., pain. **Quiero pan.**
pantalla, n. f., écran.
pañuelo, n. m., foulard; mouchoir.
papa, n. m., **el Papa,** le Pape.
papá, n. m., papa.
papel, n. m., papier; rôle. **Desempeñar un papel,** jouer un rôle.
par, adj., égal, e, identique; pair, e.
par, n. m., paire. **Un par de huevos fritos,** deux œufs sur le plat. **Cruzar de par en par,** traverser entièrement.
para, prép., cf. gramm. p. 233.
parada, n. f., halte, arrêt. **La parada del autobús.**
paraguas, n. m. inv., parapluie.
paraíso, n. m., paradis.
paradoja, n. f., paradoxe.
paradójico, a, adj., paradoxal, e.
parar, v. t., arrêter.
parcial, adj., partiel, elle; partial, e.
parecer, v. i., apparaître, paraître; sembler. **Parece que,** il semble que. **¿Qué le parece?** qu'en pensez-vous? N. m., avis, opinion; physionomie, apparence. **A mi parecer,** à mon avis.
parecerse, v. pr., ressembler; se ressembler. **Las dos niñas se parecen mucho,** les deux fillettes se ressemblent beaucoup.
parecido, n. m., ressemblance.
pared, n. f., mur.
pareja, n. f., paire.
paréntesis, n. m., parenthèse. **Entre paréntesis,** entre parenthèses.
parir, v. t./i., accoucher, mettre bas.
paro, n. m., chômage; arrêt de travail.
párpado, n. m., paupière.
parque, n. m., parc.
parte, n. f., partie; part. **De treinta años a esta parte,** depuis trente ans. **De parte de,** de la part de.
participar, v. t./i., faire part, notifier; prendre part, participer. **Te participo mi decisión,** je te fais part de ma décision.
partidario, a, n./ajd., partisan, e.
partido, n. m., parti, coalition; parti; profit. **Sacar partido,** tirer profit.
partir, v. t./i., partager; rompre, briser; séparer; partir, s'en aller.
pasado, n. m., passé.
pasar, v. t., passer; dépasser. **Pasar del límite,** de la raya, dépasser les bornes; supporter, éprouver. **Pasar hambre, frío,** avoir faim, froid; se produire. **¿Qué pasa?,** que se passe-t-il? **Pasarlo bien,** prendre du bon temps.
pasear, pasearse, v. t./i./pr., promener, se promener.
paseo, n. m., promenade. **Dar un paseo,** faire une promenade.
paso, n. m., pas, marche; passage; procession.
pastel, n. m., gâteau.

pastor, n. m., berger; pasteur.
pata, n. f., patte. **Meter la pata** (fam.), faire une bêtise, mettre les pieds dans le plat.
patio, n. m., cour.
patria, n. f., patrie.
paz, n. f., paix.
peatón, n. m., piéton.
pecado, n. m., péché; défaut.
pecho, n. m., poitrine, sein; courage. **Tomar a pecho,** prendre à cœur.
pedazo, n. m., morceau. Cf. **trozo.**
pedir, v. t., demander (qqch.). Attention! ne pas confondre avec **preguntar,** v. t., poser une question, interroger. **Te pido me prestes tu coche. Te pregunto qué hora es.**
pegar, v. t., coller; joindre; battre; mettre. **Pegar fuego,** mettre le feu. **Pegar un sello,** coller un timbre. **Pegar un botón,** coudre un bouton.
peinar, v. t., peigner.
pelea, n. f., combat.
pelear, v. i., combattre, lutter. Se disputer.
película, n. f., film.
peligro, n. m., danger.
pelo, n. m., poil; cheveux.
peluquería, n. f., boutique du coiffeur.
peluquero, a, n. m., coiffeur.
pena, n. f., peine. **Me da pena,** cela me fait de la peine.
penoso, a, adj., pénible.
pensamiento, n. m., pensée.
pensar [ie], v. t./i., penser, réfléchir. **Pienso en ti,** je pense à toi.
pensativo, a, adj., pensif, ve.
pensión, n. f., pension.
peón, n. m., manœuvre (ouvrier).
peor, adj., plus mauvais, e, pire; adv., pis, plus mal.
pequeño, a, adj., petit, e.
percatarse, v. pr., s'apercevoir, se rendre compte.
pérdida, n. f., perte.
perder [ie], v. t., perdre; manquer. **Perder el tren,** manquer le train.
perdón, n. m., pardon. **Con perdón,** avec votre permission, sauf votre respect.
perdonar, v. t., pardonner.
perdurar, v. i., durer, demeurer.
perecer, v. i., périr.
peregrinación, n. f., pèlerinage. **La peregrinación a Santiago de Compostela.**
peregrino, a, n./adj., pèlerin, e; exotique, étrange.
perezoso, a, adj., paresseux, euse.
perfecto, a, adj., parfait, e.
perfume, n. m., parfum.
periódico, n. m., journal, quotidien. Cf. **diario.**
periodista, n. m., journaliste.
período, n. m., période.
perjudicar, v. t., nuire à, porter préjudice.
permanecer, v. i., rester, demeurer.
permiso, n. m., permission. **Pedir permiso para,** demander la permission de.
permitir, v. t., permettre, autoriser; concéder.
pero, conj., mais.
perro, n. m., chien.
persona, n. f., personne. N. p. c. avec **nadie.**
personaje, n. m., personnage.
personificar, v. t., personnifier.
perspicacia, n. f., perspicacité.
pertenecer, v. i., appartenir.
pesadilla, n. f., cauchemard.
pesado, a, adj., lourd, e; ennuyeux, euse.
pesar, n. m., chagrin; souci. **A pesar de,** malgré.
pesca, n. f., pêche. **Ir de pesca,** aller à la pêche.
pescuezo, n. m., cou.
pese a, loc. adv., malgré.
peseta, n. f., unité de la monnaie espagnole. **1 pta, 6 centimes.**
peso, n. m., poids, pesanteur; balance; importance.
petición, n. f., demande; pétition.
pez, n. m., poisson.

picado, n. m., plongée (cinéma, photo).
pícaro, adj./n., picaro, vaurien, fripon; gueux.
pie, n. m., pied. **Estar de pie,** être debout.
piedad, n. f., piété; dévotion; pitié, compassion. Cf. **lástima.**
piedra, n. f., pierre.
piel, n. f., peau; cuir. **Artículos de piel,** articles en cuir.
pierna, n. f., jambe.
píldora, n. f., pilule, peine, mauvaise nouvelle.
pintar, v. t., peindre. **Pintarse,** se maquiller.
piropo, n. m., compliment galant adressé à une femme.
pisar, v. t., marché sur; fouler aux pieds, écraser.
piso, n. m., sol, plancher; étage; appartement.
pistola, n. f., pistolet; revolver.
pizarra, n. f., ardoise; tableau (pour écrire).
plan, n. m., plan; dessein; plan (d'un livre, etc.). **Lo digo en plan de risa,** je le dis pour rire. N. p. .c. avec **plano, el plano de la ciudad.**
plancha, n. f., fer à repasser; gril. **Gambas a la plancha,** crevettes grillées.
planta, n. f., plante; étage. **La planta baja,** le rez-de-chaussée.
plantear, v. t., poser. **Plantear un problema.**
plasmar, v. t., concrétiser.
plata, n. f., argent (métal).
plátano, n. m., platane; banane; bananier.
plato, n. m., plat, assiette.
playa, n. f., plage.
plaza, n. f., place (d'un village, p. ex.); marché. **La plaza mayor,** la grand-place.
plazo, n. m., délai; échéance; terme. **Comprar a plazos,** acheter à crédit.
población, n. f., peuplement; population; ville.
pobre, n./adj., pauvre.
pobreza, n. f., pauvreté; bassesse, mesquinerie.
poco, a, adj. indéf., peu de + nom. **Pocos hombres. Pocas chicas.**
poco, n. m., **un poco de,** un peu de. **Un poco de leche,** un peu de lait.
poco, adv., peu. **Poco a poco,** peu à peu. **Poco más o menos,** à peu près. **Por poco caigo,** j'ai failli tomber.
poder [ue], v. t., pouvoir.
poder, n. m., pouvoir, puissance; possession.
poderoso, a, adj., puissant, e.
poema, n. m., poème.
poesía, n. f., poésie.
poeta, n. m., poète. **La poetisa,** la poétesse.
policía, n. f., police; ordre public.
policía, n. m., policier.
política, n. f., politique.
político, a, n./adj., homme politique, politique.
polvo, n. m., poussière.
pollo, n. m., poulet. **Pollo asado,** poulet rôti.
ponderar, v. t., vanter, faire l'éloge; donner du poids (à un argument).
poner, irrég., part. pass. irr., v. t., **puesto,** mettre, poser; faire devenir, rendre. **La lluvia me pone triste,** la pluie me rend triste.
ponerse, v. pr., devenir; **ponerse alegre,** devenir joyeux. **Se pone el sol,** le soleil se couche.
por, prép., cf. gramm. p. 233.
pormenorizado, a, adj., détaillé, e.
porque, conj., parce que. Attention! pourquoi? **¿por qué?** Le pourquoi, la cause, **el porqué.**
portada, n. f., frontispice, couverture d'un livre ou d'une revue.
portarse, v. pr., se comporter, se conduire.
portero, a, n., gardien, enne, concierge.
poseer, v. t., posséder.
postal, adj./n., postal, e; carte postale.
postigo, n. m., volet; porte dérobée.
postre, n. m., dessert.
potencia, n. f., puissance.
pozo, n. m., puits.
practicar, v. t., pratiquer.
prado, n. m., pré.
precio, n. m., prix; valeur; estime. N. p. c. avec **premio.**

precioso, a, adj., excellent, e ; précieux, euse ; très beau, belle.
precisar, v. t., préciser ; obliger ; avoir besoin de. **Preciso tu ayuda,** j'ai besoin de ton aide.
preciso, a, adj., précis, e ; nécessaire. **Es preciso que vengas,** il faut que tu viennes.
preferir [ie], v. t., préférer ; surpasser.
pregunta, n. f., demande ; question. **Hacer una pregunta,** poser une question.
preguntar, v. t., interroger, questionner. Attention ! n. p. c. avec **pedir.**
prejuicio, n. m., préjugé. Attention ! un perjuicio, un préjudice.
premio, n. m., récompense, prix. **El Premio Nobel, El premio gordo,** le gros lot.
prender, v. t., saisir, prendre ; arrêter (un délinquant) ; fixer ; allumer. **Prender fuego, un cigarrillo,** allumer du feu, une cigarette.
prensa, n. f., presse. **La libertad de prensa.**
preocuparse (por), v. t., se préoccuper. **No te preocupes por mí,** ne t'en fais pas pour moi.
presa, n. f., prise ; proie ; butin ; barrage.
prescindir de, v. i., faire abstraction ; se passer de. **No podía prescindir de su nene,** elle ne pouvait se passer de son bébé.
presenciar, v. t., assister à. **Presenciar la escena,** assister à la scène.
presente, adj., présent, e. **Tener presente,** avoir à l'esprit.
preso, a, n., prisonnier, ère ; détenu, e.
préstamo, n. m., emprunt ; prêt.
presumir, v. t./i., présumer ; se targuer ; avoir une haute opinion de soi. **Presume de rico,** il se targue d'être riche. **Presume mucho,** il est infatué de lui-même.
presupuesto, n. m., budget.
pretender, v. t., solliciter ; briguer ; rechercher ; essayer de.
previo, a, adj., préalable. **Previa autorización de los padres,** après autorisation des parents.
primero, a, adj., premier, ère ; excellent.
primero, adv., d'abord.
primo, a, n., cousin, e.
principal, adj., principal ; illustre, noble.
principio, n. m., commencement, début. **Al principio, a principios de.**
prisa, n. f., hâte. **Darse prisa,** se presser. **De prisa,** à la hâte, rapidement.
prisionero, a, adj./n., prisonnier, ère. Cf. **preso.**
probar [ue], v. t., éprouver, prouver, mettre à l'épreuve ; essayer ; goûter.
problema, n. m., problème.
proceder, v. i., avancer ; procéder, provenir (de) ; procéder (a) ; se conduire.
procedimiento, n. m., procédé (de narration, stylistique ou autres).
proceso, n. m., procès ; processus, procédé.
procurar, v. t., essayer de. **Procurar hacer ;** fournir ; v. pr., se procurer.
producción, n. f., production.
producir, v. t., produire.
producto, n. m., produit.
profundizar, v. t., approfondir.
programa, n. m., programme.
prohibir, v. t., interdire. **Prohibido fijar carteles,** affichage interdit.
promesa, n. f., promesse.
prometer, v. t./i., promettre.
promover [ue], v. t., promouvoir.
pronto, adv., vite, rapidement. **De pronto,** soudain. **Hasta pronto,** à bientôt. **Tan pronto como,** dès que. Cf. **en cuanto.**
propina, n. f., pourboire.
propiedad, n. f., propriété.
propio, a, adj., propre, caractéristique. **Propio de,** propre à.
proponer, v. t., part. pass. irr., **propuesto,** proposer.
propósito, n. m., intention. **A propósito de,** à propos de.

propuesta, n. f., proposition.
protagonista, n., héros, protagoniste.
proteger, v. t., protéger.
protesta, n. f., **protestación,** n. f., protestation.
provecho, n. m., profit. **¡Buen provecho!,** bon appétit. **Sacar provecho de, aprovechar,** tirer profit de.
provisional, adj., provisoire.
próximo, a, adj., proche, prochain, e. **Próximo a,** proche de.
proyectar, v. t., projeter, envisager.
prueba, n. f., preuve, épreuve, essai.
pueblo, n. m., village ; peuple.
puente, n. m., pont.
puerco, a, n., porc.
puerta, n. f., porte.
puerto, n. m., port ; col.
pues, conj., car ; eh bien ; donc.
puesto, n. m., petite boutique, étal ; situation ; place, rang ; endroit, lieu.
puesto que, loc. conj., puisque.
punta, n. f., pointe, bout. **Horas punta,** heures de pointe.
punto, n. m., point. **Desde este punto de vista,** à ce point de vue. **Estar a punto de,** être sur le point de. **Son las tres en punto,** il est trois heures juste.
puñado, n. m., poignée. **Apretón de manos,** poignée de main.
puño, n. m., poing ; poignet. **Escribir algo de puño y letra,** écrire qqch. de sa propre main.
puro, a, adj., pur, e. **De puro,** à force de, tant. **De puro cansado. De puro gritar.**

quebrar [ie], v. t., casser, briser ; v. i., faire faillite.
quedar, v. i., rester, demeurer ; être. **Quedar en,** convenir de. **Quedar con,** avoir rendez-vous avec.
queja, n. f., plainte.
quejarse, v. pr., se plaindre.
quemar, v. t., brûler.
querer [ie], v. t., vouloir ; aimer.
queso, n. m., fromage.
quiebra, n. f., faillite.
quieto, a, adj., tranquille.
quitar, v. t., enlever, ôter. **Quitarse el jersey,** ôter son pull.
quizás, adv., peut-être.

rabiar, v. i., enrager, être en colère.
racimo, n. m., grappe. **Un racimo de uvas,** une grappe de raisins.
raíz, n. f., racine. **A raíz de,** à l'origine de.
rama, n. f., branche.
ramo, n. m., bouquet, gerbe ; rameau ; branche, secteur d'activités.
rapidez, n. f., rapidité.
raro, a, adj., rare, étrange.
rasgo, n. m., trait. **A grandes rasgos,** à grands traits.
rato, n. m., instant. **A ratos,** par moments.
razón, n. f., raison.
reaccionar, v. i., réagir.
real, adj., réel, elle ; royal, e.
realidad, n. f., réalité.
realce, n. m., relief. **Poner de realce, poner de relieve, subrayar, destacar, recalcar,** souligner.
realista, adj., réaliste.
realizar, v. t., réaliser.
rebajar, v. t., humilier. **Hacer una rebaja,** faire un rabais.
rebelarse, v. pr., se rebeller. Cf. **levantarse, alzarse.**
rebelde, adj./n., rebelle.
rebeldía, n. f., rébellion.
recalcar, v. t./i., mettre en relief, appuyer sur.

recetar, v. t., ordonner, prescrire.
recibir, v. t./i., recevoir.
reciente, adj., récent, e. **Recién,** adv., récemment.
recoger, v. t., reprendre, recueillir, ramasser.
reconquista, n. f., reconquête.
recordar [ue], v. t., se souvenir de, rappeler. Attention ! **Recordar algo, acordarse de algo.**
recorrer, v. t., parcourir.
recreo, n. m., récréation, divertissement.
recto, a, adj., droit, e ; adv., tout droit. Cf. **todo seguido.**
recuerdo, n. m., souvenir.
recurrir, v. i., recourir à, avoir recours.
recurso, n. m., recours ; moyen ; ressource.
rechazar, v. t., repousser, refuser.
red, n. f., filet ; réseau.
redactar, v. t., rédiger.
redondo, a, adj., rond, e.
reducido, a, adj., réduit, e ; petit, e.
referir [ie], v. t., rapporter ; v. pr., **referirse a,** se rapporter à, avoir trait.
reflejar, v. t., refléter, traduire une pensée, un sentiment.
reflexionar, v. i., réfléchir, penser.
reforzar [ue], renforcer.
refrán, n. m., proverbe. Attention ! refrain, **estribillo,** n. m.
refresco, n. m., rafraîchissement, boisson.
regalar, v. t., offrir.
regalo, n. m., cadeau.
regar [ie], v. t., arroser, irriguer.
régimen, n. m., régime ; pl., **regímenes.**
regocijo, n. m., allégresse ; réjouissance.
regresar, v. i., revenir, rentrer.
regreso, n. m., retour.
regular, adj., régulier, ère ; moyen, enne, médiocre. **Por lo regular,** en général ; v. t., régler, contrôler.
reinado, n. m., règne.
reinar, v. i., régner.
reino, n. m., royaume.
reja, n. f., grille.
relación, n. f., relation ; liste. **Con relación a,** par rapport à. **En relación con,** en rapport avec.
relacionarse (con), v. i., se rattacher à, avoir un rapport avec.
relato, n. m., récit.
relativo a (en lo), en ce qui concerne.
reloj, n. m., horloge, montre.
remediar, v. t., remédier. **Remediar algo, solucionar algo,** arranger quelque chose.
remedio, n. m., remède. **No hay remedio,** il n'y a rien à faire.
remitir, v. t., envoyer, renvoyer.
remoto, a, adj., lointain, e reculé, ée (dans le temps et l'espace).
renta, n. f., rente, revenu. **La renta per cápita,** revenu par habitant.
repartir, v. t., répartir, distribuer.
repasar, v. t., réviser, revoir.
repaso, n. m., révision.
repente (de), n. m., tout à coup, soudain.
repetir, v. t., répéter, recommencer.
resfriado, n. m., refroidissement, rhume.
resistir, v. t./i., résister, supporter. **Resistir una presión,** résister à une pression ; v. pr., se refuser à. **Me resisto a creerlo, me niego a creerlo,** je me refuse à le croire.
resolver [ue], v. t., part. pass. irr., **resuelto,** résoudre.
respecto a, con respecto a, loc. adv., en ce qui concerne ; quant à.
respeto, n. m., respect.
resplandor, n. m., éclat, brillant, lustre ; lueur.
responder, v. t./i., répondre.
respuesta, n. f., réponse.
restar, v. t./i., soustraire.
resultar, v. i., résulter ; être.
retiro, n. m., retraite. Cf. **jubilarse.**
retraso, n. m., retard.

retrato, n. m., portrait.
retroceder, v. i., reculer.
reventar [ie], v. t./i., crever; éclater, faire éclater.
revés, n. m., envers. **Al revés**, à l'envers; à l'inverse.
revisar, v. t., réviser; contrôler.
revisor, n. m., contrôleur.
revista, n. f., revue. **Pasar revista a**, passer en revue.
revolver [ue], v. t., remuer, agiter; envelopper, faire face (à l'ennemi); bouleverser, mettre en désordre. V. i., revenir au point de départ, retourner.
rey, n. m., roi; **reina**, n. f., reine.
rezar, v. t., réciter; v. i., prier.
rezo, n. m., prière. Cf. **oración**.
rico, a, adj., riche; délicieux, euse.
riqueza, n. f., richesse.
ridiculizar, v. t., ridiculiser. Cf. **poner en ridículo**.
riego, n. m., irrigation. **Tierra de regadío**, terre irriguée.
riesgo, n. m., risque.
rincón, n. m., ccin, angle intérieur; recoin; lopin.
riñón, n. m., rein.
río, n. m., fleuve, rivière.
robar, v. t., voler.
robo, n. m., vol.
robot, n. m., robot; pl., **robots**.
rodar [ue], v. t., rouler; tourner. **Rodar una película**, tourner un film.
rodear, v. t., entourer.
rodilla, n. f., genou. **De rodillas**, à genoux.
rogar [ue], v. t., prier, supplier. **Rogar que** + subj.
rojo, a, adj., rouge.
romance, n. m., poème écrit en octosyllabes.
románico, a, adj., roman, e.
romano, a, adj., romain, e.
romanticismo, n. m., romantisme.
romper, v. t./i., part. pass. irr., **roto**, casser, briser.
ronco, a, adj., rauque; enroué, e.
ropa, n. f., vêtements.
rostro, n. m., visage.
rotundo, a, adj., catégorique, éclatant. **Un éxito rotundo**, un succès retentissant.
rozar, v. t., frôler, effleurer; friser, raser.
rubio, a, adj., blond, e.
rueda, n. f., roue.
ruido, n. m., bruit.
ruidoso, a, adj., bruyant, e.
rumbo, n. m., direction. **Rumbo a, hacia**, vers.

sábado, n. m., samedi.
sábana, n. f., drap (de lit).
saber, v. t./i., savoir. **Saber a**, avoir le goût de; n. m., savoir.
sabio, a, adj., savant, e; sage.
sabor, n. m., saveur, goût; goût, manière. De **sabor clásico**, dans le goût classique. **A saber**, au gré.
sabroso, a, adj., savoureux, euse.
sacar, v. t., tirer, ôter.
sacerdote, n. m., prêtre.
sacudir, v. t., secouer.
sal, n. f., sel; fig., sel, piquant. **Tener sal, tener gracia**, avoir du charme, du piquant.
salado, a, adj., salé, e; spirituel, elle.
salida, n. f., sortie; départ.
salir, v. i., sortir. **Salir a la calle**; partir. **El tren sale a las dos**; paraître. **Esta revista sale los lunes**. Au théâtre, rentrer en scène.
salitre, n. m., nitre, salpêtre (nitrate de potassium).
saltar, v. i., sauter.
salud, n. f., santé.

saludo, n. m., salut. **Con los atentos saludos de**, avec les compliments de.
salvar, v. t., sauver; contourner; éviter. **Salvar un obstáculo**, éviter un obstacle.
salvo, adv., sauf. **Poner a salvo**, mettre en lieu sûr.
sanar, v. i./t., guérir.
sangre, n. f., sang.
sangriento, a, adj., sanglant, e.
santo, a, adj., saint, e; n. m., fête. **Hoy es mi santo**.
satisfacer, v. t., part. pass. irr., **satisfecho**, satisfaire.
seco, a, adj., sec, sèche. **A secas**, tout court. **Tierra de secano**, terre sèche, non irriguée.
sed, n. f., soif.
sediento, a, adj., assoiffé, e.
seguir, v. t./i., suivre; continuer. **Sigue leyendo**, il continue à lire. **En seguida**, tout de suite. **Todo seguido**, tout droit.
según, prép., selon. **Según él**, à son avis. **Según vamos avanzando**, au fur et à mesure que nous avançons. Cf. **a medida que**.
segundo, a, adj., second, e; n. m., seconde.
seguro, a, adj., sûr, e; n. m., assurance. **Un seguro de vida**, une assurance-vie.
sello, n. m., timbre. **Pegar un sello en el sobre**: coller un timbre sur l'enveloppe, sceau, cachet; empreinte.
sembrar [ie], v. t., semer.
semejante, adj., semblable.
sencillez, n. f., simplicité.
sencillo, a, adj., simple, facile.
sentar [ie], v. t., asseoir; v. i., **este vestido te sienta bien**, ce vêtement te va bien.
sentido, n. m., sens. **Buen sentido**, bon sens.
sentir [ie], v. t., ressentir. **Sentir pena**; entendre; regretter. **Lo siento**, je suis désolé.
seña, n. f., signe. **Hablar por señas**, parler par signes; pl., adresse. **Mis señas son calle...**, mon adresse est rue...
señal, n. f., signe, signal, marque; trace.
señalar, v. t., marquer; montrer. **Señalar con el dedo**.
septiembre, n. m., septembre.
sequía, n. f., sécheresse.
ser, v. i., être. Cf. gramm. pp. 209 et 211 pour les principaux emplois; n. m., être.
serio, a, adj., sérieux, euse. **Tomar en serio**, prendre au sérieux.
servicio, n. m., service; pl., toilettes.
servir, v. t./i., servir. **¿Para qué sirve esto?**, à quoi cela sert-il?
sesión, n. f., séance. **Abrir, levantar la sesión**, ouvrir, lever la séance.
seso, n. m., cerveau; au pl. cervelle.
si bien, conj., bien que. Cf. **aunque, a pesar de que**.
siempre, adv., toujours.
sierra, n. f., montagne; scie.
siglo, n. m., siècle. **En el siglo veinte**, au vingtième siècle.
significado, n. m., sens.
significar, v. t., signifier.
signo, n. m., signe. **Signo de admiración, de interrogación**, point d'exclamation, d'interrogation.
siguiente, adj., suivant, e. **Al día siguiente**, le lendemain.
silbar, v. i., siffler. V. t., siffler, huer.
silla, n. f., chaise; **sillón**, n. m., fauteuil.
símbolo, n. m., symbole.
simple, adj., simple, naïf, naïve.
simpleza, n. f., sottise.
simplicidad, n. f., simplicité.
sin, prép., sans. **Zona sin edificar**, zone non bâtie.
sindicato, n. m., syndicat.
siquiera, adv., au moins. **Dame siquiera tu número de teléfono**, donne-moi au moins ton numéro de téléphone. **Ni siquiera**, pas même.
sistema, n. m., système.
sitio, n. m., place. **Hay sitio**, endroit. **Un sitio tranquilo**.

soberano, n. m./adj., souverain.
soberbio, a, adj., orgueilleux, se.
sobrar, v. i., rester, être de trop. **Me sobra tiempo**, j'ai largement le temps.
sobre, prép., sur, au-dessus de; vers. **Sobre las seis**, vers six heures. **Sobre todo**, surtout.
sobre, n. m., enveloppe.
sobremanera, adv., particulièrement.
sobrevivir, v. i., survivre.
sobrino, a, n., neveu, nièce.
socorro, n. m., secours. **¡Socorro!**, au secours!
sol, n. m., soleil.
solar, n. m., terrain à bâtir; adj., **la energía solar**.
soledad, n. f., solitude.
solemne, adj., solennel, elle.
soler [ue], v. i., avoir l'habitude. **Suelo dormir la siesta**.
solo, a, adj., seul, e. **A solas**, tout seul.
sólo, adv., seulement. **Con sólo pensarlo**, rien que d'y penser.
soltar [ue], v. t., détacher, délier; relaxer; lâcher.
soltero, a, adj./n., célibataire.
soltura, n. f., aisance.
solucionar, v. t, résoudre.
sombra, n. f., ombre. **Dar sombra**, faire de l'ombre.
someter, v. t., soumettre.
sondeo, n. m., sondage.
sonido, n. m., son.
sonreír, v. i./pr., sourire.
sonrisa, n. f., sourire.
soñar [ue], (con), v. t./i., rêver.
sordo, a, adj., sourd, e; **sordomudo, a**, sourd, e-muet, ette.
sorprender, v. t., surprendre.
sorpresa, n. f., surprise. **Dar una sorpresa**, faire une surprise.
sorteo, n. m., tirage au sort.
sosegar [ie], v. t., pacifier, apaiser, calmer; tranquilliser.
sosiego, n. m., calme, sérénité.
sospecha, n. f., soupçon, suspicion.
sospechar, v. t./i., soupçonner.
suave, adj., doux, ce.
subdesarrollo, n. m., sous-développement.
subir, v. i., monter. **Subir al tren**, monter dans le train.
subrayar, v. t., souligner.
suceder, v. i., avoir lieu, arriver.
suceso, n. m., événement; fait divers.
suciedad, n. f., saleté.
sucio, a, adj., sale.
sudor, n. m., sueur.
sueldo, n. m., salaire.
suelo, n. m., sol. **Caer al suelo**, tomber par terre.
sueño, n. m., rêve, sommeil.
suerte, n. f., sort; chance. **Probar [ue] suerte**, tenter sa chance.
suficiente, adj., suffisant, e; assez.
sufrido, a, adj., endurant, e; patient, e.
sufrimiento, n. m., souffrance.
sufrir, v. t./i., souffrir de, avoir. **Sufrir un accidente, hambre**, avoir un accident, faim.
sugerir [ie], v. t., suggérer.
sumar, v. t., additionner.
suministrar, v. t., fournir.
sumo, a, adj., extrême, suprême. **Con sumo cuidado**, avec le plus grand soin.
superar, v. t., dépasser; surmonter. **Superar una dificultad**.
superior, adj., supérieur, e.
suponer, v. t., part. pass. irr., **supuesto**, supposer. **Por supuesto**, évidemment.
surtir, v. t./i., produire (un effet); jaillir.
sustentar, v. t., nourrir; entretenir, pourvoir à la subsistance. Syn. : **mantener**, soutenir.
sustituir, v. t., remplacer. **Sustituir a alguien**, remplacer quelqu'un.
sutileza, n. f., subtilité, finesse, légèreté.

tachar, v. t., biffer, barrer; accuser. **Tachar a alguien de cobarde,** reprocher à quelqu'un d'être lâche.
tajante, adj., catégorique. **Tajantemente prohibido,** formellement interdit.
tal, adj., tel, telle. **Con tal que,** pourvu que.
taller, n. m., atelier.
tamaño, n. m., taille, grandeur, dimension. Adj., si grand, e; très grand, e.
también, adv., aussi.
tampoco, adv., non plus. Cf. gramm. p. 235.
tanto, a, adj./adv., **tan,** adv., aussi, autant, tant de. Cf. gramm. p. 236.
tapar, v. t., boucher, fermer; obturer; couvrir, abriter.
tardar, v. i., tarder, mettre. **Tardé diez minutos en llegar,** j'ai mis dix minutes pour arriver.
tarde, adv., tard. **Tarde o temprano,** tôt ou tard. **Por la tarde,** l'après-midi.
tarea, n. f., tâche, travail.
tarima, n. f., estrade, plancher; scène (théâtre).
tarjeta, n. f., carte. **Tarjeta postal.**
tasa, n. f., taxe; taux. **Tasa de mortalidad.**
taza, n. f., tasse; vasque (d'une fontaine).
tecla, n. f., touche.
teclado, n. m., clavier.
técnico, n. m., technicien.
techo, n. m., plafond.
tejado, n. m., toit.
tejer, v. t., tisser; tresser; entrelacer; ourdir.
teléfono, n. m., téléphone. **Llamar por teléfono, telefonear,** téléphoner.
telón, n. m., rideau (théâtre).
tema, n. m., thème, sujet. **El tema de la novela.**
temblar [ie], v. i., trembler.
temer, v. t., craindre.
temor, n. m., crainte.
temporada, n. f., saison. **Temporada teatral.**
tender [ie], v. t., étendre; déployer; tendre. V. i., tendre. **Tenderse,** s'allonger, se coucher.
tener [ie], irrég., v. t., avoir. **Tener que,** devoir, falloir.
terciopelo, n. m., velours.
término, n. m., terme, fin. **Poner término a,** mettre fin à. **En primer término,** au premier plan.
ternura, n. f., tendresse.
tertulia, n. f., réunion de personnes qui se rassemblent pour causer.
terrateniente, n. m., propriétaire foncier.
terremoto, n. m., tremblement de terre.
testigo, n. m., témoin.
testimonio, n. m., témoignage.
tienda, n. f., boutique, magasin.
tierno, a, adj., tendre.
tierra, n. f., terre; pays.
timbre, n. m., sonnette. **Tocar el timbre,** sonner.
tinta, n. f., encre.
tinto, part. pass. de **teñir,** n. m., vin rouge.
tío, n. m., oncle; type. **Un tío raro,** un drôle de type. **El tío Paco,** fam., le père François.
tirar, v. t., jeter. **Tirar al suelo,** jeter par terre. V. i., **ir tirando,** aller comme çi, comme ça, se débrouiller.
tiritar, v. i., grelotter; trembler.
título, n. m., diplôme; titre. **El texto se titula,** le texte a pour titre.
tocar, v. t., toucher, toucher à; sonner. **Tocan las campanas,** les cloches sonnent. **Tocar el piano,** jouer du piano. **Me tocó el gordo,** j'ai gagné le gros lot. **A mí me toca,** c'est mon tour.
todavía, adv., encore. **Todavía no ha llegado,** il n'est pas encore arrivé. Cf. **aún.**
todo, a, adj./pron., indéf./adv.; tout, e; entièrement. **Con todo,** malgré tout. **Sobre todo,** surtout. **Del todo,** tout à fait, totalement.
tolerancia, n. f., tolérance.
tomar, v. t./i., prendre.
tontería, n. f., bêtise.
tonto, a, adj., sot, sotte.
topar, v. i., rencontrer. **Topar con algo o con alguien.**

tópico, n. m., lieu commun.
torpe, adj., maladroit, e.
torpeza, n. f., maladresse.
tortilla, n. f., omelette; (Amér.) galette de maïs.
tosco, a, adj., grossier, ère; rustre.
trabajo, n. m., travail. **Me cuesta trabajo creerlo,** j'ai peine à le croire.
traducir, v. t., traduire. **Traducir al español.**
traer, v. t./i., apporter, amener.
tragar, v. t., avaler; manger gloutonnement. **Tragarse,** gober, croire facilement.
traicionar, v. t., trahir.
traidor, n. m., traître.
traje, n. m., costume; robe. **Traje de baño,** maillot de bain.
trampa, n. f., piège.
transcurrir, v. i., s'écouler. **Transcurre el tiempo,** le temps passe.
trance, n. m., moment critique et décisif; crise, pas; transe. **En trance de,** en danger de. **A todo trance,** coûte que coûte.
trapo, n. m., chiffon.
tras, adv., derrière. **Correr tras la fortuna,** courir après la fortune; après. **Tras varios años.**
trasladar, v. t., transférer, déplacer.
traslucirse, v. pr., apparaître, transparaître.
tratar, v. t., traiter. **El texto trata de,** le texte parle de. V. pr., s'agir de, être question. **En este texto, se trata de,** dans ce texte, il s'agit de. **Tratar de,** essayer de. Cf. **intentar.**
tren, n. m., train.
trepar, v. t./i., grimper; monter, escalader.
trigo, n. m., blé.
tropezar [ie], v. i., buter, trébucher. **Tropezar con una dificultad,** se heurter à une difficulté.
trueno, n. m., tonnerre; coup de tonnerre; détonation.
tumbar, v. t., renverser, faire tomber. V. i., tomber à terre. **Tumbarse,** s'allonger.

último, a, adj., dernier, ère.
único, a, adj., unique. **Lo único,** la seule chose.
usar, v. t., utiliser; faire usage de. **Usar de su derecho,** user de son droit.
uso, n. m., usage. **Fuera de uso,** hors d'usage.
uva, n. f., raisin. **Un racimo de uva,** une grappe de raisin.

vaca, n. f., vache.
vacaciones, n. f. pl., vacances. **Irse de vacaciones,** partir en vacances.
vacío, a, adj., vide.
vaho, n. m., buée; souffle; exhalaison.
valer, v. t., valoir, coûter. **¿Cuánto vale?,** combien cela coûte-t-il? **Valerse de,** se servir de.
valiente, adj., courageux, euse.
valioso, a, adj., précieux, euse; valable.
valor, n. m., valeur; courage.
valle, n. m., vallée.
vario, a, adj., divers, différent; pl., **varios,** plusieurs.
varón, n. m., homme; garçon (enfant du sexe masculin); homme respectable.
vaso, n. m., verre; gobelet.
vecino, a, adj./n., voisin, e; habitant. **Los vecinos de Valladolid.**
vega, n. f., plaine cultivée. **La Vega de Granada.**
vejez, n. f., vieillesse.
velar, v. t./i., veiller; surveiller; voiler.
venado, n. m., gibier; cerf.
vencer, v. t., vaincre.
venidero, a, adj., à venir, futur, e.

venir [ie], irrég., v. i., venir. Ne l'employez pas à la place de **ir, ahora voy,** je viens tout de suite; être. **Viene cansado,** il est fatigué.
ventaja, n. f., avantage.
ventana, n. f., fenêtre; vitre (voiture).
ventanilla, n. f., guichet.
ventura, n. f., bonheur; hasard.
ver, irrég., v. t., voir; part. pass. irr., **visto, ¡A ver!** voyons!
veraneante, n. m., estivant.
veranear, v. i., passer ses vacances.
verano, n. m., été.
verdad, n. f., vérité. **¿Verdad?,** n'est-ce pas?
verdadero, a, adj., vrai, e.
verde, adj., vert, e; grivois. **Poner verde a alguien,** traiter quelqu'un de tous les noms.
verdura, n. f., légume vert. Cf. **hortaliza.**
vergüenza, n. f., honte. **Me da vergüenza decirlo,** j'ai honte de le dire.
verosímil, adj., vraisemblable.
verosimilitud, n. f., vraisemblance.
verter [ie], v. t., verser; répandre; traduire.
vestido, n. m., vêtement; robe.
vestir, v. t., habiller, porter. **Viste de azul,** elle s'habille en bleu.
vez, n. f., fois. **Una vez al año,** une fois par an. **A veces,** parfois. **De vez en cuando,** de temps en temps. **Muchas veces,** souvent. **Cada vez más,** de plus en plus. **Tal vez,** peut-être. **En vez de,** au lieu de.
viajar, v. i., voyager.
viaje, n. m., voyage. **Ir de viaje,** partir en voyage. **Estar de viaje,** être en voyage.
viejo, a, adj., vieux, vieille.
vigencia, n. f., vigueur; actualité.
vigente, adj., en vigueur.
vigilar, v. t., surveiller.
vínculo, n. m., lien.
vino, n. m., vin. **Tinto, blanco, clarete,** rouge, blanc, rosé.
virgen, adj., vierge. **Aceite virgen,** huile vierge.
virtud, n. f., vertu.
visita, n. f., visite. **Estar de visita,** être en visite. **Visitar a alguien,** rendre visite à quelqu'un.
vislumbrar, v. t., entrevoir, apercevoir.
vista, n. f., vue; regard. **Echar un vistazo,** jeter un coup d'œil.
viudo, a, adj., veuf, ve.
vivienda, n. f., logement.
vivo, a, adj., vivant, e. **Estar vivo.**
volar [ue], v. i., voler, s'envoler.
volver [ue], v. i., part. pass. irr., **vuelto,** revenir. **Volverse,** devenir.
voz, n. f., voix; bruit; cri; mot, terme.
vuelo, n. m., vol; volée, envolée.
vuelta, n. f., tour. **Dar una vuelta,** faire un tour. **Estar de vuelta,** être de retour.

y, conj., et. Devient **e** devant un nom commençant par **i** ou **hi. Padre e hijo.**
ya, adv., déjà. **Llegó ya,** il est déjà arrivé. **Ya lo creo,** je pense bien; conj., **ya que,** puisque. **Ya... ya,** soit... soit.
yanqui, adj./n., yankee, Américain du Nord (péj.).
yerto, a, adj., inerte.

zapato, n. m., chaussure. Cf. **calzado.**
zorro, n. m., renard.
zumo, n. m., jus.

ÍNDICE

España

España al día

- Mapa y fotos sobre las actividades económicas de España ... 4
- España de moda ... 6
- Penélope, Joan Manuel Serrat, *Canciones de amor* ... 8
- *El sueño de la razón produce monstruos*, F. de Goya, aguafuerte ... 10
- *El sueño de la razón produce monstruos*, J. Ballesta, dibujo ... 11
- Régimen injusto, *El tiempo*, 25/11/1985 ... 12
- Nuestro muro de la vergüenza, El Perich, dibujo, *5º canal ilustrado* ... 13
- **Prácticas** : ¡Qué loro más raro!, R. Dieste, *Historias e invenciones de Félix Muriel* ... 14
- Los pájaros andaluces, M. Delibes, *S. O. S.* ... 16
- El Almendro, F. Colomo, *Estoy en crisis* ... 18
- **Prácticas** : Que no te tomen el pelo, publicidad ... 21
- **Con método, le spot publicitaire :** *Superchicos*, espot publicitario de las galletas Loste ... 22
- **Prácticas** : De donde facer windsurfing sin facer esfuerços, publicidad ... 25
- Un rey actual, M. Vicent, *Daguerrotipos* ... 26
- **Prácticas** : Peligro : ¡los osos panda y los españoles en vía de extinción!, El Perich, *5º canal ilustrado* ... 28
- Un día en la vida de un español, *ABC*, 3/7/1979 ... 29
- Barcelona, más que nunca, *Ronda* (Iberia), 2/1986 ... 30
- Publicidades « Barcelona 92 » de Sony, Osborne y del Instituto Nacional de Hidrocarburos ... 31
- España fomenta su propia competencia, *Cambio 16*, 9/9/1985 ... 32

- *Moros y Cristianos*, publicidad **Hors-texte, 1**
- *Las monjas bordando*, J. Aguayo **Hors-texte, 2**

Caminos de la evasión

- La monja gitana, F. García Lorca, *Romancero Gitano* ... 33
- Escena del teniente coronel de la guardia civil, F. García Lorca, *Poema del Cante Jondo* ... 34
- **Prácticas** : El viento en la bahía, R. Alberti, *El País*, 17/8/1986 ... 36
- **Con método, le résumé :** Compra mi destino, J. Benet, *Trece fábulas y medias* ... 38
- Un « Orient Express » a la Andaluza, *Ya*, 14/7/1985 ... 40
- **Prácticas** : El terrorista sentimental, M. Vicent, *Crónicas urbanas* ... 42
- Descubra la pasta, publicidad ... 44
- La resurrección de la pasta, L. Pancorbo, *Cuadernos hispanoamericanos*, 12/1978 ... 45
- **Prácticas** : No es broma, Cesc, dibujo ... 47
- **Prácticas** : Rosa mutábile, F. García Lorca, *Doña Rosita la soltera* ... 48

- *Llanto del lagarto enamorado*, J. Miró **Hors-texte, 3**
- *La fragua de Vulcano*, D. Velázquez **Hors-texte, 4**
- *Santa Casilda*, F. Zurbarán **Hors-texte, 5**
- *Paseo a la orilla del mar*, J. Sorolla **Hors texte, 6**

- **Con método, le texte d'oral :** Mar nuestro, A. Saura, *Poesías* — Pirulí, G. Fuertes, *Cómo atar los bigotes del tigre* ... 49
- Los bandos del Señor alcalde, *Sobre los ruidos*, 22/7/1981, y *Cambio 16*, 15/3/1982 ... 50

Clásicos

- Los clásicos como pasión, publicidad ... 51
- ¡Perro, villano!, Lope de Vega, *Fuente ovejuna* ... 52
- ¡Yo soy una romántica!, R. del Valle Inclán, *Los cuernos de don Friolera* ... 56
- En tanto que de rosa y azucena, Garcilaso de la Vega, *Sonetos* ... 58
- ¡Que se nos va la Pascua...!, L. de Góngora, *Letrillas* ... 59
- Volverán las oscuras golondrinas, G. A. Bécquer, *Rimas* ... 60
- Yo lo sabía todo, F. García Lorca, *Doña Rosita la Soltera* ... 62
- El enamorado y la Muerte, anónimo, siglo XVI ... 64

- *El sueño del gentilhombre*, A. de Pereda **Hors-texte, 7**
- *La Madona de Port Lligat*, S. Dalí **Hors-texte, 8**
- *Transverberación de Santa Teresa* **Hors-texte, 9**
- *Retrato de la Condesa de Durcal*, H. Anglada Camarasa **Hors-texte, 10**

- Romance del infante Arnaldos, anónimo, siglo XV — 65
- La casada que se afeita, F. de Quevedo, La hora de todos — 66
- **Prácticas :** Los caprichos, F. de Goya — 67
- ¡Al lobo, Barcino!, M. de Cervantes, Novelas ejemplares, Coloquio de los perros — 68

Con el tiempo

- Siglo XX, cronología — 70
- Llanto de las virtudes y coplas por la muerte de don Guido, A. Machado, Campos de Castilla — 72
- **Prácticas :** Una fecha de primavera : 14 de abril de 1931, R. Alberti, La arboleda perdida — 74
- Tenemos que europeizarnos, M. de Unamuno, En torno al casticismo — 76
- Igualitas, igualitas, J. Camino, Las grandes vacaciones del 36 — 77
- Llegó la libertad, llegó el «Guernica», El País, 4/5/1986 — 80
- Guernica, P. Picasso — 81
- Toro en el mar, R. Alberti — 82
- Meditación del día, A. Machado, Poesías completas — 83
- Las bicicletas son para el verano, F. Fernán Gómez — 84
- Mensage de amor de Valdemar Gris, M. Labordeta, Sumido-25 — 87
- **Prácticas :** Los cambios en Calafell, C. Barral, Los años sin excusa — 88
- ¡Es la milana, señorito!, M. Delibes, Los Santos inocentes — 90
- Los Cantautores, Radio Nacional de España, Montaje audiovisual — 92
- Así, todos contentos, L. García Berlanga, La vaquilla — 94
- Vestido bajando la escalera, E. Arroyo — Hors-texte, 11
- Joven dibujando en un interior, P. Picasso — Hors-texte, 12
- ¿Monarquía o República?, El País, 29/12/1977 — 97
- 1978 : la Constitución, F. Vizcaíno Casas, Hijos de papá — 99
- Libertad sin ira, R. Baladés, Armenteros — 101
- El proceso autonómico español, Radio Nacional de España, Montaje audiovisual — 102
- La piel de toro, El Perich, dibujo, 5º canal ilustrado — 103
- El año de Europa, El País, 30/12/1984 — 104
- La cesta de verduras, El Perich, dibujo, 5º canal ilustrado — 105
- La Puerta de Alcalá, V. Manuel y A. Belén, Siempre hay tiempo — 106

Hispanoamérica

Aspectos de un continente

- Mapa y fotos de América Latina — 108
- **Prácticas :** Discurso del Rey Juan Carlos, Radio Nacional de España, 10/1984, Discurso de Raúl Alfonsín, Radio Nacional de España, 10/1985 — 110
- El mundo de Colón, Cambio 16, 23/7/1984 — 111
- Hispanidad y libertad, El País, 24/11/1986 — 112
- **Prácticas :** Portada de Summa, 10/1/1986 — 114
- El sur también existe, M. Benedetti, Preguntas al azar — 115
- El tobogán económico, Summa, 7/3/1986 — 116
- El tramposo... según La Tour 1, 1982, Herman Braun-Vega — 116
- El mundo andino, L. E. Valcárcel, El mundo andino y la evolución social-económica de América Latina — 118
- Ecuador 1982, foto de S. Salgado, Autres Amériques — 119
- El Norte, G. Nava — 120
- Transculturización, Summa, 16/5/1986 — 123
- Uno de tantos miércoles, G. García Márquez, Cien años de soledad — 124

Luchando por la democracia

- Cronología — 126
- **Prácticas :** Cartel revolucionario cubano — Hors-texte, 13
- **Prácticas :** Flora, R. Portocarrero — Hors-texte, 14
- El pueblo unido jamás será vencido, Quilapayún — 129
- Y aquel día..., A Carpentier, El recurso del método — 130
- Niños desaparecidos, cartel cubano — 131
- Jardín público, Quino, dibujo — 132
- La muerte del Poeta, I. Allende, La casa de los espíritus — 133
- Santiago, local sindical, «el Surco Campesino», foto de F. Orellana — 135
- Ecuador 1982, foto de S. Salgado, Autres Amériques — 136
- Preguntitas sobre Dios, A. Yupanqui — 137

Méjico

- Monumento a la Patria, foto de C. Harbutt, *Progreso* — 138
- Nos han dado la tierra, J. Rulfo, *El llano en llamas* — 139
- Las antorchas, grabado de L. Méndez — 140
- Juan-sin-Tierra, anónimo, *Chants de la révolution mexicaine* — 141
- Hemos creado una clase media, C. Fuentes, *La región más transparente* — 142
- La parada del mercado, foto de C. Harbutt, *Progreso* — 143
- **Con método, la photographie** : México 1980, foto de S. Salgado, *Autres Amériques* — 145
- México : vista aérea, J. E. Pacheco, *Islas a la deriva* — 146
- Mi vida con la ola, O. Paz, *Arenas movedizas* — 147
- El fuego de cada día, O. Paz, *Vuelta* — 149
- Viva la revolución, V. Gómez, *Chants de la révolution cubaine* — 150

Centroamérica y Cuba

- Jornada internacional de solidaridad con América Latina, cartel cubano — 151
- Brigadistas, J. Goytisolo, *Pueblo en marcha* — 152
- El brigadista, cartel cubano — 153
- **Prácticas** : Instrucciones para ingresar en una nueva sociedad, H. Padilla, *Final de juego* — 154
- Dibujo de B. Chenez — 154
- Un tribunal popular, E. Cardenal, *En Cuba* — 154
- ¡Oh, Atila!, ¡publicitario impar...!, A. Carpentier, *La consagración de la primavera* — 156
- La pulpería, E. Burgos, *Yo, Rigoberta Menchú* — 157
- La prueba del tigre, M. A. Asturias, *Los ojos de los enterrados* — 158
- El ciclón, A. Carpentier, *El siglo de las luces* — 160

- *La Jungla*, W. Lam — Hors-texte, 15
- *Mujer con pájaros*, J. Soriano — Hors-texte, 16
- *Universo domesticado*, J.-A. Dávila — Hors-texte, 17
- *La siesta*, F. Botero — Hors-texte, 18

Colombia y Venezuela

- Cruel destino para las mujeres colombianas, *Summa*, 2/5/1986 — 161
- Onésimo es distinto, R. Guerra, *Eréndira* — 162
- El discurso en la plaza, J. Acevedo, dibujo — 165
- El corregidor, G. García Márquez, *Cien años de soledad* — 166
- **Prácticas** : Cuida tu país, publicidad — 168
- **Prácticas** : Furia constructora, A. Carpentier, *La consagración de la primavera* — 170

Bolivia, Ecuador, Perú

- Agricultura : retorno a los orígenes, *Summa* — 172
- ¡Cuide su prestigio!, publicidad — 173
- El abogado de los indios, M. Scorza, *la tumba del relámpago* — 174
- « Reclame », C. Oquendo de Amat, *5 metros de poemas* — 176

- *Goeden Dag, Mynheer Vermeer*, H. Braun-Vega — Hors-texte, 19
- *Arcángel*, anónimo, Escuela del Cuzco — Hors-texte, 20
- *San Jorge y el gorila*, J. Gamarra — Hors-texte, 21
- *Paisaje urbano*, H. Miranda Castillo — Hors-texte, 22

- El secreto de la creación, M. Vargas Llosa, *La tía Julia y el escribidor* — 177
- El mercadillo eterno de La Paz, *El País*, 8/8/1979 — 178

Chile

- Puro Chile es tu cielo azulado, P. Neruda — 180
- **Prácticas** : El café vienés, I. Allende, *La casa de los espíritus* — 182
- Valparaiso, se acabó, *Revista del Domingo*, 16/2/1986 — 183
- Las colas, I. Allende, *La casa de los espíritus* — 184
- *La ausente*, V. Parra — 186
- Se abrirán las alamedas, A. Parra — 187
- **Prácticas** : El puente que lo ha visto todo, G. García Márquez, *La aventura de Miguel Littín clandestino en Chile* — 188

Países del Plata

- Cazador de crepúsculos, J. Cortázar, *Un tal Lucas* — 190
- **Prácticas** : En lo más alto de América, publicidad — 191
- La lluvia, J. L. Borges, *El otro, el mismo* — 192

- *Paisaje*, J. Gamarra — Hors-texte, 23
- **Prácticas** : *Visión argentina*, P. Suárez — Hors-texte, 24

- Continuidad de los parques, J. Cortázar, *Final de juego* — 193
- El curioso destino de Sherlock Holmes, Quino, dibujo — 195
- Querrán que se entere, L. Puenzo, *Historia oficial* — 196

Gramática — 200
Léxico — 238

RÉFÉRENCES DES DOCUMENTS, DESSINS ET PHOTOGRAPHIES

Couverture : Burri/Magnum, Instituto Nacional de Industria, C. Sarramon ; p. 4 : Instituto Nacional de Industria, Vioujard/Gamma, Paisajes Españoles, Vioujard/Gamma, Instituto Nacional de Industria, Huberti/Rapho ; p. 5 : Paireault/Gamma, Vioujard/Gamma, Garrigues/Rapho, Tholy/Rapho, Yan/Rapho ; p. 6 : Centro de Promoción de Diseño y Moda — Ministerio de Industria y Energía ; p. 8 : Novola ; p. 9 : Ed. Everest, Anuario de la fotografía española, 1973 ; p. 10 : Biblioteca Nacional, Madrid ; p. 11 : J. Ballesta. Biblioteca Nacional ; p. 12 : Candido. *El Tiempo;* p. 13 : El Perich, Ed. Planeta ; p. 14 : Ed. Alianza-Carmen Muñoz de Dieste ; p. 15 : Coll. P. Fourneret ; p. 16 : Ed. Destino ; p. 17 : Radio Nacional de España ; p. 18 : Agata Films ; p. 21 : Comunidad de Madrid ; p. 22 : Galletas Loste ; p. 25 : Dirección General de Turismo de la Consejería de Fomento de la Junta de Castilla y León ; p. 26 : Ed. Debate ; p. 27 : Agencia Efe/Sipa ; p. 28 : El Perich, Ed. Planeta ; p. 29 : *ABC;* p. 30 : *Iberia;* p. 31 : Sony — Osborne. Instituto Nacional de Hidrocarburos ; H.T. 1 Tandem D.D.B. — Museo Español de Arte Contemporáneo ; H.T. 2 : Paisajes Españoles — Galería de Arte Grifé y Escoda ; pp. 33-34 : Herederos de F. García Lorca ; p. 35 : Museo Español de Arte Contemporáneo — Fundación García Lorca. Teatro nacional Maria Guerrero, Madrid ; pp. 36-37 : R. Alberti ; p. 38 : Ed. Alfaguara ; p. 39 : Ed. Glénat ; p. 40 : R.E.N.F.E. ; p. 42 : Ed. Debate ; p. 43 : Agencia Efe ; p. 44 : Gallo/Bassat, Olgivy, Mather — Museo Español de Arte Contemporáneo ; p. 45 : Cuadernos Hispanoamericanos nº 342, 1978 ; p. 47 : Cesc — Ed. Planeta ; p. 48 : Herederos de F. García Lorca ; H.T. 3 : Oroñoz/Artephot ; H.T. 4 : Oroñoz/Artephot — Museo del Prado ; H.T. 5 : M. Basey/Artephot — Museo del Prado ; H.T. 6 : Oroñoz/Artephot — Museo Sorolla ; p. 49 : A. Saura, Editora Regional de Murcia, Consejería de Cultura y Educación, Ed. Lumen ; p. 50 : El Perich ; p. 51 : Teatro Clásico Español — Foto Ros Ribas ; p. 52 : Radio Televisión de España ; p. 54 : Teatro Español, 1984 ; p. 56 : Ed. Esposa Calpe, Herederos de R. del Valle-Inclán ; p. 61 : Roger-Viollet ; p. 62 : Photo C. Sanchez Herederos de F. García Lorca ; H.T. 7 : Paisajes Españoles — Real Academia Española ; H.T. 8 : S. Dalí, Haggerty Museum of Art, Marquette University, Milwaukee, Wisconsin ; H.T. 10 : Paisajes Españoles — Museo Español de Arte Contemporáneo ; p. 67 : Éd. Aubier Montaigne, coll. bilingue, trad. française : *La femme fardée* ; p. 67 : Biblioteca Nacional, Madrid ; p. 69 : Roger-Viollet ; p. 71 : Radio Nacional de España, Artault/Gamma, Vioujard/Gamma ; p. 72 : Oroñoz/Artephot — Museo del Prado ; p. 74 : R. Alberti, Consellería de Cultura de la Generalidad Valenciana — Agencia Efe ; p. 76 : Herederos de M. de Unamuno ; pp. 77-79 : Coll. A. Valero — Producción J. Frade ; p. 81 : Oroñoz/Artephot — S.P.A.D.E.M., Paris, 1987 ; p. 82 : R. Alberti ; p. 83 : Ed. Losada ; p. 84 : Ed. Espasa Calpe — F.F. Gómez ; pp. 84-85 : Producción InCiné/Jet films, Coll. A. Valero ; p. 87 : Romero Ed. — Herederos de M. Labordeta, S.P.A.D.E.M., Paris, 1987 ; p. 88 : C. Barral ; p. 90 : M. Delibes Edit. Planeta — Producción I.U.P. — Cinema Internationa Corporation ; pp. 92-93 : Radio Nacional de España ; p. 94 : Producción Impala ; H.T. 11 : I.V.A.M. Centro Julio González, Valencia ; H.T. 12 : Collection, The Museum of Modern Art, New York, Nelson A. Rockefeller Bequest — S.P.A.D.E.M., 1987, Musée d'Art Moderne, Paris ; p. 97 : J.L. Cebrián-Prisa ; p. 98 : Francolon/Gamma ; p. 99 : Ed. Planeta ; p. 100 : Radio Nacional de España ; p. 101 : Ed. Serdisco ; p. 102 : Radio Nacional de España ; p. 103 : Lobato-Cover/Gamma, El Perich — Ed. Planeta ; p. 104 : J.L. Cebrián-Prisa, J. Cuadrado/Agencia Efe ; p. 105 : El Perich — Ed. Planeta ; p. 106 : S.B.K. Songs France — C.B.S. Disques ; p. 107 : Roger-Viollet ; p. 108 : Höpher/Magnum, Salgado/Magnum, Peress/Magnum, Abbas/Magnum, Steele Perkins/Magnum, Abbas/Magnum, Larrain/Magnum ; p. 109 : Marker/Magnum, Steinheil/Rapho, Burri/Magnum, Salgado/Magnum, Burri/Magnum ; p. 110 : Radio Televisión de España ; p. 112 : C. Sarramon ; p. 114 : Plantu — *Summa;* p. 115 : M. Benedetti — Ariola/Eurodisc ; p. 116 : H. Braun-Vega ; p. 118 : Colloque d'Études Péruviennes, Faculté d'Aix-en-Provence ; p. 119 : Salgado/Magnum ; p. 120 : Cyrile Distribution ; p. 124 : G. García Márquez ; p. 126 : Roger-Viollet ; p. 127 : Roger-Viollet ; Bonnet/Gamma ; p. 128 : Gamma, Roger-Viollet, Gutekunst/Gamma ; H.T. 13 : Photo H. Josse ; H.T. 14 : Humboldt 88 ; p. 129 : Pathé-Marconi ; p. 130 : Siglo XXI, Obras Completas, vol. 6, 1974 ; p. 131 : Coll. P. Fourneret ; p. 132 : Ed. Glénat ; p. 133 : J. Allende ; p. 134 : Morath/Magnum ; p. 135 : F. Orellana ; p. 136 : Salgado/Magnum ; p. 137 : Le Chant du Monde ; p. 133 : C. Harbutt/Archive-Cosmos ; p. 139 : Fondo de Cultura Económica, México ; p. 141 : Le Chant du Monde ; p. 142 : C. Fuentes ; p. 143 : C. Harbutt/Archive-Cosmos ; p. 145 : Salgado/Magnum ; p. 146 : J.E. Pacheco — Ed. Alianza ; p. 147 : Roger-Viollet, Fondo de Cultura Económica, México ; p. 149 : O. Paz — Ed. Seix Barral ; p. 150 : Chants de la révolution cubaine ; p. 151 : C.C.I./E. Kossakowsky ; p. 152 : J. Goytisolo ; p. 153 : Coll. P. Fourneret ; p. 154 : Dessin de Chenez — *Le Monde de l'Éducation*, Biblioteca cubana contemporánea, Madrid, 1983 ; p. 156 : Siglo XXI, Obras completas, vol. 7, 1984 ; p. 157 : Ed. Argos Vergara ; p. 158 : Ed. Aguilar ; p. 159 : Ed. Tarea ; p. 160 : Ed. Seix Barral ; H.T. 15 : Collection, The Museum of Modern Art, New York, Inter-American Fund. — S.P.A.D.E.M. 1987 ; H.T. 16 : Coll. Ricardo Valero, México ; H.T. 17 : J.A. Dávila ; H.T. 18 : F. Botero ; p. 162 : G. García Márquez ; p. 163 : Les Films du Triangle — Publiphoto ; p. 165 : Ed. Tarea ; p. 166 : G. García Márquez ; p. 167 : Morath/Magnum ; p. 168 : Xerox de Colombia ; p. 170 : Siglo XXI, Obras completas, vol. 7, 1984 ; p. 171 : Mortens/Magnum ; p. 173 : Agencia Andina ; p. 174 : Ed. Planeta ; p. 175 : C. Sarramon ; p. 176 : *Revista El museo Universal* ; H.T. 19 : H. Braun-Vega ; H.T. 20 : Coll. privée, Paris ; H.T. 21 : J. Gamarra, coll. privée, Malmö, Suède ; H.T. 22 : H. Miranda Castillo, Galería Época ; p. 177 : M. Vargas Llosa ; p. 178 : M. Vuillemain ; p. 180 : P. Neruda y Fundación Pablo Neruda ; p. 181 : F. Orellana ; pp. 182-184 : J. Allende ; p. 185 : Smith/Gamma Liaison ; pp. 186-187 : Le Chant du Monde ; p. 188 : G. García Márquez ; p. 189 : F. Orellana ; p. 190 : J. Cortázar ; p. 191 : Aerolíneas Argentinas ; p. 192 : Alianza Ed./Emécé ; H.T. 23 : Galerie Albert Lœb, coll. privée ; H.T. 24 : P. Suarez ; p. 195 : Éd. Glénat ; p. 196 : L. Puenzo — L'Avant-Scène. *Cinéma*, nº 350, mai 1986. Découpage : Carmen Fernandez.

Nous avons recherché en vain les éditeurs ou les ayants droit de certains textes ou illustrations reproduits dans ce livre. Leurs droits sont réservés aux Éditions Didier.

Photocomposition, dessin, photogravure : Groupe MCP-PHIP
Cartographie : Atelier GRAFFITO — Couverture : CONTOURS
Impression : BERGER-LEVRAULT — Juin 1989